Strukturgleichungs-modelle in den Sozialwissenschaften

Von
Universitätsprofessor
Dr. Jost Reinecke

R.Oldenbourg Verlag München Wien

Bibliografische Information Der Deutschen Bibliothek

Die Deutsche Bibliothek verzeichnet diese Publikation in der Deutschen
Nationalbibliografie; detaillierte bibliografische Daten sind im Internet
über <http://dnb.ddb.de> abrufbar.

© 2005 Oldenbourg Wissenschaftsverlag GmbH
Rosenheimer Straße 145, D-81671 München
Telefon: (089) 45051-0
www.oldenbourg-verlag.de

Gedruckt auf säure- und chlorfreiem Papier
Gesamtherstellung: Druckhaus „Thomas Müntzer" GmbH, Bad Langensalza

ISBN 3-486-57761-1

Vorwort

Die statistische Modellierung mit Strukturgleichungen hat in den letzten 20 Jahren in unterschiedlichen Disziplinen deutlich zugenommen. Dies hat auch zu einem interdisziplinären Diskurs über methodische-statistische Weiterentwicklungen und Anwendungsproblemen geführt. Während im angelsächsischen Sprachraum mittlerweile eine Vielzahl von Lehrbüchern zu Strukturgleichungsmodellen existieren, fehlt für den deutschen Sprachraum ein solches Lehrbuch.

Mit dem vorliegenden Werk wird neben der elementaren Einführung in die Modellbildung mit Strukturgleichungen zugleich eine Übersicht über die Vielzahl von Anwendungsmöglichkeiten geboten. Es wird aufgezeigt, wie entsprechende Analysen unter Rückgriff auf verbreitete Programme mit empirischem Datenmaterial durchgeführt werden können. Der Abdruck der Programmdateien, die den im Text illustrierten Beispielen zugrundeliegen, sind als Beispiele für Lehrveranstaltungen und praktische Übungen verwendbar. Ergänzend stehen diese Informationen auch beim Verlag zum Abruf über das Internet bereit (http://www.oldenbourg.de/verlag). Die selbständige Durchführung von Modellanalysen soll hierbei auch gefördert werden.

Das Lehrbuch ist für Veranstaltungen in Statistik und multivariaten Analyseverfahren im Hauptstudium konzipiert. Obwohl hier auch auf statistische Grundlagen für Strukturgleichungsmodelle eingegangen wird, müssen elementare Kenntnisse der deskriptiven Statistik und der Inferenzstatistik vorausgesetzt werden.

Mitarbeiter, Studenten und Studienassistenten der Universitäten Münster, Trier und Wien haben mir wesentliche Verbesserungsvorschläge zu den Vorfassungen der einzelnen Kapitel gegeben. Inbesondere Thomas Blank, Andreas Pöge, Rossalina Latcheva, Eva Rossbacher, Rainer Stowasser und Jochen Wittenberg möchte ich hier hervorheben. Tatkräftige Unterstützung bei der Durchsicht einzelner Kapitel, bei der Zusammenstellung der Literatur und bei der Erstellung der Druckfassung erhielt ich von Andrea Hense, Judith Lehnhart und Stefan Huber (Universität Trier). Nicht zuletzt stand mir mit meiner Assistentin Cornelia Weins jederzeit eine kompetente Gesprächspartnerin für grundlegende statistische Fragen zur Verfügung.

Trier   Jost Reinecke

Inhaltsverzeichnis

7 Das allgemeine Strukturgleichungsmodell mit latenten Variablen   225

1 Einleitung

Mit dem Begriff Strukturgleichungsmodelle wird nicht nur eine einzelne Technik, sondern eine ganze Gruppe von Modellen multivariater, statistischer Datenanalysen bezeichnet. Kovarianzstrukturanalyse oder Kovarianzstrukturmodelle sind alternative Begrifflichkeiten, die in der Literatur verwendet werden. Verschiedene charakteristische Eigenschaften können in der folgenden Systematisierung genannt werden:

1. Strukturgleichungsmodelle werden nach Formulierung bestimmter inhaltlicher Hypothesen aufgestellt und überprüft. Hiermit wird der konfirmatorische Charakter dieser statistischen Modellbildung hervorgehoben: Das Modell stellt eine Verknüpfung inhaltlicher Zusammenhangshypothesen dar, die anhand empirisch gewonnener Daten getestet werden. Demgegenüber würde ein aus den Daten generiertes Modell eine explorative Modellstrategie unterstützen. Jöreskog & Sörbom (1993a, S. 115) unterscheiden drei typische Situationen der Modellprüfung:

   - Eine strikt konfirmatorische Prüfung, wobei der Forscher einen einzelnen Modelltest vornimmt und die zugrunde liegenden Hypothesen entweder bestätigt oder verwirft.

   - Eine konfirmatorische Prüfung von Modellen, bei der der Forscher mehrere alternative Hypothesen überprüft und sich für ein zu akzeptierendes Modell entscheidet.

   - Eine modellgenerierte Anwendung, bei der der Forscher ein Anfangsmodell (sogenanntes *initial model*) spezifiziert und durch schrittweise Modellmodifikation eine Annäherung an die Datenstruktur erreicht.

   Die zuletzt genannte Strategie wird in der Praxis am häufigsten durchgeführt und verfolgt zwei Ziele: Zum einen soll das Modell entwickelt werden, das am ehesten den theoretischen Überlegungen entspricht, zum anderen soll auch eine hohe statistische Korrespondenz zwischen dem Modell und den Daten gewährleistet sein.

2. Strukturgleichungsmodelle können explizit nach gemessenen (sogenannten manifesten) und nicht gemessenen (sogenannten latenten) Variablen unterscheiden und erlauben eine Differenzierung in ein Meß- und ein Strukturmodell. Die explizite Formulierung eines Meßmodells ermöglicht die Berücksichtigung unterschiedlicher Meßqualitäten der manifesten Variablen, vorausgesetzt die latenten Variablen werden über mehr als eine gemessene Variable definiert. Das Meßmodell führt zu einer sogenannten minderungskorrigierten Schätzung der Zusammenhänge zwischen den latenten Variablen. Dies

bedeutet, daß sich die Konstruktvalidität der einzelnen Messungen explizit auf die Koeffizienten des Strukturmodells auswirkt. Wird, wie beim klassischen Pfadmodell, kein Meßmodell postuliert, dann werden diese Koeffizienten unterschätzt.

3. Die meisten Strukturgleichungsmodelle basieren auf Befragungsdaten, die nicht experimentell erhoben werden. Werden experimentelle oder quasi-experimentelle Anordnungen vorgenommen, dann lassen sich über Gruppenbildungen Differenzen der Modellparameter ermitteln. Dabei können Strukturgleichungsmodelle über die Leistungsfähigkeit der klassischen Varianzanalyse hinausgehen, weil eine Differenzierung in manifeste und latente Variablen dort nicht möglich ist.

4. Mit Strukturgleichungsmodellen werden große Datensätze analysiert. Es ist relativ schwierig, eine einfache Antwort auf die Frage zu geben, wie hoch die Mindestgröße der Stichprobe sein muß, um stabile Parameterschätzungen in Strukturgleichungsmodellen zu erhalten. Ein deutlicher Zusammenhang besteht zwischen der Stichprobengröße und der Modellkomplexität: Je mehr Parameter im Modell zu schätzen sind, desto größer muß die Datenbasis sein. Desweiteren werden bei Schätzverfahren, die höhere Momente berücksichtigen, größere Stichproben benötigt.

5. Varianzen und Kovarianzen bilden in der Regel die Datengrundlage für Strukturgleichungsmodelle. Damit werden zwei Ziele verbunden. Zum einen die Überprüfung der Zusammenhänge zwischen den Variablen aufgrund der postulierten Hypothesen und zum anderen die Erklärung der Variationen in den abhängigen Variablen. Werden über Kovariaten (z. B. Geschlecht) Gruppen gebildet, dann können Unterschiede der Modellparameter zwischen den Gruppen ermittelt und getestet werden. Mittelwertsdifferenzen können zwischen den latenten Variablen geschätzt werden, wenn neben den Varianzen und Kovarianzen auch der Mittelwertsvektor der manifesten zur Verfügung steht.

6. Viele statistische Techniken wie die Varianzanalyse, die multiple Regression oder die Faktorenanalyse sind spezielle Anwendungen von Strukturgleichungsmodellen. Schon vor längerer Zeit konnte festgestellt werden, daß die Varianzanalyse (ANOVA) ein Spezialfall der multiplen Regression ist und beide Verfahren wiederum unter das allgemeine lineare Modell eingeordnet werden können. Zum allgemeinen linearen Modell gehören auch die multivariate Varianzanalyse (MANOVA) und die exploratorische Faktorenanalyse. Alle Varianten des allgemeinen linearen Modells sind in Strukturgleichungsmodelle überführbar. Durch nicht-lineare Parameterrestriktionen können Produktterme in den linearen Gleichungen berücksichtigt werden. Dies führt beispielsweise zu sogenannten Interaktionsmodellen.

Mit dem Begriff Strukturgleichungsmodelle wird ein sehr breites Feld multivariater statistischer Datenanalysen angesprochen, dessen einzelne Facetten in einem Lehrbuch nicht alle abgedeckt werden können. Das vorliegende Lehrbuch konzentriert sich deswegen einerseits auf die Vermittlung fundamentaler Konzepte und andererseits auf die Erarbeitung von Techniken, die Hypothesentests mit unterschiedlichen Datendesigns erlauben.

Dieses Lehrbuch gliedert sich in sieben Kapitel. In Kapitel 2 wird zunächst ein Überblick über die Entwicklung der statistischen Modellbildung mit Strukturgleichungen gegeben. Hierzu gehört die generelle Vorgehensweise bei der Anwendung dieser Modelle, ihre methodischen Eigenschaften als auch die Frage, unter welchen Bedingungen den ermittelten Parametern eine kausale Bedeutung zukommt. Abschließend wird ein Überblick über die methodischen Entwicklungen der letzten Jahre gegeben, die auch zu einer Differenzierung der einzelnen Modellarten geführt haben. Kapitel 3 differenziert die in der empirischen Sozialforschung bekannten Erhebungsdesigns (Querschnitt und Längsschnitt) und erläutert, welche Arten von Strukturgleichungsmodellen mit welchen Daten in den nachfolgenden Kapiteln behandelt werden. Kapitel 4 geht auf grundlegende statistische Konzepte für Strukturgleichungsmodelle ein. Hier werden zunächst das Meßniveau der Variablen behandelt und die gängigen statistischen Zusammenhangsmaße. Die lineare Regressionsanalyse gilt gemeinhin als grundlegend für die Modellbildung mit Strukturgleichungen, während die klassische Testtheorie das mathematische Modell zur Berücksichtigung von Meßfehlern liefert. Beide Ansätze werden hier in ihren Grundzügen erörtert.

Die Kapitel 5, 6 und 7 behandeln die einzelnen Modellarten. Beispiele aus Querschnitt- und Längsschnittuntersuchungen werden jeweils diskutiert, ebenso die gleichzeitige Analyse über mehrere Untersuchungsgruppen (multiple Gruppenvergleiche). In Kapitel 5 geht es ausschließlich um Modelle mit gemessenen Variablen, die auch als Pfadmodelle bezeichnet werden. Die Differenzierung in gemessene (manifeste) und nicht gemessene (latente) Variablen erfolgt in Kapitel 6 über die Erörterung der Meßmodelle und der konfirmatorischen Faktorenanalyse. Hier erfolgt auch eine ausführliche Diskussion der einzelnen Schätzverfahren sowie die damit verbundenen Statistiken der Modellprüfung. Beide sind von grundsätzlicher Bedeutung für alle in diesem Buch behandelten Modelle. In Kapitel 7 werden Strukturgleichungsmodelle mit latenten Variablen erörtert. Diese erweitern das in Kapitel 6 erörterte konfirmatorische Faktorenmodell um ein Strukturmodell, das die Beziehung zwischen den latenten Variablen formalisiert. Spezifische Aspekte der Modellbildung beim multiplen Gruppenvergleich, bei Längsschnittanalysen und bei der Berücksichtigung von fehlenden Werten werden hier behandelt.

In Kapitel 8 werden kurz EDV-Programme zur Berechnung von Strukturgleichungsmodellen vorgestellt. Hierzu gehören auch Übersichten über die Notation der Variablen, Parameter und Matrizen. Das zur Ersetzung fehlender Werte verwendete Programm NORM wird an dieser Stelle zusätzlich erläutert. Das Literatur- und Stichwortverzeichnis sollen die Handhabung dieses Lehrbuchs vereinfachen.

2 Die Entwicklung der statistischen Modellbildung mit Strukturgleichungen

2.1 Einführung und Ausgangspunkt

Die Verfahren, die eine statistische Modellbildung voraussetzen und unter dem Begriff *Strukturgleichungsmodelle* gefaßt werden, ermöglichen strengere Tests formalisierter Hypothesen als die üblichen Verfahren der bivariaten und multivariaten Statistik.[1] Anwendungen sind besonders in den Wissenschaftsbereichen zu verzeichnen, die größere Datenmengen auf der Basis eines quasi-experimentellen oder nicht-experimentellen Designs produzieren. Stabile Ergebnisse aus statistischen Modellbildungen mit Strukturgleichungen sind dann gewährleistet, wenn bestimmte Meß- und Verteilungsvoraussetzungen gemacht werden können und wenn, in Abhängigkeit von der Modellgröße, die empirischen Informationen auf einer ausreichenden Anzahl von Untersuchungseinheiten basieren.

Die Verbreitung von Strukturgleichungsmodellen in den angewandten Sozialwissenschaften ist ohne ökonometrische und psychometrische Grundlagen kaum vorstellbar. Inhaltliche Spezifikationen von Beziehungen zwischen unbhängigen und abhängigen Variablen, wie sie aus der *multiplen Regressionsanalyse* bekannt sind, bilden den Ausgangspunkt (vgl. Kapitel 4). Jedes Regressionsmodell beinhaltet bekanntermaßen eine abhängige Variable und mindestens eine unabhängige Variable, deren Verhältnis über eine Regressionsgleichung formalisiert wird. Werden mehrere Regressionsmodelle miteinander verbunden, dann wird diese Art der Modellierung als *Pfadanalyse* bezeichnet (vgl. Kapitel 5). Diese weitergehende Modellierung ist erstmals von dem Genetiker Wright (1921, 1934) vorgenommen worden, der auch die Allgemeingültigkeit der Zerlegung von Produkt-Moment-Korrelationen in sogenannte Pfadkoeffizienten über das Basistheorem der Pfadanalyse nachweisen konnte (vgl. Duncan, 1966, S. 5; Kenny, 1979, S. 28).[2]

---

[1]   Die Analyse von Strukturgleichungsmodellen wird auch als *Kovarianzstrukturanalyse* bezeichnet. Gelegentlich werden auch Zusammenhänge mit konkreten Softwareprodukten hergestellt, wie z. B. *Der LISREL-Ansatz der Kausalanalyse* (vgl. Backhaus et al., 1993).

[2]   Es wird hier kurz darauf hingewiesen, daß Regressionskoeffizienten und Pfadkoeffizienten nur unterschiedliche Bezeichnungen für dieselben statistischen Größen sind, vgl. auch die Ausführungen in Kapitel 5.

Abbildung 2.1: Pfadmodell mit drei Variablen

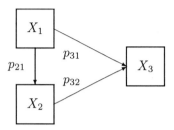

Für ein Pfadmodell mit drei Variablen X_1, X_2 und X_3 kann dieses Basistheorem leicht erläutert werden (vgl. Abbildung 2.1). Sind ausreichende empirische Informationen (Korrelationskoeffizienten) vorhanden, dann läßt sich beispielsweise die Korrelation zwischen X_1 und X_3 (r_{31}) in die entsprechenden Pfadkoeffizienten p_{21}, p_{31} und p_{32} zerlegen:[3]

$$r_{31} = p_{31} + p_{21}p_{32} \tag{2.1}$$

Aus Gleichung 2.1 wird ersichtlich, daß die Korrelation r_{31} nicht nur durch den direkten Effekt der Variablen X_1 auf die Variable X_3 (p_{31}) bestimmt wird, sondern auch durch den indirekten Effekt über die vermittelnde Variable X_2. Dieser indirekte Effekt wird aus dem Produkt der Pfadkoeffizienten p_{21} und p_{32} gebildet. Diese Zerlegung ist allgemeingültig und unabhängig von der Modellgröße.

Die ersten Anwendungen der Pfadanalyse in den Sozialwissenschaften gehen auf Duncan und Hodge (1963), Duncan (1966) und Blau und Duncan (1967) zurück, die intergenerationelle Bildungs- und Berufmobilität in den USA untersuchten. Blalock (1964) gab der Pfadanalyse eine kausale Interpretation, was nicht unumstritten blieb. Die Beziehungen zwischen unabhängigen und abhängigen Variablen werden hiernach als Prozesse zwischen Ursache und Wirkung interpretiert (vgl. hierzu auch die Ausführungen in Abschnitt 2.2). Ende der 1960er-Jahre wird durch die Differenzierung zwischen einer sogenannten *Meßebene* und einer *Strukturebene* und der damit einhergehenden Unterscheidung von *manifesten* und *latenten* Variablen die Annahme der fehlerfreien Messung in den Pfadmodellen aufgegeben und die Kontrolle unsystematisch auftretender Meßfehler in den manifesten Variablen sowohl konzeptionell als auch statistisch ermöglicht.[4] In diesem Zusammenhang wird nicht

---

[3]   Für jede abhängige Variable wird eine Strukturgleichung spezifiziert:
$X_2 = p_{21}X_1 + p_{31}X_3 + p_{2R}R_{X_2}$ und $X_3 = p_{32}X_3 + p_{2R}R_{X_2}$.
Die einzelnen Terme sowie der Lösungsweg zur Gleichung 2.1 werden in Kapitel 5, Abschnitt 5.1 an einem ähnlichen Beispiel näher erörtert.

[4]   *Manifeste* Variablen entsprechen den direkt gemessenen Variablen, die üblicherweise in Pfadmodellen verwendet werden. Dagegen stehen hinter *latenten* Variablen abstraktere Begriffe, Konstrukte oder auch Dimensionen, die über ein Meßmodell mit den manifesten Variablen verbunden werden.

mehr von Pfadmodellen, sondern von *multiplen Indikatorenmodellen* gesprochen (vgl. Costner, 1969; Blalock, 1968). Allerdings zeigte sich sehr bald, daß den Lösungsmöglichkeiten
der aufgestellten Meß- und Strukturgleichungen auf rein analytischem Wege enge Grenzen
gesetzt sind und iterative Lösungsmöglichkeiten zur Schätzung der Modellkoeffizienten herangezogen werden müssen. Vorschläge hierzu kamen aus der Ökonometrie, insbesondere von
Goldberger (1972), der auch auf die Arbeiten von Duncan Bezug nahm.[5] 1970 wurde von
Duncan und Goldberger an der Universität Wisconsin eine Konferenz organisiert, die an der
Entwicklung und Anwendung von Pfad- und Strukturgleichungsmodellen interessierte Sozialwissenschaftler und Ökonometriker zusammenbrachte (vgl. Goldberger & Duncan, 1973).
Hier stellte Jöreskog (1973) sein wegweisendes Strukturgleichungsmodell vor, das die statistische Grundlage für das Programm LISREL bildete.[6] Jöreskogs Ansatz basiert nicht mehr
auf einzelnen Gleichungen (wie noch bei Costner und Blalock), sondern auf einem System
von Gleichungen, das aus Variablenvektoren und Parametermatrizen besteht. Ein Strukturgleichungsmodell mit latenten Variablen wird in LISREL über neun Parametermatrizen definiert
und über die statistisch effiziente *Maximum-Likelihood*-Funktion iterativ berechnet. Eine Reihe
von Submodellen kann ebenfalls mit diesem Gleichungssystem bearbeitet werden. Hierzu zählt
die Pfadanalyse (Strukturmodell ohne Meßmodell, vgl. Kapitel 5) und die konfirmatorische
Faktorenanalyse (Meßmodell ohne Strukturmodell, vgl. Kapitel 6). Eine technische Verallgemeinerung des Ansatzes von Jöreskog nahmen unabhängig voneinander Bentler und Weeks
(1980) sowie Graff und Schmidt (1982) vor. Sie reduzierten die zu spezifizierenden Vektoren
und Matrizen ohne eine Einschränkung der Modellierungsmöglichkeiten in Kauf nehmen zu
müssen. Bentler (1985) entwickelte auf der Basis dieses verallgemeinerten Ansatzes das Programm EQS. Auch wenn heute weitere Programmentwicklungen zu verzeichnen sind (z. B.
AMOS, M*plus*, Mx), können die Programme LISREL und EQS als die am meisten verbreitete
Software zur Bearbeitung von Strukturgleichungsmodellen bezeichnet werden (vgl. Kapitel 8).

Hershberger (2003) kam in einer Auswertung von veröffentlichten Artikeln aus der Datenbank
PsycINFO für die Jahre 1994 bis 2001 zu dem Ergebnis, daß Strukturgleichungsmodelle in der
Entwicklung statistischer Modellbildung und in der empirischen Anwendung eine zunehmende
Bedeutung bekommen haben. Hierbei stieg nicht nur die Anzahl der Veröffentlichungen, son-
dern auch die Anwendungshäufigkeit von Strukturgleichungsmodellen im Vergleich zu anderen
Techniken der multivariaten Statistik wie Clusteranalyse, MANOVA (*Multivariate Analysis of
Variance*), Diskriminanzanalyse und multidimensionale Skalierung (vgl. Hershberger, 2003,
S. 41). Dazu beigetragen hat natürlich auch die im Jahre 1994 vorgenommene Gründung der
Zeitschrift *Structural Equation Modeling*.

Ausgangspunkt der Vorgehensweise zur Überprüfung von Strukturgleichungsmodellen ist eine
theoretische und inhaltliche Problemformulierung mit daraus abzuleitenden Hypothesen. Da in
der Regel metrisches, mindestens aber kategoriales Meßniveau bei den manifesten Variablen

---

[5]   Goldberger (1964) verwendet in seinem Ökonometrie-Lehrbuch als einer der ersten den Begriff
       structural equation models.

[6]   Der Vorläufer des Programms LISREL wurde unter dem Namen ACOVS (*A General Computer
       Program for the Analysis of Covariance Structure*) bekannt, vgl. Jöreskog et al. (1970).

vorauszusetzen ist, können die im Modell enthaltenen Beziehungen jeweils eine Richtung wiedergeben: Eine *positive* Beziehung gibt eine *gleichsinnige* Richtung des Einflusses der unabhängigen auf die abhängige Variable wieder, während eine *negative* Beziehung für eine *gegensinnige* Richtung des Einflusses steht. Bei Strukturgleichungsmodellen mit latenten Variablen (vgl. Kapitel 7) wird eine Differenzierung zwischen Meß- und Strukturhypothesen vorgenommen, um Hypothesen und kausale Zusammenhänge zwischen den *latenten* Variablen sowie gleichzeitig Hypothesen über die Meßqualität der *manifesten* Variablen zu prüfen.[7] Hierbei wird deutlich, daß die kausale Modellbildung mit Strukturgleichungen in erster Linie ein hypothesentestendes, und damit eher ein konfirmatorisches Verfahren der statistischen Analyse ist.

Das nach den Hypothesen formulierte Modell wird dann in ein lineares Gleichungssystem überführt, welches anhand von empirischen Daten zu schätzen und zu testen ist. Wird ein Modell mit latenten und manifesten Variablen untersucht, dann muß eine Differenzierung nach *Struktur-* und *Meßhypothesen* bzw. Struktur- und Meßmodell erfolgen. Zur Untersuchung des Meßmodells gehören exploratorische Vorarbeiten über die statistischen Eigenschaften der manifesten Variablen, Entscheidungen, wieviele Messungen den latenten Variablen zugeordnet werden, sowie die Prüfung der möglichen Meßmodelle im Rahmen einer konfirmatorischen Faktorenanalyse (vgl. Kapitel 6). Diamantopoulos und Siguaw (2000, S. 17) stellen hierzu ein mögliches Ablaufschema zur Konstruktion eines Meßmodells vor. Zur Untersuchung des Strukturmodells gehören theoretische Vorarbeiten, nämlich Überlegungen zur Relevanz der zu untersuchenden latenten Variablen, die Formalisierung der inhaltlichen Hypothesen, d. h. welche latente Variable unabhängig und welche abhängig ist, und die Prognose über die Richtung der jeweiligen Beziehungen (positiv oder negativ). Eine idealtypische Vorgehensweise zur Durchführung der einzelnen Untersuchungsschritte zeigt Abbildung 2.2 (vgl. Diamantopoulos & Siguaw 2000, S. 15).

Zur Prüfung der Modellkonzeption wird die Kovarianzmatrix der zugrundegelegten Daten mit der aus den geschätzten Modellparametern ermittelten Kovarianzmatrix verglichen. Je besser die Werte der empirischen Kovarianzmatrix mit der geschätzten Kovarianzmatrix übereinstimmen, desto besser paßt das Strukturgleichungsmodell zu den Daten. Zur Beurteilung der Modellanpassung stehen verschiedene *Goodness-of-fit*-Maße und Teststatistiken zur Verfügung. Da diese Maße und Statistiken aber auch von anderen Informationen abhängig sind, sollte vorher festgelegt werden, ob beispielsweise nur eine Modellspezifikation zur Beurteilung der Modellanpassung vorgenommen werden soll oder ein Vergleich verschiedener Modellvarianten. Werden keine größeren Diskrepanzen zwischen Modell und Daten gefunden, kann das Modell (bzw. die gefundene Modellvariante) statistisch akzeptiert und inhaltlich interpretiert werden. Führt die Datenlage zu einer Widerlegung (oder teilweisen Widerlegung) des Modells, kann entweder unter sinnvollen Gesichtspunkten das Modell modifiziert werden

---

[7]   Der Begriff *latent* steht für *nicht gemessen*, während der Begriff *manifest* als Synonym für *gemessen* angesehen werden kann. In der Faktorenanalyse werden die statistisch ermittelten Dimensionen als *Faktoren* bezeichnet. Ein Unterschied zur Bezeichnung *latente Variable* existiert nicht (vgl. hierzu auch Kapitel 6).

Abbildung 2.2: Vorgehensweise zur Analyse von Strukturgleichungsmodellen

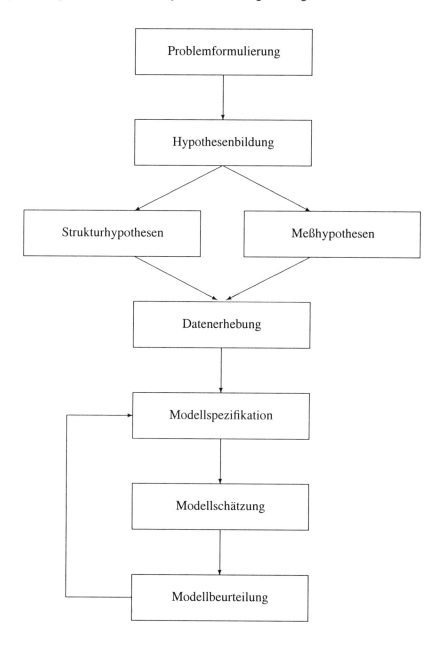

oder die Modellwiderlegung akzeptiert werden. Bei einer Modellmodifikation wird erneut eine Modellschätzung sowie eine weitere Modellbeurteilung vorgenommen. Dieser Zyklus kann beliebig fortgesetzt werden, allerdings sollte die Aussagekraft des modifizierten Modells mit den Ausgangshypothesen vereinbar sein. Desweiteren ist zu beachten, daß eine sparsame Modellierung (d. h. wenige zu schätzende Parameter) die inhaltliche Aussagekraft des Modells erhöht. Zusätzliche Parameterspezifikationen verbessern zwar die Modellanpassung, können aber auch ein unangemessenes *model fitting* provozieren, das in der sozialwissenschaftlichen Modellbildung nicht zu sinnvollen und informativen Ergebnissen führt.

2.2   Kausalität in Strukturgleichungsmodellen

Obwohl multivariate statistische Verfahren wie Strukturgleichungsmodelle den Anspruch haben, kausale Interpretationen zuzulassen, ist nicht geklärt, wie die Ergebnisse eines Modells in dieser Hinsicht zu bewerten sind. Die hier behandelten multivariaten statistischen Verfahren bieten eine *Struktur*, die hinsichtlich ihrer kausalen Interpretation neutral ist. Beispielsweise kann postuliert werden, daß eine Variable X auf eine Variable Y wirkt. Ebenso ist eine Wirkung von Y auf X möglich. Kausalität kann aber durch eine statistische Modellprüfung zwischen diesen beiden Variablen nicht nachgewiesen werden. Die Verfahren prüfen lediglich, ob auf Grund der inhaltlich postulierten Hypothesen und der zugrundeliegenden Annahmen eine kausale Beziehung statistisch nicht zurückzuweisen ist.[8] Das Vorhandensein einer kausalen Beziehung ist hierbei an vier Bedingungen geknüpft (vgl. Zimmermann, 1972):

1. *Die theoretische Begründung*: Ohne theoretisch abgeleitete Hypothesen läßt sich eine kausale Schlußfolgerung bezüglich der postulierten Beziehungen zwischen den Variablen nicht durchführen. Die mathematische Formalisierung läßt nicht automatisch eine kausale Interpretion der Strukturkoeffizienten zu (vgl. Pearl, 2000, S. 135).

2. *Der empirische Zusammenhang*: Substantielle empirische Zusammenhänge bilden die empirische Basis für kausale Beziehungen. Wenn die Variablen X und Y nicht miteinander korrelieren, läßt sich auch kein substantieller kausaler Effekt zwischen X und Y nachweisen.

3. *Die zeitliche Asymmetrie*: Nur wenn zwischen den Variablen X und Y Zeit vergangen ist, kann strenggenommen von einem kausalen Effekt zwischen beiden Variablen gesprochen werden. Werden Querschnittsdaten analysiert, dann kann nur eine theoretische Annahme bzw. eine retrospektive Datenerhebung die fehlende zeitliche Abfolge ersetzen.

4. *Der Auschluß von Drittvariableneinflüssen*: Die Wirkung der Variablen X auf die Variable Y verschwindet nicht, wenn der Einfluß von weiteren Prädiktoren (den sogenannten Drittvariablen) kontrolliert bzw. konstant gehalten wird (vgl. Jagodzinski, 1986, S. 83).

---

[8]   Steyer (1992, 2003) hat sich sehr ausführlich mit der Entwicklung einer formalen Theorie kausaler Regressionsmodelle auseinandergesetzt.

Die Größe eines Parameters in einem Strukturgleichungsmodell ist ein Indiz für die Bedeutung einer kausalen Beziehung. Die Qualität der Stichprobe und deren Umfang bestimmen, wie stark die Beziehung sein muß, um eine kausale Interpretation zu ermöglichen. Bei alternativen Modellstrukturen sollte die Effektstärke außerdem konsistent sein. Wenn replikative Stichproben mit den gleichen Variablen vorliegen, dann läßt sich diese Konsistenz auch mit der gleichen Modellierung nachweisen. Wenn den Wiederholungsuntersuchungen ein Paneldesign zu Grunde liegt, dann ist auch die Persistenz einer kausalen Beziehung prüfbar.

2.3   Methodische Eigenschaften

Die hier betrachteten Verfahren der Strukturgleichungsmodelle analysieren die Daten auf der Grundlage der Momente eines Variablenvektors p. In der Regel sind die Momente $p \cdot (p + 1)$ Varianzen und Kovarianzen. Bei der Spezifikation eines Modells wird davon ausgegangen, daß sich die postulierten Hypothesen über die gemessenen Daten bestätigen lassen. Hierbei muß beachtet werden, daß im Modell weniger Parameter zu schätzen sind, als Momente zur Verfügung stehen. Ansonsten ist das Modell nicht identifiziert und das Gleichungssystem auf Grund der Diskrepanz zwischen bekannten und unbekannten Größen nicht schätzbar. Das Identifikationsproblem kann aber auch dadurch eingegrenzt werden, daß Parametergrößen im Modell auf bestimmte Werte fixiert oder mit anderen Parametern gleichgesetzt werden. Gerade durch die Einführung solcher Restriktionen (*constraints*) ist der Einfluß einer hypothesenorientierten Modellbildung auf die statistische Modellierung möglich. Je größer die Anzahl der Restriktionen im Strukturgleichungsmodell ist, desto weniger Parameter sind zu schätzen. Damit kann das zu prüfende Modell zwar eher von den Daten widerlegt werden, bei einer Modellbestätigung ist es aber aussagekräftiger als ein unrestringiertes Modell. Die Bedeutung der Restriktionen wird in den Beispielen der Kapitel 5, 6 und 7 deutlich werden.

Hildebrandt et al. (1992, S. 10) haben drei Eigenschaften von Strukturgleichungsmodellen hervorgehoben, die über das Potential von klassischen, statistischen Verfahren (z. B. Hauptkomponentenanalyse, exploratorische Faktorenanalyse) hinausgehen:

1. Es können explizite Hypothesen darüber formuliert werden, wieviele manifeste Variablen zur Messung einer latenten Variablen verwendet werden.

2. Es können sowohl korrelative als auch gerichtete (kausale) Beziehungen zwischen den Konstrukten formuliert werden.

3. Die aufgestellten Hypothesen lassen sich sowohl im Meßmodell als auch im Strukturmodell anhand von Teststatistiken und *Goodness-of-fit*-Maßen überprüfen.

Wie in der klassischen Testtheorie (vgl. Lord & Novick, 1968) wird auch bei Strukturgleichungsmodellen nicht von einer fehlerfreien Messung ausgegangen. Es geht hier aber nicht nur um eine statistische Bereinigung des Anteils zufälliger Meßfehler, sondern auch um die explizite Modellierung möglicher systematischer Meßfehler, die sich beispielsweise durch die gewählte Erhebungsmethode nicht oder nur sehr schwer vermeiden lassen.[9]

Die Differenzierung zwischen einer Beobachtungsebene (manifeste Variablen) und einer Strukturebene (latente Variablen) gibt den Strukturgleichungsmodellen auch eine wissenschaftstheoretische Bedeutung. Die von Hempel und Carnap formulierte Zwei-Sprachen-Theorie (vgl. Hempel, 1974), die Beobachtungssprache einerseits und die theoretische Sprache andererseits, läßt sich auch auf Strukturgleichungsmodelle mit ihrer Differenzierung zwischen latenten und manifesten Variablen übertragen. Diese Diskussion wurde insbesondere von Blalock (1968) und Costner (1969) in den USA sowie von Schmidt und Graff (1975) und Schmidt (1977) in Deutschland aufgegriffen. Allerdings muß hier klar sein, daß die epistemologische Bedeutung des Begriffs *theoretisch* sich von der theoretischen Ebene in Strukturgleichungsmodellen in Form der latenten Variablen deutlich unterscheidet. Einer damit verbundenen und vielfach auch geäußerten Hoffnung, daß mit Strukturgleichungsmodellen ein *direkter* Theorietest im Sinne der Zwei-Sprachen-Theorie geleistet werden kann, muß kritisch begegnet werden, da die Grenzen zwischen beobachteten und theoretischen Konzepten oft nicht trennscharf sind. Die Modellbildung ist vielfach von der Qualität des jeweiligen Meßinstrumentes abhängig (vgl. die Diskussion in Jagodzinski, 1986, S. 82f.).

2.4   Methodische Entwicklungen

Die Datenanalyse mit Strukturgleichungsmodellen kann als generelle Untersuchungsstrategie verstanden werden, die besonders geeignet ist, Hypothesen auf der Basis nicht-experimenteller Daten zu untersuchen. Sie liefert nach dem heutigen Stand mehrere wesentliche Beiträge, die sie über die klassischen multivariaten-statistischen Ansätze (z. B. Faktorenanalyse, Varianzanalyse) hinaushebt. Dazu gehören das allgemeine Konzept der Kovarianzstrukturanalyse mit der Entwicklung neuer Schätzverfahren und Teststatistiken, Modelle für mehrere Populationen, Längsschnittmodelle, die Untersuchung von Entwicklungsprozessen sowie Modellkonzeptionen, die fehlende Werte in den Daten berücksichtigen. In einzelnen Bereichen ist die methodische Entwicklung noch in vollem Gange. Die im folgenden aufgelisteten Themengebiete zählen zu den Kernbestandteilen dieses Lehrbuches:

1. **Das allgemeine Konzept der Kovarianzstrukturanalyse**: Wie in Abschnitt 2.1 erörtert, verbindet das allgemeine Strukturgleichungsmodell die Faktorenanalyse mit linearen, simultanen Gleichungssystemen. Die Spezifikation der einzelnen, zu schätzenden Parameter erfolgt auf Grund theoretischer Überlegungen. Die statistische Theorie, auf der das allgemeine Strukturgleichungsmodell basiert, ist asymptotisch. Die klassischerweise zur Schätzung der Parameter verwendete *Maximum-Likelihood*-Diskrepanzfunktion (abgekürzt ML) stellt relativ hohe Voraussetzungen an die Variablen und Daten. Hierzu gehören metrisches Meßniveau, großer Stichprobenumfang und die

---

[9]   Bei der mündlichen Befragung werden diese systematischen Meßfehler als *response sets* bezeichnet (vgl. hierzu Reinecke, 1991, S. 23f.; Diekmann, 1995, S. 382f.; Schnell et al., 1999, S. 330f.).

multivariate Normalverteilung, die mit empirischen Daten aus sozialwissenschaftlichen Untersuchungen nicht zu erreichen sind. Um die Informationen aus den höheren Momenten der Verteilungen ausnutzen zu können, hat Browne (1982, 1984) eine generelle Diskrepanzfunktion (*Weighted-Least-Square*, abgekürzt WLS) für asymptotische Schätzer entwickelt, die die höheren Momente in Form einer Gewichtungsmatrix bei der Schätzung berücksichtigt (vgl. Kapitel 6, Abschnitt 6.1.4). Da für die Berechnung dieser Gewichtungsmatrix in Abhängigkeit von der Modellgröße große Datenmengen benötigt werden, wird das Problem des Stichprobenumfangs aber eher noch verstärkt. Satorra und Bentler (1990, 1991) haben in verschiedenen Studien festgestellt, daß die Verletzung der Normalverteilungsannahme weniger die Parameterschätzer, als vielmehr die Standardfehler und die χ^2-Statistik betrifft. Die Entwicklung der sogenannten *scaled chi-square statistic* und die Schätzung robuster Standardfehler mit den üblichen Parametern aus der ML-Funktion können als ernst zunehmende Alternativen zur WLS-Funktion bei der Berechnung von Strukturgleichungsmodellen mit nicht normalverteilten Daten angesehen werden (vgl. die empirischen Beispiele in Kapitel 6).

Die Identifikationsbedingungen sind in komplexen Modellen (z. B. Modelle mit kovariierenden Meßfehlern, vgl. hierzu Kapitel 6, Abschnitt 6.4.1) nur sehr schwer und aufwendig zu überprüfen. Die Wirkung einer Fehlspezifikation im Modell ist trotz umfangreicher Simulationsstudien bisher noch weitgehend ungeklärt. Für die vorhandenen Teststatistiken gilt, daß sowohl ihre Ausprägungen von der Spezifikation des Modells als auch von den Eigenschaften des Datenmaterials abhängig sind. Eine Systematisierung von Identifikationsbedingungen erfolgt hier im Rahmen der Vorstellung von Pfadmodellen, Meßmodellen und konfirmatorischer Faktorenanalyse sowie im allgemeinen Strukturgleichungsmodell (siehe die entsprechenden Abschnitte in den Kapiteln 5, 6 und 7).

2. **Modelle für mehrere Populationen**: Obwohl der Test auf Gleichheit von Parametern zwischen Populationen durch die Varianzanalyse eine lange Tradition in der Statistik und den angewandten Sozialwissenschaften hat, ist der multivariate Modellvergleich zwischen Populationen relativ neu. Dieser Modellansatz kann Invarianz von Meß- und Strukturmodellen über zwei oder mehrere Kovarianzmatrizen testen und wird als *multipler Gruppenvergleich* bezeichnet (vgl. Sörbom, 1982). Werden die Mittelswertsinformationen der manifesten Variablen berücksichtigt, dann ist auch ein Test auf Mittelwertsdifferenzen der latenten Variablen möglich (siehe die entsprechenden Abschnitte in den Kapiteln 5, 6 und 7).

3. **Längsschnittmodelle und die Untersuchung von Entwicklungsprozessen**: Stabilität und Veränderung von latenten und manifesten Variablen können durch Längsschnittinformationen (Paneldaten) untersucht werden. Mit Hilfe von autoregressiven Strukturgleichungsmodellen (Markov-Modellen) ist eine Differenzierung nach Stabilität und Veränderung der latenten Variablen einerseits und nach unsystematischen Meßfehlern in den manifesten Variablen andererseits möglich (vgl. Engel & Reinecke, 1994). Dies gilt aber nur, wenn mehr als eine manifeste Variable der entsprechenden latenten Variablen

pro Meßzeitpunkt zugeordnet werden kann. Diese werden in Anlehnung an Blalock (1968) auch als multiple Indikatorenmodelle bezeichnet. Zeitverzögerte und autoregressive Effekte können in den Markov-Modellen differenziert werden. Die Stabilität des Meßmodells kann durch geeignete Restriktionen überprüft werden, was hier bei den konfirmatorischen Faktorenmodellen über vier Panelwellen und bei den Strukturgleichungsmodellen über drei Panelwellen exemplarisch erörtert wird (vgl. Kapitel 6, Abschnitt 6.4.2 und Kapitel 7, Abschnitt 7.3).

Für die Analyse von Entwicklungsprozessen über die Zeit werden Strukturgleichungsmodelle benötigt, die nicht nur individuelle Entwicklungsparameter berücksichtigen, sondern auch die Variation dieser Entwicklungen in der Untersuchungspopulation aufzeigen. Hierzu werden neben der Kovarianzmatrix die Mittelwertsinformationen der manifesten Variablen herangezogen, um interindividuelle und intraindividuelle Entwicklungstendenzen zu modellieren. Diese Modelle werden als Wachstumsmodelle bezeichnet (vgl. Kapitel 7, Abschnitt 7.5).

4. **Modelle unter Berücksichtigung fehlender Werte**: In jüngster Zeit sind Verfahren entwickelt worden, die eine ML-Schätzung der Kovarianzmatrix unter Berücksichtigung der fehlende Werte vornehmen. Diese Matrix wird dann als Datenbasis für das zu untersuchende Strukturgleichungsmodell verwendet. Erfreulicherweise stehen die verschiedenen Techniken mittlerweile in den Software-Programmen EQS und LISREL zur Verfügung. Weitere Techniken sind eher modellunabhängig und sind als datenbasierte Verfahren zur Behandlung fehlender Werte bekannt geworden. Hierzu zählt die ursprünglich von Rubin (1987) entwickelte Technik der mehrfachen Ersetzung fehlender Werte, die als *multiple imputation* bezeichnet wird (vgl. die Ausführungen in Kapitel 7, Abschnitt 7.4).

Eine Reihe von speziellen Modellarten soll hier nicht weiter behandelt werden, da sie nur für einen relativen kleinen Anwenderkreis interessant sind und in einigen Fällen auch nur sehr aufwendig umgesetzt werden können. Hierzu gehören nicht-lineare Ansätze im Rahmen der Konstruktion von Interaktionsmodellen, die Bedeutung von Bootstrap-Methoden[10] in Strukturgleichungsmodellen, die Berücksichtigung mehrerer Analyseebenen (Mehrebenenmodelle) sowie neuere Konzepte, die Strukturgleichungsmodelle mit kategorialen Verfahren der Klassifikation verbinden (Mischverteilungsmodelle). Auf die relevante Literatur wird hier jeweils verwiesen:

1. **Interaktionsmodelle**: Kenny und Judd (1984) gehörten zu den ersten, die die Modellierung von latenten Interaktionsvariablen in Strukturgleichungsmodellen vorgeschlagen

---

[10] Bootstraps sind die Schlaufen an Cowboy-Stiefeln, an denen man die Stiefel hochzieht. So wie sich Baron Münchhausen am eigenen Schopf aus dem Sumpf zieht, so versucht man mit Bootstrap-Verfahren in der Statistik eine Prüfverteilung für den errechneten Modellfit durch Resimulation der eigenen Daten zu ermitteln.

haben. Aufwendige Modellierungstechniken mit latenten Variablen ohne jeweils manifeste Größen[11] gehören mittlerweile der Vergangenheit an (siehe beispielsweise Hayduk, 1987). Die Modellspezifikation erfordert aber stattdessen nicht-lineare Restriktionen, die nicht in jeder Software umgesetzt werden können.[12] Eine Zusammenstellung der wichtigsten Entwicklungen auf dem Gebiet der latenten Interaktionsmodelle zeigen die Beiträge in Schumacker und Marcoulides (1998). Technische und inhaltliche Unterschiede zwischen dem multiplen Gruppenvergleich und latenten Interaktionsmodellen diskutieren Yang Jonsson (1997) und Reinecke (1999, 2001, 2002).

2. **Bootstrap-Methoden**: Unter Vorgabe der Parameter für ein spezifisches Strukturgleichungsmodell können mit Hilfe eines Zufallszahlengenerators Daten erzeugt werden, die zu dem Modell passen. Hat man für einen empirischen Datensatz die Parameter des Modells geschätzt, so läßt sich eine Simulation mit diesen Parameterschätzungen vornehmen. Wird die Simulation auf die empirischen Daten bezogen (d. h. n-Stichproben aus dem Gesamtdatensatz mit Umfang N), dann wird diese *resampling*-Technik als Bootstrap-Verfahren bezeichnet (einen Überblick über Bootstrap-Verfahren geben Efron & Tibshirani, 1993). Die Stabilität der Modellanpassung kann durch ein von Bollen und Stine (1992) speziell entwickeltes Bootstrap-Verfahren überprüft werden. Hierzu wird durch Resimulation eine Prüfverteilung für den errechneten Modellfit ermittelt und getestet, inwieweit die modellimplizierte Verteilung von der Populationsstatistik abweicht (für eine Anwendung vgl. Reinecke & Schneider, 1999). Dieses Verfahren ist allerdings bisher nur im Programm AMOS implementiert.

3. **Mehrebenenmodelle**: Hierarchische Regressionsmodelle haben insbesondere in der empirischen Bildungsforschung und in der Analyse sozialer Kontexte eine anerkannte Tradition (vgl. z. B. Boyd & Iverson, 1979). Der Modellansatz baut auf der klassischen Regressionsgleichung auf und modelliert die Variation der Regressionsparameter nach hierarchisch angeordneten Kontexten. Modelle mit zwei und drei Ebenen (z. B. Schüler in Klassen und Schulen) sind heute in empirischen Anwendungen weit verbreitet (vgl. auch die Beispiele in Engel, 1998, S. 73f.). Für Modelle mit manifesten Variablen werden komfortable Software-Lösungen vertrieben (z. B. MLwiN, vgl. Goldstein et al., 1998).[13] Die Erweiterung dieser Regressionsmodelle zu *multilevel path models* wird ausführlich in dem Lehrbuch von Hox (2002, Kap. 13) diskutiert. Strukturgleichungsmodelle mit mehreren Ebenen setzen voraus, daß eine separate Modellierung der Kovarianzstruktur *innerhalb* der Gruppen (z. B. Schüler einer Klasse) und *zwischen* den Gruppen (z. B. Klassen einer Schule) möglich ist. Wenn davon ausgegangen werden kann, daß die Gruppen relativ gleich groß sind, kann der *pseudo-balanced approach* von Muthén (1997)

---

[11] Diese latenten Variablen werden auch als *phantom variables* bezeichnet (vgl. Rindskopf, 1984).

[12] Beispielsweise können diese Restriktionen in LISREL nicht mit den Set-Befehlen der SIMPLIS-Syntax spezifiziert werden, sondern nur mit den CO-Befehlen der LISREL-Syntax, vgl. die Spezifikationen in Yang Jonsson (1998).

[13] Auch im Programm PRELIS lassen sich Mehrebenenmodelle mit manifesten Variablen realisieren, vgl. Jöreskog et al. (2000).

verwendet werden. Die Programme EQS (ab Version 6) und M*plus* ermöglichen eine direkte Schätzung der *within*- und *between*-Modelle. Die Äquivalenz zwischen einem Mehrebenenmodell für Längschnittdaten und den Wachstumsmodellen zeigt Hox (2002, Kap. 14). Zumindest für die Längsschnittperspektive ist hier eine Mehrebenenmodellierung in Form von Wachstumsmodellen berücksichtigt worden (vgl. Kapitel 7, Abschnitt 7.5).

4. **Die Verbindung von Strukturgleichungsmodellen und klassifikatorischen Verfahren**: Muthén und Muthén (2001, Appendix 8) stellen ein Mischverteilungsmodell vor, das gleichzeitig mit der Schätzung eines Strukturgleichungsmodells die unbeobachtete Heterogenität in den Daten berücksichtigt. Diese Heterogenität wird durch eine latente, kategoriale Variable erfaßt, die wiederum durch ein latentes Klassenmodell operationalisiert werden kann. Das Mischverteilungsmodell beinhaltet damit die konventionelle Strukturgleichungsmodellierung mit kontinuierlichen Variablen einschließlich der angesprochenen Mehrebenen- und Wachstumsmodellierung, die Analyse latenter Klassen mit einzelnen Varianten sowie die simultane Kombination dieser kontinuierlichen und kategorialen Modellansätze in einem Mischverteilungsmodell (vgl. für einen Überblick Muthén, 2002). Dieser generelle, über die klassische Strukturgleichungsmodellierung hinausgehende Ansatz ist ausschließlich mit dem Programm M*plus* (Muthén & Muthén, 2001, 2004) anwendbar.

Die in den Kapiteln 5, 6 und 7 vorgestellten Modelle orientieren sich weitgehend an der sogenannten LISREL-Notation. Die jeweiligen Beispiele sind mit den Programmen LISREL und EQS berechnet worden. Die Eingabesyntax dieser Beispiele ist jeweils in den Anhängen der Kapitel zur Verdeutlichung aufgeführt. Die Präferenz dieser beiden Programme läßt sich damit begründen, daß einerseits die Vermittlung elementarer Kenntnisse im Umgang mit Strukturgleichungsmodellen auf einer breiten Literaturbasis erfolgen sollte und andererseits der didaktische Aufbau des Lehrbuches einer syntaxorientierten Programmstruktur entgegenkommt. In den meisten relevanten Literaturstellen werden die Programme LISREL und EQS verwendet, was alleine schon dadurch zu erklären ist, daß beide bis weit in die 1990er Jahre konkurrenzlos die Anwendungen dominierten. Auch die meisten englischsprachigen Lehrbücher (Bollen, 1989; Mueller, 1996; Schumacker & Lomax, 1996; Kline, 1998; Raykov & Marcoulides, 2000) geben diese Entwicklung wieder. Da LISREL und EQS in ihren neuesten Versionen auch einen menüorientierten bzw. graphikorientierten Aufbau der zu prüfenden Modellstruktur erlauben, ist es dem Nutzer freigestellt, hiervon Gebrauch zu machen. Der Aufbau der Syntax von LISREL und EQS wird in Kapitel 8 erläutert.

3 Erhebungsdesigns, Daten und Modelle

3.1 Erhebungsdesigns

Zur empirischen Überprüfung theoretischer Konzepte und den damit verbundenen Forschungsfragen ist es für sozialwissenschaftliche Untersuchungen vor der Entwicklung eines Meßinstrumentes notwendig festzulegen, welches Erhebungsdesign hierzu geeignet ist. Beziehen sich die Forschungsfragen auf einen Zeitpunkt, wird ein einmaliger Einsatz des Meßinstrumentes hierzu ausreichen. Werden zeitbezogene Hypothesen aufgestellt, die Aussagen über soziale Prozesse oder sozialen Wandel machen, ist der mehrmalige Einsatz des Meßinstrumentes erforderlich.

Fragestellungen, die die Analyse von Veränderungen interessierender Merkmale beinhalten sowie deren zeitliche Abfolge, sind die wesentlichsten Gründe für Längsschnittsuntersuchungen. Strenggenommen setzen Kausalanalysen mit Strukturgleichungsmodellen immer eine zeitliche Abfolge zwischen Ursache und Wirkung bzw. zwischen unabhängigen Variablen und abhängigen Variablen voraus. Diese zeitliche Abfolge ist bei Querschnittsinformationen oft nicht erreichbar oder muß angenommen werden. Beispielsweise setzt die Prüfung der kausalen Wirkung des Bildungsabschlusses auf die Einstellung gegenüber Ausländern bei Querschnittsdaten voraus, daß der Bildungsabschluß der dokumentierten Einstellung zeitlich vorausgeht.

Grundsätzlich unterscheiden sich Erhebungsdesigns nach dem zeitlichen Modus. Bei einem Meßzeitpunkt ($t = 1$) handelt es sich um ein *Querschnittsdesign*, d. h. es werden einmal X Variablen bei N Untersuchungseinheiten erhoben. Bei mehr als einem Meßzeitpunkt ($t > 1$) handelt es sich um ein *Längsschnittsdesign*, d. h. es werden zu T Meßzeitpunkten X Variablen bei N Untersuchungseinheiten erhoben. Das Längsschnittsdesign läßt sich weiter differenzieren in das *Trenddesign* und das *Paneldesign*.

Im Trenddesign werden X Variablen zu T Zeitpunkten mit jeweils neuen Stichproben der gleichen Grundgesamtheit erhoben. Die N Untersuchungseinheiten unterscheiden sich zwischen den Meßzeitpunkten T. Diese Vorgehensweise entspricht einem regelmäßig wiederholten Querschnittsdesign (vgl. Menard, 1991, S. 25).

Im Paneldesign werden X Variablen zu T Zeitpunkten auf der Grundlage einer identischen Stichprobe erhoben. Die N Untersuchungseinheiten sind zu allen Meßzeitpunkten T identisch. In speziellen Varianten des Paneldesigns sind die Untersuchungseinheiten nicht immer identisch. Bei einem *alternierenden Panel* wird die Stichprobe in Subgruppen eingeteilt, die dann abwechselnd in den Panelwellen befragt werden. Bei einem *rotierenden* Panel wird die

Abbildung 3.1: Querschnittserhebung für die Variable Einkommen

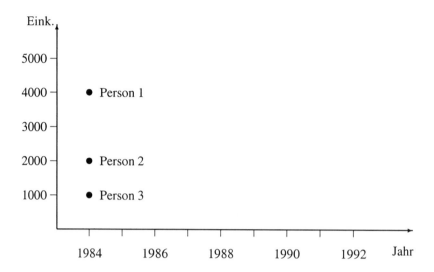

Stichprobe in soviele Gruppen aufgeteilt, wie Panelwellen geplant sind. Bei jeder Panelwelle scheidet eine der bisherigen Gruppen aus und wird durch eine neue Gruppe ersetzt (vgl. Schnell et al., 1999, S. 231). Abbildung 3.1 zeigt ein typisches Querschnittsdesign (vgl. Diekmann, 1995, S. 268). Die Einkommenswerte sind für drei Personen zu einem Zeitpunkt (hier: 1984) erhoben worden.

Wird der zeitliche Verlauf über ein Trenddesign berücksichtigt, so lassen sich über den Beobachtungszeitraum aggregierte Werte (z. B. Einkommensmittelwerte) miteinander vergleichen (vgl. Abbildung 3.2). Trenderhebungen geben auf der Aggregatebene Informationen über mehrere Querschnitte.

Wird für die Längsschnittsbetrachtung ein Paneldesign zugrunde gelegt, dann können auch individuelle Veränderungen (z. B. in der Einkommensentwicklung) betrachtet werden (vgl. Abbildung 3.3). Das Paneldesign ist in der Regel dadurch charakterisiert, daß die Studien aus einer größeren Zahl von Fällen bestehen, für die Informationen zu relativ wenigen Meßzeitpunkten ($t \geq 2$) erhoben werden (vgl. z. B. Rogosa, 1980, S. 153 f.).

Eine Gemeinsamkeit von Panel- und Trenddesign besteht darin, daß sie als Forschungsdesign im Zeitablauf die Realisierung wiederholter Stichprobenerhebungen beinhalten. Der wesentliche Unterschied zwischen beiden Designs besteht darin, daß in einer Panelstudie dieselben Personen wiederholt befragt werden, wohingegen mit einer Trendstudie aus ein und derselben statistischen Grundgesamtheit in bestimmten Zeitabständen wiederholt unabhängige Zufallsstichproben gezogen werden. Diese Stichproben repräsentieren dann im Prinzip dieselbe

Abbildung 3.2: Trenderhebung für die Variable Einkommen

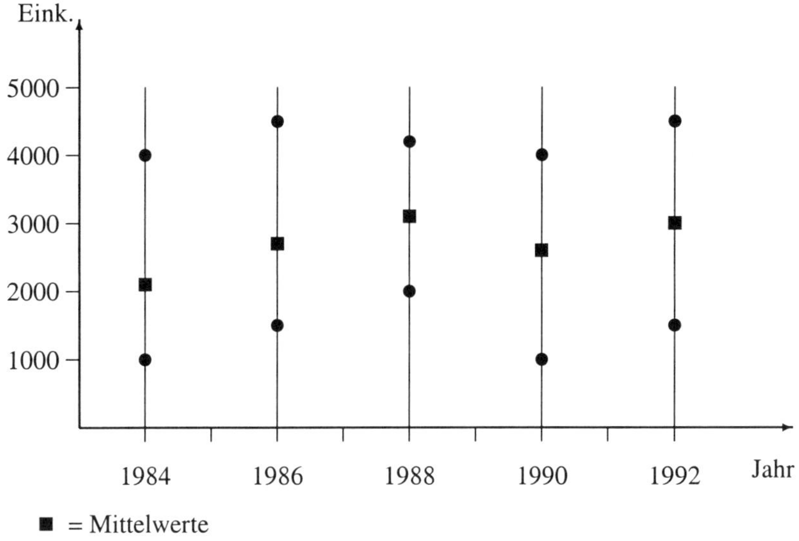

Population zu den jeweiligen Zeitpunkten, ohne allerdings die gleichen Untersuchungseinheiten zu beinhalten.

Der Informationsgehalt der Studien steigt vom Querschnitt- über das Trend- zum Paneldesign: Panelerhebungen beinhalten mehr Informationen als Trenderhebungen und diese sind wiederum informativer als einzelne Querschnittserhebungen. In dem gezeigten Beispiel kann ich die Einkommensverteilung der befragten Personen entweder nur zu einem Zeitpunkt betrachten, oder über mehrere Zeitpunkte den Trend der Einkommensentwicklung auf der Aggregatebene untersuchen, oder im Panel zusätzlich die individuelle Veränderung des Einkommens analysieren. Mit dem Informationsgehalt steigt allerdings auch der Erhebungs- und Kostenaufwand: Panelerhebungen sind durch die meist intensive Pflege der Stichprobe für die wiederholte Befragung kostenintensiver als Trenderhebungen, deren Kosten im wesentlichen durch die Ziehung neuer Stichproben und die sich jeweils anschließenden Befragungen gekennzeichnet sind.

Für Panel- wie Trendstudien ist kennzeichnend, daß die untersuchten Auswahlen von Untersuchungseinheiten dieselbe Grundgesamtheit repräsentieren. Je größer allerdings der durch die Studie erfaßte Zeitrahmen wird, desto weniger wahrscheinlich wird von einer im Zeitablauf unverändert bleibenden Population auszugehen sein. Dies wird bei Betrachtung großer Zeiträume besonders deutlich: Bei einem Vergleich zweier für die bundesdeutsche Bevölkerung repräsentativer Samples aus dem Jahre 1960 und aus dem Jahre 1980 werden sich diese Stichproben nur bedingt auf die gleiche Grundgesamtheit beziehen. 1980 besteht die Population zum Teil aus anderen Personen als 1960, einige Geburtsjahrgänge kommen neu hinzu, andere fallen weg. Während es in bestimmten Zusammenhängen sinnvoll sein kann, Ergänzungsstichproben

Abbildung 3.3: Panelerhebung für die Variable Einkommen

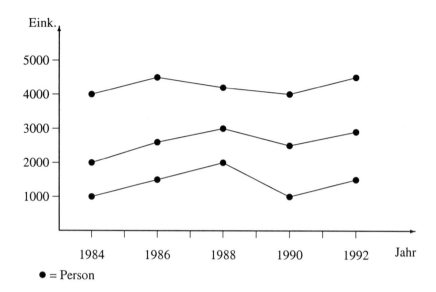

● = Person

zu ziehen, um neue Jahrgänge der Grundgesamtheit zu erfassen[1], kann die veränderte Populationszusammensetzung auch über ein zusätzliches *Kohortendesign* explizit berücksichtigt werden. Eine vergleichende Längsschnittanalyse unterschiedlicher Alterskohorten wird damit möglich.

Abbildung 3.4 verdeutlicht drei Arten von Vergleichen, die im Rahmen eines zeitsequentiellen Kohortendesigns durchgeführt werden können. Zum ersten ist der Vergleich im zeitlichen Querschnitt möglich. Zu einem gegebenen Zeitpunkt werden jüngere und ältere Personen in bezug auf ein interessierendes Merkmal verglichen, z. B. Personen des Jahrgangs j_1 mit Personen des Jahrgangs j_3. Desweiteren kann ein Kohortenvergleich vorgenommen werden. Personen ein und derselben Alterskategorie werden über die verschiedenen Meßzeitpunkte hinweg miteinander verglichen, z. B. Personen des Jahrgangs j_1 zu den Zeitpunkten t_1 und t_2 mit Personen des Jahrgangs j_1 zu den Zeitpunkten t_3 und t_4. Ein dritter Vergleich in diachroner Perspektive kann innerhalb der jeweiligen Kohorte vorgenommen und deren Entwicklung über zwei oder mehr Zeitpunkten beschrieben werden. Wird zu jedem Zeitpunkt eine neue Stichprobe

---

[1]   So wurden die Daten des Sozio-ökonomischen Panels (SOEP), das seit 1984 in Westdeutschland und seit 1990 in Ostdeutschland jährlich durchgeführt wird, durch Ergänzungsstichproben in den Jahren 1998 und 2000 erweitert. Damit sollte eine bessere Repräsentativität der aktuellen Grundgesamtheit gewährleistet werden (vgl. SOEP Group, 2001, S. 8).

Abbildung 3.4: Kombiniertes Kohorten- und Längsschnittsdesign

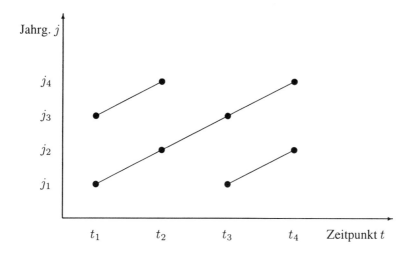

gezogen, dann repräsentiert ein Kohortendesign eine Serie von Trendstudien. Die wiederholte Befragung des ursprünglichen Samples führt zu einer Serie von Panelstudien.[2]

3.2   Daten und Modelle

Die Erörterung der unterschiedlichen Erhebungsdesigns verdeutlicht, daß für bestimmte Fragestellungen ein Querschnittsdesign nicht ausreichend ist. Wenn aber ein Längsschnittsdesign erforderlich wird, stellt sich die Frage, ob Trend- oder Paneldaten erhoben werden sollten. Wird zur Beantwortung dieser Frage als Maßstab die *Erklärbarkeit von Stabilität und Veränderung* herangezogen, so ist zur Beurteilung der relativen Erkenntnisleistung von Panel- und Trenddesign zu beachten, daß Stabilität und Veränderung nicht nur auf verschiedenen Ebenen auftreten können. Die Stabilität auf der Aggregatsebene ist auch Ausdruck des Zusammenwirkens individueller Veränderungen. Ob beispielsweise die berufliche Mobilität individueller Akteure die berufliche Struktur der Gesellschaft verändert, hängt davon ab, ob bzw. wie sehr sich gegenläufige Mobilitätsformen die Waage halten. Nicht selten ist ein hohes Maß an Zustandsänderungen auf individueller Ebene mit nur geringen Veränderungen im sozialen Aggregat, also einer hohen Aggregatstabilität, verbunden. Bezeichnen wir das Ausmaß an individueller Veränderung im System als Bruttoveränderung und dasjenige auf der Aggrega-

---

[2]   Eine detaillierte Diskussion des Kohortendesigns ist in Hagenaars (1990, Kap. 7) zu finden.
Die Kombination von Kohorten- und Paneldesign liegt beispielsweise der Arbeit von Engel und
Hurrelmann (1994) zugrunde.

tebene als Nettoveränderung, so ist der Vorteil von Panelstudien, daß sie beide Formen der Veränderung im Zusammenhang analysieren können. Trendstudien können demgegenüber nur die Nettoveränderung ermitteln (vgl. Caplovitz, 1983, S. 338).

Die Eingabeinformationen für Strukturgleichungsmodelle sind Zusammenhangsmaße, wie Kovarianzen oder Korrelationen (vgl. Kapitel 4). Mittelwerte werden für einige Modellarten zusätzlich benötigt. Bei Trenddaten liegen diese Informationen innerhalb der einzelnen Querschnitte vor. Für jeden Meßzeitpunkt kann daher ein Strukturgleichungsmodell berechnet werden. Bedeutsame Unterschiede zu reinen Querschnittsdaten existieren nicht. Daher wird auch in den Kapiteln 5 bis 7 bei den berechneten Beispielen nicht gesondert auf das Trenddesign eingegangen.

Tabelle 3.1 gibt eine Übersicht über die hauptsächlich verwendeten Datensätze, aus denen verschiedene Variablen und Skalen ausgewählt wurden, um die einzelnen Modellarten in den jeweiligen Kapiteln beispielhaft zu erläutern. Bei einzelnen, speziellen Modellspezifikationen (z. B. das Multitrait-Multimethod-Design in Kapitel 6, Abschnitt 6.4.3) ist auf entsprechendes, veröffentlichtes Datenmaterial zurückgegriffen worden.

Tabelle 3.1: Übersicht über Designs, Daten und Modelle

Design	Daten	Modelle
Querschnitt	ALLBUS	Pfadmodelle (Kapitel 5)
		Meßmodelle (Kapitel 6)
Querschnitt	KRIMI	Konfirmatorische Faktorenmodelle (Kapitel 6)
		Strukturgleichungsmodelle mit latenten Variablen (Kapitel 7)
Panel	SOEP	Pfadmodelle (Kapitel 5)
		Konfirmatorische Faktorenmodelle (Kapitel 6)
		Strukturgleichungsmodelle mit latenten Variablen (Kapitel 7)

Erläuterungen zu den Daten folgen im Text.

Die Allgemeine Bevölkerungsumfrage der Sozialwissenschaften (ALLBUS) dient dem Ziel, Daten für die empirische Sozialforschung zu erheben und allgemein zugänglich bereitzustellen. Seit 1980 wird alle zwei Jahre eine Zufallsstichprobe der Bevölkerung der Bundesrepublik mit einem teils konstanten, teils variablen Fragenprogramm befragt. Zwischen 1980 und

1990 umfaßte die Stichprobe jeweils ungefähr 3.000 Personen aus der Grundgesamtheit der wahlberechtigten Bevölkerung in Privathaushalten der alten Bundesrepublik inklusive West-Berlins. Seit 1991 umfaßt die Grundgesamtheit der ALLBUS-Studien die erwachsene Wohnbevölkerung in Privathaushalten in West- und Ostdeutschland. In dem hier verwendeten Datensatz des ALLBUS 1998 beträgt die Fallzahl etwa 2.200 Befragte in West- und 1.000 in Ostdeutschland. Ein Schwerpunkt des ALLBUS 1998 ist die „Politische Partizipation und Einstellungen zum politischen System", der auch den Meßmodellen in Kapitel 6 zugrunde liegt.[3]

Die Forschungsstudie „Jugendkriminalität in der modernen Stadt" (KRIMI) ist eine Längsschnittuntersuchung, die auf wiederholten Befragungen von Jugendlichen zwischen 13 und 16 Jahren basiert. Es geht bei dieser Untersuchung u. a. um die Einflüsse sozialstruktureller und justizieller Kontrollinstanzen (Familie, Schule, Polizei, Justiz) auf den Verlauf von deviantem und delinquentem Verhalten in der Adoleszenzphase. Die Studie wurde (und wird) in zwei Städten in Westdeutschland (Münster und Duisburg) durchgeführt und beinhaltet Alterskohorten der 7. und 9. Jahrgangsstufe. Anfang des Jahres 2000 wurde in den Schulen der Stadt Münster mit einer angestrebten Vollerhebung begonnen (N=1949). Einbezogen wurden Sonder-, Haupt- und Realschulen sowie Gymnasien.[4] In den Jahren 2001 bis 2003 wurde die zweite bis vierte Erhebungswelle mit den nun 8., 9. und 10. Klassen realisiert (N=1942, N=1947 und N=1819). Ausschließlich Querschnittsdaten aus dem Jahre 2001 (8. Jahrgang) werden für die konfirmatorischen Faktorenmodelle und die Strukturgleichungsmodelle mit latenten Variablen verwendet (vgl. Boers et al., 2002).[5]

Für die Längsschnittmodelle in den Kapiteln 5, 6 und 7 werden Daten des Sozio-ökonomischen Panels (SOEP) verwendet. Das SOEP ist eine repräsentative Wiederholungsbefragung privater Haushalte in Deutschland. Diese wird im jährlichen Rhythmus seit 1984 bei denselben Personen und Familien in der Bundesrepublik durchgeführt. Im Jahre 1990 wurde die Studie auf das Gebiet der ehemaligen DDR ausgeweitet. Verschiedene Ergänzungsstichproben stellen sicher, daß die demographischen Veränderungen in der Grundgesamtheit auch im SOEP wiedergegeben werden (vgl. SOEP Group, 2001). Der Datensatz gibt sowohl Auskunft über objektive Lebensbedingungn als auch über subjektiv wahrgenommene Lebensqualität, über die Abhängigkeiten in verschiedenen Lebensbereichen (z. B. Familie, Schule, Beruf) sowie deren Veränderungen. Für die in den einzelnen Kapiteln durchgeführten Längsschnittanalysen stam-

---

[3]   Weitere Informationen zum ALLBUS sind unter *http://www.gesis.org/Dauerbeobachtung/Allbus/* erhältlich.

[4]   Aus Vergleichszwecken wurde auch eine einmalige Stichprobe der 9. und der 11. Jahrgangsstufe (Gymnasien, Berufsschulen und Berufskollegs) gezogen, vgl. hierzu Boers und Kurz (2000).

[5]   Die Erhebungen in der Stadt Duisburg begannen im Jahre 2002 mit zwei Alterskohorten (7. und 9. Jahrgangsstufe) und werden in Abhängigkeit von der finanziellen Förderung bis mindestens zum Jahre 2005 fortgeführt, siehe hierzu die Informationen unter *http://www.uni-muenster.de/Jura.krim/abtIV/projekte/KriStadt.html* und *http://www.uni-trier.de/uni/fb4/soziologie/faecher/empirik/forschungreinecke.html*. Die Analyse der Längsschnittdaten ist frühestens ab dem Jahre 2004 möglich und konnte daher hier nicht berücksichtigt werden.

men die Variablen und Daten aus der Ausländerstichprobe des SOEP und beziehen sich auf die Jahre 1985 bis 1995. Im einzelnen werden Pfadmodelle, konfirmatorische Faktorenmodelle und Strukturgleichungsmodelle im Längsschnitt vorgestellt und diskutiert.

Das Problem fehlender Werte bei Paneldaten soll an dieser Stelle nicht unerwähnt bleiben, das sich im Unterschied zu Querschnittsstudien noch in einer weiteren Variante stellt, nämlich in Form des sukzessiven Ausfalls von Unterschungseinheiten. Diese Art von Datenausfall wird auch als *Panelmortalität* bezeichnet. Wenn nicht - wie im SOEP - Ergänzungsstichproben gezogen werden, impliziert diese Panelmortalität ein monotones Ausfallmuster von Daten. Werden diese Ausfälle durch einen systematischen Prozeß generiert, dann können sie einen erheblichen Einfluß auf die gewonnenen Ergebnisse haben (vgl. Engel & Reinecke, 1994, S. 253f., und die Erörterungen in Kapitel 7, Abschnitt 7.4.).

4 Statistische Grundlagen für Strukturgleichungsmodelle

Die Modellbildung mit Strukturgleichungen setzt bestimmte statistische Grundlagen voraus. Da die Modelle in der Regel konfirmatorischen Charakter haben, gehören deskriptive Analysen der in Betracht zu ziehenden gemessenen Variablen zu den vorbereitenden Arbeiten. In diesem Kapitel werden die grundlegenden statistischen Konzepte für Strukturgleichungsmodelle erörtert. Hierzu gehört das Meßniveau der Variablen, die Verteilungsvoraussetzungen und die Standardisierung (vgl. Abschnitt 4.1). Statistische Zusammenhangsmaße in Form von Kovarianzen und Korrelationen sind die empirischen Größen, mit denen die Parameter in Strukturgleichungsmodellen geschätzt werden. Eine wesentliche Innovation zur Berücksichtigung des kategorialen Meßniveaus von manifesten Variablen ist die Entwicklung geeigneter Zusammenhangsmaße, wie die polychorische und die polyserielle Korrelation. Die Grundlagen der in den empirischen Anwendungen verbreiteten Korrelationsmaße werden in Abschnitt 4.2 erörtert.

Das regressionsanalytische Modell wird sehr oft als Ausgangspunkt weitergehender Modellanalysen mit Strukturgleichungen verwendet. Die Grundlagen der bivariaten Regressionsanalyse und die Erweiterung zur multiplen Regressionsanalyse bilden gewissermaßen die „Brücke" zur komplexeren Modellbildung der Mehrvariablen- bzw. Pfadanalyse (vgl. Kapitel 5). Hierauf wird in Abschnitt 4.3 eingegangen.

Abschließend werden in Abschnitt 4.4 die Grundannahmen der klassischen Testtheorie vorgestellt, die eine wesentliche Voraussetzung für das Verständnis der in vielen Strukturgleichungsmodellen vorgenommenen Differenzierung von gemessenen (manifesten) und nicht gemessenen (latenten) Variablen bilden. Hierbei wird insbesondere auf die Konsequenzen für die Reliabilität und Validität von Messungen Bezug genommen, wenn Meßfehler explizit in der Modellbildung mit Strukturgleichungen berücksichtigt werden können. Da sozialwissenschaftliche Messungen fehlerbehaftet sind und dennoch inhaltliche Aussagen mit den erhobenen Daten getroffen werden sollen, spielt die Differenzierung zwischen „wahren" und fehlerbehafteten Anteilen in den Verteilungen der Variablen eine große Rolle.

4.1 Meßniveau, Verteilung und Standardisierung

Das Meßniveau der manifesten Variablen in Strukturgleichungsmodellen wird üblicherweise als kontinuierlich, d. h. intervall- oder ratioskaliert, angenommen. Die Skalierung soll eine zufriedenstellende Differenzierung der individuellen Angaben gewährleisten. Erwünschte statistische

Eigenschaften kontinuierlicher Variablen sind neben dem Skalenniveau ihre jeweiligen Vertei-
lungsparameter. Wenn die Schiefe und die Kurtosis der Variablen keine Rolle spielen, dann
liegen univariate, normalverteilte Daten vor. Die Schiefe einer Verteilung läßt sich durch das
dritte Potenzmoment (α_3) bestimmen:

$$\alpha_3 = \sum_{i=1}^{N} z_i^3 \tag{4.1}$$

Mit z wird die standardisierte Form einer Variablen angegeben (vgl. Gleichung 4.3). Wenn
$\alpha_3 < 0$ ist, dann liegt eine rechtssteile bzw. linksschiefe Verteilung vor. Bei einer linkssteilen
bzw. rechtsschiefen Verteilung ist $\alpha_3 > 0$. Die Kurtosis einer Verteilung läßt sich durch das
vierte Potenzmoment (α_4) bestimmen:

$$\alpha_4 = \frac{\sum_{i=1}^{N} z_i^4}{N} - 3 \tag{4.2}$$

Wenn $\alpha_4 < 0$ ist, dann liegt eine breitgipflige Verteilung vor. Bei einer schmalgipfligen
Verteilung wird $\alpha_4 > 0$ sein. Zu beachten ist, daß sich die Kurtosis nur für unimodale
Verteilungen sinnvoll interpretieren läßt (vgl. Bortz, 1999, S. 46).

Da aber bei Strukturgleichungsmodellen multivariate Zusammenhänge zwischen Variablen
untersucht werden, gehört die multivariate Normalverteilung der Daten zu einer der Anwen-
dungsvoraussetzungen für die Schätzfunktionen (z. B. bei der Maximum-Likelihood(ML)-
Diskrepanzfunktion, vgl. Kapitel 6, Abschnitt 6.1.4). Nur wenn univariate Normalverteilungen vorliegen, kann eine multivariate Normalverteilung in den Daten vorliegen. Tests zur
Überprüfung von Schiefe und Kurtosis einer multivariaten Verteilung diskutiert Mardia (1985)
und im Zusammenhang mit Strukturgleichungsmodellen Bollen (1989, S. 423f.).[1]

Verteilungen von Variablen sind nur dann direkt miteinander vergleichbar, wenn die Variablen
die gleiche Skalierung aufweisen und die Daten dem gleichen Datensatz entnommen sind.
Um Verteilungen von Variablen unterschiedlicher Skalierung oder unterschiedlicher Daten
vergleichen zu können, werden diese standardisiert. Dazu werden die Werte einer Variablen
(x_i) in sogenannte z-Werte (z_i) transformiert:

$$z_i = \frac{(x_i - \bar{x})}{s_x} \tag{4.3}$$

mit $\bar{x}$ als Mittelwert der Variablen x und s_x als Standardabweichung. Der Mittelwert einer
standardisierten Variablen ist immer Null ($\bar{z}_i = 0$) und die entsprechende Standardabweichung
ist immer Eins ($s_z = 1$, vgl. Bortz, 1999, S. 45). Die Transformation in standardisierte Varia-
blenwerte gibt allen Variablen die gleiche Skala und damit die gleiche Interpretationsgrundlage.
Jeder positive bzw. negative z-Wert drückt die Differenz vom Mittelwert der Variablen in Form
von Standardabweichungen aus.

---

[1]   Im Programm PRELIS werden entsprechende univariate und multivariate Tests berechnet (vgl.
        Jöreskog & Sörbom, 1993c, S. 166).

Werden standardisierte Variablen in Strukturgleichungsmodellen verwendet, dann erhält man standardisierte Parameterschätzungen, deren Werte nur zwischen -1 und $+1$ variieren können. Dieser Fall liegt immer dann vor, wenn Strukturgleichungsmodelle auf der Basis von *Korrelationsmatrizen* berechnet werden. Die Parameterschätzungen unstandardisierter Variablen sind dagegen von der betreffenden Skalierung abhängig, so daß ein direkter Vergleich über die Größe eines Parameters nicht vorgenommen werden kann. Dieser Fall liegt immer dann vor, wenn Strukturgleichungsmodelle auf der Basis von *Kovarianzmatrizen* berechnet werden. Die standardisierten Parameter müssen dann mit Hilfe der Standardabweichungen der jeweils beteiligten Variablen aus den unstandardisierten Schätzungen ermittelt werden (vgl. Kapitel 7, Abschnitt 7.1.4).

4.2   Statistische Zusammenhänge zwischen Variablen

In den folgenden Abschnitten werden einzelne Zusammenhangsmaße vorgestellt, die als empirische Information zur Schätzung von Strukturgleichungsmodellen dienen können. Kovarianzen und Produkt-Moment-Korrelationen bilden die Datenbasis für die Schätzung von Strukturgleichungsmodellen, die am häufigsten verwendet werden. Darauf wird in Abschnitt 4.2.1 eingegangen.

Kovarianzen und Produkt-Moment-Korrelationen setzen Intervallskalenniveau der manifesten Variablen voraus. Kann dieses Meßniveau nicht angenommen werden, sind Unter- oder Überschätzungen der Kovarianzen bzw. der Produkt-Moment-Korrelationen möglich. Mit dem Programm PRELIS (vgl. Jöreskog & Sörbom, 1993c, S. 92f.) können weitere Zusammenhangsmaße berechnet werden, die Verteilungsmomente und/oder das Meßniveau der zugrundeliegenden Variablen des jeweiligen Modells besser berücksichtigen können.[2] Hierzu gehört der kanonische Korrelationskoeffizient, der Rangkorrelationskoeffizient von Spearman, der τ_c-Koeffizient von Kendall und die polychorische bzw. polyserielle Korrelation (vgl. Abschnitt 4.2.2). Der tetrachorische Korrelationskoeffizient ist ein Spezialfall der polychorischen Korrelation und wird bei dichotomen Variablen berechnet (vgl. die Übersicht in Tabelle 4.1).

Jöreskog und Sörbom (1993c, S. 8f.) zeigen in einer Simulationsstudie für ordinale Variablen, daß die polychorische Korrelation als das beste Zusammenhangsmaß für dieses Meßniveau anzusehen ist. Je mehr Kategorien eine ordinale Variable allerdings hat, desto weniger wird die Produkt-Moment-Korrelation unterschätzt. Der kanonische Korrelationskoeffizient (vgl. auch Andres, 1996, S. 213) verhält sich ähnlich. Er führt bei kleinen Fallzahlen (z. B. N = 100) zu besseren Schätzungen als der auf Rangplätzen basierende Korrelationskoeffizient von Spearman (vgl. auch Bortz, 1999, S. 214f.). In allen durchgeführten Simulationen zeigt der auf Paarbildungen beruhende τ_c-Koeffizient von Kendall die schlechtesten Ergebnisse.

---

[2]   PRELIS ist ein Zusatzprogramm zu LISREL, das sowohl Systemfiles verschiedener Statistikprogrammpakete als auch Rohdaten deskriptiv analysiert und entsprechende Kovarianz- und Korrelationsmatrizen sowie Mittelwertsvektoren in externen Dateien für LISREL bereitstellt (vgl. die Ausführungen in Kapitel 8).

Tabelle 4.1: Übersicht über die Korrelationsmaße im Programm PRELIS

Korrelationsmaße	Meßniveau	
	Variable x	Variable y
Produkt-Moment-Korrelation (r)	intervall	intervall
Kanonische Korrelation (r_c)	ordinal	ordinal
Rangkorrelation (r_s)	ordinal	ordinal
Kendalls τ_c	ordinal	ordinal
Polychorische Korrelation (ρ_{pc})	ordinal	ordinal
Polyserielle Korrelation (ρ_{ps})	intervall	ordinal
Tetrachorische Korrelation (ρ_{tet})	dichotom	dichotom

Schon Anfang der 1980er Jahre konnten die polychorischen und polyseriellen Korrelationen in der fünften Version des Programms LISREL (Jöreskog & Sörbom, 1981) für die Schätzung von Strukturgleichungsmodellen verwendet werden. Da sich in vielen Anwendungen diese Korrelationskoeffizienten als ordinales Zusammenhangsmaß durchgesetzt haben, werden diese einschließlich der tetrachorischen Korrelation in Abschnitt 4.2.2 erläutert.

4.2.1   Die Kovarianz und die Produkt-Moment-Korrelation

Jede Untersuchungseinheit i liefert ein Paar von Meßwerten für zwei Variablen x_i und y_i, die über oder unter ihren jeweiligen Mittelwerten ($\bar{x}$ und $\bar{y}$) liegen können. Der Abstand zum jeweiligen Mittelwert bestimmt die Größe der Abweichungsprodukte $(x_i - \bar{x}) \cdot (y_i - \bar{y})$ jeder Einheit i. Bei weit über- oder unterdurchschnittlichen Werten ergibt sich ein hohes Abweichungsprodukt, bei kleineren Abweichungen ist das Produkt kleiner. Die Summe der Abweichungsprodukte über alle Untersuchungseinheiten ist ein Maß für den Grad der Kovariation der Meßwerte x und y. Wird diese Summe mit der Untersuchungsgröße N gemittelt, erhält man die *Kovarianz* (Bortz, 1999, S. 173):

$$cov(x, y) = \frac{\sum_{i=1}^{n}(x_i - \bar{x}) \cdot (y_i - \bar{y})}{N} \tag{4.4}$$

Die Kovarianz wird positiv, wenn überdurchschnittliche bzw. unterdurchschnittliche Werte in den Variablen x und y miteinander korrespondieren. Die Kovarianz wird negativ, wenn überdurchschnittliche Werte in x unterdurchschnittliche Werte in y entsprechen oder umgekehrt. Ist die Verteilung der Meßwerte in x und y unabhängig voneinander, dann wird die Kovarianz gegen Null tendieren. Je positiver bzw. negativer die Kovarianz ist, desto stärker ist der lineare Zusammenhang zwischen den Variablen x und y.

Kovarianzen sind allerdings in ihrer Größe nicht nur abhängig von der Stärke des Zusammenhangs, sondern auch von dem Merkmalsraum der beiden Variablen x und y. Sind die Variablen unterschiedlich skaliert, eignet sich die Kovariation zur Beurteilung der Stärke des Zusammenhangs nicht. Hierzu sind feste, von der Skalierung unabhängige, Unter- und Obergrenzen nötig, die durch den Produkt-Moment-Korrelationskoeffizienten r_{xy} erreicht werden. Aus der Division der Kovarianz mit dem Produkt der Standardabweichungen von x und y läßt sich r_{xy} ermitteln (vgl. Bortz, 1999, S. 189):[3]

$$r_{xy} = \frac{cov(x,y)}{(s_x \cdot s_y)} \qquad (4.5)$$

Die Berücksichtigung der Standardabweichungen kompensiert mögliche Skalierungsunterschiede zwischen beiden Variablen. Wird Gleichung 4.4 in Gleichung 4.5 eingesetzt, so zeigt sich, daß der Korrelationskoeffizient auch als Produkt zweier z-transformierter Variablen dargestellt werden kann (vgl. Bortz, 1999, S. 189):

$$\begin{aligned} r_{xy} &= \frac{\sum_{i=1}^{n}(x_i - \bar{x}) \cdot (y_i - \bar{y})}{(n \cdot s_x \cdot s_y)} \\ &= \frac{1}{n} \cdot \sum_{i=1}^{n}\left(\frac{x_i - \bar{x}}{s_x} \cdot \frac{y_i - \bar{y}}{s_y}\right) \end{aligned} \qquad (4.6)$$

Damit wird deutlich, daß die Korrelation ein standardisiertes und die Kovarianz ein unstandardisiertes Zusammenhangsmaß ist. Der Wertebereich des Korrelationskoeffizienten liegt zwischen -1 und $+1$, d. h. bei $r_{xy} = +1$ ist der Zusammenhang zwischen x und y perfekt positiv und bei $r_{xy} = -1$ ist der entsprechende Zusammenhang perfekt negativ.

4.2.2 Die polychorische, tetrachorische und die polyserielle Korrelation

Ordinale Assoziationsmaße basieren in der Regel auf Paarbildungen (wie der weiter oben erwähnte τ_c-Koeffizient) oder auf Rangplätzen. Der Rangkorrelationskoeffizient nutzt die metrische Information zwischen den Rängen, nutzt aber keine Informationen bezüglich der Verteilungen der ordinalen Variablen, die im Unterschied zu metrischen Variablen auch nicht definiert sind. Mit dem polychorischen Korrelationskoeffizienten existiert ein ordinales Assoziationsmaß, das in der Lage ist, auf indirektem Wege über sogenannte Indikatorvariablen diese Verteilungsinformationen zu berücksichtigen.

Zur Schätzung der polychorischen Korrelation zwischen zwei ordinalen Variablen x und y wird angenommen, daß x und y Messungen von latenten metrischen Indikatorvariablen x^* und y^* sind. Jede Kategorie x_i fällt dabei in das Intervall der Indikatorvariablen x^*, begrenzt durch die Schwellenwerte τ_{i-1} und τ_i. Genauso fällt jede Kategorie y_i in das Intervall der

---

[3] Die Produkt-Moment-Korrelation wird auch als Pearson'sche Korrelation bezeichnet.

Abbildung 4.1: Die Beziehungen zwischen den manifesten Variablen x bzw. y und ihren jeweiligen Indikatorvariablen x^* bzw. y^*.

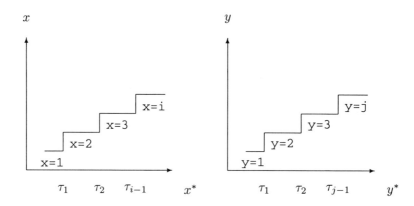

Indikatorvariablen y^*, begrenzt durch die Schwellenwerte τ_{j-1} und τ_j (vgl. Jöreskog & Sörbom, 1988, S. 192; Bollen, 1989, S. 439):

$$x = \begin{cases} 1, & \text{wenn } x^* \leq \tau_1 \\ 2, & \text{wenn } \tau_1 < x^* \leq \tau_2 \\ \vdots & \vdots \\ i-1, & \text{wenn } \tau_{i-2} < x^* \leq \tau_{i-1} \\ i, & \text{wenn } \tau_{i-1} < x^* \end{cases} \tag{4.7}$$

$$y = \begin{cases} 1, & \text{wenn } y^* \leq \tau_1 \\ 2, & \text{wenn } \tau_1 < y^* \leq \tau_2 \\ \vdots & \vdots \\ j-1, & \text{wenn } \tau_{j-2} < y^* \leq \tau_{j-1} \\ j, & \text{wenn } \tau_{j-1} < y^* \end{cases} \tag{4.8}$$

Gleichungen 4.7 und 4.8 zeigen, daß die Variablen x bzw. y mit ihren jeweiligen Indikatorvariablen x^* bzw. y^* in Form von Treppenfunktionen in Beziehung stehen, wobei jede Stufe durch die Schwellenwerte begrenzt wird (vgl. Abbildung 4.1).

Da die Schwellenwerte in der Regel nicht bekannt sind, müssen diese vor Ermittlung der polychorischen Korrelation geschätzt werden. Hierbei wird die Annahme getroffen, daß die Indikatorvariablen x^* und y^* jeweils normalverteilt sind. Da die Skalierung der Indikatorvariablen arbiträr ist, kann eine Fixierung der Mittelwerte auf den Wert Null und der Standardabweichungen auf den Wert eins vorgenommen werden. Die Wahrscheinlichkeit P, daß beispielsweise ein Wert von x^* unterhalb des Schwellenwertes τ_i liegt, entspricht der Fläche der Standardnormalverteilung bis zum Schwellenwert τ_i:

$$P(x^* \leq \tau_i) = \int_{-\infty}^{\tau_i} \frac{1}{\sqrt{2\pi}} e^{-1/2 \cdot x^*} \cdot dx^* = \Phi(\tau_i) \tag{4.9}$$

mit Φ als Funktionswert der Standardnormalverteilung.[4] Die Schwellenwerte können dann über die Inverse der Standardnormalverteilung Φ^{-1} ermittelt werden (vgl. Bollen, 1989, S. 440):

$$\tau_i = \Phi^{-1} \left(\sum_{i=1}^{k} \frac{N_k}{N} \right), \quad i = 1, 2, \ldots, c-1 \tag{4.10}$$

N_k sind die kumulierten Häufigkeiten bis zur Kategorie k und c die Gesamtzahl der Kategorien für die Variable x. Gleichungen 4.9 und 4.10 gelten analog für die Variable y. Gleichung 4.9 zeigt, daß die Wahrscheinlichkeiten durch die entsprechenden Flächen unter der Normalverteilungskurve bestimmt werden können (vgl. Abbildung 4.2).

Abbildung 4.2: Die Partionierung der Normalverteilung durch die Schwellenwerte

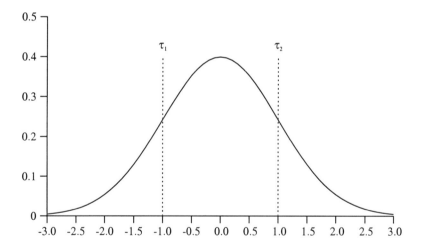

Zur Schätzung der polychorischen Korrelation $\rho_{x^* y^*}$ wird angenommen, daß die latenten kontinuierlichen Variablen x^* und y^* eine bivariate Standardnormalverteilung haben. Die Schwellenwerte für die Variable x werden mit τ_i ($i = 0, 1, \ldots, k$), die Schwellenwerte für die Variable y werden mit τ_j ($j = 0, 1, \ldots, l$) bezeichnet, wobei $\tau_i = \tau_j = -\infty$ und

---

[4] Der Schwellenwert entspricht dem z-Wert aus der Tabelle für die Verteilungsfunktion der Standardnormalverteilung, vgl. Bortz (1999, S. 694).

$\tau_k = \tau_l = +\infty$ ist. Die Wahrscheinlichkeiten für jede Zelle der Kontingenztabelle (π_{ij}) sind gegeben durch

$$\pi_{ij} = \Phi_2(\tau_i, \tau_j) - \Phi_2(\tau_{i-1}, \tau_j) - \Phi_2(\tau_i, \tau_{j-1}) + \Phi_2(\tau_{i-1}, \tau_{j-1}) \tag{4.11}$$

mit $\Phi_2(.,.)$ als bivariate Standardnormalverteilungsfunktion. Die polychorische Korrelation $\rho_{x^*y^*}$ kann damit über die Log-Likelihood-Funktion $L(\rho_{x^*y^*})$ bestimmt werden (vgl. Olsson, 1979; Bollen, 1989, S. 442):

$$lnL(\rho_{x^*y^*}) = \sum_{i=1}^{k} \sum_{j=1}^{l} N_{ij} \cdot ln(\pi_{ij}) \tag{4.12}$$

k und l beziehen sich auf die Anzahl der Kategorien der ordinalen Variablen x und y, N_{ij} auf die Häufigkeiten in den Kategorien i und j. π_{ij} sind die Wahrscheinlichkeiten aus Gleichung 4.11.

Der ML-Schätzer ist die Korrelation, die die Wahrscheinlichkeit maximiert, daß die Daten der Kontingenztabelle einer bivariaten Standardnormalverteilung folgen. Iterativ lassen sich die polychorischen Korrelationen aus den ersten Ableitungen von lnL ermitteln, wobei das zweistufige Verfahren[5] näherungsweise die gleichen Resultate erzielt wie die aufwendigere simultane Ermittlung von Schwellenwerten und polychorischen Korrelationen. Wenn die Gleichung 4.12 ihr Maximum erreicht, dann ist der ML-Schätzer die polychorische Korrelation $\rho_{x^*y^*}$.

Das folgende Beispiel zeigt die Berechnung der Schwellenwerte für zwei ordinal skalierte Variablen x und y mit einer bivariaten Verteilung (vgl. Tabelle 4.2).

Tabelle 4.2: Bivariate Verteilung der Variablen x und y

	x				
y	1	2	3	4	$\sum$
1	10	10	10	10	40
2	20	10	0	10	40
3	0	10	20	0	30
$\sum$	30	30	30	20	110

Für die Variable y werden zwei Schwellenwerte nach Gleichung 4.10 berechnet:

$$\tau_{y_1} = \Phi^{-1}\left(\frac{40}{110}\right) = -0.961 \cdot 0.363 = -0.349 \tag{4.13}$$

$$\tau_{y_2} = \Phi^{-1}\left(\frac{80}{110}\right) = 0.832 \cdot 0.727 = +.605 \tag{4.14}$$

---

[5] Zuerst werden Schwellenwerte aus den Randverteilungen geschätzt und anschließend die polychorischen Korrelationen ermittelt (vgl. Olsson, 1979).

Für die Variable x werden drei Schwellenwerte berechnet:

$$\tau_{x_1} = \Phi^{-1}\left(\frac{30}{110}\right) = -2.216 \cdot 0.273 = -.605 \qquad (4.15)$$

$$\tau_{x_2} = \Phi^{-1}\left(\frac{60}{110}\right) = 0.209 \cdot 0.545 = +.114 \qquad (4.16)$$

$$\tau_{x_3} = \Phi^{-1}\left(\frac{90}{110}\right) = 1.110 \cdot 0.818 = +.908 \qquad (4.17)$$

Tabelle 4.3 gibt die Syntax des Programms PRELIS zur Berechnung der polychorischen Korrelation wieder. Die Daten aus Tabelle 4.2 werden in der Datei „Cross.dat" zur Verfügung gestellt.[6]

Tabelle 4.3: Beispielsyntax des Programms PRELIS zur Berechnung der polychorischen Korrelation zwischen den Variablen x und y

```
Daten der Tabelle 4.2 zur Berechnung der polychorischen Korrelation
DA NI=3 NOBS=110
LA
Y X N
RA=Cross.dat
WE N
OU MA=PM
```

Die polychorische Korrelation beträgt für dieses Beispiel $\rho_{x^*y^*} = 0.03041$. Bei dichotomen Variablen x und y entspricht die polychorische Korrelation der tetrachorischen Korrelation (vgl. Bortz, 1999, S. 211). Wenn eine Variable ordinal und die andere metrisch skaliert ist, dann wird die polyserielle Korrelation geschätzt (vgl. Olsson et al., 1982). Auch hier wird eine bivariate Standardnormalverteilung angenommen. Sollen im Strukturgleichungsmodell sowohl ordinale als auch metrische Variablen verwendet werden, dann enthält die Korrelationsmatrix polychorische Korrelationen für den Zusammenhang der ordinalen Variablen untereinander, polyserielle Korrelationen für den Zusammenhang zwischen metrischen und ordinalen Variablen und Produkt-Moment-Korrelationen für den Zusammenhang der metrischen Variablen untereinander. Die Anwendung von polychorischen und polyseriellen Korrelationen in Strukturgleichungsmodellen wird in Kapitel 7, Abschnitt 7.2 erörtert.

---

[6]   Der interessierte Leser kann die Daten aus Tabelle 4.2 in die Datei „Cross.dat" übertragen und damit das Beispiel selbst nachvollziehen. Ein Überblick über die Syntaxstatements des Programms PRELIS ist in Jöreskog und Sörbom (1993c, S. 207-210) zu finden. Variablen mit maximal 15 Kategorien können als ordinale Variablen deklariert werden. Andernfalls werden sie als metrische Variablen behandelt.

4.3   Die lineare Regressionsanalyse

Kovarianzen und Korrelationen zeigen - wie in Abschnitt 4.2.1 dargestellt - den Grad des Zusammenhangs zwischen den gemessenen Variablen an und bilden die Datenbasis für Modelle mit linearen Gleichungen. Ein gleichsinniger Zusammenhang wird durch einen positiven Koeffizienten ausgedrückt, ein gegensinniger durch einen negativen Koeffizienten. Diese Assoziationen sagen aber noch nichts über eine gerichtete Beziehung zwischen den Variablen aus. Im einfachsten Fall kann die bivariate Beziehung zwischen einer unabhängigen Variablen x und einer abhängigen Variablen y betrachtet werden. Dahinter können inhaltliche Hypothesen stehen, z. B. „Je größer die Werte in x, desto größer die Werte in y". Mit einer bivariaten Regressionsgleichung steht ein mathematisches Modell zur Verfügung, mit dem die Variablen x und y verknüpft werden können (vgl. Gehring & Weins, 2004, S. 145). Dies wird zunächst in Abschnitt 4.3.1 behandelt. Die Erweiterung zum multiplen Regressionsmodell erfolgt durch Berücksichtigung mehrerer unabhängiger Variablen. Diese Erweiterung wird in Abschnitt 4.3.2 besprochen.

4.3.1   Die bivariate Regression

Die bivariate Regression verbindet zwei Variablen x_i und y_i zu einer Geraden und stellt damit eine lineare Beziehung zwischen diesen Variablen her. Die „Regression von x auf y" zeigt die Erklärungsrichtung an. Damit wird ausgedrückt, daß die Ausprägung der Variablen y_i auf die Ausprägung der Variablen x_i zurückgeführt wird. Das mathematische Modell der bivariaten Regression enthält neben den beiden Variablen x_i und y_i die zu ermittelnden Parameter a und b:

$$y_i = a + bx_i \tag{4.18}$$

Da unabhängig von den Größen der Parameter a und b die Werte der Variablen y_i immer auf einer Geraden liegen, werden diese auch als Vorhersagewerte $\hat{y}_i$ bezeichnet:

$$\hat{y}_i = a + bx_i \tag{4.19}$$

In Abbildung 4.3 sind die paarweisen Messungen der beiden Variablen in Form von Punkten im Koordinatensystem angegeben. Diese Punktewolke weist tendentiell auf eine positiv lineare Beziehung zwischen den Variablen hin. Mit Gleichung 4.19 wird diejenige Gerade ermittelt, die die Richtung und die Stärke der Beziehung aller Punkte am besten wiedergibt (vgl. Bortz, 1999, S. 169). Der Parameter b gibt die Steigung der Geraden an, während die Konstante a sich auf den Schnittpunkt mit der y-Achse bezieht. Wenn $a = 0$ ist, dann führt die Gerade durch den Ursprung des Koordinatensystems. Wenn beispielsweise $b = 0.5$ ist, dann bedeutet dies, daß die Variable y um 0.5 Einheiten ansteigt, wenn die Variable x um eine Einheit ansteigt. Ist b negativ, dann zeigt die Gerade ein Gefälle an, ist $b = 0$, dann liegt die Gerade parallel zur x-Achse (vgl. auch die Abbildungen in Gehring & Weins, 2004, S. 147).

Die Regressionsgerade wird also über die Größen der Parameter a und b bestimmt. Der optimale Verlauf der Geraden wird durch Minimierung der Abstände zwischen den empirischen

Abbildung 4.3: Graphische Darstellung der bivariaten Regression zwischen den Variablen x und y

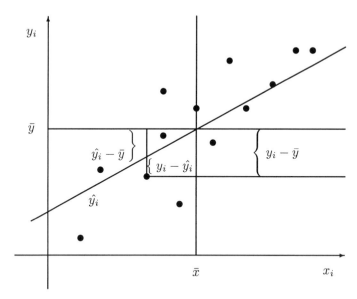

Werten der Variablen y_i und den vorhergesagten Werten $\hat{y}_i$ hergestellt. Da die Differenz $y_i - \hat{y}_i$ sowohl positiv wie negativ sein kann, wird stattdessen die quadrierte Abweichung $(y_i - \hat{y}_i)^2$ als Kriterium verwendet. Dieses Kriterium wird auch als *Kriterium der kleinsten Quadrate* bezeichnet. Die Summe der quadrierten Abweichungen zwischen vorhergesagten und beobachteten Werten muß für die Regressionsgerade minimal sein (vgl. Bortz, 1999, S. 170):

$$\sum_{i=1}^{n}(y_i - \hat{y}_i)^2 = min \qquad (4.20)$$

Um die Güte der Approximation der empirischen Werte in y_1 mit den geschätzten Werten in $\hat{y}_i$ bestimmen zu können, geht man von einer quadratischen Fehlerfunktion aus. Dies bedeutet, daß der bei der Approximation gemachte Fehler als Summe der quadrierten Abweichungen zwischen den tatsächlichen und den prognostizierten Werten definiert wird:

$$Q(e) := \sum_{i=1}^{n} e_i^2 = \sum_{i=1}^{n}(y_i - bx_i - a) \qquad (4.21)$$

Wenn Gleichung 4.19 in Gleichung 4.20 eingesetzt wird, kann nach a und b partiell differenziert werden, so daß man folgende Lösung für b erhält (zur Herleitung, vgl. Hummell, 1986, S. 21f.):[7]

$$b_{yx} = \frac{\sum_{i=1}^{n}(x_i - \bar{x}) \cdot (y_i - \bar{y})}{\sum_{i=1}^{n}(x_i - \bar{x})^2} \tag{4.22}$$

Da die Regressionsgerade immer durch den Schnittpunkt der beiden Mittelwertsachsen verläuft und die y-Achse im Punkt $(0, a)$ schneidet (vgl. Abbildung 4.3), kann a_{yx} einfach ermittelt werden:

$$b_{yx} = \frac{\bar{y} - a_{yx}}{\bar{x}} \tag{4.23}$$

$$a_{yx} = \bar{y} - b_{yx} \cdot \bar{x} \tag{4.24}$$

Die so berechnete Regressionsgerade gibt den Einfluß der Variablen x_i auf die Variable y_i wieder. Je näher die empirischen Werte von y_i an den geschätzten Werten $\hat{y}_i$ liegen, desto besser ist die Prognosekraft der Regressionsgeraden. Hierzu kann der Determinationskoeffizient R^2 herangezogen werden, der die *erklärten* Abweichungsquadrate $(\hat{y}_i - \bar{y})^2$ ins Verhältnis zu den Gesamtabweichungsquadraten $(y_i - \bar{y})^2$ stellt (vgl. Gehring & Weins, 2004, S. 155):

$$R^2 = \frac{\sum_{i=1}^{n}(\hat{y}_i - \bar{y})^2}{\sum_{i=1}^{n}(y_i - \bar{y})^2} \tag{4.25}$$

Der Wertebereich von R^2 liegt zwischen 0 und 1. Je größer der Wert von R^2 ist, desto höher ist der Anteil der Erklärungskraft der unabhängigen Variablen x. Man kann auch sagen, daß R^2 den Anteil der Variation der Werte in der Variablen y angibt, der durch x aufgeklärt wird. Demzufolge kann R^2 auch in Prozentpunkten interpretiert werden.

4.3.2   Die multiple Regression

Die bivariate Regressionsanalyse beschränkt sich auf die Betrachtung zweier Variablen. Werden mehr als eine unabhängige Variable zur Erklärung der Variation in der abhängigen Variable berücksichtigt, dann muß Gleichung 4.18 um weitere Terme erweitert werden:

$$y_i = a + b_1 x_{1i} + b_2 x_{2i} + \ldots + b_k x_{ki} + e \tag{4.26}$$

Gleichung 4.26 formalisiert ein multiples Regressionsmodell mit der Konstanten a, den Regressionskoeffizienten $b_1, b_2 \ldots b_k$ und dem Fehlerterm e (vgl. Abbildung 4.4).[8]

---

[7]   Die Methode zur Berechnung von a und b wird auch als Kleinst-Quadrate-Methode bzw. *Ordinary Least Squares* (OLS) bezeichnet. Die Bezeichnung b_{yx} wird verwendet, um zu verdeutlichen, daß y-Werte auf der Basis von x bestimmt werden sollen. Umgekehrt können auch x-Werte auf der Basis von y-Werten vorhergesagt werden. Dann wird die Bezeichnung b_{xy} verwendet und im Nenner steht dann $\sum_{i=1}^{n}(y_i - \bar{y})^2$. Bortz (1999, S. 173) weist darauf hin, daß beide Regressionsgeraden unterschiedliche Steigungen haben, da die Abweichungen der Punkte von den jeweiligen Geraden in y-Richtung und x-Richtung unterschiedlich ausfallen.

[8]   Der Fehlerterm ist definiert als $e = y_i - \hat{y}_i$ (vgl. auch Gleichung 4.21).

Abbildung 4.4: Graphische Darstellung der multiplen Regression zwischen den Variablen $x_1 \ldots x_k$ und y

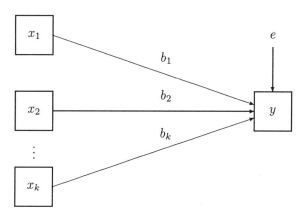

Die Terme in Gleichung 4.26 lassen sich auch als Vektoren darstellen, wobei der Einfachheit halber auf die Konstante a verzichtet wird (d. h. die Variablen werden als zentriert angenommen):

$$y_i = (x_{1i} + x_{2i} + \ldots + x_{ki})\beta + e = X\beta + e \tag{4.27}$$

mit

$$\beta = \begin{pmatrix} b_1 \\ b_2 \\ \vdots \\ b_k \end{pmatrix} \tag{4.28}$$

Eine Lösung der Regressionskoeffizenten im Vektor β kann auch hier über die Methode der kleinsten Quadrate gefunden werden, die gemäß Gleichung 4.21 von einer quadratischen Fehlerfunktion ausgeht. Gleichung 4.27 wird nach dem Fehlerterm e umgestellt:

$$e = y_i - X\beta \tag{4.29}$$

Die quadratische Fehlerfunktion lautet:

$$Q(e) := \sum e_i^2 = e'e \tag{4.30}$$

mit e' als transponierten Vektor von e. Wird Gleichung 4.29 in Gleichung 4.30 eingesetzt, dann ergibt sich:

$$e'e = (y_i - X\beta)'(y_i - X\beta) \tag{4.31}$$

Ohne hier auf die einzelnen Lösungsschritte mit den partiellen Ableitungen einzugehen (vgl. hierzu im einzelnen Hummell, 1986, S. 27f.), lassen sich die Kleinst-Quadrate-Schätzer des Parametervektors β eindeutig bestimmen:

$$\beta = (X'X)^{-1}X'y = \left(\frac{1}{n}X'X\right)^{-1}\left(\frac{1}{n}X'y\right) \tag{4.32}$$

$\frac{1}{n}X'X$ ist die Kovarianzmatrix für die unabhängigen Variablen x_k, $\frac{1}{n}X'y$ ist die Kovarianzmatrix zwischen den unabhängigen Variablen x_k und der abhängigen Variablen y. Gleichung 4.32 zeigt auch, daß die Regressionskoeffizienten im Vektor β sich in Produkte von Kovarianzen (bzw. bei standardisierten Variablen als Produkte von Korrelationen) zerlegen lassen.

In Kapitel 5 wird gezeigt, daß die Regressionsanalyse eine spezielle Form des Strukturgleichungsmodells darstellt. Es wird für genau eine abhängige Variable eine lineare Strukturgleichung formuliert. Variationen in den Werten dieser abhängigen Variablen werden durch die spezifizierten unabhängigen Variablen in einen erklärten Anteil und in einen nicht erklärten Anteil zerlegt. Die Erweiterung um mehr als eine abhängige Variable führt zu mehr als einer linearen Strukturgleichung und damit zu einem System von Strukturgleichungen, was als Mehrvariablenanalyse (vgl. Opp & Schmidt, 1976) oder Pfadanalyse (vgl. Duncan, 1966) bezeichnet wird.

4.4   Die klassische Testtheorie

Bei sozialwissenschaftlichen Untersuchungen ist in der Regel davon auszugehen, daß sich Messungen (beispielsweise durch Befragungen) nicht fehlerfrei durchführen lassen. Bei wiederholten Messungen werden im Rahmen eines Paneldesigns (vgl. Kapitel 3) Angaben der Personen unterschiedlich ausfallen, die auf drei Möglichkeiten zurückgeführt werden können (vgl. Steyer & Eid, 1993, S. 102):

1. Die zu messende Disposition verändert sich zwischen den Meßzeitpunkten.

2. Die Unterschiede sind auf *Meßfehler* zurückzuführen.

3. Sowohl *Meßfehler* als auch Dispositionsveränderungen spielen gleichermaßen eine Rolle.

Die erste Erklärung ist nur dann sinnvoll, wenn die Veränderung einen systematischen Charakter hat (z. B. alle gemessenen Eigenschaften zum zweiten Zeitpunkt höhere Werte aufweisen als zum ersten Zeitpunkt). Die zweite Erklärung trifft zu, wenn sich ausschließlich Widersprüche aus den Angaben der Personen für beide Meßzeitpunkte ergeben. Die dritte Möglichkeit kombiniert die ersten beiden und setzt voraus, daß die Messung sich sowohl aus einem Wert zusammensetzt, der die tatsächlichen Dispositionen wiedergibt (dem sogenannten *wahren* Wert), als auch aus einem Meßfehler.

Abbildung 4.5: Die Zerlegung der Messung x in den „wahren" Anteil τ und den Meßfehler ϵ

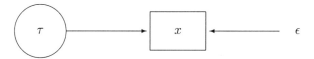

Die klassische Testtheorie hat für diese Zerlegung der Messung ein mathematisches Modell formuliert. Ein beobachteter Meßwert x besteht aus der additiven Zusammensetzung des wahren Wertes τ und des Meßfehlers ϵ (vgl. Abbildung 4.5):[9]

$$x = \tau + \epsilon \tag{4.33}$$

Der Grundgedanke des Modells ist, daß die Meßfehler um den wahren Wert zufällig streuen. Bei einer großen Zahl wiederholter Messungen wird angenommen, daß Meßwert und wahrer Wert einander entsprechen bzw. der Erwartungswert des Meßfehlers Null ist:

$$E(\epsilon) = 0 \tag{4.34}$$

Desweiteren wird angenommen, daß der wahre Wert nicht mit dem Meßfehler zusammenhängt:

$$r_{\tau\epsilon} = 0 \tag{4.35}$$

Mit den Gleichungen 4.33 und 4.34 wird das Verhältnis von theoretischer Größe (wahrer Wert) und Messung exakt definiert. Der wahre Wert ist identisch mit dem Erwartungswert der Messungen, deren Meßfehler nach Gleichung 4.34 nur zufällig auftreten. Es gilt demnach:

$$\tau = E(x) \tag{4.36}$$

Zufällige Meßfehler betreffen in erster Linie die Reliabilität der Messungen. Nach der klasssischen Testtheorie wird die Reliabilität definiert als das Quadrat der Korrelation zwischen der Messung x (z. B. Einkommen) und einer dahinter liegenden Dimension (z. B. Status), die hier als Konstrukt T bezeichnet wird (vgl. Diekmann, 1995, S. 230):

$$Rel(x) = r_{xT}^2 \tag{4.37}$$

---

[9] Die Terme der Gleichung können mit dem Suffix i versehen werden, der die Person repäsentiert. Im weiteren ist hierauf aber verzichtet worden. Die Bezeichnungen richten sich nach den Arbeiten von Lord und Novick (1968). Die Bezeichnung des wahren Wertes und der Schwellenwerte in Abschnitt 4.2.2 mit dem Buchstaben τ sind zufällig gleich.

Wird jetzt nicht nur von einer Messung ausgegangen, sondern von zwei parallelen Messungen x_1 und x_2, die das gleiche Konstrukt T erfassen sollen, dann ist die Korrelation zwischen den parallelen Messungen eine Schätzung des Reliabilitätskoeffizienten:[10]

$$r_{x_1 x_2} = r_{xT}^2 \qquad (4.38)$$

Die Validität wird in der klassischen Testtheorie definiert als die Korrelation zwischen einer Messung x und einem Außenkriterium y (vgl. Diekmann, 1995, S. 231):

$$Val(x) = r_{xy} \qquad (4.39)$$

Gehen wir jetzt von einer Messung x für das Konstrukt T_x und einer Messung y für das Konstrukt T_y aus, dann wird die Korrelation zwischen den Konstrukten ($r_{T_x T_y}$) gleich der Korrelation zwischen den Messungen sein (r_{xy}), wenn die Reliabilität der beiden Messungen perfekt ist (vgl. Gleichung 4.37):

$$r_{T_x T_y} = r_{x_1 x_2} \qquad (4.40)$$

Für empirische Untersuchungen wird dieser Fall kaum zutreffen, da Daten (z.,.B. über Befragungen) nie fehlerfrei erhoben werden können. Die Korrelation zwischen den Konstrukten wird daher unterschätzt werden, wenn die Reliabilität mindestens einer Messung kleiner als eins ist. Die rechte Seite der Gleichung 4.40 muß daher mit den entsprechenden Reliabilitätsschätzungen gewichtet werden:

$$r_{T_x T_y} = \frac{r_{x_1 x_2}}{\sqrt{Rel(x) \cdot Rel(y)}} \qquad (4.41)$$

Im Nenner der Gleichung steht jetzt das Produkt der Reliabilitäten von Messung x und Messung y. Sind beide Größen bekannt, dann kann die Korrelation zwischen den Konstrukten entsprechend „korrigiert" werden. Daher wird die Formel in Gleichung 4.41 auch als Minderungskorrektur bzw. *correction for attenuation* bezeichnet. Ein geringer Zusammenhang zwischen den Messungen muß nicht bedeuten, daß der Zusammenhang zwischen den Konstrukten auch niedrig ist. Je geringer die Reliabilität der Messungen ist, desto stärker wird die Korrelation zwischen den Konstrukten unterschätzt (vgl. Carmines & Zeller, 1979).

Eine wichtige Erweiterung des mathematischen Modells der klassischen Testthorie ist das faktorenanalytische Modell (vgl. Arminger, 1976), das auch hier als Spezialfall des allgemeinen Strukturgleichungsmodells behandelt wird (vgl. Kapitel 6, Abschnitt 6.2). Wenn eine Messung x nicht nur das entsprechende Konstrukt T_x, sondern auch andere Konstrukte repräsentiert, meßtechnisch gesehen also eine mehrdimensionale Messung darstellt, dann ist die Annahme

---

[10]   Parallel bedeutet, daß beide Messungen die gleiche Streuung aufweisen. Wird diese Annahme nicht aufrecht erhalten, dann werden beide Messungen als τ-*äquivalent* bezeichnet. Im Rahmen der Formalisierung von Meßmodellen wird in Kapitel 6, Abschnitt 6.1 hierauf genauer eingegangen. Eng verbunden mit der Test-Retest-Reliabilität ist die Differenzierung von Meßfehlern, manifesten und latenten Variablen in Längsschnittmodellen, die in Kapitel 7, Abschnitt 7.3 behandelt wird.

in Gleichung 4.35 verletzt. Diese Art von systematischen Meßfehlern kann explizit in Strukturgleichungsmodellen berücksichtigt werden und erweitert damit auch gleichzeitig den Ansatz der klassischen Testtheorie zu einem Meß- und fehlertheoretischen Ansatz. Der Einführung von latenten Variablen zur Repräsentation der hier angesprochenen Konstrukte kommt dabei eine zentrale Bedeutung zu.

5   Strukturgleichungsmodelle mit gemessenen Variablen

Die Geschichte der Strukturgleichungsmodelle ist eng verbunden mit dem Genetiker Sewell Wright, der ab etwa 1920 versucht hat, die Einflüsse größerer Variablensysteme mit Hilfe linearer Gleichungssysteme zu untersuchen (Wright, 1921, 1934). Wright ging es in erster Linie darum, gerichtete Beziehungen zwischen Variablen zu spezifizieren und die Effektstärke der unabhängigen Variablen (Ursachen) auf die abhängigen Variablen (Wirkungen) zu ermitteln. Die Analyse dieser Art von gerichteten Modellen wird als *Pfadanalyse* bezeichnet. Dabei geht es nicht in erster Linie darum, Effekte zwischen den Variablen als kausale Einflüsse zu bestimmen, sondern theoretisch abgeleitete Hypothesen mit Hilfe von Zusammenhangsgrößen (Kovarianzen oder Korrelationen) empirisch zu überprüfen. Ein spezifiziertes Pfadmodell kann dann auf kausale Beziehungen zwischen den Variablen hinweisen, wenn

1. eine zeitliche Ordnung zwischen den Variablen existiert,

2. wenn empirische Zusammenhänge ermittelt werden,

3. wenn andere kausale Einflüsse kontrolliert werden können und

4. wenn das Meßniveau der Variablen auf dem Intervallskalenniveau liegt (vgl. Schumacker & Lomax, 1996, S. 39).

Ist die Richtung der Beziehung zwischen den Variablen einseitig, dann wird damit ein *rekursives* Pfadmodell charakterisiert. Im folgenden Abschnitt 5.1 wird auf diesen Modelltyp näher eingegangen.

Werden zweiseitig gerichtete Beziehungen zwischen unabhängigen und abhängigen Variablen angenommen bzw. werden auch indirekte (vermittelnde) Rückbeziehungen auf eine (ursprünglich) unabhängige Variable spezifiziert, dann wird damit ein *nicht-rekursives* Pfadmodell charakterisiert.[1] In Abschnitt 5.2 wird dieser Modelltyp näher erörtert.

Gruppenspezifische Analysen eines Pfadmodells sind dann sinnvoll, wenn gruppenspezifische Differenzen der Parameter vermutet werden. Mit der Technik des multiplen Gruppenvergleichs

---

[1] Mit dem etwas mißverständlichen Begriff *nicht-rekursiv* werden Pfadmodelle charakterisiert, in denen direkte und indirekte Rückwirkungen zwischen den Variablen angenommen werden. Dagegen sind in *rekursiven* Modellen die Beziehungen zwischen den Variablen nur in einer Richtung spezifiziert.

können simultan die Pfadmodelle an zwei oder mehr Gruppen überprüft werden. Dabei läßt sich auch statistisch testen, ob durch geeignete Restriktionen die Invarianzen von Parametern über die Gruppen mit den Daten vereinbar sind. Dieser Technik widmet sich Abschnitt 5.3.

Abschließend wird die Modellierung von Pfadmodellen im Längsschnitt behandelt, wobei das in der Literatur viel diskutierte klassische Zwei-Variablen/Zwei-Wellen(2V2W)-Panelmodell im Vordergrund stehen soll. Die Ableitung der Pfadkoeffizienten und die beispielhafte Erörterung dieses Modells erfolgt in Abschnitt 5.4.

5.1   Rekursive Pfadmodelle

5.1.1   Modellspezifikation und Berechnung der Pfadkoeffizienten

Es existieren immer verschiedene Möglichkeiten, die Beziehungen zwischen den zur Verfügung stehenden Variablen zu spezifizieren. Darum ist die Modellspezifikation der erste Schritt für eine Pfadanalyse. Für ein Modell mit drei Variablen werden in Abbildung 5.1 vier verschiedene Varianten aufgeführt.

Im ersten Modell (1) wirkt die Variable X_2 auf die Variable X_1 und diese wiederum auf die Variable Y. Es existiert keine direkte Beziehung zwischen X_2 und Y, sondern nur eine indirekte über die Variable X_1. Im zweiten Modell (2) wirkt die Variable X_2 sowohl auf die Variable X_1 als auch auf die Variable Y. X_1 und Y haben keine Beziehung miteinander. Das dritte Modell (3) ist ähnlich, nur wirkt hier Variable X_1 auf die Variablen X_2 und Y. Mit jeweils zwei bivariaten Regressionsanalysen (vgl. Kapitel 4, Abschnitt 4.3) lassen sich die entsprechenden Parameter in diesen drei Modellen ermitteln. Das vierte Modell (4) setzt die Variable Y in gleichzeitige Abhängigkeit von den Variablen X_1 und X_2, die beide miteinander korrelieren. Mit einer multiplen Regressionsanalyse können die entsprechenden Parameter berechnet werden.

Es zeigt sich, daß für diese einfachen Pfadanalysen statistische Modelle wie die bivariate und die multiple Regression ausreichen, um die Parameter zu ermitteln. Basieren die empirischen Informationen auf Korrelationskoeffizienten, dann sind die standardisierten Regressionskoeffizienten die Pfadkoeffizienten im Pfadmodell.

Abbildung 5.1: Pfadmodellvarianten mit drei Variablen

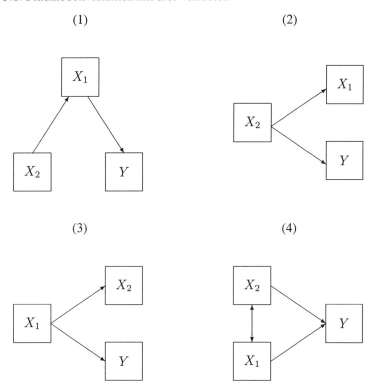

Werden anstatt drei nun vier Variablen miteinander verbunden, dann sind für die Berechnung zwei multiple Regressionsmodelle notwendig (vgl. Abbildung 5.2). Entsprechend können zwei Strukturgleichungen aufgestellt werden:

$$X_3 = p_{31}X_1 + p_{32}X_2 + p_{3R}R_{X_3} \tag{5.1}$$

$$Y = p_{Y1}X_1 + p_{Y2}X_2 + p_{Y3}X_3 + p_{YR}R_Y \tag{5.2}$$

Folgende Annahmen liegen dem Modell zugrunde:

1. Die Beziehungen zwischen den Variablen sind lineare Beziehungen.

2. Die Residuen der abhängigen Variablen (R_{X_3} und R_Y) korrelieren nicht mit den jeweiligen unabhängigen Variablen.

Aus Gleichungen 5.1 und 5.2 lassen sich durch Substitution und Umformungen die Pfadkoeffizienten analytisch ermitteln. Dies wird im folgenden exemplarisch für Gleichung 5.1 gezeigt. Vorausgesetzt wird, daß alle Variablen des Pfadmodells standardisiert sind.

Abbildung 5.2: Pfadmodell mit vier Variablen (Schumacker & Lomax, 1996, S. 42)

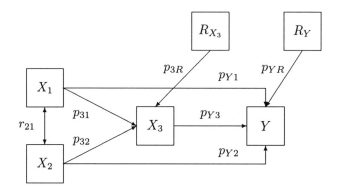

Zunächst wird die Gleichung 5.1 jeweils mit den unabhängigen Variablen X_1 und X_2 multipliziert:

$$X_3 X_1 = p_{31} X_1^2 + p_{32} X_2 X_1 + p_{3R} R_{X_3} X_1 \tag{5.3}$$

$$X_3 X_2 = p_{31} X_1 X_2 + p_{32} X_2^2 + p_{3R} R_{X_3} X_2 \tag{5.4}$$

Für jedes Variablenprodukt in den Gleichungen 5.3 und 5.4 können nun Mittelwerte gebildet werden:

$$\frac{\sum(X_3 X_1)}{N} = p_{31} \frac{\sum(X_1^2)}{N} + p_{32} \frac{\sum(X_2 X_1)}{N} + p_{3R} \frac{\sum(R_{X_3} X_1)}{N} \tag{5.5}$$

$$\frac{\sum(X_3 X_2)}{N} = p_{31} \frac{\sum(X_1 X_2)}{N} + p_{32} \frac{\sum(X_2^2)}{N} + p_{3R} \frac{\sum(R_{X_3} X_2)}{N} \tag{5.6}$$

Durch die Standardisierung der Variablen sind die Mittelwerte der Variablenprodukte identisch mit den Korrelationen zwischen den entsprechenden Variablen (vgl. Gleichung 4.6 in Kapitel 4, Abschnitt 4.2):

$$r_{31} = p_{31} r_{11} + p_{32} r_{21} + p_{3R} r_{R1} \tag{5.7}$$

$$r_{32} = p_{31} r_{21} + p_{32} r_{22} + p_{3R} r_{R2} \tag{5.8}$$

Da annahmegemäß die Residualvariable R_{X_3} nicht mit den unabhängigen Variablen korreliert ($r_{R1} = r_{R2} = 0$) und $r_{11} = r_{22} = 1$ ist, verkürzen sich die Gleichungen 5.7 und 5.8 entsprechend:

$$r_{31} = p_{31} + p_{32} r_{21} \tag{5.9}$$

$$r_{32} = p_{31} r_{21} + p_{32} \tag{5.10}$$

Tabelle 5.1: Korrelationsmatrix für die Variablen X_1 bis X_3 und Y

	Y	X_1	X_2	X_3
Y	1.000			
X_1	0.507	1.000		
X_2	0.480	0.224	1.000	
X_3	0.275	0.062	0.577	1.000

Im folgenden wird Gleichung 5.9 nach p_{31} umgestellt und in Gleichung 5.10 eingesetzt:

$$p_{31} = r_{31} - p_{32}r_{21} \tag{5.11}$$

$$r_{32} = (r_{31} - p_{32}r_{21})r_{21} + p_{32} \tag{5.12}$$

Durch weiteres Ausklammern und Umformen kann der Pfadkoeffizient p_{32} durch die Korrelationskoeffizienten ausgedrückt werden:

$$r_{32} = r_{31}r_{21} - p_{32}r_{21}^2 + p_{32} \tag{5.13}$$

$$r_{32} = r_{31}r_{21} + p_{32}(1 - r_{21}^2) \tag{5.14}$$

$$r_{32} - r_{31}r_{21} = p_{32}(1 - r_{21}^2) \tag{5.15}$$

$$p_{32} = \frac{r_{32} - r_{31}r_{21}}{(1 - r_{21}^2)} \tag{5.16}$$

Gleichung 5.16 kann dann zur Bestimmung des Pfadkoeffizienten p_{31} in Gleichung 5.11 eingesetzt werden:

$$p_{31} = r_{31} - \frac{r_{32} - r_{31}r_{21}}{(1 - r_{21}^2)}r_{21} \tag{5.17}$$

$$p_{31} = r_{31} - \frac{r_{32}r_{21} - r_{31}r_{21}^2}{(1 - r_{21}^2)} \tag{5.18}$$

Beispiel

Das folgende Beispiel bezieht sich auf das Pfadmodell in Abbildung 5.2 mit einer fiktiven Korrelationsmatrix (Tabelle 5.1, vgl. Schumacker & Lomax, 1996, S. 43).

In die beiden Strukturgleichungen 5.1 und 5.2 können nach der Berechnung die Pfadkoeffizienten eingesetzt werden:

$$X_3 = -0.071X_1 + 0.593X_2 + 0.812R_{X_3} \tag{5.19}$$

$$Y = 0.423X_1 + 0.362X_2 + 0.040X_3 + 0.774R_Y \qquad (5.20)$$

In der ersten Gleichung wird deutlich, daß der Pfadkoeffizient von X_1 auf X_3 (p_{31}) einen leichten negativen Effekt anzeigt (-0.071), während der Pfadkoeffizient von X_2 auf X_3 (p_{32}) deutlich stärker ist und einen positiven Effekt anzeigt (0.593). Die Werte der Residualpfadkoeffizienten p_{3R} und p_{YR} lassen sich über die Varianzzerlegung berechnen (vgl. Opp & Schmidt, 1976, S. 145f.):

$$
\begin{aligned}
R^2_{X_3} &= p_{31}r_{13} + p_{32}r_{23} \\
&= -0.071 * 0.062 + 0.593 * 0.577 \\
&= 0.338
\end{aligned}
\qquad (5.21)
$$

$$
\begin{aligned}
R^2_Y &= p_{Y1}r_{1Y} + p_{Y2}r_{2Y} + p_{Y3}r_{3Y} \\
&= 0.423 * 0.507 + 0.362 * 0.480 + 0.040 * 0.275 \\
&= 0.399
\end{aligned}
\qquad (5.22)
$$

Insgesamt können etwa 34% der Varianz in der Variablen X_3 und etwa 40% der Varianz in der Variablen Y aufgeklärt werden.

Aus dem Anteil der nicht erklärten Varianz ($1 - R^2$) lassen sich dann die Residualpfadkoeffizienten p_{3R} und p_{YR} berechnen (vgl. Opp & Schmidt, 1976, S. 146):

$$
\begin{aligned}
p_{3R} &= \sqrt{1 - R^2_{X_3}} \\
&= \sqrt{1 - 0.338} \\
&= 0.812
\end{aligned}
\qquad (5.23)
$$

$$
\begin{aligned}
p_{YR} &= \sqrt{1 - R^2_Y} \\
&= \sqrt{1 - 0.399} \\
&= 0.774
\end{aligned}
\qquad (5.24)
$$

Die berechneten Parameter können dann in das Pfaddiagramm eingetragen werden (vgl. Abbildung 5.3). Die entsprechenden Spezifikationen für die Programme LISREL und EQS sind im Anhang zu diesem Kapitel zu finden (vgl. Abschnitt 5.5). Es ist zu beachten, daß LISREL nur die Residualvarianzen im Output wiedergibt, während EQS zusätzlich auch die Residualpfadkoeffizienten berechnet.

5.1.2   Effektzerlegung

Die Korrelationen in Tabelle 5.1 können vollständig reproduziert werden, wenn alle *direkten* und *indirekten* Effekte im Pfadmodell bekannt sind. Ein *direkter* Effekt zwischen einer unabhängigen Variablen X und einer abhängigen Variablen Y wird durch den Pfadkoeffizienten p_{YX} angegeben. Ein *indirekter* Effekt einer unabhängigen Variablen X_1 über eine Variable X_2 auf eine abhängige Variable Y ist gleich dem Produkt der Pfadkoeffizienten p_{21} und p_{Y2} (vgl.

Abbildung 5.3: Pfadmodell mit vier Variablen (Ergebnisse)

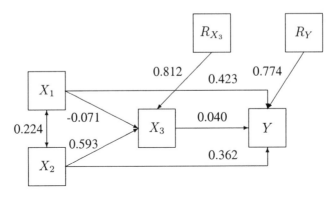

Opp & Schmidt, 1976, S. 148).[2] Anhand der Gleichungen 5.9 und 5.10 läßt sich die Effektzerlegung einfach verdeutlichen. Da in Abbildung 5.2 keine gerichtete Beziehung zwischen der Variablen X_1 und X_2 angenommen wird, gilt $r_{21} = p_{21}$:

$$r_{31} = p_{31} + p_{32}p_{21} \tag{5.25}$$

$$r_{32} = p_{31}p_{21} + p_{32} \tag{5.26}$$

Übertragen auf das im letzten Abschnitt diskutierte Beispiel ergibt sich:

$$r_{31} = -0.071 + (0.593)(0.224) = 0.062 \tag{5.27}$$

$$r_{32} = 0.593 + (-0.071)(0.224) = 0.577 \tag{5.28}$$

Die Produkte in den Gleichungen 5.25 und 5.26 zeigen die Größe der jeweiligen indirekten Effekte an.

Entsprechend können die übrigen Korrelationen r_{1Y}, r_{2Y} und r_{3Y} durch Berücksichtigung aller direkten und indirekten Effekte reproduziert werden (vgl. Abbildung 5.2):

$$r_{1Y} = p_{Y1} + p_{Y2}p_{21} + p_{Y3}p_{31} + p_{Y3}p_{32}p_{21} \tag{5.29}$$

$$r_{2Y} = p_{Y2} + p_{Y3}p_{32} + p_{Y1}p_{21} + p_{Y3}p_{31}p_{21} \tag{5.30}$$

$$r_{3Y} = p_{Y3} + p_{Y1}p_{31} + p_{Y2}p_{32} + p_{Y1}p_{21}p_{32} + p_{Y2}p_{21}p_{31} \tag{5.31}$$

---

[2]   Indirekte Effekte können weiter differenziert werden. Wenn die Produkte nur aus Pfadkoeffizienten bestehen, dann werden solche Effekte als *indirekt kausal* bezeichnet. Wenn Produkte aus Pfadkoeffizienten und Korrelationskoeffizienten bestehen, dann werden solche Effekte als *indirekte korrelierende Effekte* bezeichnet, die nicht kausal zu interpretieren sind (vgl. auch die Differenzierung in Schumacker & Lomax, 1996, S. 43).

Werden wiederum die entsprechenden Größen aus dem Beispiel eingesetzt, dann ergibt sich:

$$
\begin{aligned}
r_{1Y} &= 0.423 + (0.362)(0.224) + (0.040)(-0.071) + \\
&\quad (0.040)(0.593)(0.224) \\
&= 0.507
\end{aligned}
\tag{5.32}
$$

$$
\begin{aligned}
r_{1Y} &= 0.362 + (0.040)(0.593) + (0.423)(0.224) + \\
&\quad (0.040)(-0.071)(0.224) \\
&= 0.480
\end{aligned}
\tag{5.33}
$$

$$
\begin{aligned}
r_{3Y} &= 0.040 + (0.423)(-0.071) + (0.362)(0.593) + \\
&\quad (0.423)(0.224)(0.593) + (0.362)(0.224)(-0.071) \\
&= 0.275
\end{aligned}
\tag{5.34}
$$

Die vorgenommene Zerlegung der Effekte ist für die Modellentwicklung bedeutsam. In der Regel richtet sich das Interesse auf Variablen, die einen hohen direkten Effekt auf die abhängige Variable aufweisen und damit einen bedeutsamen Beitrag zur Varianzaufklärung leisten können. Ist dagegen der direkte Effekt gering, der indirekte Effekt aber hoch, dann wird die Bedeutsamkeit in der indirekten Wirkung der Variablen gesehen. Sind keine bedeutsamen direkten und indirekten Effekte zu verzeichnen, dann wird die entsprechende Variable nicht mehr im Modell berücksichtigt. Es ist jedoch zu betonen, daß die forschungsleitenden, substanziellen Hypothesen für die Modellentwicklung, Modellevaluation und Modellrevision von größerer Bedeutung sein müssen als die isolierte statistische Betrachtung einzelner direkter und indirekter Effektstärken.

5.1.3   Die Identifikation der Modellparameter

Auch wenn die Herleitung und Berechnung der Parameter des Pfadmodells aus Abbildung 5.2 unproblematisch erscheinen, kann eine fehlende Identifikation der Parameter die Modellüberprüfung erschweren oder unmöglich machen. Identifikation bedeutet, daß es für jeden Parameter *theoretisch* möglich sein muß, eine eindeutige Lösung zu bestimmen.[3] Wenn alle unbekannten Parameter des Modells identifiziert sind, dann ist auch das Modell identifiziert. Praktisch bedeutet dies, daß ein Modell dann identifiziert ist, wenn zu allen Parametern jeweils eine eindeutige, exakte Lösung existiert.

Die Identifikation der Modellparameter resultiert aus der Populationskovarianzmatrix (Σ), was gleichbedeutend ist mit den zweiten Momenten der Variablenverteilungen. Höhere Momente (Schiefe und Exzess) sind entweder Null (wenn von der Multinormalverteilung ausgegangen wird) oder sie sind Funktionen der ersten und zweiten Momente.[4] Der Parametervektor Θ enthält die zu ermittelnden Größen und ist identifiziert durch die Elemente der Kovarianzmatrix Σ, so daß gilt: $\Sigma = \Sigma(\Theta)$ (vgl. Bollen, 1989, S. 89).

---

[3]   Theoretisch bezieht sich hier auf die Modellcharakteristik und nicht auf die Struktur der Daten (vgl. Kline, 1998, S. 108).

[4]   Höhere Momente können für Variablen, die nicht normalverteilt sind, in Strukturgleichungsmodellen berücksichtigt werden, vgl. hierzu Kapitel 6, Abschnitt 6.1.4.4.

Liegen den Gleichungen 5.1 und 5.2 nicht genügend Informationen aus der Kovarianzmatrix zugrunde, dann können die Modellparameter nicht identifiziert bzw. berechnet werden. Daher müssen in der Regel Restriktionen in den Modellen spezifiziert werden. Eine gängige und nicht direkt ersichtliche Restriktion ist die Fixierung des Effektes einer abhängigen Variablen auf sich selbst durch den Wert Null. Eine weitere Restriktion bezieht sich sich auf die Skalierung der Residualvariablen durch den Wert Eins. Residualvariablen haben keine inhaltliche Fixierung und daher auch keine empirisch vorgegebene Skalierung. Weitere Restriktionen können vorgenommen werden, die von der zugrundeliegenden theoretischen Konzeption und den inhaltlichen Hypothesen abhängig sind (vgl. auch Abschnitt 5.1.6).

Die einfachste Möglichkeit, die Modellidentifikation zu überprüfen, bietet die sogenannte t-Regel. Diese Regel besagt, daß die Anzahl der zu ermittelnden Parameter t kleiner oder gleich der Anzahl der bekannten Parameter sein muß: $t \leq 1/2(p + q)(p + q + 1)$ mit p als Anzahl der unabhängigen Variablen X und q als Anzahl der abhängigen Variablen Y. Diese notwendige, aber nicht hinreichende Bedingung kann für alle Strukturgleichungsmodelle angewendet werden, vorausgesetzt die empirische Kovarianzmatrix ist nicht singulär.

Mit der t-Regel lassen sich drei Situationen der Modellidentifikation unterscheiden:

1. Ein Modell ist *unteridentifiziert*, wenn die Anzahl der unbekannten, zu ermittelnden Parameter größer ist als die Anzahl der bekannten, empirischen Größen: $t > 1/2(p + q)(p + q + 1)$

2. Ein Modell ist *gerade identifiziert*, wenn die Anzahl der unbekannten und bekannten Parameter identisch ist: $t = 1/2(p + q)(p + q + 1)$

3. Ein Modell ist *überidentifiziert*, wenn die Anzahl der unbekannten Parameter kleiner ist als die Anzahl der bekannten Größen: $t < 1/2(p + q)(p + q + 1)$

Die Differenz zwischen zu ermittelnden und empirischen Informationen ergibt die Anzahl der Freiheitsgrade, bezeichnet mit *df* (*degrees of freedom*) des Modells. Allerdings sind auch bei einer ausreichenden Zahl von Freiheitsgraden Modellkonstellationen denkbar, die keine Identifikation einzelner Parameter ohne zusätzliche Annahmen und Restriktionen ermöglichen (vgl. zu den einzelnen Bedingungen Bollen, 1989, S. 104). Hierzu erfolgt eine ausführliche Diskussion im Rahmen der Meßmodelle in Kapitel 6, Abschnitt 6.1.2.

5.1.4 Schätzung der Parameter

Die Ermittlung der Parameter für die Pfadmodelle erfolgt in der Regel über die Maximum-Likelihood(ML)-Methode, die bei gerade identifizierten Modellen zu identischen Werten im Vergleich zu dem in der Regressionsanalyse üblichen Ordinary-Least-Square(OLS)-Verfahren führt.[5] Bei überidentifizierten Modellen sind die Parameterschätzungen so ähnlich, daß es zu

---

[5]   Der Name *Maximum Likelihood* beschreibt das statistische Prinzip dieser Schätzmethode: Wenn die Parameterschätzungen Populationswerte sind, dann „maximieren" diese die Wahrscheinlichkeit

keinen substanziellen Interpretationsunterschieden kommt. Der wesentliche Unterschied besteht darin, daß in der Regressionsanalyse die nach abhängigen Variablen zerlegten Modelle (bzw. Gleichungen) separat gelöst werden, während die ML-Methode ein simultanes Verfahren ist (für eine genauere Erörterung siehe Kapitel 6, Abschnitt 6.1.4.1). Bei gerade identifizierten Modellen führt die ML-Methode in der Regel zu analytisch eindeutigen Parameterschätzungen, bei überidentifizierten Modellen wird eine iterative Lösung angestrebt, die die Differenz zwischen der empirischen Kovarianzmatrix und der modellimplizierten Kovarianzmatrix minimal werden läßt.[6] Bis auf zwei Ausnahmen gelten die üblichen Annahmen der multiplen Regressionsanalyse (vgl. Kapitel 4, Abschnitt 4.3):

1. Die ML-Methode erlaubt die Korrelation zwischen den Residuen von zwei oder mehr abhängigen Variablen.

2. Alle im Modell verwendeten Variablen sind multivariat normalverteilt.

Die zweite Annahme kann für empirische Daten als unrealistisch angesehen werden. Umfangreiche Simulationsstudien (vgl. Boomsma, 1988) haben aber gezeigt, daß die ML-Parameter bei hinreichend großer Stichprobe robust gegen Verletzungen der Multinormalverteilungsannahme sind.[7]

Die iterative Bestimmung der Parameter in überidentifizierten Modellen über die Minimierung einer Fit-Funktion (vgl. Gleichung 6.19 in Kapitel 6, Abschnitt 6.1.4.1) führt mit der Stichprobengröße zu einer *Likelihood-Ratio*-Statistik, die bei einer hinreichend großen Stichprobe einer χ^2-Verteilung unter Berücksichtigung der Freiheitsgrade (df) folgt. Die Freiheitsgrade berechnen sich über die Differenz zwischen zu schätzenden Modellparametern und den empirischen Größen in der Kovarianzmatrix. Die χ^2-Statistik für gerade identifizierte Modelle ($df = 0$) ist immer Null. Bei überidentifizierten Modellen ist der χ^2-Wert umso größer von Null verschieden, je weniger Modell und Daten zusammenpassen. Der Vergleich des ermittelten χ^2-Wertes mit der entsprechenden theoretischen Größe zeigt, wie hoch die Wahrscheinlichkeit für eine

---

(*likelihood*), daß die Beobachtungswerte aus der Kovarianz- bzw. Korrelationsmatrix auf dieser Population basieren (vgl. Kline, 1998, S. 125). Die Regressionsverfahren der gängigen Statistikprogrammpakete (SPSS, SAS) verwenden in der Standardeinstellung das OLS-Verfahren, dessen Kriterium die Minimierung der Summe der quadrierten Abweichungen zwischen Beobachtungswerten und vorhergesagten Werten der Untersuchungsobjekte ist (vgl. Bortz, 1993, S. 169). Das ML-Verfahren ist in allen gängigen Programmen zur Berechnung von Strukturgleichungsmodellen implementiert, vgl. hierzu die Ausführungen in Kapitel 6, Abschnitt 6.1.4.

[6]   Programme wie LISREL haben ein entprechendes vordefiniertes Abbruch- bzw. Konvergenzkriterium (vgl. Jöreskog & Sörbom, 1989a, S. 309).

[7]   Als Faustregel kursiert in der Literatur der von Boomsma (1988) ermittelte Schwellenwert von N = 200. Allerdings ist die Robustheit der Parameter auch von der Modellkomplexität abhängig. Allgemeingültige Empfehlungen sind daher für empirische Daten recht schwierig. Ein guter Überblick zu diesem Thema ist in der Metaanalyse von Hoogland und Boomsma (1998) zu finden. Statistische Tests zur Prüfung multivariater Normalverteilungen diskutiert Mardia (1985).

Abbildung 5.4: Pfadmodell mit vier Variablen (Alternative 1)

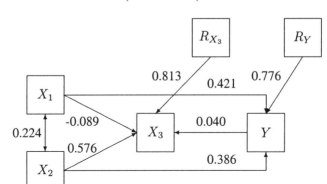

Inferenz der Modellergebnisse von der Stichprobe auf die Grundgesamtheit ist (p-Wert). Allerdings ist der χ^2-Wert auch von dem Stichprobenumfang abhängig, was dazu führt, daß selbst gut angepaßte Modelle bei großen Stichproben einen zu geringen Wahrscheinlichkeitswert erhalten. Dies ist auch eine Ursache für die Entwicklung einer Vielzahl von alternativen Fitstatistiken zur Modellevaluation, die diese Abhängigkeit vom Stichprobenumfang nicht haben. Eine genauere Beschreibung dieser Fitmaße erfolgt im Rahmen der Diskussion verschiedener Meßmodelle in Kapitel 6, Abschnitt 6.1.5.

5.1.5   Äquivalente Pfadmodelle

Das in Abschnitt 5.1.2 diskutierte Beispiel eines Pfadmodells mit vier Variablen ist gerade identifiziert. Das Modell hat demnach keinen Freiheitsgrad und eine perfekte Modellanpassung. Die Parameter werden eindeutig bestimmt und die empirischen Korrelationen können exakt über die ermittelten Pfadkoeffizienten reproduziert werden. Pfadmodelle mit diesen Eigenschaften werden als auch *saturierte* Pfadmodelle bezeichnet. Die Eindeutigkeit der Lösung eines saturierten Modells impliziert aber nicht, daß keine äquivalenten Modellkonzeptionen existieren, die ebenso die empirischen Korrelationen exakt reproduzieren. Zwei äquivalente Alternativen zu dem Ergebnis des Modells in Abbildung 5.3 zeigen die Abbildungen 5.4 und 5.5. Die entsprechenden Spezifikationen für die Programme LISREL und EQS sind im Anhang zu diesem Kapitel zu finden (vgl. Abschnitt 5.5).

In der ersten alternativen Modellierung zum Ausgangsmodell (Abbildung 5.4) ist die Richtung des Pfades zwischen der Variablen X_3 und der Variablen Y vertauscht worden. Die Größe des Pfadkoeffizienten (0.040) ändert sich nicht, die übrigen Pfadkoeffizienten weisen auch kaum Änderungen auf. Die Residualkoeffizienten und damit auch die erklärten Varianzen müssen (bis auf Rundungsschwankungen) bei äquivalenten, saturierten Modellen identisch sein (vgl. Stelzl, 1986).

Abbildung 5.5: Pfadmodell mit vier Variablen (Alternative 2)

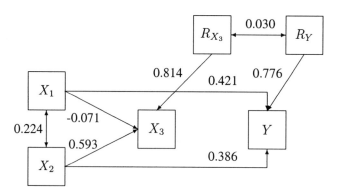

In der zweiten alternativen Modellierung (Abbildung 5.5) wird anstatt eines Pfades zwischen X_3 und Y eine Residualkorrelation zwischen den Variablen R_{X_3} und R_Y spezifiziert. Auch hier ändern sich die übrigen Pfadkoeffizienten kaum. Weitere äquivalente Modellierungen können spezifiziert werden.

Die Ergebnisse der äquivalenten Modelle zeigen, daß es keine statistischen Kriterien gibt, die eine Entscheidung zugunsten einer Modellkonzeption nahelegen. Hier können nur inhaltliche Hypothesen herangezogen werden. Wenn theoretische Überlegungen dafür sprechen, Variable X_3 als Ursache für die Variable Y zu spezifizieren, dann wird die Entscheidung zugunsten des Modells in Abbildung 5.3 fallen. Wird Y als Ursache für Variable X_3 vermutet, dann ist das Modell in Abbildung 5.4 zu präferieren. Kann dagegen keine kausale, sondern nur eine korrelative Beziehung zwischen beiden Variablen angenommen werden, dann ist - auf Grund der Abhängigkeit zu den Variablen X_1 und X_2 - eine Residualkorrelation zu spezifizieren. Dann wird das Modell in Abbildung 5.5 zu präferieren sein, wobei dieses - bedingt durch die Residualkorrelation - ausschließlich mit Strukturgleichungsprogrammen berechnet werden kann (vgl. die diskutierten Annahmen in Abschnitt 5.1.4).

5.1.6   Modellrestriktionen

Die besprochenen äquivalenten Modelle sind alle saturiert. Die Modellanpassung ist somit immer perfekt. Die Modelle können aber nicht an den Daten scheitern und damit ist ihr Informationsgehalt gering. Strukturgleichungsmodelle zeichnen sich aber insbesondere dadurch aus, daß Modellrestriktionen berücksichtigt werden können, um die Modelle sparsamer und damit auch informativer zu machen. Zwei Möglichkeiten, Parameter in den Pfadmodellen zu restringieren, sind denkbar. Die eine folgt theoretischen Argumenten, die andere stützt sich auf empirische Ergebnisse (vgl. Kline, 1998, S. 132). Wenn das Pfadmodell in Abbildung 5.2 herangezogen wird, so kann theoretisch postuliert werden, daß beispielsweise Variable X_2 nicht direkt auf Y wirkt und der entsprechende Pfadkoeffizient auf Null gesetzt wird. Anderer-

Abbildung 5.6: Pfadmodell mit vier Variablen (Pfad $X_3 \to Y = 0$)

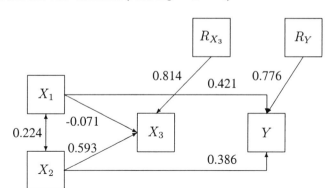

seits können die geschätzten Parametergrößen des saturierten Modells in Abbildung 5.3 für die Berücksichtigung von Restriktionen herangezogen werden. Hierbei werden inferenzstatistische Grenzwerte (z. B. $\alpha < 0.05$) als statistisches Entscheidungskriterium benutzt. Gemessen am 5%-Niveau sind zwei Pfadkoeffizienten nicht signifikant ($p_{Y3} = 0.040$ und $p_{31} = -0.071$). Abbildung 5.6 zeigt das Modellergebnis mit der Restriktion $p_{Y3} = 0$.

Wird ein hierarchischer Modellvergleich vorgenommen, d. h. nur die Beziehungsstruktur zwischen den Variablen verändert aber nicht die Anzahl der Variablen, dann kann der χ^2-Differenzentest für den Modellvergleich verwendet werden. Der χ^2-Differenzentest basiert - wie der Name schon sagt - auf der absoluten Differenz zwischen zwei χ^2-Werten, die im hierarchischen Modellvergleich auch wieder χ^2-verteilt ist (eine ausführliche Erläuterung erfolgt in Kapitel 6, Abschnitt 6.1.5.2). Durch die Einführung von Modellrestriktionen werden Freiheitsgrade gewonnen, da weniger Parameter zu schätzen sind. Ist die resultierende χ^2-Differenz zwischen dem Ausgangsmodell und dem restringierten Modell nicht signifikant, dann kann das restriktivere, an Parametern sparsamere, Modell akzeptiert werden.[8] Wird dagegen durch Einführung von Modellrestriktionen die resultierende χ^2-Differenz signifikant, dann sind von der Modellgüte Ausgangsmodell und restringiertes Modell nicht vergleichbar. Die eingeführte Modellrestriktion führt damit zu einem schlechteren Modellergebnis und zu einer Widerlegung des restringierten Modells.

Aus Tabelle 5.2 wird ersichtlich, daß die eingeführte Restriktion ($p_{Y3} = 0$) im Pfadmodell aus Abbildung 5.6 zu einer nicht signifikanten χ^2-Differenz führt und somit die Modellrestriktion akzeptiert werden kann.

Abbildung 5.7 zeigt eine Modellvariation, bei der ein signifikanter Pfadkoeffizient auf Null gesetzt wird ($p_{Y2} = 0$). Gegenüber dem Ergebnis des Ausgangsmodells (vgl. Abbildung 5.2) sind deutliche Unterschiede in den Größen der einzelnen Pfadkoeffizienten zu verzeichnen. Die χ^2-Differenz zum Ausgangsmodell ist signifikant (vgl. die letzte Zeile in Tabelle 5.2), so daß diese Modellrestriktion zu einem deutlich schlechteren Modellergebnis führt.

---

[8]   Bei einem Signifikanzniveau von 5% sollte eine χ^2-Differenz mindestens 5 Punkte pro Freiheitsgrad betragen.

Tabelle 5.2: Modellvergleiche durch den χ^2-Differenzentest

Modell	χ^2	df	χ^2_{Diff}	df_{Diff}	GFI
Abb. 5.3	0	0	$--$	$--$	1.000
Abb. 5.6	0.172	1	0.172	1	0.999
Abb. 5.7	12.796	1	12.796	1	0.943

Zur *Likelihood-Ratio*-Statistik (χ^2) und zum *Goodness-of-Fit*-Index (GFI), vgl. die Ausführungen in Kapitel 6, Abschnitt 6.1.5.2.

Abbildung 5.7: Pfadmodell mit vier Variablen (Pfad $X_2 \rightarrow Y = 0$)

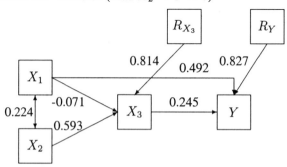

5.2 Nicht-rekursive Pfadmodelle

5.2.1 Modellspezifikation

Nicht-rekursive Pfadmodelle sind ein weiterer wesentlicher Typ von Strukturgleichungsmodellen mit ausschließlich gemessenen Variablen. Ein Pfadmodell wird als nicht-rekursiv bezeichnet, wenn mindestens eine *direkte* oder *indirekte* Rückwirkung zwischen zwei Variablen besteht. Hierzu muß entweder eine neue Gleichung formuliert werden oder in eine bestehende Gleichung mindestens eine neue Variable aufgenommen werden (vgl. Opp & Schmidt, 1976, S. 33). Abbildung 5.8 zeigt ein einfaches nicht-rekursives Modell mit einer direkten Rückwirkung zwischen zwei Variablen.[9]

---

[9]   Im folgenden wird die griechische Notation für die Pfadkoeffizienten analog zur Spezifikation mit dem Programm LISREL verwendet; zur Erläuterung der Parameter- und Matrizenbezeichnungen vgl. Kapitel 8, Abschnitt 8.1.2.

Abbildung 5.8: Nicht-rekursives Pfadmodell mit vier Variablen (direkte Rückwirkung)

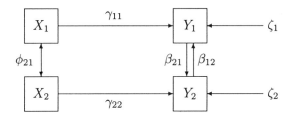

Für dieses nicht-rekursive Pfadmodell können zwei Strukturgleichungen aufgestellt werden:[10]

$$Y_1 = \gamma_{11}X_1 + \beta_{12}Y_2 + \zeta_1 \tag{5.35}$$

$$Y_2 = \gamma_{22}X_2 + \beta_{21}Y_1 + \zeta_2 \tag{5.36}$$

Die Kovarianzmatrix der vier Variablen X_1, X_2, Y_1 und Y_2 enthält 10 Größen (6 Kovarianzen und 4 Varianzen), die Anzahl der zu ermittelnden Parameter beträgt 9. Hierzu gehören neben den Pfadkoeffizienten γ_{11}, γ_{22}, β_{21} und β_{12} die Varianzen der Variablen X_1 und X_2 (ϕ_{11}, ϕ_{22}), die Kovarianz ϕ_{21} sowie die Residualvarianzen der Variablen Y_1 und Y_2 (ψ_{11}, ψ_{22}). Das Modell ist mit einem Freiheitsgrad überidentifiziert ($df = 1$).

Sowohl Y_1 als auch Y_2 sind in den Gleichungen jeweils als abhängige Variable und als unabhängige Variable spezifiziert. Diese Situation hat Auswirkungen auf die Interpretation der Pfadkoeffizienten β_{21} und β_{12}, denn eine eindeutige Differenzierung zwischen Ursache und Wirkung besteht zwischen den Variablen Y_1 und Y_2 gegenüber rekursiven Pfadmodellen nicht mehr. Bei sehr enger Auslegung des Kausalitätsbegriffs könnten nur rekursive Modelle als Kausalmodelle interpretiert werden (zu dieser Argumentation vgl. Strotz & Wold, 1971), da zwischen Ursache und Wirkung eine, wenn auch noch so kleine, Zeitdifferenz liegen muß. Wenn man aber der Argumentation von Fisher (1969, 1970) innerhalb der Ökonometrie folgt, dann können nicht-rekursive Pfadmodelle in der Regel als Approximationen an zeitlich verzögerte rekursive Pfadmodelle betrachtet werden. Die aus Querschnittserhebungen resultierenden Daten und die damit zu prüfenden Pfadmodelle erfassen dann nur das Ergebnis des zeitlich verzögerten Prozeßes (vgl. die ausführliche Diskussion in Schmidt, 1977, S. 195f.).

Ein weiteres Problem stellt sich, wenn anhand der empirischen Information zu entscheiden ist, ob ein rekursives oder ein nicht-rekursives Modell spezifiziert werden soll. Oft ist der Schritt zu einem nicht-rekursiven Modell voreilig. Alternative rekursive Modellierungen sind theoretisch

---

[10] Im Unterschied zu den Gleichungen 5.1 und 5.2 des rekursiven Modells in Abschnitt 5.1.1 werden hier die Residualpfadkoeffizienten nicht ausgewiesen, sondern nur die Residualvarianzen. Die Berechnung der Residualpfadkoeffizienten in nicht-rekursiven Pfadmodellen erfolgt analog zu den Gleichungen 5.23 bzw. 5.24.

und empirisch oft angemessener.[11] Daher sollte der gegeneinander durchzuführende Test (vgl.
hierzu Abschnitt 5.1.6) verschiedener, alternativer Modelle in Bezug auf die theoretische
Konzeption immer im Vordergrund stehen. Wird eine weitere intervenierende Variable Y in
ein nicht-rekursives Modell aufgenommen, dann kann der Pfadkoeffizient β_{21} oder β_{12} als
indirekter Rückwirkungseffekt über die Variable Y_3 modelliert werden. Abbildung 5.9 zeigt
ein nicht-rekursives Pfadmodell mit einer indirekten Rückwirkung zwischen den Variablen Y_2
und Y_1.

Abbildung 5.9: Nicht-rekursives Pfadmodell mit fünf Variablen (indirekte Rückwirkung)

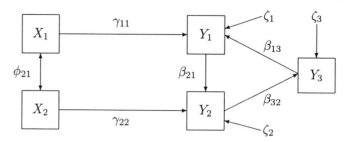

Für dieses Pfadmodell können drei Strukturgleichungen aufgestellt werden:

$$Y_1 = \gamma_{11}X_1 + \beta_{13}Y_3 + \zeta_1 \tag{5.37}$$

$$Y_2 = \gamma_{22}X_2 + \beta_{21}Y_1 + \zeta_2 \tag{5.38}$$

$$Y_3 = \beta_{32}Y_2 + \zeta_3 \tag{5.39}$$

Die Kovarianzmatrix der fünf Variablen X_1, X_2, Y_1, Y_2 und Y_3 enthält 15 Größen, die Anzahl
der zu ermittelnden Parameter beträgt 11. Hierzu gehören neben den Pfadkoeffizienten γ_{11}, γ_{22},
β_{21}, β_{13} und β_{32} die Varianzen der Variablen X_1 und X_2 (ϕ_{11}, ϕ_{22}), die Kovarianz ϕ_{21} sowie
die Residualvarianzen der Variablen Y_1, Y_2 und Y_3 (ψ_{11}, ψ_{22}, ψ_{33}). Das Modell ist mit vier
Freiheitsgraden überidentifiziert ($df = 4$).

Beispiel

Das folgende Beispiel bezieht sich sowohl auf das nicht-rekursive Pfadmodell mit direkter
Rückwirkung als auch auf das Modell mit indirekter Rückwirkung. Die Korrelations- bzw.
Kovarianzmatrix ist Bollen (1989, S. 116) entnommen.[12] Die den Modellen entsprechenden

---

[11]   Ammerman, Gluchowski & Schmidt (1975) konnten nachweisen, daß eine algebraische Ableitung
        die Entscheidung zwischen einem rekursiven und einem nicht-rekursiven Modell erleichtert. In ei-
        nem falsch spezifizierten nicht-rekursiven Modell muß der entsprechende redundante Pfadkoeffizient
        Null werden.

[12]   Die Daten stammen ursprünglich von Kluegel, Singleton und Starnes (1977). Die Anzahl der
        Personen beträgt N = 432.

Spezifikationen für die Programme LISREL und EQS sind im Anhang zu diesem Kapitel zu finden (vgl. Abschnitt 5.5).[13] Entsprechend der Abbildung 5.8 enthält das Modell vier Variablen, die sich nach *objektiver* und *subjektiver* Messung differenzieren lassen: objektives Einkommen (X_1), objektives Berufsprestige (X_2), subjektives Einkommen (Y_1) und subjektives Berufsprestige (Y_2). Entsprechend der Abbildung 5.9 wird die Variable sozialer Status (Y_3) für das nicht-rekursive Modell mit indirekter Rückwirkung aufgenommen. Abbildung 5.10 zeigt das Ergebnis des Modells mit vier Variablen. Die geschätzten Parameter geben die standardisierte Lösung wieder (zum Standardisierungsverfahren bei Strukturgleichungsmodellen vgl. Abschnitt 5.2.2).

Abbildung 5.10: Nicht-rekursives Pfadmodell zum Verhältnis von Einkommen und Berufs-prestige

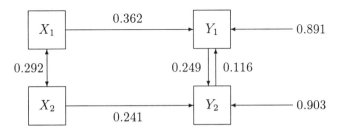

Nach den Ergebnissen hat objektives Einkommen (X_1) einen stärkeren Effekt auf die subjektive Messung (Y_1) als objektives Berufsprestige (X_2) auf die entsprechende subjektive Variable (Y_2). Die nicht-rekursive Beziehung zwischen den beiden subjektiven Variablen weist einen deutlich stärkeren Effekt von Einkommen auf Berufsprestige (0.249) auf als umgekehrt von Berufsprestige auf Einkommen (0.116). Die Modellanpassung beträgt $\chi^2 = 0.679$ mit $df = 1$. Der Goodness-of-Fit Index (GFI) beträgt 0.999 (zum GFI siehe auch Kapitel 6, Abschnitt 6.1.5.2).

Die Anpassung zwischen Modell und Daten ist für das nicht-rekursive Pfadmodell mit indirekter Rückwirkung, den Modellüberlegungen in Abbildung 5.9 entsprechend, nicht zufriedenstellend. Die Modellanpassung beträgt $\chi^2 = 29.431$ mit $df = 4$ (GFI = 0.975). Um eine angemessene Modellanpassung zu erreichen, mußte ein zusätzlicher Pfad für die direkte Beziehung zwischen objektivem Einkommen (X_1) und sozialem Status (Y_3) spezifiziert werden. Hierdurch konnte eine bedeutsame Modellverbesserung erreicht werden ($\chi^2 = 4.351$ mit $df = 3$; GFI = 0.996). Die Differenz der χ^2-Werte zwischen Ausgangsmodell und verbessertem Modell ist signifikant ($\chi^2_{Diff} = 25.08$ mit $df_{Diff} = 1$).

---

[13]   Gegenüber den rekursiven Modellen wird die Kovarianzmatrix als Eingabematrix verwendet. Die Parameter der Strukturgleichungen enthalten dann entsprechend unstandardisierte Größen. Die standardisierte Lösung muß bei Verwendung des Programms LISREL durch die Option *SC* angefordert werden, während im Programmoutput von EQS diese automatisch enthalten ist.

Abbildung 5.11: Nicht-rekursives Pfadmodell zum Verhältnis von Einkommen, Berufsprestige und sozialem Status

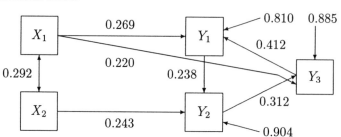

Der standardisierte Pfadkoeffizient X_1 und Y_3 beträgt 0.220 (vgl. Abbildung 5.11). Der wesentliche Unterschied zwischen Abbildung 5.10 und Abbildung 5.11 besteht darin, daß die ursprünglich direkte Rückwirkung des subjektiv gemessenen Berufsprestiges (Y_2) auf das entsprechend gemessene Einkommen (Y_1) hier indirekt über den sozialen Status (Y_3) erfolgt. Die Berücksichtigung des sozialen Status führt aber auch dazu, daß eine direkte Beziehung von der Einkommensvariablen X_1 spezifiziert werden muß, dagegen eine mögliche direkte Beziehung von der Prestigevariablen X_2 auf Null fixiert bleibt. Insgesamt betrachtet sind durch die Variable Y_3 zusätzliche inhaltliche Informationen im Vergleich zum Modell in Abbildung 5.10 ermittelt worden, substanziell andere Interpretationen ergeben sich aber für die in beiden Modellen gleich spezifizierten Pfadkoeffizienten nicht. Ob eine dritte, die direkte Rückwirkung vermittelnde, Variable berücksichtigt werden muß, hängt in erster Linie von den inhaltlich, theoretischen Ausgangsfragestellungen ab.

5.2.2   Standardisierung der Parameter

Die Parameter der rekursiven Pfadmodelle im Abschnitt 5.1 sind alle auf der Basis einer empirischen Korrelationsmatrix ermittelt worden. Demzufolge sind die berechneten Parameter standardisiert. Die statistische Theorie setzt aber eigentlich voraus, daß zur Analyse von Kovarianzstrukturen Kovarianzmatrizen verwendet werden. Unter bestimmten Bedingungen führt die Modellüberprüfung mit einer Korrelationsmatrix zu falschen χ^2-Werten des Likelihood-Ratio-Tests und darauf basierenden Fit-Maßen sowie zu falschen Standardfehlern (vgl. hierzu ausführlich Jöreskog & Sörbom, 1988, S. 46f.). Nur wenn das zu überprüfende Modell keinerlei Parameterrestriktionen aufweist, kann davon ausgegangen werden, daß die Modellüberprüfung mit der Korrelationsmatrix und mit der entsprechenden Kovarianzmatrix gleiche Parameterschätzungen aufweist.[14]

---

[14]   Jöreskog und Sörbom (1988, S. 46) führen ergänzend dazu aus, daß - wenn Skaleninvarianz vorausgesetzt werden kann und die Modellparameter zu einer Korrelationsmatrix $\hat{\Sigma}$ mit der Bedingung $diag(\hat{\Sigma} = I)$ führen - die Standardfehler und der Likelihood-Ratio-Test immer noch asymptotisch korrekt sein können.

Im folgenden wird exemplarisch verdeutlicht, wie die geschätzten, unstandardisierten Parameter eines Pfadmodells durch die Varianzen bzw. Standardabweichungen der gemessenen Variablen standardisiert werden. Die in den Abbildungen 5.10 und 5.11 angegebenen Pfadkoeffizienten sind sogenannte standardisierte Parameter, obwohl die Eingabematrizen für beide Modelle unstandardisierte Größen (Varianzen und Kovarianzen) enthalten. Die geschätzten Parameter der Modelle müssen demnach auch unstandardisiert sein. Für die Gleichungen 5.35 und 5.36 des nicht-rekursiven Pfadmodells mit direkter Rückwirkung (vgl. Abbildung 5.8) werden die Ergebnisse der unstandardisierten Regressionskoeffizienten nachfolgend aufgeführt:

$$Y_1 = 0.110X_1 + 0.122Y_2 \tag{5.40}$$

$$Y_2 = 0.00724X_2 + 0.238Y_1 \tag{5.41}$$

Da die einzelnen Variablen unterschiedliche Skalierungen aufweisen, läßt sich anhand der unstandardisierten Koeffizienten kein Vergleich der Parameter β_{ij} und γ_{ij} bezogen auf ihre jeweilige Einflußstärke vornehmen. Durch Multiplikation der Parameter mit dem Verhältnis der Standardabweichungen von jeweiliger unabhängiger und abhängiger Variablen wird die Metrik auf Standardabweichungseinheiten transformiert und man erhält die entsprechenden standardisierten Koeffizienten β_{ij}^s und γ_{ij}^s (vgl. Bollen, 1989, S. 349):

$$\beta_{ij}^s = \beta_{ij} \left(\frac{\sigma_{Y_j}}{\sigma_{Y_i}} \right)^{1/2} \tag{5.42}$$

$$\gamma_{ij}^s = \gamma_{ij} \left(\frac{\sigma_{X_j}}{\sigma_{Y_i}} \right)^{1/2} \tag{5.43}$$

Die geschätzten Parameter in den Gleichungen 5.40 und 5.41 können hiermit entsprechend standardisiert werden:

$$\beta_{12}^s = 0.122 \left(\frac{0.640}{0.670} \right) = 0.116 \tag{5.44}$$

$$\beta_{21}^s = 0.238 \left(\frac{0.670}{0.640} \right) = 0.249 \tag{5.45}$$

$$\gamma_{11}^s = 0.110 \left(\frac{2.198}{0.670} \right) = 0.362 \tag{5.46}$$

$$\gamma_{22}^s = 0.00724 \left(\frac{21.277}{0.640} \right) = 0.241 \tag{5.47}$$

Die standardisierten Größen entsprechen den in der Abbildung 5.10 angegebenen Werten.[15]

---

[15] Im Programmoutput von LISREL bzw. EQS werden die standardisierten Parameter unter der Überschrift *Standardized Solution* aufgeführt.

5.3   Der multiple Gruppenvergleich

5.3.1   Der simultane Vergleich der Kovarianzstruktur

In den diskutierten rekursiven und nicht-rekursiven Pfadmodellen sind empirische Informationen in Form einer Korrelations- oder Kovarianzmatrix zugrunde gelegt worden, die sich immer auf *alle* Fälle einer Stichprobe bezogen. In vielen, inhaltlichen Anwendungen kann es aber sinnvoll sein, die Stichprobe nach bestimmten (beispielsweise soziodemographischen) Gruppenvariablen zu teilen, um zu testen, ob die Parameter eines Pfadmodells über die Gruppen variieren. Der einfachste Weg besteht darin, die Matrizen für die einzelnen Gruppen (beispielsweise getrennt für Frauen und Männer) zu berechnen und die ermittelten Parameter zwischen den Gruppen deskriptiv zu vergleichen. Ein Gruppenvergleichstest wäre damit aber nicht möglich. Erst wenn die Gruppen *simultan* einem Modelltest unterzogen werden, können Hypothesen über die Gleichheit bzw. Verschiedenheit der Parameter zwischen den Gruppen getestet werden (Jöreskog & Sörbom, 1988, S. 227f.; Kline, 1998, S. 180f.). An einem Pfadmodell mit vier Variablen wird im folgenden der multiple Gruppenvergleich allgemein und anschließend mit einem inhaltlichen Beispiel erörtert.

Zur Berechnung der Parameter des Pfadmodells (vgl. Abbildung 5.12) werden zwei Strukturgleichungen aufgestellt:

$$Y_1 = \gamma_{11}^g X_1 + \gamma_{12}^g X_2 + \zeta_{Y_1}^g \tag{5.48}$$

$$Y_2 = \gamma_{21}^g X_1 + \gamma_{22}^g X_2 + \beta_{21}^g Y_1 + \zeta_{Y_2}^g \tag{5.49}$$

Das Pfadmodell ist für jede Gruppe g durch die Parameter der beiden Strukturgleichungen definiert, wobei mit $g = 1, 2, \ldots G$ die jeweilige Gruppe bezeichnet wird.

Abbildung 5.12: Pfadmodell mit vier Variablen für den multiplen Gruppenvergleich

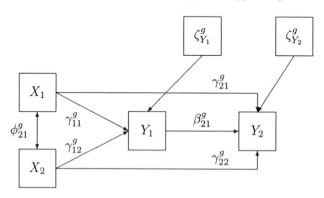

Parameterrestriktionen über die Gruppen (z. B. Gleichsetzungen bestimmter Parameter) ermöglichen einen Test, ob eine bedeutsame Variabilität über die Gruppen existiert oder diese so klein ist, daß die gewählten Restriktionen die Modellanpassung nicht beeinträchtigen

würden. Hierzu vergleicht man die Modellvarianten mit und ohne die gewählten Parameterrestriktionen und zieht zur Bewertung den in Abschnitt 5.1.6 erörterten χ^2-Differenzentest heran.
Die Gleichsetzung der Pfadkoeffizienten aus den Gleichungen 5.48 und 5.49 kann wie folgt
spezifiziert werden:

$$
\begin{aligned}
\gamma_{11}^1 &= \gamma_{11}^2 = \ldots = \gamma_{11}^G \\
\gamma_{12}^1 &= \gamma_{12}^2 = \ldots = \gamma_{12}^G \\
\gamma_{21}^1 &= \gamma_{21}^2 = \ldots = \gamma_{21}^G \\
\gamma_{22}^1 &= \gamma_{22}^2 = \ldots = \gamma_{22}^G \\
\beta_{21}^1 &= \beta_{21}^2 = \ldots = \beta_{21}^G
\end{aligned}
\tag{5.50}
$$

Für die Gleichsetzung der Residualvarianzen der abhängigen Variablen Y_1 und Y_2 gelten
folgende Restriktionen:

$$
\begin{aligned}
\zeta_{Y_1}^1 &= \zeta_{Y_1}^2 = \ldots = \zeta_{Y_1}^G \\
\zeta_{Y_2}^1 &= \zeta_{Y_2}^2 = \ldots = \zeta_{Y_2}^G
\end{aligned}
\tag{5.51}
$$

Für die Gleichsetzung der Varianzen und Kovarianzen der unabhängigen Variablen X_1 und X_2
gilt:

$$
\begin{aligned}
\phi_{11}^1 &= \phi_{11}^2 = \ldots = \phi_{11}^G \\
\phi_{22}^1 &= \phi_{22}^2 = \ldots = \phi_{22}^G \\
\phi_{21}^1 &= \phi_{21}^2 = \ldots = \phi_{21}^G
\end{aligned}
\tag{5.52}
$$

Es kann jede Form der Invarianz der einzelnen Parameter getestet werden, beginnend mit
der Möglichkeit, alle Parameter gleichzusetzen, bis zur Möglichkeit, keinerlei Restriktionen zu spezifizieren. Die Schätzung der Parameter im multiplen Gruppenvergleich erfolgt
wie bei den schon erörterten Modellen über die Minimierung einer Fit-Funktion (z. B. der
Maximum-Likelihood(ML)-Funktion, vgl. Abschnitt 5.1.4). Die Modellüberprüfung wird über
die *Likelihood-Ratio*-Statistik vorgenommen, die die Modellanpassung unter Berücksichtigung
der Gruppen und der gewählten Modellrestriktionen testet. Ausgangspunkt jedes multiplen
Gruppenvergleichs ist ein *Basismodell*, das entweder keinerlei Modellrestriktionen über die
Gruppen enthält oder das alle Parameter über die Gruppen gleichsetzt. Je nach gewähltem
Basismodell kann durch Freisetzung bzw. Restringierung einzelner Modellparameter die Modellvariante im Gruppenvergleich gefunden werden, die am ehesten zu den Daten paßt. Da es
sich bei den einzelnen Modellvarianten um geschachtelte Modelle (nested models) handelt,
kann die eigentliche Hypothesenprüfung (Variabilität bzw. Invarianz des Modells bzw. einzelner Parameter) über den χ^2-Differenzentest erfolgen. Die schrittweise Überprüfung einzelner
Modellrestriktionen kann je nach der Größe des Pfadmodells zu einer großen Zahl von Modellvarianten führen. Praktikabel hat sich die Strategie erwiesen, zunächst ganze Parametergruppen
(z. B. alle Pfadkoeffizienten des Modells) zu restringieren. In einem weiteren Schritt werden

dann die Restriktionen zurückgenommen, die eine gruppenspezifische Variabilität aufweisen. In welcher Reihenfolge die Modellvarianten spezifiziert werden (beispielsweise zuerst Restriktionen nach Gleichung 5.50, dann nach Gleichung 5.51 usw.) ist abhängig von inhaltlichen Überlegungen und den jeweils formulierten Hypothesen.

Für den multiplen Gruppenvergleich beziehen sich die empirischen Informationen auf die jeweiligen gruppenspezifischen Varianzen und Kovarianzen. Die Eingabematrizen S^g ($g = 1, 2, \ldots G$) müssen daher Kovarianzmatrizen sein, da die gruppenspezifischen Streuungen der Variablen in den Korrelationsmatrizen nicht enthalten sind.

Beispiel

Das folgende Modell bezieht sich auf eine vereinfachte Version des in der Bildungsforschung der 60er Jahre formulierten Modells der Statuszuweisungstheorie von Blau und Duncan (1967), die den Berufsstatus einer Person durch ihr Ausbildungsniveau und den sozialen Status des Elternhauses (Beruf und Bildung) erklären will.[16] Für die statistische Modellierung werden vier Variablen herangezogen, die im Datensatz der „Allgemeinen Bevölkerungsumfrage der Sozialwissenschaften" (abgekürzt ALLBUS) aus dem Jahre 1998 enthalten sind:

1. Der Schulabschluß des Vaters (V304) zur Operationalisierung des Bildungsabschlusses im Elternhaus

2. Der Schulabschluß des Befragten (V195) zur Operationalisierung des eigenen Bildungsabschlusses[17]

3. Die Berufsprestige-Skala des Vaters (V299) zur Operationalisierung des Berufsstatus im Elternhaus

4. Die Berufsprestige-Skala des Befragten (V463) zur Operationalisierung des eigenen Berufsstatus[18]

---

[16] Hypothesenformulierungen zum Modell von Blau und Duncan (1967) sind in Diekmann (1995, S. 127) zu finden, der auch darauf hinweist, daß Blau und Duncan schon mit Pfadmodellen gearbeitet haben. In ihren weiteren Arbeiten wurde das Modell durch weitere erklärende Variablen (z. B. Familienstand) erweitert (vgl. Blau & Duncan, 1967, S. 331f.). Das Modell wird auch als klassische Anwendung der Pfadanalyse in einem Überblick von Raftery (2000) über die Bedeutung der statistischen Modellierung in der Soziologie in den letzten 50 Jahren erwähnt.

[17] Die Variablenbezeichnungen sind dem Codebuch des ALLBUS entnommen (vgl. Zentralarchiv für Empirische Sozialforschung, 1998); einige Kategorien der Variablen V195 und V304 sind für die Pfadanalysen so rekodiert worden, daß sich eine Rangfolge der Schulabschlüsse ergab. Strenggenommen sind beide Variablen ordinalskaliert, werden hier aber als metrische Variablen behandelt.

[18] Variable V463 beinhaltet auch Prestigewerte für Befragte, die zum Zeitpunkt der Befragung nicht berufstätig waren, aber früher eine Berufstätigkeit ausgeübt haben. Die Konstruktion dieser Variablen ist im Codebuch des ALLBUS unter Note 0019 erläutert (vgl. Zentralarchiv für Empirische Sozialforschung, 1998). Die Konstruktion der Berufsprestige-Skala wird in Treiman (1977) beschrieben.

Es werden ausschließlich positive Beziehungen der Variablen untereinander angenommen (vgl. Abbildung 5.13): Je höher der Schulabschluss und das Berufsprestige des Vaters (V299, V304), desto höher der Schulabschluß und das Berufsprestige des Befragten (V195, V463). Diese Hypothesen werden durch die Pfadkoeffizienten γ_{11}, γ_{12}, γ_{21} und γ_{22} überprüft. Des weiteren wird der direkte Effekt der Variablen V195 auf die Variable V463 über den Pfadkoeffizienten β_{21} spezifiziert.

Wird das Modell zunächst an der Gesamtstichprobe des ALLBUS überprüft, so bestätigen sich - bis auf eine Ausnahme - die angenommenen positiven Beziehungen zwischen den Variablen.[19] Der stärkste Effekt auf das Berufsprestige des Befragten (V463) geht von der

Abbildung 5.13: Das operationalisierte Pfadmodell nach dem Modell von Blau und Duncan (1967)

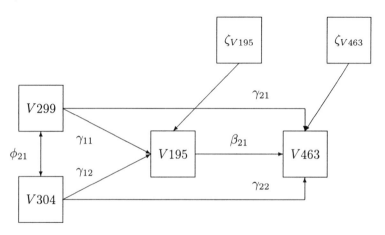

eigenen Schulbildung (V195) aus ($\beta_{21} = 0.441$), gefolgt von dem Berufsprestige des Vaters (V299; $\gamma_{21} = 0.250$). Die Schulbildung des Vaters (V304) steht, entgegen der formulierten Hypothese, in keiner direkten Beziehung zum Berufsprestige des Befragten. Der ermittelte Pfadkoeffizient ist nicht signifikant ($\gamma_{22} = -0.025$). Schließlich ist die Beziehung zwischen dem Schulabschluß des Vaters und dem des Befragten ($\gamma_{12} = 0.406$) stärker als die zwischen dem Berufsprestige des Vaters und dem Schulabschluß des Befragten ($\gamma_{11} = 0.119$). Da das Modell gerade identifiziert ist ($df = 0$), besteht keine Abweichung zwischen empirischer und modellimplizierter Kovarianzmatrix.

In einem zweiten Schritt wird das Modell nach Blau und Duncan (1967) einem multiplen Gruppenvergleich unterzogen. Hierbei soll inhaltlich geprüft werden, ob eine Variabilität der Pfadkoeffizenten nach dem Alter der befragten Personen besteht. Zur Bestimmung der Altersgruppen wird die im ALLBUS 1998 kategorisierte Variable V309 verwendet. Die erste

---

[19]   Die Spezifikationen für die Programme LISREL und EQS sind im Anhang zu diesem Kapitel zu finden (vgl. Abschnitt 5.5). Die geschätzten Pfadkoeffizienten sind standardisiert.

Gruppe beinhaltet Befragte mit einem Alter zwischen 18 und 29 Jahre (N = 501), die zweite Gruppe Befragte mit einem Alter zwischen 30 und 59 Jahre (N = 1743) und die dritte Gruppe Befragte, die älter als 60 Jahre sind (N = 990). Im Unterschied zur Spezifikation in Abbildung 5.13 wird die Beziehung zwischen dem Schulabschluß des Vaters (V304) und dem Berufsprestige des Befragten (V463) auf Null fixiert ($\gamma_{22} = 0$), da sich diese Beziehung nach den Parameterschätzungen für die Gesamtstichprobe als nicht signifikant herausgestellt hat. Separate Modellüberprüfungen für die einzelnen Altersgruppen geben auch keine Hinweise auf signifikante Werte des Parameters γ_{22}.

Tabelle 5.3: Vergleich der Modellvarianten nach dem multiplen Gruppenvergleich

Modell	Gruppe	χ^2	df	χ^2_{Diff}	df_{Diff}	RMSEA	GFI
Variante 1	1	80.21					0.913
Basismodell	2	5.38					0.998
	3	74.09					0.956
	$\sum$	159.68	15	$--$	$--$	0.108	
Variante 2	1	52.52					0.945
$\beta_{21}^{1,2,3}$	2	4.68					0.998
freigesetzt	3	58.41					0.964
	$\sum$	115.61	13	44.07	2	0.094	
Variante 3	1	25.63					0.972
$\zeta_{Y1}^{1,2,3}$	2	6.29					0.998
freigesetzt	3	27.04					0.982
	$\sum$	58.96	11	56.65	2	0.070	
Variante 4	1	2.84					0.997
$\gamma_{21}^{1},\gamma_{12}^{3}$	2	1.74					0.999
freigesetzt	3	7.28					0.995
	$\sum$	11.86	9	47.10	2	0.017	

Die Spezifikation der Modellvarianten wird im Text erläutert.

Tabelle 5.3 gibt einen Überblick über die Fitmaße der berechneten Modellvarianten sowie die Ergebnisse der χ^2-Differenzentests (Spalten 5 und 6). Der χ^2-Wert der einzelnen Modellvarianten setzt sich aus den jeweiligen Werten der drei Gruppen zusammen. Hiermit läßt sich feststellen, wie gut die jeweilige Modellanpassung ist. Analog wird der *Goodness-of-Fit*-Index (GFI) für jede Gruppe berechnet, während der *Root Mean Square Error of Approximation*-Index (RMSEA) auf den Gesamtanpassungswerten des Modells basiert.[20]

---

[20]   Die jeweilige Modellanpassung wird durch die Differenz zwischen den gruppenspezifischen, empirischen Kovarianzmatrizen S^G und den gruppenspezifischen, modellimplizierten Kovarianzmatrizen

Das Basismodell (Variante 1 in Tabelle 5.3) beinhaltet Gleichheitsrestriktionen für alle Pfadkoeffizienten und Residualvarianzen . Mit der Spezifikation des Basismodells wird inhaltlich
angenommen, daß die Beziehungen zwischen den Variablen nicht nach dem Alter der Befragten variieren. Der Fit des Basismodells zeigt eindeutig, daß die Gleichheitsrestriktionen
über die Pfadkoeffizienten ($\gamma_{11}, \gamma_{12}, \gamma_{21}, \gamma_{22}$ und β_{21}) und über die Residualvarianzen (ζ_{V195}
und ζ_{V463}, vgl Abbildung 5.13) nicht aufrechterhalten werden können. Insbesondere in der
ersten und dritten Gruppe sind hohe Abweichungen zwischen empirischen und modellimplizierten Varianzen und Kovarianzen zu verzeichnen, während die Modellanpassung für die
zweite Gruppe gut ist ($\chi^2 = 5.38$, GFI $= 0.998$). Die standardisierten Residuen und die
Ergebnisse des Langrange Multiplier(LM)-Tests[21] weisen auf altersspezifische Unterschiede
des Parameters β_{21} hin. In Variante 2 wird dieser Parameter über die Gruppen freigesetzt.
Der χ^2-Differenzentest ist deutlich signifikant ($\chi^2_{Diff} = 159.68 - 115.61 = 44.07$ und
$df_{Diff} = 15 - 13 = 2$). Diese Modellvariante kann somit als neues Basismodell vorläufig
akzeptiert werden. Des weiteren werden durch den LM-Test Hinweise auf eine unterschiedliche Variabilität der Residualvarianz der Variablen V195 (ζ_{V195}) gegeben, die in der Variante
3 zusätzlich über die Gruppen freigesetzt wird. Auch hier führt der χ^2-Differenzentest mit
$\chi^2_{Diff} = 56.65$ und $df_{Diff} = 2$ zu einer Akzeptanz der neuen Modellvariante.

Die Modellanpassung für die erste und die dritte Gruppe ist - trotz des insgesamt verbesserten
Modellfits - aber immer noch nicht befriedigend. Gruppenspezifische Differenzen einzelner
Pfadkoeffizienten sind nach erneuten Hinweisen durch den LM-Test hierfür verantwortlich.
Die Aufhebung der Gleichheitsrestriktion für den Parameter γ_{21}^1 (erste Gruppe) und für den
Parameter γ_{12}^3 (dritte Gruppe) führt zu einer deutlichen Modellverbesserung innerhalb der
jeweiligen Gruppen (vgl. Modellvariante 4 in Tabelle 5.3). Die *Likelihood-Ratio*-Statistik für
den gesamten Gruppenvergleich ($\chi^2 = 11.86$ mit $df = 9$) zeigt danach so gute Werte, daß
keine Notwendigkeit zur Aufhebung weiterer Gleichheitsrestriktionen besteht.[22]

Die berechneten Parameter der Modellvariante 4 für die drei Gruppen sind im folgenden
Pfaddiagramm eingetragen (vgl. Abbildung 5.14). Numerisch gleiche Werte sind auf die
Gleichheitsrestriktionen zurückzuführen, die mit der Modellanpassung vereinbar sind. Es wer-
den üblicherweise *unstandardisierte* Parameter verglichen, da die empirischen Varianzen bzw.
Standardabweichungen der Variablen in den einzelnen Gruppen in der Regel unterschiedlich
sind.[23]

Der Pfadkoeffizient zwischen V299 (Berufsprestige des Vaters) und V195 (Schulbildung des
Befragten) variiert nicht zwischen den Gruppen (0.01), während der Einfluß der Schulbildung

---

Σ^G ermittelt. Zum χ^2-Differenzentest, zum GFI und zum RMSEA siehe die Erläuterungen in Kapitel 6, Abschnitt 6.1.5.2.

[21] Der LM-Test wird ausführlich in Kapitel 6, Abschnitt 6.1.5.2 erläutert. In LISREL wird der LM-Test
Modification Indices genannt.

[22] Die Spezifikationen der akzeptierten Modellvariante 4 für die Programme LISREL und EQS sind im
Anhang zu diesem Kapitel zu finden (vgl. Abschnitt 5.5).

[23] Unstandardisierte Parameter haben einen von der Skalierung der Variablen abhängigen Wertebereich
und können daher auch > 1.0 sein, vgl. auch die Erläuterungen in Kapitel 4, Abschnitt 4.1.

Abbildung 5.14: Parameter des multiplen Gruppenvergleichs bei drei Altersgruppen (unstandardisierte Parameter)

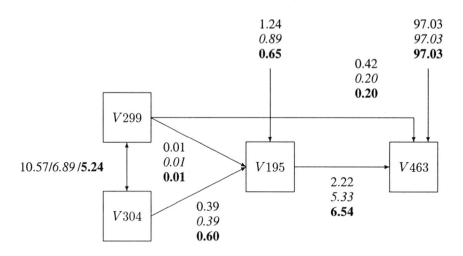

Parameter der ersten Gruppe (18 - 29 Jahre alt)
Parameter der zweiten Gruppe (30 - 59 Jahre alt)
Parameter der dritten Gruppe (60 Jahre und älter)

des Vaters (V304) auf die eigene Schulbildung (V195) in der dritten Gruppe größer ist (0.60) als in den beiden übrigen Gruppen. Ebenso ist die Beziehung zwischen der Schulbildung (V195) und dem Berufsprestige des Befragten (V463) umso stärker, je älter die Befragten sind (2.22, 5,33 und 6.54). Nur für die Beziehung zwischen dem Berufsprestige des Vaters (V299) und dem eigenen Berufsprestige (V463) ist ein stärkerer Effekt bei der ersten Gruppe (0.42) gegenüber den anderen beiden Gruppen (0.20) zu verzeichnen. Insgesamt zeigen die Ergebnisse, daß bei den älteren Befragten die Statuszuweisungprozesse homogener verlaufen und damit eine stärkere Prädiktion des elterlichen Status auf den eigenen Status möglich ist. Je jünger die Befragten sind, desto heterogener bzw. unbestimmter verläuft der Statuszuweisungsprozeß. Dafür können beispielsweise die in der soziologischen Familien- und Bildungforschung thematisierten Individualisierungprozesse verantwortlich sein (vgl. hierzu Schmidt, 2002).

5.3.2   Der simultane Vergleich der Mittelwerte

Neben dem simultanen Vergleich der Kovarianzstruktur kann auch zusätzlich ein simultaner Vergleich der Mittelwerte vorgenommen werden. Hierzu werden die Mittelwertsvektoren der Variablen für die einzelnen Gruppen berechnet und als empirische Größen dem Gruppenvergleichsmodell hinzugefügt. Der Einfachheit halber wird auf das weiter oben erörterte

Pfadmodell mit vier Variablen zurückgegriffen (vgl. Abbildung 5.12). Zur formalen Spezifikation werden die Gleichungen 5.48 und 5.49 um den Mittelwertsvektor α erweitert:

$$Y_1 = \alpha_1^g + \gamma_{11}^g X_1 + \gamma_{12}^g X_2 + \zeta_{Y_1}^g \tag{5.53}$$

$$Y_2 = \alpha_2^g + \gamma_{21}^g X_1 + \gamma_{22}^g X_2 + \beta_{21}^g Y_1 + \zeta_{Y_2}^g \tag{5.54}$$

Mit $g = 1, 2, \ldots G$ wird die jeweilige Gruppe bezeichnet.

Die Gleichsetzung der Pfadkoeffizienten, der Residualvarianzen der abhängigen Variablen und der Varianzen und Kovarianzen der unabhängigen Variablen kann entsprechend der Gleichungen 5.50, 5.51 und 5.52 erfolgen. Für die Gleichsetzung der Mittelwerte in den Strukturgleichungen gilt:

$$\begin{aligned} \alpha_1^1 = \alpha_1^2 = \ldots = \alpha_1^G \\ \alpha_2^1 = \alpha_2^2 = \ldots = \alpha_2^G \end{aligned} \tag{5.55}$$

Auch hier ist der Ausgangspunkt des multiplen Gruppenvergleichs ein *Basismodell*, das entweder keinerlei Modellrestriktionen über die Gruppen enthält oder das alle Parameter über die Gruppen gleichsetzt. Wird zunächst ein Gruppenvergleich der Kovarianzstruktur durchgeführt, dann kann die dort akzeptierte Modellvariante als Ausgangspunkt des Mittelwertvergleichs dienen (siehe das Beispiel weiter unten). Dieses schrittweise Vorgehen hat sich in der Praxis bewährt, zumal es sich bei den zu überprüfenden Restriktionen in der Gleichung 5.55 um zusätzliche und nicht alternative Restriktionen handelt. Inhaltliche Überlegungen zu den vermuteten Mittelwertsdifferenzen sollten die jeweilige Modellspezifikation bestimmen.

Für den multiplen Gruppenvergleich mit Mittelwerten werden die jeweiligen gruppenspezifischen Varianzen, Kovarianzen und Mittelwerte benötigt. Die Eingabematrizen S^g ($g = 1, 2, \ldots G$) müssen daher Momentenmatrizen sein.

Beispiel

Das in Abschnitt 5.3.1 spezifizierte und simultan nach drei Altersgruppen überprüfte Modell der Statuszuweisungstheorie von Blau und Duncan (1967) wird im folgenden nach Mittelwertsdifferenzen überprüft. Ausgangspunkt und Basismodell ist die Modellvariante 4 aus Tabelle 5.3. In diesem Basismodell werden die Mittelwertsparameter α_1 (für Variable V195: Schulabschluß des Befragten) und α_2 (für Variable V463: Berufsprestige-Skala des Befragten) über alle Gruppen gleichgesetzt.[24] Die Berechnung zeigt deutlich, daß von einer Invarianz der Mittelwerte über die Gruppen nicht ausgegangen werden kann und insbesondere für die Gruppe der älteren Personen (60 Jahre und älter) die Modellanpassung schlecht ist (vgl. Variante 1 in Tabelle 5.4).

---

[24] Die Spezifikation der Mittelwertsparameter erfolgt im Programm LISREL über den Begriff *CONST* (SIMPLIS-Input) und im Programm EQS über die Variable V999 (vgl. die Spezifikationen in Abschnitt 5.5).

Tabelle 5.4: Vergleich der Modellvarianten nach dem multiplen Gruppenvergleich mit Mittelwerten

Modell	Gruppe	χ^2	df	χ^2_{Diff}	df_{Diff}	RMSEA	GFI
Variante 1	1	12.46					0.987
Basismodell	2	15.25					0.997
	3	64.07					0.963
	$\sum$	91.78	13	$--$	$--$	0.080	
Variante 2	1	2.83					0.997
$\alpha_1^{1,2,3}$	2	2.29					0.999
freigesetzt	3	8.23					0.995
	$\sum$	13.34	11	78.43	2	0.013	
Variante 3	1	2.84					0.997
$\alpha_1^{1,2,3}, \alpha_2^{1,2,3}$	2	1.74					0.999
freigesetzt	3	7.28					0.995
	$\sum$	11.86	9	1.49	2	0.017	

Die Spezifikation der Modellvarianten wird im Text erläutert.

In der zweiten Modellvariante wird die Invarianz der Mittelwerte für die Variable V195 (α_1) aufgehoben, was zu einer bedeutsamen Modellverbesserung führt ($\chi^2_{Diff} = 78.43$ mit $df_{Diff} = 2$) während die Variation der Mittelwerte der Variablen V463 (α_2) über beide Gruppen zu keiner besseren Modellanpassung führt ($\chi^2_{Diff} = 1.49$ mit $df_{Diff} = 2$). Daher kann das Ergebnis der zweiten Modellvariante akzeptiert werden. Die geschätzten Mittelwertsparameter zeigt Tabelle 5.5.

Nach diesen Werten ist das Schulabschlußniveau in der Gruppe der älteren Personen über 60 Jahre deutlich niedriger als bei den Personen der anderen Gruppen, während das durchschnittliche Berufsprestige nicht über die Gruppen differiert. Die übrigen Parameter des Modells sind bis auf Rundungsdifferenzen identisch zu denen in Abbildung 5.14.

5.4   Pfadmodelle im Längsschnitt

Die bisher behandelten Pfadmodelle beziehen sich ausschließlich auf Variablen, die zu einem Meßzeitpunkt erfaßt worden sind. Das Datenmaterial stammt in der Regel aus einer Querschnittsuntersuchung. Geht es aber darum, zeitliche Veränderungen von Variablen und ihre Beziehungen untereinander zu berücksichtigen, werden Längsschnittdaten benötigt. Insbesondere die wiederholte Erhebung von Individualdaten gleicher Erhebungseinheiten mit Hilfe des Paneldesigns (zu den Erhebungsdesigns, vgl. Kapitel 3) hat zur Konstruktion von Regressions- und Pfadmodellen geführt, die mehrfach erhobene Variablen enthalten. Die einfachsten Regressionsmodelle für Paneldaten formalisieren eine lineare Beziehung zwischen zwei (inhaltlich

Tabelle 5.5: Mittelwertsparameter der Modellvariante 2

Gruppe	α_1 (V195)	α_2 (V463)
18-29 Jahre	1.57 (17.35)	16.56 (23.08)
30-59 Jahre	1.60 (22.46)	16.56 (23.08)
60 u. älter	0.65 (6.85)	16.56 (23.08)

T-Werte stehen in Klammern.

gleichen) Variablen zu verschiedenen Meßzeitpunkten. Die Kontrolle dieser Beziehung unter der Bedingung einer dritten Variable führt zu einem einfachen *konditionalen* Regressionsmodell (vgl. Markus, 1979, S. 47; Plewis, 1985, S. 32; Allison, 1990, S. 100), das um zusätzliche zeitkonstante und zeitinvariante Variablen erweitert werden kann. Die Berechnung der einzelnen Regressionsparameter für die Querschnitts- und Längsschnittsbeziehungen kann sich auch auf die Bildung von Differenzen zwischen Variablen aufeinanderfolgender Zeitpunkte stützen, die aber recht umstritten sind.[25] Da auch die praktische Anwendung konditionaler Regressionsmodelle wenig verbreitet ist, wird hier auf die Erörterung und beispielhafte Anwendung dieser Modelle verzichtet und auf die Darstellung in Plewis (1985, S. 30-55) und Engel und Reinecke (1994, S. 15-21) verwiesen.[26] Der folgende Abschnitt 5.4.1 diskutiert zunächst das in der pfadanalytischen Tradition stehende klassische Zwei-Variablen/Zwei-Wellen-Panelmodell. In Abschnitt 5.4.2 werden Erweiterungen und Modifikationen dieser Modelle erörtert.

---

[25] Burr und Nesselroade (1990) diskutieren Argumente gegen die Verwendung von Differenzenvariablen:

1. Die Validität der Variablen zwischen den Meßzeitpunkten kann unterschiedlich sein, so dass eine ausreichenden Validität der Diffenzvariablen fraglich ist.

2. Mit steigender Korrelation zwischen beiden Variablen sinkt die Reliabilität der Differenzenvariablen. Dieses Phänomen wird auch als *Lord's Paradox* bezeichnet (vgl. die Diskussion in Plewis, 1995, S. 35f.).

3. Bei extrem unterschiedlichen Ausprägungen der Variablen zwischen den Zeitpunkten tendieren die Regressionseffekte zur Mitte, was als *regression toward the mean*-Effekt bezeichnet wird (vgl. die Ausführungen von Plewis, 1995, S. 30f.).

[26] Eine inhaltlich geführte Diskussion über die Angemessenheit von konditionalen Regressionsmodellen für Paneldaten findet sich bei Allison (1990, S. 105ff.).

Soll die zeitliche Entwicklung mit Hilfe einer Wachstumskurve beschrieben werden, dann können sogenannte *growth curve models* aufgestellt werden, die - auch auf Grund der höheren Modellkomplexität - gesondert behandelt werden (siehe hierzu Kapitel 7, Abschnitt 7.5).

5.4.1   Das Zwei-Variablen/Zwei-Wellen-Panelmodell

Die Bestimmung von Kausaleinflüssen bei Längsschnittdaten führt im einfachsten Fall zu einem Pfadmodell, bei dem zwei zeitvariierende Variablen x und y über zwei Panelwellen zueinander in Beziehung gesetzt werden. Diese Anordnung der Variablen wird allgemein als Zwei-Variablen/Zwei-Wellen-Panelmodell bezeichnet (vgl. Plewis, 1985, S. 61; Engel & Reinecke, 1994, S. 22; Maruyama, 1998, S. 111, im folgenden abgekürzt 2V2W-Panelmodell). Das 2V2W-Modell (vgl. Abbildung 5.15), beruht auf der Idee, die Korrelationen der beiden Variablen über die Zeit miteinander zu vergleichen und die Stärke der kausalen Einflüsse zwischen beiden Variablen zu ermitteln (vgl. Heise, 1969; Duncan, 1975, S. 286; Markus, 1979, S. 48; Rogosa, 1979, S. 275; Kessler & Greenberg, 1981, S. 29). Drei Arten von Korrelationen sind im 2V2W-Panelmodell zu unterscheiden:

1. Die Korrelationen verschiedener Variablen x und y im Querschnitt ($r_{x_1y_1}$ und $r_{x_2y_2}$).[27]

2. Die Korrelationen gleicher Variablen x und y im Längsschnitt ($r_{x_1x_2}$ und $r_{y_1y_2}$). Diese Korrelationen werden auch als *Autokorrelationen* bezeichnet.

3. Die Korrelationen verschiedener Variablen x und y im Längsschnitt ($r_{x_1y_2}$ und $r_{y_1x_2}$). Diese Korrelationen werden auch als *kreuzverzögerte Korrelationen* bezeichnet.

Mit dem 2V2W-Panelmodell läßt sich prinzipiell das Ausmaß des kausalen Effektes einer unabhängigen Variablen des ersten Meßzeitpunktes (t_1) auf eine abhängige Variable des zweiten Meßzeitpunktes (t_2) bestimmen. Die Größen der jeweiligen kreuzverzögerten Pfadkoeffizienten ($p_{x_2y_1}$ und $p_{y_2x_1}$) geben Hinweise darauf, inwieweit über die Zeit die Variable x die Variable y beeinflußt, oder umgekehrt, die Variable y die Variable x (vgl. Abbildung 5.15).[28] Die Pfadkoeffizienten $p_{x_2x_1}$ und $p_{y_2y_1}$ geben die Einflüsse der Variablen x bzw. y zum Zeitpunkt t_1 auf deren nachfolgende Messungen in t_2 wieder. Diese Pfadkoeffizienten werden auch als Stabilitätsmaße interpretiert. Sie zeigen an, wie stark die Variation der Variablen x bzw. y in t_2 durch die entsprechende Messung in t_1 erklärt werden kann (vgl. Abbildung 5.15).

Folgende *nicht testbare* Annahmen müssen zur Berechnung der Pfadkoeffizienten im 2V2W-Panelmodell beachtet werden (vgl. Engel & Reinecke, 1994, S. 22):

---

[27]   Die Suffixe bezeichnen hier die Meßzeitpunkte t_1 und t_2.

[28]   Campbell (1963) hat den Vergleich der beiden kreuzverzögerten Korrelationen ($r_{x_1y_2}$ und $r_{y_1x_2}$) als hinreichendes Maß für die Bestimmung der kausalen Richtung zwischen x und y angesehen. Rogosa (1979, S. 277-280) hat demgegenüber im einzelnen verdeutlicht, daß kreuzverzögerten Korrelationen für eine kausale Interpretation nicht ausreichen, da bei dieser Technik die weniger stabile Variable bzw. diejenige mit dem größten Produkt ihrer t_1- und t_2-Standardabweichungen begünstigt werde. Dies kann zu völlig irreführenden Schlußfolgerungen führen.

Abbildung 5.15: Kausaldiagramm des 2V2W-Panelmodells

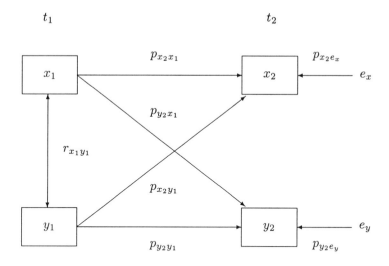

1. Es existiert keine Korrelation zwischen den Variablen der ersten Panelwelle (x_1, y_1) und den Residuen der Variablen der zweiten Panelwelle (e_x, e_y).

2. Jeder kausale Effekt existiert über ein begrenztes Zeitintervall.

3. Die Meßperiode ist innerhalb der Zeit, in der der kausale Effekt auftreten kann.

4. Die Zeit zwischen den Messungen ist näherungsweise die gleiche wie die Zeit für die kausale Verzögerung.

Desweiteren werden die Beziehungen zwischen den Variablen als linear angenommen, was zumindest bivariat geprüft werden kann. Die entsprechende Formalisierung des 2V2W-Panelmodells lautet:

$$x_2 = \bar{x} + b_{x_2x_1}x_1 + b_{x_2y_1}y_1 + b_{x_2e_x}e_x \tag{5.56}$$

$$y_2 = \bar{y} + b_{y_2y_1}y_1 + b_{y_2x_1}x_1 + b_{y_2e_y}e_y \tag{5.57}$$

Die Parameter in beiden Gleichungen können mit den üblichen Schätzverfahren (vgl. Abschnitt 5.1.4) ermittelt werden. Die b-Koeffizienten sind unstandardisierte Regressionskoeffizienten. Werden für die Berechnung des Modells Produkt-Moment-Korrelationen zugrunde gelegt, dann sind die Erwartungswerte $\bar{x}$ und $\bar{y}$ 0 (vgl. auch Abschnitt 5.1.1). Gleichungen 5.56 und 5.57 reduzieren sich und die Parameter entsprechen standardisierten Regressionskoeffizienten mit einem Variationsintervall zwischen -1 und $+1$:

$$x_2 = p_{x_2x_1}x_1 + p_{x_2y_1}y_1 + p_{x_2e_x}e_x \tag{5.58}$$

$$y_2 = p_{y_2 y_1} y_1 + p_{y_2 x_1} x_1 + p_{y_2 e_y} e_y \tag{5.59}$$

Nach den Ausführungen in Abschnitt 5.1.1 lassen sich - wie bei Querschnittsmodellen - durch Substitution und Umformungen die Pfadkoeffizienten analytisch ermitteln (zur Vorgehensweise vgl. Opp & Schmidt, 1976, S. 136ff. und speziell für das 2V2W-Panelmodell Engel & Reinecke, 1994, S. 23f.).

Zunächst werden die Gleichungen 5.58 und 5.59 jeweils mit den exogenen Variablen x_1 und y_1 multipliziert:

$$x_2 x_1 = p_{x_2 x_1} x_1^2 + p_{x_2 y_1} y_1 x_1 + p_{x_2 e_x} e_x x_1 \tag{5.60}$$

$$x_2 y_1 = p_{x_2 x_1} x_1 y_1 + p_{x_2 y_1} y_1^2 + p_{x_2 e_x} e_x y_1 \tag{5.61}$$

$$y_2 x_1 = p_{y_2 y_1} y_1 x_1 + p_{y_2 x_1} x_1^2 + p_{y_2 e_y} e_y x_1 \tag{5.62}$$

$$y_2 y_1 = p_{y_2 y_1} y_1^2 + p_{y_2 x_1} x_1 y_1 + p_{y_2 e_y} e_y y_1 \tag{5.63}$$

Für jedes Variablenprodukt in den Gleichungen 5.60 bis 5.63 können nun Mittelwerte gebildet werden, die - bedingt durch die Standardisierung der Variablenprodukte - identisch zu den Korrelationen zwischen den entsprechenden Variablen sind:[29]

$$r_{x_1 x_2} = p_{x_2 x_1} r_{x_1}^2 + p_{x_2 y_1} r_{x_1 y_1} + p_{x_2 e_x} r_{e_x x_1} \tag{5.64}$$

$$r_{y_1 x_2} = p_{x_2 x_1} r_{x_1 y_1} + p_{x_2 y_1} r_{y_1}^2 + p_{x_2 e_x} r_{e_x y_1} \tag{5.65}$$

$$r_{x_1 y_2} = p_{y_2 y_1} r_{x_1 y_1} + p_{y_2 x_1} r_{x_1}^2 + p_{y_2 e_y} r_{e_y x_1} \tag{5.66}$$

$$r_{y_1 y_2} = p_{y_2 y_1} r_{y_1}^2 + p_{y_2 x_1} r_{x_1 y_1} + p_{y_2 e_y} r_{e_y y_1} \tag{5.67}$$

Da die Residuen e_x und e_y nicht mit den exogenen Variablen x_1 und y_1 korrelieren[30] und $r_{x_1}^2 = r_{y_1}^2 = 1$ ist, verkürzen sich die Gleichungen 5.64 bis 5.67:

$$r_{x_1 x_2} = p_{x_2 x_1} + p_{x_2 y_1} r_{x_1 y_1} \tag{5.68}$$

$$r_{y_1 x_2} = p_{x_2 x_1} r_{x_1 y_1} + p_{x_2 y_1} \tag{5.69}$$

$$r_{x_1 y_2} = p_{y_2 y_1} r_{x_1 y_1} + p_{y_2 x_1} \tag{5.70}$$

$$r_{y_1 y_2} = p_{y_2 y_1} + p_{y_2 x_1} r_{x_1 y_1} \tag{5.71}$$

Alle Pfadkoeffizienten lassen sich durch Umformen und Substitution der Gleichungen 5.68 bis 5.71 ermitteln:

$$p_{x_2 x_1} = r_{x_1 x_2} - \frac{r_{y_1 x_2} r_{x_1 y_1} - r_{x_1 x_2} r_{x_1 y_1}^2}{1 - r_{x_1 y_1}^2} \tag{5.72}$$

---

[29]   Daß der Korrelationskoeffizient dem Produkt von zwei standardisierten Variablen entspricht, ist Gleichung 4.6 in Kapitel 4 zu entnehmen.

[30]   Nach der ersten Annahme weiter oben sind $r_{e_x x_1} = r_{e_x y_1} = r_{e_y x_1} = r_{e_y y_1} = 0$.

$$p_{y_2y_1} = r_{y_1y_2} - \frac{r_{x_1y_2}r_{x_1y_1} - r_{y_1y_2}r_{x_1y_1}^2}{1 - r_{x_1y_1}^2} \tag{5.73}$$

$$p_{x_2y_1} = \frac{r_{y_1x_2} - r_{x_1x_2}r_{x_1y_1}}{1 - r_{x_1y_1}^2} \tag{5.74}$$

$$p_{y_2x_1} = \frac{r_{x_1y_2} - r_{y_1y_2}r_{x_1y_1}}{1 - r_{x_1y_1}^2}. \tag{5.75}$$

Wenn $p_{y_2x_1} \neq 0$ ist und $p_{x_2y_1} = 0$, dann wird die Variable x eher einen über die Zeit kausalen Einfluß auf y haben. Ist dagegen $p_{x_2y_1} \neq 0$ und $p_{y_2x_1} = 0$, dann wird die Variable y eher einen über die Zeit kausalen Einfluß auf x haben (vgl. Plewis, 1985, S. 63). Haben beide kreuzverzögerte Effekte bedeutsame (signifikant von Null verschiedene) Werte, ist eine eindeutige Bestimmung der kausalen Richtung zwischen beiden Variablen nicht möglich. Dies gilt insbesondere dann, wenn die Werte von $p_{y_2x_1}$ und $p_{x_2y_1}$ verschiedene Vorzeichen haben.

Das folgende Beispiel soll die Berechnung der Koeffizienten eines 2V2W-Panelmodells verdeutlichen.

Beispiel

Variablen und Daten für das 2V2W-Panelmodell sind der Ausländerstichprobe des Sozio-ökonomischen Panels (SOEP) entnommen (vgl. SOEP Group, 2001). Die Daten schließen nur Ausländer ein, die der Gruppe der sogenannten Gastarbeiter zugeordnet werden können.[31]

Der Zusammenhang zwischen geplanter Aufenthaltsdauer (x) und Identifikation mit der eigenen Nation (y) soll über zwei Meßzeitpunkte geprüft werden. Die Variable x erfaßt die *Dauer des geplanten Aufenthaltes in Deutschland*, gemessen in Jahren (Variablenname: bp96/cp87), die Variable y mißt das *Fühlen bezüglich der eigenen Nationalität*, abgestuft in 5 Kategorien (Variablenname: bp90/cp81).[32]

Der genaue Wortlaut der Variablen x lautet:

Wie lange wollen sie in Deutschland bleiben?

Der Fragetext für die Variable y lautet:

Wenn Menschen längere Zeit in Deutschland leben, können sich die ursprünglichen Beziehungen zum Herkunftsland *verändern. Wie ist das bei Ihnen, da Sie hier in Deutschland leben?*[33]

Folgende Kategorien sind den Befragten vorgegeben worden:

---

[31] Hierzu gehören Türken, Ex-Jugoslawen, Griechen, Italiener und Spanier. Zu weiteren inhaltlichen Analysen, vgl. Jankowitsch, Klein & Weick, 2000.

[32] Die Variablennamen wurden aus Gründen der Übersichtlichkeit gegenüber den Originalbezeichnungen im SOEP abgeändert. Die Originalbezeichnungen der Variablen lauten BP96A02, CP87A02, BP90A02 und CP81A02.

[33] Bei Herkunftsland steht in den Fragebögen die jeweilige Nationalität.

Tabelle 5.6: Mittelwerte, Varianzen, Kovarianzen und Korrelationen der Variablen des 2V2W-Panelmodells

	$\bar{x}\ \bar{y}$	bp96	cp87	bp90	cp81
bp96 (x_1)	7.202	23.844	0.495	-0.126	-0.148
cp87 (x_2)	7.667	13.498	31.193	-0.124	-0.123
bp90 (y_1)	4.303	-0.621	-0.700	1.040	0.538
cp81 (y_2)	4.246	-0.749	-0.713	0.563	1.076

Ich fühle mich ganz als Deutscher

Ich fühle mich mehr als Deutscher

Ich fühle mich in manchen Beziehungen als Deutscher

Ich fühle mich kaum als Deutscher

Ich fühle mich nicht als Deutscher

Der erste Meßzeitpunkt (t_1) bezieht sich auf das Jahr 1985, der zweite Meßzeitpunkt (t_2) auf das Jahr 1986. Mittelwerte, Varianzen, Kovarianzen und Korrelationen der Variablen sind für die beiden Meßzeitpunkte in Tabelle 5.6 zusammengestellt.

Geplante Aufenthaltsdauer (x) und Identifikation mit der eigenen Nation (y) kovariieren bzw. korrelieren jeweils positiv über die Zeit, die entsprechenden Querschnitts- und Kreuzkorrelationen sind erwartungsgemäß negativ. Dabei sind deren Größen insgesamt gering, Querschnitts- und Kreuzkorrelationen unterscheiden sich kaum. Die Mittelwerte zeigen für die geplante Aufenthaltsdauer eine leichte Erhöhung von t_1 nach t_2, für die Identifikation mit der eigenen Nation eine leichte Verringerung.

Die Berechnung des 2V2W-Panelmodells nach Abbildung 5.15 erfolgt durch entsprechende Spezifikationen mit den Programmen LISREL und EQS (vgl. hierzu Abschnitt 5.5). Zur Berechnung der Erwartungswerte und der unstandardisierten Pfadkoeffizienten (siehe Gleichungen 5.56 und 5.57) müssen Mittelwerte, Varianzen und Kovarianzen der Variablen als empirische Informationen zur Verfügung gestellt werden.

Die Berechnung der Erwartungswerte und der unstandardisierten Pfadkoeffizienten ergibt folgendes:

$$cp87 = 5.128 - 0.341 \cdot bp90 + 0.556 \cdot bp96 + 23.446 \cdot e_{cp87} \tag{5.76}$$

$$cp81 = 2.088 + 0.531 \cdot bp90 - 0.0176 \cdot bp96 + 0.765 \cdot e_{cp81} \tag{5.77}$$

Abbildung 5.16: Der Zusammenhang zwischen geplanter Aufenthaltsdauer und ethnischer Identifikation im 2V2W-Panelmodell (standardisierte Lösung)

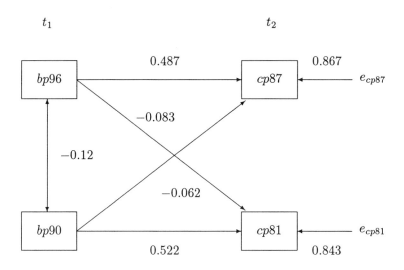

Werden auf der Basis der Korrelationsmatrix die standardisierten Pfadkoeffizienten berechnet, können folgende Koeffizienten in die Gleichungen 5.58 und 5.59 eingesetzt werden:[34]

$$cp87 = -0.062 \cdot bp90 + 0.487 \cdot bp96 + 0.867 \cdot e_{cp87} \qquad (5.78)$$

$$cp81 = 0.522 \cdot bp90 - 0.083 \cdot bp96 + 0.843 \cdot e_{cp81} \qquad (5.79)$$

Die Anpassung zwischen Modell und Daten ist nahezu perfekt ($\chi^2 = 0.996$ mit $df = 1$, GFI $= 1.0$). Der einzige nicht spezifizierte Pfad ist die Querschnittsbeziehung zwischen beiden Variablen zum zweiten Meßzeitpunkt ($p_{y_2 x_2}$). Die Spezifikation dieses Pfades würde zu einem gerade identifizierten Modell ($df = 0$) mit perfekter Modellanpassung führen, worauf im weiteren verzichtet wurde. In Abbildung 5.16 werden die Ergebnisse aus den Gleichungen 5.78 und 5.79 in das 2V2W-Panelmodell eingetragen.

Es werden 24.8% Varianz in der Variablen x_2 (cp87) und 29.0% Varianz in der Variablen y_2 (cp81) aufgeklärt. Da beide Kreuzeffekte signifikant von Null verschieden sind, läßt sich die Kausalrichtung zwischen beiden Variablen nicht eindeutig bestimmen. Wird allerdings ein längerer Zeitraum untersucht, dann zeigt sich, daß der Effekt der Identität (y) auf die Aufenthaltsdauer (x) in nachfolgenden Zeitpunkten stärker ist als der umgekehrte Effekt der Aufenthaltsdauer auf die zeitlich nachfolgende Identitätsmessung (vgl. hierzu Reinecke, Schmidt & Weick, 2002).

---

[34] Die Werte entsprechen der standardisierten Lösung in LISREL oder EQS. Zu beachten ist, daß nur in EQS standardisierte Residualpfadkoeffizienten ausgegeben werden.

5.4.2   Die Erweiterung des 2V2W-Standarddesigns

Die bisher berechneten 2V2W-Panelmodelle ermöglichen die Feststellung der Stabilität der Variablen zwischen zwei Meßzeitpunkten, der Größe möglicher kreuzverzögerter Effekte und damit die Bestimmung der kausalen Richtung zwischen zwei Variablen x und y.

Die Beurteilung konsistenter Stabilitäten und kreuzverzögerter Effekte setzt mindestens drei Meßzeitpunkte voraus, was im einfachsten Fall zum Zwei-Variablen/Drei-Wellen-Panelmodell führt (vgl. Kessler & Greenberg, 1981, S. 34; Engel & Reinecke, 1994, S. 30). Diese Modellspezifikation wird unter Berücksichtigung eines Meßmodells in Kapitel 7, Abschnitt 7.3 ausführlicher behandelt.

Neben der Erweiterung des 2V2W-Panelmodells um weitere Meßzeitpunkte ist die Berücksichtigung zusätzlicher exogener Variablen sinnvoll, um beispielsweise den Einfluß zeitstabiler Variablen auf die Kausalkette der zeitvarianten Größen zu untersuchen. Die Einführung einer zeitinvarianten exogenen Variablen z kann einen zunehmenden oder abnehmenden Einfluß auf die zeitvarianten Variablen x und y haben. Die im letzten Abschnitt modellierten Stabilitäten und die kreuzverzögerten Effekte werden hierbei kontrolliert (vgl. Abbildung 5.17).

Da alle zeitvarianten Variablen nun abhängige Variablen sind, existieren für das erweiterte 2V2W-Modell vier Strukturgleichungen, die im folgenden in standardisierter Form (ohne Erwartungswerte) aufgeführt werden:

$$x_2 = p_{x_2x_1}x_1 + p_{x_2y_1}y_1 + p_{x_2z}z + p_{x_2e_x}e_x \tag{5.80}$$

$$y_2 = p_{y_2y_1}y_1 + p_{y_2x_1}x_1 + p_{y_2z}z + p_{y_2e_y}e_y \tag{5.81}$$

$$x_1 = p_{x_1z}z + p_{x_1e_x}e_x \tag{5.82}$$

$$y_1 = p_{y_1z}z + p_{y_1e_y}e_y \tag{5.83}$$

Beispiel

Variablen und Daten für das erweiterte 2V2W-Panelmodell beziehen sich auch auf die Ausländerstichprobe des Sozio-ökonomischen Panels (SOEP).

Neben dem Zusammenhang zwischen geplanter Aufenthaltsdauer (x) und Identifikation mit der eigenen Nation (y) soll hier zusätzlich der geschlechtsspezifische Einfluß durch die Variable z (Variable: Gesch) auf die Variablen x und y geprüft werden.

Die Berechnung des erweiterten 2V2W-Panelmodells nach Abbildung 5.17 erfolgt durch entsprechende Spezifikationen mit den Programmen LISREL und EQS (vgl. hierzu Abschnitt 5.5). Werden auf der Basis der Korrelationsmatrix die standardisierten Pfadkoeffizienten berechnet, können folgende Koeffizienten in die Gleichungen 5.80 bis 5.83 eingesetzt werden:

$$cp87 = -0.062 \cdot bp90 + 0.486 \cdot bp96 - 0.010 \cdot Gesch + 0.867 \cdot e_{cp87} \tag{5.84}$$

$$cp81 = 0.521 \cdot bp90 - 0.082 \cdot bp96 + 0.010 \cdot Gesch + 0.843 \cdot e_{cp81} \tag{5.85}$$

Abbildung 5.17: Erweiterung des 2V2W-Panelmodells um eine zeitinvariante Variable z

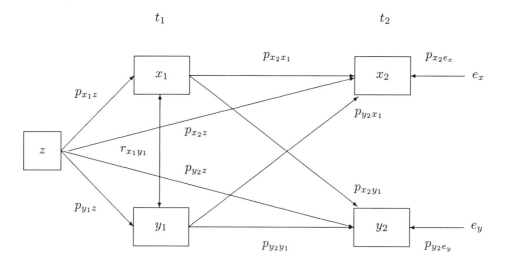

$$bp96 = -0.055 \cdot Gesch + 0.998 \cdot e_{bp96} \tag{5.86}$$

$$bp90 = 0.038 \cdot Gesch + 0.991 \cdot e_{bp90} \tag{5.87}$$

Die Anpassung zwischen Modell und Daten ist auch hier nahezu perfekt ($\chi^2 = 0.985$ mit $df = 1$, GFI = 1.0). In Abbildung 5.18 werden die Ergebnisse aus den Gleichungen 5.84 und 5.87 in das erweiterte 2V2W-Panelmodell eingetragen.

Die Ergebnisse unterscheiden sich kaum vom Modell in Abbildung 5.17. Einen bedeutsamen Einfluß der Variablen Geschlecht besteht nur für die Variable x_1 (bp96). Danach geben die befragten Männer eine höhere geplante Aufenthaltsdauer in Deutschland an, als die befragten Frauen (-0.055). Diese Differenz ist zum zweiten Zeitpunkt allerdings nicht mehr signifikant (-0.010). Ebenso konnten keine geschlechtsspezifischen Differenzen bezogen auf die Identität der Befragten ermittelt werden. Die entsprechenden Pfadkoeffizienten sind nicht signifikant (0.038 und 0.010).

Abbildung 5.18: Der Zusammenhang zwischen geplanter Aufenthaltsdauer und ethnischer Identifikation im 2V2W-Panelmodell und der Einfluß der zeitinvarianten Variablen Geschlecht (standardisierte Lösung)

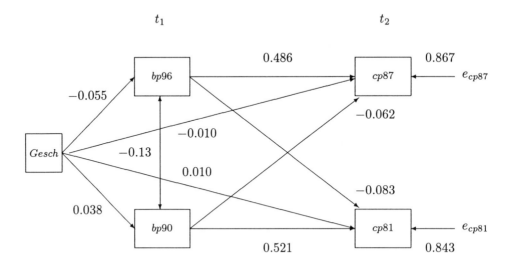

5.5   Anhang: Programmspezifikationen zu den Pfadmodellen

In den folgenden Tabellen 5.7 und 5.8 sind die Spezifikationen des Pfadmodells mit vier Variablen (vgl. Abbildung 5.3) aufgeführt.[35]

Tabelle 5.7: Spezifikation des Pfadmodells mit vier Variablen (LISREL)

```
Pfadmodell (4 Variablen)
Observed Variables
Y X1 X2 X3
Correlation Matrix
 1.000
 0.507  1.000
 0.480  0.224  1.000
 0.275  0.062  0.577  1.000
Sample Size: 100
Relationships
 Y = X1 X2 X3
X3 = X1 X2
```

---

[35]   Die hier dokumentierten Programmspezifikationen können unter http://www.oldenbourg.de/verlag unter dem Link „Downloads" abgerufen werden

```
Number of Decimals = 3
End of Problem
```

Tabelle 5.8: Spezifikation des Pfadmodells mit vier Variablen (EQS)

```
/TITLE
Pfadmodell (4 Variablen)
/SPECIFICATIONS
CASES=100; VARIABLES=4; ME=ML; MATRIX=COR; ANALYSIS=COR;
/LABELS
V1=Y; V2=X1; V3=X2; V4=X3;
/EQUATIONS
V1 = *V2 + *V3 + *V4 + *E1;
V4 = *V2 + *V3 + *E4;
/VARIANCES
V2 = *; V3 = *;
E1 = *; E4 = *;
/COVARIANCES
V2,V3 = *;
/MATRIX
 1.000
 0.507  1.000
 0.480  0.224  1.000
 0.275  0.062  0.577  1.000
/END
```

In den folgenden Tabellen 5.9 bis 5.12 sind die alternativen Spezifikationen des Pfadmodells mit vier Variablen (vgl. die Abbildungen 5.4 und 5.5) aufgeführt.

Tabelle 5.9: Spezifikation der Alternative 1 zum Pfadmodell mit vier Variablen (LISREL)

```
Alternative 1: Y unabhaengig und X3 abhaengig
Observed Variables
Y X1 X2 X3
Correlation Matrix
 1.000
 0.507  1.000
 0.480  0.224  1.000
 0.275  0.062  0.577  1.000
Sample Size: 100
Relationships
Y  = X1 X2
X3 = X1 X2 Y
Number of Decimals = 3
End of Problem
```

Tabelle 5.10: Spezifikation der Alternative 1 zum Pfadmodell mit vier Variablen (EQS)

```
/TITLE
Alternative 1: Y unabhaengig und X3 abhaengig
/SPECIFICATIONS
CASES=100; VARIABLES=4; ME=ML; MATRIX=COR; ANALYSIS=COR;
/LABELS
V1=Y; V2=X1; V3=X2; V4=X3;
/EQUATIONS
V4 = *V1 + *V2 + *V3 + *E4;
V1 = *V2 + *V3 + *E1;
/VARIANCES
V2, V3 = *;
E1, E4 = *;
/COVARIANCES
V2, V3 = *;
/MATRIX
 1.000
 0.507  1.000
 0.480  0.224  1.000
 0.275  0.062  0.577  1.000
/END
```

Tabelle 5.11: Spezifikation der Alternative 2 zum Pfadmodell mit vier Variablen (LISREL)

```
Alternative 2: Residualkorrelation zwischen Y und X3
Observed Variables
Y X1 X2 X3
Correlation Matrix
 1.000
 0.507  1.000
 0.480  0.224  1.000
 0.275  0.062  0.577  1.000
Sample Size: 100
Relationships
Y  = X1 X2
X3 = X1 X2
Let the errors of X3 and Y correlate
Number of Decimals = 3
End of Problem
```

Tabelle 5.12: Spezifikation der Alternative 2 zum Pfadmodell mit vier Variablen (EQS)

```
/TITLE
Alternative 2: Residualkorrelation zwischen Y und X3
/SPECIFICATIONS
CASES=100; VARIABLES=4; ME=ML; MATRIX=COR; ANALYSIS=COR;
/LABELS
V1=Y; V2=X1; V3=X2; V4=X3;
/EQUATIONS
V4 = *V2 + *V3 + *E4;
V1 = *V2 + *V3 + *E1;
/VARIANCES
V2, V3 = 1*;
E1, E4 = *;
/COVARIANCES
V2, V3 = *;
E1, E4 = *;
/MATRIX
 1.000
 0.507  1.000
 0.480  0.224  1.000
 0.275  0.062  0.577  1.000
/END
```

In den folgenden Tabellen 5.13 und 5.14 sind die Spezifikationen des nicht-rekursiven Pfadmodells mit vier Variablen (vgl. Abbildung 5.8) aufgeführt.

Tabelle 5.13: Spezifikation des nicht-rekursiven Pfadmodells mit vier Variablen (LISREL)

```
Nicht-rekursives Pfadmodell (4 Variablen)
Observed Variables
X2 X1 Y2 Y1
Correlation Matrix
 1.000
 0.292  1.000
 0.282  0.184  1.000
 0.166  0.383  0.386  1.000
Standard Deviations
21.277  2.198  0.640  0.670
Sample Size: 432
Equation: Y1 = Y1 + Y2
Equation: Y2 = X2 + Y1
Options: ND=3 RS SC
End of Problem
```

Tabelle 5.14: Spezifikation des nicht-rekursiven Pfadmodells mit vier Variablen (EQS)

```
/TITLE
Nicht-rekursives Pfadmodell (4 Variablen)
/SPECIFICATIONS
Cases=432; Variables=4; Matrix=COR; Analysis=COV;
/LABELS
V1=X2 v2=X1; V3=Y2; V4=Y1;
/EQUATIONS
V3 = .01*V1 + .2*V4 + E3;
V4 = .2 *V2 + .2*V3 + E4;
/VARIANCES
V1 = 453*; V2 =4.8*;
E3 TO E4 = .3*;
/COVARIANCES
V1, V2 = 13.7*;
/MATRIX
 1.000
 0.292  1.000         .
 0.282  0.184  1.000
 0.166  0.383  0.386  1.000
/STANDARD DEVIATIONS
21.277  2.198  0.640  0.670
/END
```

In den folgenden Tabellen 5.15 und 5.16 sind die Spezifikationen des nicht-rekursiven Pfadmodells mit fünf Variablen (vgl. Abbildung 5.9) aufgeführt.

Tabelle 5.15: Spezifikation des nicht-rekursiven Pfadmodells mit fünf Variablen (LISREL)

```
Nicht-rekursives Pfadmodell (5 Variablen)
Observed Variables
X2 X1 Y2 Y1 Y3
Correlation Matrix
 1.000
 0.292  1.000
 0.282  0.184  1.000
 0.166  0.383  0.386  1.000
 0.231  0.277  0.431  0.537  1.000
Standard Deviations
21.277  2.198  0.640  0.670  0.627
Sample Size: 432
Equation: Y1 = X1 + Y3
Equation: Y2 = X2 + Y1
Equation: Y3 = X1 + Y2
Options: ND=3 RS SC MI
End of Problem
```

Tabelle 5.16: Spezifikation des nicht-rekursiven Pfadmodells mit fünf Variablen (EQS)

```
/TITLE
Nicht-rekursives Pfadmodell (5 Variablen)
/SPECIFICATIONS
Cases=432; Variables=5; Matrix=COR; Analysis=COV;
/LABELS
V1=X2; V2=X1; V3=Y2; V4=Y1; V5=Y3;
/EQUATIONS
V3 = .01*V1 + .2*V4 + E3;
V4 = .2 *V2 + .4*V5 + E4;
V5 = .3 *V3 + .2*V2 + E5;
/VARIANCES
V1 = 453*; V2 = 4.8*;
E3 TO E5 = .3*;
/COVARIANCES
V1, V2 = 13.7*;
/MATRIX
 1.000
 0.292  1.000
 0.282  0.184  1.000
 0.166  0.383  0.386  1.000
 0.231  0.277  0.431  0.537  1.000
/STANDARD DEVIATIONS
21.277  2.198  0.640  0.670  0.627
/END
```

In den folgenden Tabellen 5.17 und 5.18 sind die Spezifikationen des Pfadmodells nach der Statuszuweisungstheorie von Blau und Duncan (1967) aufgeführt (vgl. Abbildung 5.13).

Tabelle 5.17: Spezifikation des Pfadmodells nach der Statuszuweisungstheorie von Blau und Duncan (LISREL)

```
Statuszuweisungstheorie (Blau & Duncan, 1967) Gesamtstichprobe
Observed Variables
V304 V305 V299 V300 V195 V463 V464
Sample Size: 2900
Correlation Matrix
 1.000
 0.696  1.000
 0.651  0.490  1.000
 0.698  0.529  0.871  1.000
 0.483  0.430  0.383  0.387  1.000
 0.351  0.291  0.403  0.378  0.525  1.000
 0.373  0.309  0.403  0.419  0.550  0.878  1.000
Standard Deviations
 0.954  0.746 11.708 28.920  1.103 12.162 29.022
Equation: V195 = V304 + V299
Equation: V463 = V195 + V304 + V299
Options: RS ND=3 SC EF
End of Problem
```

Tabelle 5.18: Spezifikation des Pfadmodells nach der Statuszuweisungstheorie von Blau und Duncan (EQS)

```
/TITLE
Statuszuweisungstheorie (Blau & Duncan) Gesamtstichprobe
/SPECIFICATIONS
Cases=2900; Variables=7; Matrix=COR; Analysis=COV;
/LABELS
V1=V304; V2=V305; V3=V299; V4=V300; V5=V195; V6=V463; V7=V464;
/EQUATIONS
V5 = *V1 + *V3 + E5;
V6 = *V1 + *V3 + *V5 + E6;
/VARIANCES
V1, V3 = *;
E5, E6 = *;
/COVARIANCES
V1, V3 = *;
/MATRIX
 1.000
 0.696  1.000
 0.651  0.490  1.000
 0.698  0.529  0.871  1.000
 0.483  0.430  0.383  0.387  1.000
 0.351  0.291  0.403  0.378  0.525  1.000
 0.373  0.309  0.403  0.419  0.550  0.878  1.000
/STANDARD DEVIATIONS
 0.954  0.746 11.708 28.920  1.103 12.162 29.022
/END
```

In den folgenden Tabellen 5.19 und 5.20 sind die Modellvarianten 4 des multiplen Gruppenvergleichs aufgeführt (vgl. Tabelle 5.3 und Abbildung 5.14).

Tabelle 5.19: Spezifikation des multiplen Gruppenvergleichs nach der Modellvariante 4 (LIS-REL)

```
Group1: Statuszuweisungstheorie (Blau & Duncan) (18 - 29 Jahre)
Observed Variables
V304 V305 V299 V300 V195 V463 V464
Sample Size: 450
Correlation Matrix
 1.000
 0.721  1.000
 0.709  0.488  1.000
 0.730  0.515  0.889  1.000
 0.399  0.336  0.373  0.364  1.000
 0.400  0.316  0.525  0.486  0.387  1.000
 0.470  0.353  0.540  0.586  0.406  0.872  1.000
Standard Deviations
 1.147  0.983 12.993 34.163  1.224 12.208 29.534
Equation: V195 = V304 + V299
Equation: V463 = V195 + V299
Options: RS MI ND=3 EF SC
Group2: Statuszuweisungstheorie (Blau & Duncan) (30 - 59 Jahre)
Observed Variables
V304 V305 V299 V300 V195 V463 V464
Sample Size: 1500
Correlation Matrix
 1.000
 0.658  1.000
 0.621  0.483  1.000
 0.674  0.515  0.869  1.000
 0.445  0.408  0.370  0.364  1.000
 0.324  0.270  0.367  0.334  0.539  1.000
 0.312  0.265  0.355  0.348  0.547  0.879  1.000
Standard Deviations
 0.952  0.699 11.657 28.925  1.064 12.162 29.429
Equation: V463 = V195 + V299
Set the error variance of V195 free
Options: RS MI ND=3 EF SC
Group3: Statuszuweisungstheorie (Blau & Duncan) (60 - 90 Jahre)
Observed Variables
V304 V305 V299 V300 V195 V463 V464
Sample Size: 750
Correlation Matrix
 1.000
 0.694  1.000
 0.631  0.471  1.000
 0.674  0.521  0.856  1.000
```

```
 0.560   0.472   0.404   0.444   1.000
 0.384   0.336   0.399   0.407   0.604   1.000
 0.448   0.392   0.408   0.460   0.674   0.879   1.000
Standard Deviations
 0.771   0.599 10.770 24.464   0.977 12.049 27.729
Equation: V463 = V195
Equation: V195 = V304
Set the error variance of V195 free
Options: RS MI ND=3 EF SC
End of Problem
```

Tabelle 5.20: Spezifikation des multiplen Gruppenvergleichs nach der Modellvariante 4 (EQS)

```
/TITLE
Statuszuweisungstheorie (Blau & Duncan) (18 - 29 Jahre)
/SPECIFICATIONS
Cases=450; Variables=7; Matrix=COR; Analysis=COV; Groups=3;
/LABELS
V1=V304; V2=V305; V3=V299; V4=V300; V5=V195; V6=V463; V7=V464;
/EQUATIONS
V5 = *V1 + *V3 + E5;
V6 = *V1 + *V3 + *V5 + E6;
/VARIANCES
V1 = 1.3*;
V3 = 168.8*;
E5 = 1.0*;
E6 = 97.0*;
/COVARIANCES
V1, V3 = 10.0*;
/MATRIX
 1.000
 0.721   1.000
 0.709   0.488   1.000
 0.730   0.515   0.889   1.000
 0.399   0.336   0.373   0.364   1.000
 0.400   0.316   0.525   0.486   0.387   1.000
 0.470   0.353   0.540   0.586   0.406   0.872   1.000
/STANDARD DEVIATIONS
 1.147   0.983 12.993 34.163   1.224 12.208 29.534
/END
/TITLE
Statuszuweisungstheorie (Blau & Duncan) (30 - 59 Jahre)
/SPECIFICATIONS
Cases=1500; Variables=7; Matrix=COR; Analysis=COV;
/LABELS
V1=V304; V2=V305; V3=V299; V4=V300; V5=V195; V6=V463; V7=V464;
/EQUATIONS
V5 = *V1 + *V3 + E5;
V6 = *V3 + *V5 + E6;
/VARIANCES
```

```
V1 = 0.91*;
V3 = 135.9*;
E5 = 1.0*;
E6 = 97.0*;
/COVARIANCES
V1, V3 = 7.0*;
/MATRIX
 1.000
 0.658  1.000
 0.621  0.483  1.000
 0.674  0.515  0.869  1.000
 0.445  0.408  0.370  0.364  1.000
 0.324  0.270  0.367  0.334  0.539  1.000
 0.312  0.265  0.355  0.348  0.547  0.879  1.000
/STANDARD DEVIATIONS
 0.952  0.699 11.657 28.925  1.064 12.162 29.429
/END
/TITLE
Statuszuweisungstheorie (Blau & Duncan) (60 - 90 Jahre)
/SPECIFICATIONS
Cases=750; Variables=7; Matrix=COR; Analysis=COV;
/LABELS
V1=V304; V2=V305; V3=V299; V4=V300; V5=V195; V6=V463; V7=V464;
/EQUATIONS
V5 = *V1 + *V3 + E5;
V6 = *V3 + *V5 + E6;
/VARIANCES
V1 = 0.6*;
V3 = 116.0*;
E5 = 1.0*;
E6 = 97.0*;
/COVARIANCES
V1, V3 = 5.0*;
/MATRIX
 1.000
 0.694  1.000
 0.631  0.471  1.000
 0.674  0.521  0.856  1.000
 0.560  0.472  0.404  0.444  1.000
 0.384  0.336  0.399  0.407  0.604  1.000
 0.448  0.392  0.408  0.460  0.674  0.879  1.000
/STANDARD DEVIATIONS
 0.771  0.599 10.770 24.464  0.977 12.049 27.729
/CONSTRAINTS
(1,V5,V1) = (2,V5,V1) = (3,V5,V1);
(1,V5,V3) = (2,V5,V3) = (3,V5,V3);
(1,V6,V3) = (2,V6,V3) = (3,V6,V3);
(1,V6,V5) = (2,V6,V5) = (3,V6,V5);
!(1,E5,E5) = (2,E5,E5) = (3,E5,E5);
(1,E6,E6) = (2,E6,E6) = (3,E6,E6);
/PRINT
```

```
PARAMTER=YES; FIT=ALL;
/LMTEST
/END
```

In den folgenden Tabellen 5.21 und 5.22 sind die Modellvarianten 2 des multiplen Gruppenvergleichs mit Mittelwerten aufgeführt (vgl. Tabelle 5.4).

Tabelle 5.21: Spezifikation des multiplen Gruppenvergleichs nach der Modellvariante 2 (LIS-
              REL)

```
Group1: Statuszuweisungstheorie (Blau & Duncan) (18 - 29 Jahre)
Observed Variables
V304 V305 V299 V300 V195 V463 V464
Sample Size: 450
Correlation Matrix
 1.000
 0.721  1.000
 0.709  0.488  1.000
 0.730  0.515  0.889  1.000
 0.399  0.336  0.373  0.364  1.000
 0.400  0.316  0.525  0.486  0.387  1.000
 0.470  0.353  0.540  0.586  0.406  0.872  1.000
Standard Deviations
 1.147  0.983 12.993 34.163  1.224 12.208 29.534
Means
 2.761  2.566 40.985 59.858  3.132 40.512 59.009
Equation: V195 = CONST + V304 + V299
Equation: V463 = CONST + V195 + V299
Options: RS MI ND=3 EF SC
Group2: Statuszuweisungstheorie (Blau & Duncan) (30 - 59 Jahre)
Observed Variables
V304 V305 V299 V300 V195 V463 V464
Sample Size: 1500
Correlation Matrix
 1.000
 0.658  1.000
 0.621  0.483  1.000
 0.674  0.515  0.869  1.000
 0.445  0.408  0.370  0.364  1.000
 0.324  0.270  0.367  0.334  0.539  1.000
 0.312  0.265  0.355  0.348  0.547  0.879  1.000
Standard Deviations
 0.952  0.699 11.657 28.925  1.064 12.162 29.429
Means
 2.390  2.177 38.488 52.475  2.992 40.945 59.749
Equation: V195 = CONST
Equation: V463 = V195 + V299
Set the error variance of V195 free
```

```
Options: RS MI ND=3 EF SC
Group3: Statuszuweisungstheorie (Blau & Duncan) (60 - 90 Jahre)
Observed Variables
V304 V305 V299 V300 V195 V463 V464
Sample Size: 750
Correlation Matrix
 1.000
 0.694  1.000
 0.631  0.471  1.000
 0.674  0.521  0.856  1.000
 0.560  0.472  0.404  0.444  1.000
 0.384  0.336  0.399  0.407  0.604  1.000
 0.448  0.392  0.408  0.460  0.674  0.879  1.000
Standard Deviations
 0.771  0.599 10.770 24.464  0.977 12.049 27.729
Means
 2.154  1.996 37.459 49.677  2.406 39.023 55.062
Equation: V195 = CONST
Equation: V463 = V195
Equation: V195 = V304
Set the error variance of V195 free
Options: RS MI ND=3 EF SC
Path Diagram
End of Problem
```

Tabelle 5.22: Spezifikation des multiplen Gruppenvergleichs nach der Modellvariante 2 (EQS)

```
/TITLE
Statuszuweisungstheorie (Blau & Duncan)
Multipler Gruppenvergleich mit Mittelwerten
GROUP1=18-29 Jahre
/SPECIFICATIONS
Cases=450; Variables=7; ME=ML; Matrix=COR; Analysis=MOM; Groups=3;
/LABELS
V1=V304; V2=V305; V3=V299; V4=V300; V5=V195; V6=V463; V7=V464;
/EQUATIONS
V5 =    3*V999 + .35*V1 + .12*V3 + E5;
V6 =   40*V999 + .44*V3 + .23*V5 + E6;
V1 =  2.7*V999 + E1;
V3 = 40.9*V999 + E3;
/VARIANCES
E1 = 1.3*;
E3 = 168.8*;
E5 = 1.0*;
E6 = 97.0*;
/COVARIANCES
E1, E3 = 10.0*;
/MATRIX
```

```
 1.000
 0.721  1.000
 0.709  0.488  1.000
 0.730  0.515  0.889  1.000
 0.399  0.336  0.373  0.364  1.000
 0.400  0.316  0.525  0.486  0.387  1.000
 0.470  0.353  0.540  0.586  0.406  0.872  1.000
/STANDARD DEVIATIONS
 1.147  0.983 12.993 34.163  1.224 12.208 29.534
/MEANS
 2.761 2.566 40.985  59.858  3.132 40.512 59.009
/END
/TITLE
GROUP2=30-59 Jahre
/SPECIFICATIONS
Cases=1500; Variables=7; ME=ML; Matrix=COR; Analysis=MOM;
/LABELS
V1=V304; V2=V305; V3=V299; V4=V300; V5=V195; V6=V463; V7=V464;
/EQUATIONS
V5 =      3*V999 + .34*V1 + .13*V3 + E5;
V6 =     40*V999 + .19*V3 + .46*V5 + E6;
V1 =   2.3*V999 + E1;
V3 = 38.4*V999 + E3;
/VARIANCES
E1 = 0.91*;
E3 = 135.9*;
E5 = 1.0*;
E6 = 97.0*;
/COVARIANCES
E1, E3 = 7.0*;
/MATRIX
 1.000
 0.658  1.000
 0.621  0.483  1.000
 0.674  0.515  0.869  1.000
 0.445  0.408  0.370  0.364  1.000
 0.324  0.270  0.367  0.334  0.539  1.000
 0.312  0.265  0.355  0.348  0.547  0.879  1.000
/STANDARD DEVIATIONS
 0.952  0.699 11.657 28.925  1.064 12.162 29.429
/MEANS
 2.390  2.177 38.488 52.475  2.992 40.945 59.749
/END
/TITLE
GROUP3=60-90 Jahre
/SPECIFICATIONS
Cases=750; Variables=7; ME=ML; Matrix=COR; Analysis=MOM;
/LABELS
V1=V304; V2=V305; V3=V299; V4=V300; V5=V195; V6=V463; V7=V464;
/EQUATIONS
V5 =      2*V999 + .47*V1 + .13*V3 + E5;
```

```
V6 =    39*V999 + .17*V3 + .51*V5 + E6;
V1 =   2.1*V999 + E1;
V3 = 37.4*V999 + E3;
/VARIANCES
E1 = 0.6*;
E3 = 116.0*;
E5 = 1.0*;
E6 = 97.0*;
/COVARIANCES
E1, E3 = 5.0*;
/MATRIX
 1.000
 0.694  1.000
 0.631  0.471  1.000
 0.674  0.521  0.856  1.000
 0.560  0.472  0.404  0.444  1.000
 0.384  0.336  0.399  0.407  0.604  1.000
 0.448  0.392  0.408  0.460  0.674  0.879  1.000
/STANDARD DEVIATIONS
 0.771  0.599 10.770 24.464  0.977 12.049 27.729
/MEANS
 2.154  1.996 37.459 49.677  2.406 39.023 55.062
/CONSTRAINTS
(1,V5,V1) = (2,V5,V1);
(1,V5,V3) = (2,V5,V3) = (3,V5,V3);
(2,V6,V3) = (3,V6,V3);
(1,E6,E6) = (2,E6,E6) = (3,E6,E6);
(1,V6,V999) = (2,V6,V999) = (3,V6,V999);
/PRINT
PARAMETER=YES; FIT=ALL;
/LMTEST
/END
```

In den folgenden Tabellen 5.23 und 5.24 sind die Spezifikationen des 2V2W-Panelmodells aufgeführt (vgl. Abbildung 5.15).

Tabelle 5.23: Spezifikation des 2V2W-Panelmodells (LISREL)

```
2V2W-Panelmodell
Observed Variables
cp81    cp87    bp90    bp96
Sample Size: 1637
Covariance Matrix
 1.076
-0.713    31.193
 0.563    -0.700     1.040
-0.749    13.498    -0.621     23.884
```

```
Means
 4.246        7.667        4.303        7.202
Equation: cp81 = CONST + bp90 + bp96
Equation: cp87 = CONST + bp90 + bp96
Path Diagram
Options: SC RS ND=3 MI
End of Problem
```

Tabelle 5.24: Spezifikation des 2V2W-Panelmodells (EQS)

```
/TITLE
2V2W-Panelmodell
/SPECIFICATIONS
CASES=1637; VARIABLES=4; METHOD=ML; MATRIX=COV; ANALYSIS=COV;
/LABELS
V1 = cp81; V2 = cp87; V3 = bp90; V4 = bp96;
/EQUATIONS
V2 = *V3 + *V4 + E2;
V1 = *V3 + *V4 + E1;
/VARIANCES
V4 = *; V3 = *;
E1 = *; E2 = *;
/COVARIANCES
V3, V4 = *;
/MATRIX
 1.076
-0.713  31.193
 0.563  -0.700   1.040
-0.749  13.498  -0.621  23.884
/MEANS
 4.246   7.667   4.303   7.202
/PRINT
FIT=ALL; TABLE=EQUATION;
/END
```

In den folgenden Tabellen 5.25 und 5.26 sind die Spezifikationen des *erweiterten* 2V2W-Panelmodells aufgeführt (vgl. Abbildung 5.17).

Tabelle 5.25: Spezifikation des erweiterten 2V2W-Panelmodells (LISREL)

```
2V2W-Panelmodell mit exogener Variablen Geschlecht (Gesch)
Observed Variables
bp90    bp96    cp81    cp87    Gesch
Sample Size: 1637
```

```
Covariance Matrix
 1.040
-0.621  23.884
 0.563  -0.749    1.076
-0.700  13.498   -0.713   31.193
 0.023  -0.135    0.020   -0.110   0.250
Means
 4.303    7.202    4.246    7.667   1.500
Equation: cp81 = CONST + bp90 + bp96 + Gesch
Equation: cp87 = CONST + bp90 + bp96 + Gesch
Equation: bp90 = CONST + bp96 + Gesch
Equation: bp96 = CONST + Gesch
Path Diagram
Options: SC RS ND=3 MI
End of Problem
```

Tabelle 5.26: Spezifikation des erweiterten 2V2W-Panelmodells (EQS)

```
/TITLE
2V2W-Panelmodell mit exogener Variable Geschlecht (Gesch)
/SPECIFICATION
CASES=1637; VARIABLES=5; METHOD=ML; MATRIX=COV; ANALYSIS=COV;
/LABELS
V1=bp90; V2=bp96; V3=cp81; V4=cp87; V5= Gesch;
/MATRIX
 1.040
-0.621  23.884
 0.563  -0.749    1.076
-0.700  13.498   -0.713   31.193
 0.023  -0.135    0.020   -0.110   0.250
/MEANS
 4.303    7.202    4.246   7.667   1.500
/EQUATIONS
V1= *V5 + E1;
V2= *V5 + E2;
V3= *V5 + *V1 + *V2 + E3;
V4= *V5 + *V1 + *V2 + E4;
/VARIANCES
E1 to E4 = *;
/COVARIANCES
E1, E2 = *;
/PRINT
FIT=ALL; TABLE=EQUATION;
/END
```

6 Meßmodelle und konfirmatorische Faktorenanalyse

Bei den in Kapitel 5 besprochenen Strukturgleichungsmodellen werden Indikatoren (Items, Skalen) verwendet bzw. konstruiert, die die entsprechenden theoretischen Konstrukte repräsentieren sollen. Eine Prüfung der Meßqualität über ein Meßmodell wird bei diesen Modellen, die ausschließlich manifeste Variablen enthalten, nicht vorgenommen. Es muß daher implizit angenommen werden, daß die verwendeten Variablen im Modell die dahinter liegenden theoretischen Größen perfekt messen. Da aber die jeweiligen Indikatoren durch zufällige und systematische Meßfehler fehlerbehaftet sein und damit eine nicht ausreichende Konstruktvalidität aufweisen können, ist eine Prüfung des Verhältnisses zwischen theoretischen und empirischen Größen mit Hilfe einer sogenannten *Meßtheorie* in Strukturgleichungsmodellen wünschenswert. Denn erst wenn die Konstruktvalidität einer Messung gewährleistet ist, lassen sich inhaltliche Aussagen aus den kausalen Beziehungen zwischen den theoretischen Konstrukten ableiten.

Folgt man dem Konzept des sogenannten *multiplen Indikatorenmodells* (vgl. Blalock, 1968; Costner, 1969), so kann die Beziehung zwischen dem theoretischen Konstrukt und dem gemessenen Indikator durch eine sogenannte Korrespondenzhypothese postuliert werden. Ist das Modell komplexer, lassen sich mehrere Korrespondenzhypothesen zu einer Hilfstheorie[1] oder Meßtheorie zusammenfassen. Bei der Formulierung von Strukturgleichungsmodellen bietet es sich deshalb an, jedes theoretische Konstrukt durch mehrere Indikatoren zu erfassen und die Beziehung zwischen den Konstrukten und den jeweiligen Indikatoren über die Formulierung von Korrespondenzhypothesen einer eigenständigen, statistischen Prüfung zu unterziehen. In der Terminologie der Strukturgleichungsmodelle werden damit die Beziehungen zwischen *latenten* und *manifesten* Variablen angesprochen. Die latenten Variablen werden auch als indirekt gemessene Variablen bezeichnet und repräsentieren im Konzept von Blalock und Costner die theoretischen Konstrukte. Die manifesten Variablen werden demgegenüber auch als direkt gemessene Variablen bezeichnet.

Im folgenden Abschnitt 6.1 wird zunächst die Beziehung zwischen einer latenten Variable und mehreren gemessenen Variablen unter der Perspektive sogenannter Meßmodelle diskutiert. Die Modellspezifikation, die Identifikation und Schätzung der Modellparameter wird hierbei im Vordergrund stehen. An dieser Stelle wird eine, über die Meßmodelle hinausgehende, Erörterung unterschiedlicher Schätzverfahren vorgenommen. Hieran schließt sich die

---

[1] Hier wird der Terminologie von Blalock und Costner gefolgt, die den Begriff *auxiliary theory* geprägt haben.

Vorstellung verschiedener Statistiken der Modellprüfung an. Abschließend wird ein empirisches Beispiel zu den Meßmodellkonzeptionen vorgestellt.

Im sich anschließenden Abschnitt 6.2 werden die Meßmodelle zur konfirmatorischen Faktorenanalyse erweitert, bei der die Zusammenhänge zwischen den latenten Variablen unter Berücksichtigung der jeweiligen Meßmodelle geprüft werden. Auch hier wird zunächst die Modellspezifikation und -identifikation im Vordergrund stehen, bevor die Schätzung der Modellparameter anhand von empirischen Beispielen erläutert wird. Einige spezielle Anwendungen der konfirmatorischen Faktorenanalyse (Faktorenmodelle höherer Ordnung, die Modellbildung bei MTMM-Matrizen sowie die Besonderheiten bei der Anwendung auf Paneldaten) sollen abschließend hervorgehoben werden.

6.1   Meßmodelle

6.1.1   Die Modellspezifikation

Aus der Perspektive von Strukturgleichungsmodellen bezieht sich die Spezifikation von Meßmodellen in der Regel auf die Beziehung zwischen latenten und manifesten Variablen. Eine der größten Einschränkungen bei der Pfadanalyse mit manifesten Variablen ist die Verwendung einzelner oder aggregierter Messungen zur Erfassung der theoretischen Konzepte, ohne die Qualität der Messungen prüen zu können. In den vorangegangenen Kapiteln mußte bei jedem Modell angenommen werden, daß die gemessenen Variablen das dahinter stehende theoretische Konzept fehlerfrei erfassen.

Im Grunde muß jeder Meßprozeß mit einem theoretischen Konzept beginnen. Latente Variablen in einem Strukturgleichungsmodell haben dann die Funktion, das theoretische Konzept zu repräsentieren. Beispielsweise kann das aus der Sozialpsychologie bekannte Konzept der *Kontrollüberzeugung* (vgl. Rotter, 1966) durch zwei latente Variablen repräsentiert werden: Zum einen die *interne Kontrollüberzeugung* als allgemeine Erwartung, die Lebensereignisse selbst kontrollieren und bewältigen zu können, und zum anderen die *externe Kontrollüberzeugung* als allgemeine Erwartung, daß diese Lebensereignisse durch das Schicksal oder die Einflüsse anderer Personen maßgeblich bestimmt werden.[2]

Vier Schritte sind zur Spezifikation des Meßmodells durchzuführen (vgl. Bollen, 1989, S. 180):

1. *Die Definition des theoretischen Konzepts:* Hierzu gehört sowohl die Festlegung der Dimensionalität als auch die Benennung möglicher Hierarchieebenen.[3]

2. *Die Formulierung der latenten Variablen:* Jede Dimension wird im Meßmodell durch eine latente Variable repräsentiert.

---

[2] Jakoby und Jacob (1999) stellen Meßmodelle zum Konzept der Kontrollüberzeugungen bei allgemeinen Bevölkerungsumfragen vor.

[3] Eine theoretische Dimension kann sich in unterschiedliche Subdimensionen gliedern, was zu Meßmodellen höherer Ordnung führt, vgl. hierzu Abschnitt 6.4.4.

3. *Die Formulierung der manifesten Variablen:* Für jede latente Variable werden gemessene Variablen konstruiert, die beispielsweise bei Umfragedaten auf Itemformulierungen basieren.

4. *Die Formulierung der Beziehung zwischen latenten und manifesten Variablen:* Zur formalen Spezifikation des Meßmodells gehören die Meßgleichungen, die angeben, inwieweit die Messung die latente Variable repräsentiert und wie groß der Meßfehler ist.

Zur Verdeutlichung wird ein einfaktorielles Meßmodell mit zwei Variablen konzeptualisiert (vgl. Abbildung 6.1).[4]

Abbildung 6.1: Einfaktorielles Meßmodell mit zwei manifesten Variablen

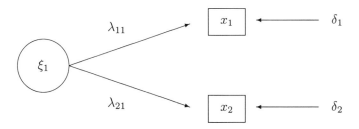

Diesem Modell liegen folgende Meßgleichungen zugrunde:

$$\begin{aligned} x_1 &= \lambda_{11}\xi_1 + \delta_1 \\ x_2 &= \lambda_{21}\xi_1 + \delta_2 \end{aligned} \qquad (6.1)$$

wobei ξ_1 die latente Variable sowie x_1 und x_2 die manifesten Variablen repräsentieren. λ_{11} und λ_{21} sind Regressionskoeffizienten, die das Ausmaß der Korrespondenz zwischen ξ und x_1 bzw. x_2 anzeigen, δ_1 und δ_2 sind die jeweiligen Meßfehleranteile für die manifesten Variablen.[5] In der faktorenanalytischen Terminologie ist ξ der Faktor, λ_{11} und λ_{21} sind die Faktorenladungen. Da die Meßgleichungen formal Regressionsgleichungen entsprechen, gelten die üblichen Annahmen: Die Meßfehler haben einen Erwartungswert von Null ($E(\delta_j) = 0$ für alle j), latente Variable und Meßfehler sind unkorreliert ($\sigma_{\xi_1,\delta_j} = 0$ für alle j).

Eine Problematik, die sich bei der Konstruktion von Meßmodellen immer wieder stellt, bezieht sich auf die Lösungsmöglichkeit der Meßgleichungen. Anders ausgedrückt: Sind genügend Informationen in den Meßmodellen vorhanden, um die unbekannten Parameter ermitteln zu

---

[4]   Im folgenden werden die Modelle in der sogenannten LISREL-Terminologie dargestellt, vgl. hierzu die Übersicht in Kapitel 8, Abschnitt 8.1.

[5]   Auf die Konstanten (*intercept terms*) kann in Gleichung 6.1 verzichtet werden, da hier standardisierte Variablen angenommen werden.

können? Der folgende Abschnitt verdeutlicht die Berechnungsmöglichkeiten der Modellparameter und zeigt gleichzeitig auf, welche notwendigen und hinreichenden Bedingungen hierzu
erfüllt sein müssen.

6.1.2   Die Identifikation der Modellparameter

In der Logik der linearen kausalen Modellierung mit Strukturgleichungen sind der Modellaufbau und die entsprechend geschätzten Parameter eine Funktion der empirisch ermittelten
Varianzen und Kovarianzen der manifesten Variablen. Dies hat zur Folge, daß die Informationen aus der empirischen Kovarianzmatrix zur Schätzung der unbekannten Parameter bezogen
auf das spezifizierte Modell verwendet werden. Zwei Bedingungen müssen hierbei erfüllt sein:

1. Die Anzahl der Varianzen und Kovarianzen bezüglich der manifesten Variablen $p + q$
   muß ausreichen, um die Anzahl der freien Parameter t im spezifizierten Modell ermitteln
   zu können, d. h. $t < 1/2(p + q)(p + q + 1)$. Diese Bedingung wird auch *t-Regel*
   genannt und führt zur Bestimmung der Freiheitsgrade (df) des Modells (vgl. auch die
   Erläuterungen in Kapitel 5, Abschnitt 5.1.3).[6]

2. Die Skalierungen und damit auch die Varianzen der latenten Variablen sind nicht bekannt. Eine Schätzung der Parameter in den Meßgleichungen setzt aber eine Skalierung
   voraus. Diese kann einerseits durch Fixierung der Varianzen der latenten Variablen auf
   eine Konstante (in der Regel 1.0) erfolgen, andererseits kann die Faktorenladung eines
   Indikators auf einen Wert (in der Regel 1.0) fixiert werden. Mit der Fixierung der Varianz
   wird die latente Variable standardisiert. Die alternative Fixierung der Faktorenladung
   führt dazu, daß die latente Variable dieselbe Skalierung erhält wie die gemessene Variable. Welche der beiden Fixierungsstrategien angemessener ist, hängt im wesentlichen
   davon ab, welche Parameter nach der inhaltlichen Fragestellung im Vordergrund stehen: Ist die Schätzung aller Faktorenladungen wichtiger als das Ausmaß der Variabilität
   der latenten Variablen, dann wird man die erste Fixierungsstrategie verfolgen. Ist man,
   beispielsweise bei Paneldaten, an Varianzveränderungen der latenten Variablen über die
   Zeit interessiert, dann ist die zweite Fixierungsstrategie angemessener (vgl. hierzu auch
   Abschnitt 6.4.2).

Die Notwendigkeit dieser zwei Bedingungen wird im folgenden anhand von Meßmodellen mit
zwei und drei manifesten Variablen verdeutlicht.

Die empirische Kovarianzmatrix S des Meßmodells in Abbildung 6.1 enthält die Varianzen der
Variablen x_1 und x_2 sowie deren Kovarianz:

$$S = \begin{pmatrix} \sigma^2_{x_1} & \\ \sigma_{x_2,x_1} & \sigma^2_{x_2} \end{pmatrix} \qquad (6.2)$$

---

[6]   Die Buchstaben p und q geben jeweils die Anzahl der unabhängigen gemessenen Variablen x und y
      an, die das Programm LISREL im Unterschied zum Programm EQS differenziert, vgl. Kapitel 8.

Abbildung 6.2: Einfaktorielles Meßmodell mit drei manifesten Variablen

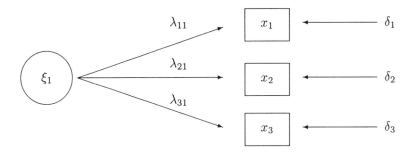

Der Parametervektor Θ eines Meßmodells ist dann identifiziert, wenn es möglich ist zu zeigen, daß die Elemente von Θ eindeutig eine Funktion der Elemente der modellimplizierten Kovarianzmatrix Σ sind:

$$
\begin{aligned}
\sigma^2_{x_1} &= \lambda^2_{11}\phi_{11} + \sigma^2_{\delta_1} \\
\sigma^2_{x_2} &= \lambda^2_{21}\phi_{11} + \sigma^2_{\delta_2} \\
\sigma_{x_2,x_1} &= \lambda_{11}\phi_{11}\lambda_{21}
\end{aligned}
\tag{6.3}
$$

Der Parametervektor Θ besteht hier aus fünf Elementen: Zwei Faktorenladungen (λ_{11}, λ_{21}), zwei Meßfehlern (δ_1, δ_2) und der Varianz der latenten Variablen (ϕ_{11}). Die Matrix Σ enthält dann als Funktion des Parametervektors $\Sigma(\Theta)$ die geschätzten Varianzen und die geschätzte Kovarianz nach der vorgegebenen Modellstruktur in Abbildung 6.1:

$$
\Sigma = \begin{pmatrix} \hat{\sigma}^2_{x_1} & \\ \hat{\sigma}_{x_2,x_1} & \hat{\sigma}^2_{x_2} \end{pmatrix}
\tag{6.4}
$$

Mit Hilfe der ermittelten Parameter lassen sich die modellimplizierten Varianzen und Kovarianzen *zurückrechnen*, so daß durch die Differenz zwischen empirischen und modellimplizierten Informationen ($S - \Sigma$) eine Beurteilung der Gültigkeit des Meßmodells möglich wird:

$$
S - \Sigma = \begin{pmatrix} \sigma^2_{x_1} - \hat{\sigma}^2_{x_1} & \\ \sigma_{x_2,x_1} - \hat{\sigma}_{x_2,x_1} & \sigma^2_{x_2} - \hat{\sigma}^2_{x_2} \end{pmatrix}
\tag{6.5}
$$

Aus Gleichung 6.3 wird aber deutlich, daß mit den fünf Unbekannten des Parametervektors Θ und den drei bekannten Größen der Matrix S ein Meßmodell mit einer latenten und zwei manifesten Variablen auf Grund der t-Regel nicht identifiziert ist. Daher wird das Meßmodell um eine weitere manifeste Variable erweitert (vgl. Abbildung 6.2).

Folgende Meßgleichungen mit den entsprechenden Annahmen (vgl. Abschnitt 6.1.1) liegen dem Modell zugrunde:

$$
\begin{aligned}
x_1 &= \lambda_{11}\xi_1 + \delta_1 \\
x_2 &= \lambda_{21}\xi_1 + \delta_2 \\
x_3 &= \lambda_{31}\xi_1 + \delta_3
\end{aligned}
\tag{6.6}
$$

Die empirische Kovarianzmatrix S des Meßmodells enthält nun sechs Elemente (drei Varianzen und drei Kovarianzen):

$$
S = \begin{pmatrix}
\sigma_{x_1}^2 & & \\
\sigma_{x_2,x_1} & \sigma_{x_2}^2 & \\
\sigma_{x_3,x_1} & \sigma_{x_3,x_2} & \sigma_{x_3}^2
\end{pmatrix}
\tag{6.7}
$$

Der Parametervektor Θ besteht jetzt aus sieben Elementen: Drei Faktorenladungen (λ_{11}, λ_{21}, λ_{31}), drei Meßfehler (δ_1, δ_2, δ_3) und die Varianz des Faktors (ϕ_{11}). Die folgende Zerlegung zeigt, daß auch bei drei gemessenen Variablen die Anzahl der unbekannten Parameter größer ist als die Anzahl der bekannten Varianzen und Kovarianzen:

$$
\begin{aligned}
\sigma_{x_1}^2 &= \lambda_{11}^2\phi_{11} + \sigma_{\delta_1}^2 \\
\sigma_{x_2}^2 &= \lambda_{21}^2\phi_{11} + \sigma_{\delta_2}^2 \\
\sigma_{x_3}^2 &= \lambda_{31}^2\phi_{11} + \sigma_{\delta_3}^2 \\
\sigma_{x_2,x_1} &= \lambda_{11}\phi_{11}\lambda_{21} \\
\sigma_{x_2,x_3} &= \lambda_{21}\phi_{11}\lambda_{31} \\
\sigma_{x_1,x_3} &= \lambda_{11}\phi_{11}\lambda_{31}
\end{aligned}
\tag{6.8}
$$

Erst wenn die Varianz der latenten Variablen auf einen Wert fixiert wird ($\phi_{11} = 1.0$), ist das Gleichungssystem lösbar. Wird dann jedes Element der Kovarianzmatrix in die korrespondierenden Parameter zerlegt, so bleiben nur noch sechs unbekannte Parameter übrig:

$$
\begin{aligned}
\sigma_{x_1}^2 &= \lambda_{11}^2 + \sigma_{\delta_1}^2 \\
\sigma_{x_2}^2 &= \lambda_{21}^2 + \sigma_{\delta_2}^2 \\
\sigma_{x_3}^2 &= \lambda_{31}^2 + \sigma_{\delta_3}^2 \\
\sigma_{x_2,x_1} &= \lambda_{11}\lambda_{21} \\
\sigma_{x_2,x_3} &= \lambda_{21}\lambda_{31} \\
\sigma_{x_1,x_3} &= \lambda_{11}\lambda_{31}
\end{aligned}
\tag{6.9}
$$

Die Fixierung der Varianz der latenten Variablen ist gleichbedeutend mit der Standardisierung der latenten Variablen und - wie weiter oben schon erwähnt - eine notwendige Voraussetzung zur Schätzung von Strukturgleichungsmodellen mit latenten Variablen. Wird alternativ die

Fixierung einer Faktorenladung gewählt (z. B. $\lambda_{11} = 1.0$), kann ebenfalls ein lösbares Gleichungssystem aufgestellt werden:

$$
\begin{aligned}
\sigma^2_{x_1} &= \phi_{11} + \sigma^2_{\delta_1} \\
\sigma^2_{x_2} &= \lambda^2_{21}\phi_{11} + \sigma^2_{\delta_2} \\
\sigma^2_{x_3} &= \lambda^2_{31}\phi_{11} + \sigma^2_{\delta_3} \\
\sigma_{x_2,x_1} &= \phi_{11}\lambda_{21} \\
\sigma_{x_2,x_3} &= \lambda_{21}\phi_{11}\lambda_{31} \\
\sigma_{x_1,x_3} &= \phi_{11}\lambda_{31}
\end{aligned}
\tag{6.10}
$$

In diesem Fall erhält die latente Variable ξ_1 die gleiche Skalierung wie die gemessene Variable x_1. Die latente Variable bleibt unstandardisiert und ihre Varianz (ϕ_{11}) kann geschätzt werden. Sowohl bei Gleichung 6.9 als auch bei Gleichung 6.10 ist die Anzahl der unbekannten gleich der Anzahl der bekannten Parameter ($df = 6 - 6 = 0$).

Aus diesen Beispielen läßt sich die schon bei der Identifikation der Pfadmodelle erörterte Regel ableiten, die hier zusammengefaßt nochmals für die Meßmodelle wiederholt wird (vgl. auch Kapitel 5, Abschnitt 5.1.3):

- Wenn das Meßmodell $t = (p + q) \cdot (p + q + 1)/2$ unbekannte Parameter enthält und wenn es möglich ist, Lösungen für die $(p + q) \cdot (p + q + 1)/2$ Gleichungen zu finden, dann ist das Modell *gerade identifiziert* ($df = 0$).

- Wenn das Meßmodell $t < (p+q) \cdot (p+q+1)/2$ unbekannte Parameter enthält und wenn es möglich ist, Lösungen für eine Teilmenge der $(p + q) \cdot (p + q + 1)/2$ Gleichungen zu finden, dann ist das Modell *überidentifiziert* ($df > 0)$).

- Wenn das Meßmodell $t > (p+q) \cdot (p+q+1)/2$ unbekannte Parameter enthält, dann enthalten $(p + q) \cdot (p + q + 1)/2$ Gleichungen zu viele unbekannte Parameter, um sie lösen zu können. Das Modell ist *nicht identifiziert* ($df < 0$).

Diese auch als t-Regel (vgl. Bollen, 1989, S. 243) bekannte Bedingung ist notwendig, aber nicht hinreichend. Auch wenn mehr als drei manifeste Variablen für ein Meßmodell spezifiziert werden und das Modell nach der t-Regel überidentifiziert ist, wird eine Skalierung der latenten Variablen ξ_1 durch die Restriktion $\phi_{11} = 1.0$ oder $\lambda_{11} = 1.0$ zur Schätzung der Parameter erforderlich.

6.1.3   Restriktionen im Meßmodell

Das einfaktorielle Meßmodell mit drei manifesten Variablen (vgl. Abbildung 6.2) ist unrestrin-giert und unter Berücksichtigung der fixierten Varianz der latenten Variablen ξ_1 (Gleichung 6.9) bzw. der alternativen Fixierung einer Faktorenladung (Gleichung 6.10) gerade identifi-ziert ($df = 0$). Strenggenommen ist das so spezifizierte Meßmodell auf Grund der genannten

Fixierungen bereits restringiert. Wenn im folgenden von Restriktionen gesprochen wird, so beziehen sich diese dagegen auf die Prüfung von bestimmten meßtheoretischen Hypothesen bzw. bestimmten Meßmodellen.

Hierzu gehören das *parallele*, das τ-*äquivalente* und das *kongenerische* Meßmodell, die innerhalb der klassischen Testtheorie ausführlich diskutiert und im weiteren im Rahmen der Strukturgleichungsmodelle behandelt werden (vgl. hierzu Steyer & Eid, 1993. S. 101f.).

Das *parallele* Meßmodell nimmt gleiche Faktorenladen und gleiche Fehlervarianzen für die manifesten Variablen an und spezifiziert damit eine identische Konstruktvalidität der einzelnen Messungen (vgl. Alwin & Jackson, 1980, S. 98). Für das diskutierte Meßmodell in Abbildung 6.2 sind dafür folgende Restriktionen notwendig:

$$\begin{aligned}
\lambda &= \lambda_{11} = \lambda_{21} = \lambda_{31} \\
\sigma_\delta^2 &= \sigma_{\delta_{11}}^2 = \sigma_{\delta_{22}}^2 = \sigma_{\delta_{33}}^2
\end{aligned} \tag{6.11}$$

Die Zerlegung der Varianzen und Kovarianzen für diese Modellspezifikation zeigen die folgenden Gleichungen:

$$\begin{aligned}
\sigma_{x_1}^2 &= \lambda^2 \phi_{11} + \sigma_\delta^2 \\
\sigma_{x_2}^2 &= \lambda^2 \phi_{11} + \sigma_\delta^2 \\
\sigma_{x_3}^2 &= \lambda^2 \phi_{11} + \sigma_\delta^2 \\
\sigma_{x_1,x_2} &= \lambda^2 \phi_{11} \\
\sigma_{x_1,x_3} &= \lambda^2 \phi_{11} \\
\sigma_{x_2,x_3} &= \lambda^2 \phi_{11}
\end{aligned} \tag{6.12}$$

Die Identifikation des Modells ist über die Fixierung der Varianz der latenten Variablen gewährleistet ($\phi_{11} = 1.0$). Insgesamt sind durch die Restriktionen nur zwei Parameter zu schätzen. Die Anwendung der t-Regel zeigt dementsprechend, daß das Modell überidentifiziert ist und vier Freiheitsgrade hat ($df = 4$).

Das τ-*äquivalente* Meßmodell nimmt nur gleiche Fehlervarianzen für die gemessenen Variablen an und spezifiziert damit unterschiedliche Konstruktvalidität bei gleichem Meßfehlereinfluß. Für das Meßmodell in Abbildung 6.2 sind dafür folgende Restriktionen notwendig:

$$\sigma_\delta^2 = \sigma_{\delta_{11}}^2 = \sigma_{\delta_{22}}^2 = \sigma_{\delta_{33}}^2 \tag{6.13}$$

Die Zerlegung der Varianzen und Kovarianzen für diese Modellspezifikation zeigen die folgenden Gleichungen:

$$\begin{aligned}
\sigma_{x_1}^2 &= \lambda_{11}^2 \phi_{11} + \sigma_\delta^2 \\
\sigma_{x_2}^2 &= \lambda_{21}^2 \phi_{11} + \sigma_\delta^2 \\
\sigma_{x_3}^2 &= \lambda_{31}^2 \phi_{11} + \sigma_\delta^2 \\
\sigma_{x_1,x_2} &= \lambda_{11} \phi_{11} \lambda_{21} \\
\sigma_{x_1,x_3} &= \lambda_{11} \phi_{11} \lambda_{31} \\
\sigma_{x_2,x_3} &= \lambda_{21} \phi_{11} \lambda_{31}
\end{aligned} \tag{6.14}$$

Bei Fixierung der Varianz der latenten Variablen ($\phi_{11} = 1.0$) sind vier Parameter zu schätzen. Das Modell ist mit zwei Freiheitsgraden überidentifiziert ($df = 2$).

Beim *kongenerischen* Meßmodell gibt es keine Restriktionen bezüglich der Faktorenladungen und der Fehlervarianzen. Werden drei gemessene Variablen für einen Faktor spezifiziert, dann ist das Modell mit sechs Parametern und sechs Gleichungen nach der Zerlegung gerade identifiziert:

$$
\begin{aligned}
\sigma_{x_1}^2 &= \lambda_{11}^2 \phi_{11} + \sigma_{\delta_1}^2 \\
\sigma_{x_2}^2 &= \lambda_{21}^2 \phi_{11} + \sigma_{\delta_2}^2 \\
\sigma_{x_3}^2 &= \lambda_{31}^2 \phi_{11} + \sigma_{\delta_3}^2 \\
\sigma_{x_1,x_2} &= \lambda_{11}\phi_{11}\lambda_{21} \\
\sigma_{x_1,x_3} &= \lambda_{11}\phi_{11}\lambda_{31} \\
\sigma_{x_2,x_3} &= \lambda_{21}\phi_{11}\lambda_{31}
\end{aligned}
\tag{6.15}
$$

Die Gleichungen 6.15 entsprechen den Gleichungen 6.9, da bis auf die Fixierung der Varianz der latenten Variablen ($\phi_{11} = 1.0$) keine weiteren Restriktionen spezifiziert sind. In Abschnitt 6.1.6 werden empirische Beispiele zu den Meßmodellen behandelt.

6.1.4 Die Schätzung der Modellparameter

Im vorhergehenden Abschnitt ist mehrfach erwähnt worden, daß die Matrix der geschätzten Varianzen und Kovarianzen Σ eine Funktion des Parametervektors Θ ist. Verallgemeinert entspricht $\Sigma(\Theta)$ dem Erwartungswert des Produktes xx', soweit das Strukturgleichungsmodell ein Meßmodell ist (vgl. Bollen, 1989, S. 236):[7]

$$
\begin{aligned}
\Sigma(\Theta) &= E(xx') \\
&= E[(\Lambda_x\xi + \delta)(\Lambda_x'\xi' + \delta')] \\
&= \Lambda_x E(\xi\xi')\Lambda_x' + \Theta_\delta \\
&= \Lambda_x \Phi \Lambda_x' + \Theta_\delta
\end{aligned}
\tag{6.16}
$$

Die letzte Zeile der Gleichung 6.16 zeigt die Zerlegung der Kovarianzmatrix in die Parameter der Matrizen Λ_x, Φ und Θ_δ. Zur weiteren Verdeutlichung werden die Elemente der Vektoren und Matrizen des Meßmodells nach Gleichung 6.6 angegeben:

$$
x = \begin{pmatrix} x_1 \\ x_2 \\ x_3 \end{pmatrix} \qquad \Lambda_x = \begin{pmatrix} \lambda_{11} \\ \lambda_{21} \\ \lambda_{31} \end{pmatrix} \qquad \xi = \begin{pmatrix} \xi_1 \end{pmatrix} \qquad \Phi = \begin{pmatrix} \phi_{11} \end{pmatrix}
\tag{6.17}
$$

$$
\delta = \begin{pmatrix} \delta_1 \\ \delta_2 \\ \delta_3 \end{pmatrix} \qquad \Theta_\delta = \begin{pmatrix} \sigma_{\delta_1}^2 & & \\ 0 & \sigma_{\delta_2}^2 & \\ 0 & 0 & \sigma_{\delta_3}^2 \end{pmatrix}
$$

---

[7] Durch ein hochgestelltes $'$ wird die jeweilige Transponierte einer Matrix bezeichnet. Verwendet man die Zeilen einer $p \times q$-Matrix A als Spalten einer $q \times p$-Matrix A', dann ist A' die zu A transponierte Matrix.

Um $\Sigma(\Theta)$ für das einfaktorielle Meßmodell zu bestimmen, werden die Parametermatrizen mit der Restriktion $\phi_{11} = 1.0$ in Gleichung 6.16 eingesetzt:

$$\Sigma(\Theta) = \begin{pmatrix} \lambda_{11}^2 + \sigma_{\delta_1}^2 & & \\ \lambda_{11}\lambda_{21} & \lambda_{21}^2 + \sigma_{\delta_2}^2 & \\ \lambda_{11}\lambda_{31} & \lambda_{21}\lambda_{31} & \lambda_{31}^2 + \sigma_{\delta_3}^2 \end{pmatrix} \tag{6.18}$$

Für den Test der Nullhypothese $\Sigma = \Sigma(\Theta)$ sind die zugrundeliegenden Verteilungen der manifesten und latenten Variablen eine wichtige Information, die für die Berechnung bzw. Schätzung der einzelnen Parameter und deren inferenzstatistische Größen berücksichtigt werden muß. Dabei ist zu beachten, daß für den Vektor der latenten Variablen ξ und für den Vektor der Meßfehlervariablen δ üblicherweise keine Verteilungsinformationen vorliegen und daher nur die empirischen Verteilungen der manifesten Variablen x entsprechend untersucht werden können (vgl. Bentler & Dudgeon, 1996, S. 567). Falsche Annahmen über die Verteilungen der manifesten Variablen können beim Test der Nullhypothese zu Fehlschlüssen führen. Außerdem können die einzelnen Parameterschätzungen verzerrt sein (vgl. hierzu die Argumentation in Abschnitt 6.1.5).

Die Schätzung der einzelnen Parameter in Θ erfolgt iterativ über die Minimierung einer Diskrepanzfunktion F. Minimiert wird die Diskrepanz zwischen empirischer Kovarianzmatrix S und modellimplizierter Kovarianzmatrix Σ. Folgende Eigenschaften muß die Diskrepanzfunktion aufweisen:

1. Der Funktionswert ist nur dann gleich Null, wenn $S = \Sigma(\Theta)$ oder größer Null, wenn $S - \Sigma > 0$ ist.

2. Die Funktion ist zweifach differenzierbar, d.h. erste und zweite Ableitungen sind berechenbar.

Die schon in Kapitel 5, Abschnitt 5.1.4 vorgestellte Maximum-Likelihood(ML)-Funktion ist die am häufigsten verwendete Diskrepanzfunktion zur Schätzung der Parameter bei Strukturgleichungsmodellen und in der Regel in den jeweiligen EDV-Programmen voreingestellt. Alternativ stehen die Unweighted-Least-Square(ULS)-Funktion, die Generalized-Least-Square(GLS)-Funktion sowie die Weighted-Least-Square(WLS)-Funktion zur Verfügung.[8] Die einzelnen Schätzverfahren werden im folgenden näher erläutert, wobei die Ausführungen nicht nur für die besprochenen Meßmodelle gelten, sondern allgemeingültig für alle Arten von Strukturgleichungsmodellen sind.

---

[8]   Die Differenzierung der Schätzmethoden orientiert sich an den Möglichkeiten des Programms LISREL. Unterschiede zum Programm EQS werden im weiteren hervorgehoben. Auf die alternativ zu ULS in LISREL angebotene, aber ähnliche Least-Square(LS)-Funktion in EQS wird hier nicht eingegangen. Auch werden die zur Ermittlung von Startwerten verwendeten Verfahren (Instrumental-Variable(IV)-Funktion und Two-Stage-Least-Square(TSLS)-Funktion) in LISREL nicht weiter besprochen (vgl. zur IV-Funktion und TSLS-Funktion Jöreskog und Sörbom (1988, S. 25f.)).

6.1.4.1   Die Maximum-Likelihood(ML)-Diskrepanzfunktion

Die folgende ML-Funktionsgleichung strebt die Minimierung des Funktionswertes und damit
die Minimierung der Differenz zwischen den Matrizen S und Σ an (vgl. Jöreskog & Sörbom,
1988, S. 21; Bollen, 1989, S. 107):

$$F_{ML} = log\|\Sigma(\Theta)\| + tr(S\Sigma^{-1}(\Theta)) - log\|S\| - (p + q) \tag{6.19}$$

$\|S\|$ is die Determinante der empirischen Kovarianzmatrix, während $\|\Sigma(\Theta)\|$ die Determinante der modellimplizierten Kovarianzmatrix ist. $tr(\ldots)$ bezieht sich auf die Spur (*trace*) einer
Matrix.[9] Damit die ML-Funktion geschätzt werden kann, müssen die Determinanten $\|S\|$ und
$\|\Sigma(\Theta)\|$ ungleich 0 sein. Sind $\|S\|$ und $\|\Sigma(\Theta)\|$ ungleich Null, dann sind die entsprechenden
Matrizen singulär und können nicht invertiert werden. Eine Berechnung von $\Sigma^{-1}(\Theta)$ wäre dann
nicht möglich. Die Anzahl der gemessenen Variablen und damit die Größe der empirischen Kovarianzmatrix wird durch $(p + q)$ angegeben. Wenn die empirische und die modellimplizierte
Kovarianzmatrix exakt übereinstimmen ($S = \Sigma(\Theta)$), dann ist der Funktionswert der Gleichung
6.19 Null. Damit kann die angenommene Modellstruktur die empirischen Daten exakt vor-
hersagen. Wenn die Meßmodelle überidentifiziert sind, dann werden die ML-Schätzer iterativ
ermittelt. Der Funktionswert erreicht dann seinen minimalen Wert, wenn alle ersten Ableitungen der Elemente des Parametervektors Θ Null sind und die Matrix der zweiten Ableitungen
berechnet werden kann (für ein numerisches Beispiel, vgl. Appendix 4c in Bollen, 1989, S.
136f.).

Eine der wesentlichen Vorteile der ML-Schätzungen sind ihre asymptotische Konsistenz und
ihre Effizienz. Diese Eigenschaften sind insbesondere bei großen Stichproben gewährleistet. Je
größer die Stichprobe ist, desto eher ist gewährleistet, daß die Parameter normalverteilt sind.
Das Verhältnis zwischen den Schätzern und ihren Standardfehlern folgt dann näherungsweise
einer z-Verteilung (vgl. hierzu Abschnitt 6.1.5). Desweiteren sind ML-Schätzer skaleninvariant.
Skalentransformationen haben damit keine Auswirkungen auf die Größe des Parameters. Die
alternative Berechnung eines Strukturgleichungsmodells auf der Basis einer Korrelationsmatrix
führt daher zu gleichen Werten der Fit-Funktion wie die Berechnung auf der Basis der
Kovarianzmatrix.

Wird der ermittelte Funktionswert des zu prüfenden Modells mit der um eins verringerten
Stichprobengröße multipliziert, dann folgt die ermittelte Größe einer χ^2-Verteilung mit $1/2(p +
q)(p+q+1)-t$ Freiheitsgraden (vgl. hierzu Abschnitt 6.1.5). Damit läßt sich die Nullhypothese
$H_0 : \Sigma = \Sigma(\Theta)$ testen. Bestätigt sich diese Hypothese, dann passen die Parameterrestriktionen
des Modells zu den Daten. Wird die Nullhypothese widerlegt ($\Sigma \neq \Sigma(\Theta)$), dann ist mindestens
eine Restriktion im Modell falsch. Mit dem χ^2-Test wird auch die Wahrscheinlichkeit (p-Wert)
ausgewiesen, wie gut das Modell in der Grundgesamtheit zu den Daten paßt. Je größer der
χ^2-Wert (und je kleiner der p-Wert), desto eher liegt eine Diskrepanz zwischen Modell und

---

[9]   Eine Determinante > 0 zeigt an, daß alle Zeilen und Spalten der Matrix linear unabhängig sind.
Damit ist die Matrix nicht singulär und kann invertiert werden. Die Spur einer Matrix ist die Summe
ihrer Diagonalelemente.

Daten vor. Da die Matrix S zur Schätzung der Matrix Σ benutzt wird, muß vorausgesetzt werden, daß S auf einer hinreichend großen Stichprobe basiert und die gemessenen Variablen einer Multinormalverteilung folgen. Kann diese Verteilungsannahme nicht getroffen werden, dann können, unter Berücksichtigung der höheren Momente in der asymptotischen Varianz-/Kovarianzmatrix (vgl. Abschnitt 6.1.4.4), sogenannte *robuste* χ^2-Tests berechnet werden, die in Abschnitt 6.1.5.1 näher erläutert werden.

6.1.4.2   Die Unweighted-Least-Square(ULS)-Diskrepanzfunktion

Die folgende ULS-Funktionsgleichung strebt die Minimierung der Quadratsummen jedes Elementes in der Residualmatrix $S - \Sigma(\Theta)$ an (vgl. Jöreskog & Sörbom, 1988, S. 21; Bollen, 1989, S. 111):

$$F_{ULS} = \frac{1}{2} tr[S - \Sigma(\Theta)]^2 \qquad (6.20)$$

Die Residualmatrix enthält die Differenzen zwischen den empirischen Varianzen und Kovarianzen der gemessenen Variablen und den Varianzen und Kovarianzen, die durch das Modell vorhergesagt werden.

Parameter, die über die ULS-Funktion geschätzt werden, haben den Vorteil, daß sie ohne die strenge Multinormalverteilungsannahme auskommen und trotzdem konsistente Schätzer sind. Allerdings wird im Vergleich zur ML-Funktion nicht der effizienteste Schätzer erreicht. Außerdem können die Parameterwerte differieren, wenn die Skalierung der Variablen verändert wird. Dies bedeutet, daß der Modelltest auf Basis der Korrelationsmatrix und auf Basis der Kovarianzmatrix zu verschiedenen Werten führt (vgl. Bollen, 1989, S. 113). Auf Grund der Skalenabhängigkeit wird im allgemeinen empfohlen, Modelle mit der ULS-Funktion nur auf der Basis einer Korrelationsmatrix zu schätzen. Statistische Tests für den Modellfit und für die Parameter stehen zwar zur Verfügung, können aber nur eingeschränkt interpretiert werden, da diese Tests von normalverteilten Daten ausgehen (vgl. auch Browne, 1982).[10]

6.1.4.3   Die Generalized-Least-Square(GLS)-Diskrepanzfunktion

Die ULS-Diskrepanzfunktion nimmt an, daß alle Elemente der Matrix $S - \Sigma(\Theta)$ die gleichen Streuungen aufweisen. Um diese Annahme fallen lassen zu können, kann Gleichung 6.20 durch eine Gewichtungsmatrix verallgemeinert werden, die als GLS-Diskrepanzfunktion bezeichnet wird (vgl. Jöreskog & Sörbom, 1988, S. 21; Bollen, 1989, S. 113):

$$F_{GLS} = \frac{1}{2} tr[(S - \Sigma(\Theta))(W^{-1}]^2 \qquad (6.21)$$

Die Gewichtungsmatrix W wird meistens so gewählt, daß sie sich aus der Inversen der empirischen Kovarianzmatrix zusammensetzt $(W^{-1} = S^{-1})$. GLS-Schätzer sind wie ML-

---

[10]   Bollen (1989, S. 121) stellt vergleichend die Parameter eines Pfadmodells - ermittelt über verschiedene Disprepanzfunktionen - zusammen, wobei er korrekterweise auf die Darstellung von Standardfehlern bei den ULS-Schätzern verzichtet.

Schätzer skaleninvariant. Skalentransformationen haben damit keine Auswirkungen auf die Größe der geschätzten Parameter.

Wird der ermittelte Funktionswert des zu prüfenden Modells mit der Stichprobengröße multipliziert $((N-1)F_{GLS})$, dann folgt die ermittelte Größe wie bei der ML-Funktion einer χ^2-Verteilung mit $1/2(p+q)(p+q+1) - t$ Freiheitsgraden. Ist das Modell valide, dann sind $(N-1)F_{ML}$ und $(N-1)F_{GLS}$ asymptotisch äquivalent, so daß in großen Stichproben die χ^2-Werte nahezu identisch sind (vgl. Bollen, 1989, S. 115).

6.1.4.4   Die Weighted-Least-Square(WLS)-Diskrepanzfunktion

Parameterschätzungen, Standardfehler, z-Werte und der Likelihood-Ratio-Test (χ^2-Test) werden oft durch extrem schief verteilte bzw. mit hohen Kurtosiswerten versehenen Daten verzerrt sein. In der Literatur werden verschiedene Möglichkeiten diskutiert, die Problematik nicht normal verteilter Daten für die Schätzung von Strukturgleichungsmodellen angemessen zu bewältigen (vgl. Bollen, 1989, S.425):

1. Die Daten können durch Normalisierungsverfahren so transformiert werden, daß die Verteilungsannahme besser erfüllt wird (zur Technik der *normal scores*, vgl. Jöreskog & Sörbom, 1993c, S. 6). Die empirische Kovarianzmatrix wird auf der Basis der transformierten Daten berechnet und das Modell kann dann mit der ML- bzw. GLS-Diskrepanzfunktion geschätzt werden. Die ursprüngliche Skalierung der Variablen geht durch das Normalisierungsverfahren allerdings verloren, so daß eine Anwendung nur angemessen ist, wenn die Skalierung für die Interpretation der Ergebnisse nicht relevant ist.

2. Schon Browne (1982, 1984) hat Vorschläge zur Korrektur der üblichen Teststatistik und der Standardfehler erarbeitet, die von Bentler und Dudgeon (1996) für den Anwender mit Hilfe von SPSS-Matrixroutinen erstmals praktikabler gemacht wurden. Mittlerweile stehen Routinen zur Berechnung robuster Teststatistiken und Standardfehlern in LISREL und EQS zur Verfügung (vgl. hierzu Abschnitt 6.1.5.1).

3. Bollen und Stine (1992) diskutieren Möglichkeiten, mit Hilfe des *bootstrapping* eine nichtparametrische Teststatistik in Alternative zur herkömmlichen χ^2-Statistik zu entwickeln. Mit den einzelnen Bootstrap-Stichproben werden die Modelltests vorgenommen und eine Verteilungsstatistik aufgestellt, die anzeigt, inwieweit die modellimplizierte Verteilung von der Populationsstatistik abweicht.[11]

4. Die Weighted-Least-Square(WLS)-Diskrepanzfunktion (vgl. Browne, 1982, 1984) geht im Unterschied zu der zweiten und dritten Möglichkeit nicht nur auf die Korrektur der Teststatistik und der Standardfehler ein, sondern berücksichtigt auch die fehlende asymptotische Effizienz des Parametervektors Θ.

---

[11]   Das von Bollen und Stine (1992) entwickelte Verfahren ist im Programm AMOS (Version 4) implementiert, vgl. hierzu Arbuckle und Wothke (1999, S. 369f.).

Ein wesentlicher Vorteil der WLS-Diskrepanzfunktion besteht darin, daß keinerlei Annahmen über die Schiefe und die Kurtosis der Variablen getroffen werden müssen, da diese Informationen durch die Gewichtungsmatrix W bei der Schätzung der Parameter berücksichtigt werden. Daher stammt auch die auf Browne (1982, 1984) zurückgehende Bezeichnung der Funktion als *arbitrary distribution function* (ADF). Die WLS-Diskrepanzfunktion lautet (vgl. Jöreskog & Sörbom, 1988, S. 22; Bollen, 1989, S. 425):

$$F_{WLS} = [s - \sigma(\Theta)]' W^{-1} [s - \sigma(\Theta)] \tag{6.22}$$

mit s als Vektor der $(p+q) \cdot (p+q+1)/2$ Elemente der empirischen Kovarianzmatrix S und $\sigma(\Theta)$ als Vektor der korrespondierenden Elemente der modellimplizierten Kovarianzmatrix $\Sigma(\Theta)$.[12] Die Gewichtungsmatrix W^{-1} hat die Größe $(p+q) \cdot (p+q+1)/2 \times (p+q) * (p+q+1)/2$ und enthält die höheren Momente der multivariaten Verteilungen der Elemente von S. Für Gleichung 6.22 wird die Kovarianzmatrix der Varianzen und Kovarianzen der gemessenen Variablen als optimale Gewichtungsmatrix eingesetzt. Diese Matrix wird als *asymptotische Varianz-/Kovarianzmatrix* bezeichnet. Die asymptotische Kovarianz zwischen den empirischen Kovarianzen s_{ij} und s_{gh} wird allgemein folgendermaßen berechnet (vgl. Bollen, 1989, S. 426):[13]

$$ACOV(s_{ij}, s_{gh}) = N^{-1}(\sigma_{ijgh} - \sigma_{ij}\sigma_{gh}) \tag{6.23}$$

mit σ_{ijgh} als viertes Moment und σ_{ij} bzw. σ_{gh} als Populationskovarianzen. Die Schätzung für das vierte Moment σ_{ijgh} lautet (vgl. Browne, 1982, S. 82):

$$\hat{\sigma}_{ijgh} = \frac{1}{N} \sum_{t=1}^{N} (x_{it} - \bar{x}_i)(x_{jt} - \bar{x}_j)(x_{gt} - \bar{x}_g)(x_{ht} - \bar{x}_h) \tag{6.24}$$

Die Schätzungen für die Populationskovarianzen σ_{ij} und σ_{gh} lauten:

$$\begin{aligned} \hat{\sigma}_{ij} &= \frac{1}{N} \sum_{t=1}^{N} (x_{it} - \bar{x}_i)(x_{jt} - \bar{x}_j) \\ \hat{\sigma}_{gh} &= \frac{1}{N} \sum_{t=1}^{N} (x_{gt} - \bar{x}_g)(x_{ht} - \bar{x}_h) \end{aligned} \tag{6.25}$$

Mit der WLS-Diskrepanzfunktion ist es möglich, einen χ^2-basierten Modelltest zu erhalten, der keine Voraussetzungen an die Verteilung der Variablen stellt. Ebenso voraussetzungslos ist die Bestimmung der Standardfehler der geschätzten Parameter (vgl. auch Bentler & Dudgeon, 1996, S. 578).[14]

---

[12]   Die ML-, ULS, und GLS-Diskrepanzfunktionen sind Spezialfälle der Gleichung 6.22, wenn $W^{-1} = \hat{\Sigma}^{-1}$ (bei ML), $W^{-1} = I$ (bei ULS) oder $W^{-1} = S^{-1}$ (bei GLS) ist (vgl. Bollen, 1989, S. 429).

[13]   Da die asymptotische Kovarianzmatrix eine Verdopplung der Elemente $(p+q) \cdot (p+q+1)$ darstellt, werden zur Verdeutlichung vier Indizes i, j, g und h verwendet.

[14]   In LISREL muß bei Verwendung der WLS-Schätzfunktion die asymptotische Varianz-/Kovarianzmatrix bereitgestellt werden. Die Berechnung dieser Matrix erfolgt im Programm PRELIS (vgl. Jöreskog & Sörbom, 1993a, S. 25). Für Berechnungen mit EQS müssen die Rohdaten zur Verfügung stehen (vgl. Bentler, 1995, S. 47). Die Berechnung der asymptotischen Varianz/Kovarianzmatrix und die Schätzung der Modellparameter erfolgt in einem Berechnungsvorgang. Die Schätzfunktion wird in EQS als AGLS (*arbitrary generalized least square*) bezeichnet.

Die WLS-Funktion berücksichtigt bei der Modellschätzung die Informationen aus den Verteilungen der Variablen über die asymptotische Varianz-/Kovarianzmatrix und nutzt daher alle
Informationen über die Datenstruktur optimal aus. Eine Korrelationsmatrix S kann zur Modellprüfung verwendet werden, wenn die asymptotische Kovarianz der Korrelationen r_{ij} und r_{gh}
für die Gewichtungsmatrix W^{-1} eingesetzt wird (vgl. Jöreskog & Sörbom, 1988, S. 23).[15]

Nicht zu vernachlässigende Nachteile sind die erforderliche Stichprobengröße und der Berech-
nungsaufwand. Die Anzahl der Varianzen und Kovarianzen in der Matrix S bestimmt die Größe
der asymptotischen Varianz-/Kovarianzmatrix. Bei 10 Variablen hat die Kovarianzmatrix S
$(10 \cdot 10 + 1)/2 = 55$ Elemente (Varianzen in der Diagonalen und die Kovarianzen unterhalb der Diagonalen). Die zu invertierende Gewichtungsmatrix W beinhaltet dann immerhin
$55 \times 55 = 3080$ asymptotische Varianzen und Kovarianzen.

Bei großen Modellen mit kleineren Stichprobengrößen kann die Schätzung der asymptotischen Varianz-/Kovarianzmatrix zu instabilen Ergebnissen führen. Hier kann alternativ auf die
Berechnung der asymptotischen Varianzen für die Gewichtungsmatrix W in Gleichung 6.22
zurückgegriffen werden.[16] Da keine asymptotischen Kovarianzen ermittelt werden, reduziert
sich die Gewichtungsmatrix W auf eine Diagonalmatrix mit der Größe $(p + q + 1)/2$. Bei 10
Variablen enthält die Matrix $(10 \cdot 10 + 1)/2 = 55$ Elemente (asymptotische Varianzen in der
Diagonale).

Einige Spezialfälle der WLS-Diskrepanzfunktion sollen hier noch kurz erwähnt werden:

- Wenn die gemessenen Variablen keine Kurtosis haben, aber schief verteilt sind, dann
  reduziert sich das vierte Moment auf:

$$\sigma_{ijgh} = \sigma_{ij}\sigma_{gh} + \sigma_{ig}\sigma_{jh} + \sigma_{ih}\sigma_{jg} \tag{6.26}$$

Damit reduziert sich Gleichung 6.23 auf:

$$ACOV(s_{ij}, s_{gh}) = N^{-1}(\sigma_{ig}\sigma_{jh} + \sigma_{ih}\sigma_{jg}) \tag{6.27}$$

Die WLS-Funktion (Gleichung 6.22) reduziert sich auf:

$$F_{WLS} = \frac{1}{2}tr\{[S - \Sigma(\Theta)]W^{-1}\}^2 \tag{6.28}$$

mit einer Gewichtungsmatrix W^{-1} der Größe $(p + q) \times (p + q)$ (vgl. Bollen, 1989, S.
427).

---

[15] Die Verwendung von polychorischen bzw. polyseriellen Korrelationen und der asymptotischen
      Varianz-/Kovarianzmatrix wird in Kapitel 7, Abschnitt 7.2 diskutiert.
[16] Im Programm LISREL wird die Schätzfunktion mit DWLS (*diagonally weighted least squares*)
      bezeichnet (vgl. Jöreskog & Sörbom, 1988, S. 24). Im Programm EQS ist keine vergleichbare
      Schätzfunktion implementiert.

- Wenn die gemessenen Variablen nicht schief verteilt sind, aber eine spezifische Kurtosis haben, dann gilt für das vierte Moment:

$$\sigma_{ijgh} = (K+1)(\sigma_{ij}\sigma_{gh} + \sigma_{ig}\sigma_{jh} + \sigma_{ih}\sigma_{jg}) \tag{6.29}$$

mit der spezifischen Kurtosis $K = \frac{\sigma_{iiii}}{3\sigma_{ii}^2} - 1$ (vgl. Browne, 1982, S. 85).[17] Wenn die Verteilungen der Variablen keine Schiefe haben, aber eine Kurtosis, die von der Multinormalverteilung abweicht, dann werden diese als elliptische Verteilungen bezeichnet (vgl. Bollen, 1989, S. 429). Die Kombination der Gleichungen 6.23 und 6.29 ergibt für die asymptotische Kovarianz folgendes:

$$ACOV(s_{ij}, s_{gh}) = N^{-1}[(K+1)(\sigma_{ig}\sigma_{jh} + \sigma_{ih}\sigma_{jg}) + K(\sigma_{ij}\sigma_{gh})] \tag{6.30}$$

Für die Schätzfunktion mit einer multivariaten elliptischen Verteilung kann nach Browne (1984. S. 74) folgende Funktion F_E aufgestellt werden:

$$F_E = \frac{1}{2}(K+1)^{-1}tr[(S - \Sigma(\Theta))W^{-1}]^2 - C_1 tr[(S - \Sigma(\Theta))W^{-1}]^2 \tag{6.31}$$

Die Konstante C_1 setzt sich zusammen aus $K/[4(K+1)^2 + 2(p+q)K(K+1)]$ (vgl. Bollen, 1989, S. 430).[18]

- Eine weitere Klasse von multivariaten Verteilungen wird durch die *heterogeneous kurtosis theory* (HK, vgl. Kano et al., 1990) beschrieben. Hierbei wird Gleichung 6.31 so verallgemeinert, daß nicht nur ein Parameter für alle Variablen der Kurtosis K in die Berechnung der vierten Momente (Gleichung 6.29) einfließen, sondern variablenspezifische Kurtosisparameter (z. B. K_i, vgl. Bentler & Dudgeon, 1996, S. 579f.):

$$\sigma_{ijgh} = (a_{ij}a_{gh})\sigma_{ij}\sigma_{gh} + (a_{ig}a_{jh})\sigma_{ig}\sigma_{jh} + (a_{ih}a_{jg})\sigma_{ih}\sigma_{jg} \tag{6.32}$$

Hierbei sind $a_{ij} = (K_i + K_j)/2$ und $a_{gh} = (K_g + K_h)/2$. Die Größen a_{ig}, a_{jh}, a_{ih} und a_{jg} sind entsprechend definiert. Für die Schätzfunktion mit einer multivariaten HK-Verteilung kann nach Bentler und Dudgeon (1996, S. 580) folgende Funktion F_{HK} verwendet werden:

$$F_{HK} = \frac{1}{2}tr[(S - \Sigma(\Theta))(A\Sigma(\Theta))^{-1}]^2 \tag{6.33}$$

---

[17]   Die univariate Kurtosis jeder Variable wird als gleich angenommen bzw. variiert nur innerhalb des Stichprobenfehlers. Während die Normalverteilung eine Kurtosis von 1 hat, zeigen Werte < 1 eine flachgipflige Verteilung (*platykurtic curve*) und Werte > 1 eine steil gewölbte Verteilung (*leptocurtic curve*) an.

[18]   Im Programm EQS wird die Schätzfunktion in Gleichung 6.31 als *elliptical reweighted least squares*-Schätzfunktion (ERLS) bezeichnet (vgl. Bentler, 2001, S. 3). Im Programm LISREL ist keine vergleichbare Schätzfunktion implementiert.

mit $A = (a_{ij}) = (K_i + K_j)/2$. Ein wesentlicher Vorteil von F_{HK} ist die direkte Berücksichtigung der höheren Momente, so daß keine Gewichtungsmatrix W berechnet werden muß. Wenn die höheren Momente bei größeren Modellen (beispielsweise mit mehr als 40 Variablen) für die Schätzung der Parameter berücksichtigt werden sollen, dann könnte sich F_{HK} als gute Alternative zu F_{WLS} (Gleichung 6.22) erweisen. Entsprechende empirische Erfahrungen mit Strukturgleichungsmodellen stehen aber noch aus.[19]

6.1.5   Statistiken der Modellprüfung

Einen relativ breiten Raum in der statistischen Literatur haben mittlerweile die Kriterien der Prüfung von Strukturgleichungsmodellen eingenommen. Ein Ausgangspunkt für die statistische Beurteilung ist die Art der Modellprüfung. Jöreskog und Sörbom (1993a, S. 115) unterscheiden drei Situationen:

1. Der Forscher befindet sich mit seinem Modell in einer streng konfirmatorischen Situation. Wenn das Modell zu den Daten paßt, dann wird es akzeptiert, ansonsten wird das Modell verworfen.

2. Der Forscher formuliert ein Ausgangsmodell, das über die Modellmodifikationen schrittweise den Daten angepaßt wird. Hiermit ist nicht ein sogenanntes inhaltsleeres *model fitting* gemeint, vielmehr sollte der Modifikationsprozeß theoriegeleitet sein, so daß die Parameter substantiell interpretierbar werden.

3. Der Forscher hat verschiedene alternative oder konkurrierende Modelle formuliert und prüft mit den zugrundeliegenden Daten, welches Modell am besten zu den Daten paßt.

Die erste Situation wird relativ selten praktiziert werden. Statistische Kriterien der Modellevaluation (vgl. Abschnitt 6.1.5.1) können herangezogen werden, die eine Akzeptanz oder Ablehnung des spezifizierten Modells nahelegen. Die zweite und dritte Situation tritt innerhalb der Modellbildung relativ häufig auf. Hierbei können statistische Kriterien, die sowohl einen Modellvergleich ermöglichen als auch die Modellsparsamkeit berücksichtigen, herangezogen werden (vgl. Abschnitt 6.1.5.2).

Ein weiterer Ausgangspunkt für die Entwicklung statistischer Prüfkriterien ist die Abhängigkeit der χ^2-Statistik von der Untersuchungsgröße. Wie bei den Diskrepanzfunktionen erörtert, wird oft ein hinreichend großer Datenumfang benötigt, um stabile Parameterschätzungen, Standardfehler und z-Werte zu erhalten. Andererseits werden nur triviale Modellabweichungen bei großen Stichproben zu einer Modellwiderlegung durch die χ^2-Statistik führen, die nahelegt die χ^2-Statistik nicht als inferenzstatisches, sondern als deskriptives Kriterium für die

---

[19]   Im Programm EQS wird die Schätzfunktion in Gleichung 6.33 als *heterogeneous kurtosis reweighted least square* (HKRLS) bezeichnet (vgl. Bentler, 2001, S. 3). Im Programm LISREL ist keine vergleichbare Schätzfunktion implementiert.

Modellprüfung zu nutzen.[20] Bollen und Long haben im Einleitungskapitel des vielbeachteten Sammelbandes über Testmöglichkeiten von Strukturgleichungsmodellen die Anforderungen an die Prüfstatistiken zusammengestellt (vgl. Bollen & Long, 1993, S. 4). Hierzu gehört die Frage, welche Schwellenwerte herangezogen werden, um gute, moderate und schlechte Modellanpassungen zu unterscheiden. Desweiteren stellt sich die Frage der Normierung von Prüfstatistiken (zwischen 0 und 1) oder auch deren Rolle bei der Modifizierung von Modellrestriktionen, wie sie in der zweiten Situation weiter oben angesprochen wurde.

Im folgenden werden einige dieser Punkte bei der Besprechung der statistischen Prüfkriterien angesprochen werden, wobei die Diskussion über die Vor- und Nachteile bestimmter Kriterien und deren Anwendungsbedingungen weiterhin aktuell bleibt. Die folgenden Erörterungen sollen insbesondere den Sinn, Zweck sowie die Vor- und Nachteile der verschiedenen Prüfstatistiken hervorheben.[21]

6.1.5.1 Die Modellevaluation

Die χ^2-Statistik. Um die Nullhypothese $H_0 : \Sigma = \Sigma(\Theta)$ statistisch testen zu können, kann bei überidentifizierten Modellen die χ^2-Statistik verwendet werden. Da Σ als Populationskovarianzmatrix unbekannt ist, wird die Stichprobenkovarianzmatrix S als Schätzung für Σ verwendet und die Differenz $S - \Sigma(\Theta)$ geprüft (vgl. Bollen, 1989, S. 257). Der χ^2-Wert wird aus dem Funktionswert einer der diskutierten Diskrepanzfunktionen (vgl. Abschnitt 6.1.4) berechnet (vgl. Jöreskog & Sörbom, 1993a, S. 117; Schumacker & Lomax 1996, S. 125):

$$
\begin{aligned}
\chi^2 &= (N-1)F_{ML} \\
\chi^2 &= (N-1)F_{ULS} \\
\chi^2 &= (N-1)F_{GLS} \\
\chi^2 &= (N-1)F_{WLS}
\end{aligned}
\tag{6.34}
$$

Der Funktionswert ergibt sich aus der iterativ bestimmten Lösung genau an dem Punkt, wo die Funktion ihr Minimum erreicht hat, also ihre erste Ableitung Null ist.[22] Der χ^2-Wert ist umso kleiner, je geringer die Differenz $S - \Sigma(\Theta)$ ist. Wenn der χ^2-Wert einen voher definierten kritischen Wert überschreitet, dann ist die Nullhypothese widerlegt.

Es gibt allerdings mehrere Gründe, die χ^2-Statistik nicht als Teststatistik für Strukturgleichungsmodelle zu verwenden, da mehrere Voraussetzungen existieren, die mit empirischen Daten nur teilweise erfüllt werden können (vgl. Bollen, 1989, S. 266):

1. Die manifesten Variablen müssen multinormalverteilt sein (bei F_{ML} und F_{GLS}) bzw. die Gewichtungsmatrix W muß optimal sein (bei F_{WLS}).

---

[20]   Auch Jöreskog hat in seinen frühen Arbeiten auf die Gefahr der Überinterpretation der χ^2-Statistik hingewiesen (vgl. Jöreskog, 1969).

[21]   Im Programm LISREL werden bis zu 18, im Programm EQS bis zu 12 *Goodness-of-Fit*-Statistiken ausgegeben, vgl. die Übersicht in Tabelle 6.1.

[22]   Wenn in LISREL die Option PT (*Print Technical*) angegeben wird, werden die Funktionswerte für jede Iteration in den LISREL-Output geschrieben. Es wird allerdings nicht der Funktionswert F, sondern $\frac{1}{2}F$ ausgewiesen, vgl. den Hinweis in Haughton et al. (1997, S. 1483).

2. Die Stichprobe ist hinreichend groß.

3. S ist eine Kovarianzmatrix und keine Korrelationsmatrix.

4. Die Hypothese $H_0 : \Sigma = \Sigma(\Theta)$ stimmt exakt.

Die einzelnen Punkte werden nachfolgend etwas ausführlicher diskutiert.

Eine Multinormalverteilung (1. Punkt) setzt voraus, daß die Variablen weder schief verteilt sind noch eine Kurtosis haben. Die Simulationsstudien von Boomsma (1983) zeigen, daß extrem schief verteilte Variablen zu hohen χ^2-Werten führen. Auch Browne (1984, S. 81) gibt an, daß flachgipflige Verteilungen zu unterschätzten χ^2-Werten führen, während bei gewölbten Verteilungen die χ^2-Werte überschätzt sind. Diese Verzerrung betrifft ebenso die Standardfehler und die z-Werte (siehe weiter unten).

Da die Parameterschätzungen bei hinreichend großer Stichprobe weit weniger von den Verteilungsvoraussetzungen betroffen sind, ist eine Korrektur der χ^2-Statistik (und auch der Standardfehler, siehe weiter unten) durch die Berücksichtigung der höheren Momente (asymptotische Varianz-/Kovarianzmatrix für Maximum-Likelihood-Schätzer, vgl. Browne, 1984, S. 67) anzustreben. Verschiedene χ^2-Statistiken sind in Verbindung mit der asymptotischen Kovarianzmatrix entwickelt worden, die die höheren Momente explizit berücksichtigen. Hierzu gehört die von Bentler und Satorra (1988, S. 9) diskutierte *scaled chi-square statistic*, die die erste Zeile von Gleichung 6.34 mit einem komplexen Skalierungsfaktor gewichtet, sowie die von Satorra (1993) entwickelte *Satorra chi-square statistic*, die die Werte aus der asymptotischen Varianz-/Kovarianzmatrix ausnutzt (vgl. auch den Überblick in Bentler & Dudgeon, 1996, S. 577f.).[23] Bei diesen Techniken sind die Parameterschätzer exakt identisch zu den jeweiligen ULS-, ML- und GLS-Schätzern, weil die Asymptotik nur zur Korrektur der χ^2-Statistik und der Standardfehler eingesetzt wird. Insbesondere bei großen Modellen bietet sich diese Korrekturtechnik an, da die WLS-Schätzfunktion (Gleichung 6.22) und ihre Varianten (z. B. Gleichung 6.31) sehr große Stichproben voraussetzen.

Die Bedingung, wann eine Stichprobe für die χ^2-Statistik als hinreichend groß angesehen werden kann (2. Punkt), ist nur mit Simulationsstudien überprüfbar. Boomsma (1983, S. 119) fand heraus, daß Gleichung 6.34 für die ML-Diskrepanzfunktion bei $N < 50$ nicht und bei $N < 100$ nur eingeschränkt anwendbar ist. Bei kleinen Stichproben sind die Werte der χ^2-Statistik zu groß, was zu überproportionaler Zurückweisung von H_0 führt (vgl. auch Anderson & Gerbing, 1984). Für den Anwender hat sich die Regel, daß auf jeden zu schätzenden Parameter mehrere Fälle aus der Stichprobe kommen sollten, als praktikabel erwiesen (vgl. Bollen, 1989, S. 268).

---

[23] Im Programm LISREL wird die *scaled chi-square statistic* als C3 und die *Satorra chi-square statistic* als C4 bezeichnet und für die ULS-, die ML- und die GLS-Diskrepanzfunktion immer dann berechnet, wenn die asymptotische Varianz-/Kovarianzmatrix im Programminput zur Verfügung gestellt wird. Im Programm EQS wird die *scaled chi-square statistic* als *Satorra-Bentler scaled chi-square* bezeichnet und immer dann berechnet, wenn im Programminput neben dem Schätzverfahren das Wort *Robust* eingefügt wird.

Boomsma und Hoogland (1998) geben einen Überblick über 34 Simulationsstudien aus den 1980er und 1990er Jahren über die Robustheit von Modellergebnissen, wenn Verteilungsannahmen nicht erfüllt sind, mit kleinen Stichproben gearbeitet wird, Fehlspezifikationen im Modell vorliegen oder eine Korrelationsmatrix anstatt einer Kovarianzmatrix verwendet wird. Bezogen auf Gleichung 6.19 (ML-Diskrepanzfunktion) zeigt die Metaanalyse, daß die untersuchten Modelle dann zu oft zurückgewiesen werden, wenn die Stichprobengröße kleiner war als die fünffache Größe der Freiheitsgrade. Bei Verwendung der GLS-Diskrepanzfunktion tritt dieser Effekt erst auf, wenn die zweifache Größe der Freiheitsgrade unterschritten wird (vgl. Boomsma & Hoogland, 1998, S. 362). Die WLS-Diskrepanzfunktion ist zwar nicht sensitiv gegenüber Abweichungen der Normalverteilung, allerdings wird die χ^2-Statistik das Modell zu oft verwerfen, wenn die Stichprobengröße den 20fachen Wert der Freiheitsgrade unterschreitet (vgl. Boomsma & Hoogland, 1998, S. 363 und Hoogland, 1999, S. 113 f.)

Wenn die Matrix S keine Kovarianzmatrix, sondern eine Korrelationsmatrix ist (3. Punkt), dann führt die χ^2-Statistik nur unter bestimmten Bedingungen zu identischen Resultaten (Jöreskog & Sörbom, 1988, S. 46). Hierzu gehört die Skaleninvarianz der Parameter, die beispielsweise dann verletzt wird, wenn - wie beim parallelen oder beim τ-äquivalenten Meßmodell - Restriktionen (Gleichsetzung von Parametern) spezifiziert werden.

Die Annahme $\Sigma = \Sigma(\Theta)$ (4. Punkt) unterstellt eine exakte Beschreibung der Realität. Diese Annahme ist jedoch unrealistisch. Daher wird in der Regel ein moderateres Ziel angestrebt. Existiert eine Differenz zwischen S und Σ, ist zu prüfen, ob diese vernachlässigbar ist. Da die χ^2-Statistik mit steigendem N größer wird, wird auch die Wahrscheinlichkeit, eine falsche Nullhypothese zurückzuweisen, größer (vgl. Bollen, 1989, S. 268). Kleinere Differenzen zwischen S und Σ können bei großen Stichproben dramatische Auswirkungen auf die χ^2-Statistik haben, so daß fast immer eine Modellwiderlegung die Folge ist.

In den letzten 15 Jahren wurde eine Reihe von *Goodness-of-Fit* Indizes entwickelt, die von der Annahme $\Sigma = \Sigma(\Theta)$ abweichen und einen näherungsweisen Modellfit zu erreichen versuchen.

Goodness-of-Fit Indizes.   Modelle, die für die Population nicht exakt aber näherungsweise gelten, werden - wie oben beschrieben - nach der χ^2-Statistik bei großen Stichproben immer zurückgewiesen. Um entsprechend alternative Fit-Statistiken zu entwickeln, müssen zunächst die verschiedenen Arten von Abweichungen (Diskrepanzen) definiert werden. Theoretisch werden hierzu drei Kovarianzmatrizen benötigt: die Populationskovarianzmatrix Σ, die Kovarianzmatrix $\tilde{\Sigma}$ als die am besten angepaßte Matrix zur Populationskovarianzmatrix ($\tilde{\Sigma} = \Sigma(\Theta)$) und die Kovarianzmatrix $\hat{\Sigma}$ als die am besten angepaßte Kovarianzmatrix zur Stichprobenkovarianzmatrix S ($\hat{\Sigma} = \Sigma(\hat{\Theta})$). Browne und Cudeck (1993, S. 141) können damit drei Diskrepanztypen unterscheiden:

1. Diskrepanz bezogen auf die Annäherung (*Discrepancy due to approximation*)

2. Diskrepanz bezogen auf die Schätzung (*Discrepancy due to estimation*)

3. Diskrepanz bezogen auf den Gesamtfehler (*Discrepancy due to overall error*)

Die erste Diskrepanz bezieht sich auf die Differenz zwischen Σ und $\tilde{\Sigma}$, die in einer Fehler-funktion $F(\Sigma, \tilde{\Sigma})$ ausgedrückt werden kann. Die Funktion ist nur dann Null, wenn $\Sigma = \tilde{\Sigma}$. Ansonsten ist diese Diskrepanz eine unbekannte Konstante, die bei Hinzunahme weiterer freier Parameter kleiner wird.

Die zweite Diskrepanz bezieht sich auf die Differenz zwischen $\hat{\Sigma}$ und $\tilde{\Sigma}$, deren Erwartungswert durch

$$E[F(\tilde{\Sigma}, \hat{\Sigma})] \approx n^{-1}t \qquad (6.35)$$

näherungsweise ausgedrückt wird ($n = N - 1$). Der Erwartungswert steigt mit Zunahme der freien Parameter t.

Die dritte Diskrepanz bezieht sich auf die Differenz zwischen Σ und $\hat{\Sigma}$, deren Erwartungswert als Summe der ersten und zweiten Diskrepanz aufgefaßt werden kann (vgl. Browne & Cudeck, 1993, S. 142):[24]

---

[24] Weitere formale Ausführungen zu den Gleichungen 6.35 und 6.36 sind im Anhang von Browne und Cudeck (1993, S. 158) nachzulesen.

$$E[F(\Sigma, \hat{\Sigma})] \approx F(\Sigma, \tilde{\Sigma}) + E[F(\tilde{\Sigma}, \hat{\Sigma})]$$
$$\approx F(\Sigma, \tilde{\Sigma}) + n^{-1}t \tag{6.36}$$

Mit Zunahme der freien Parameter kann der Gesamtfehler steigen. Dies wird dann passieren, wenn es sich um eine kleine Stichprobe handelt und die zweite Diskrepanz steigt. Die Stichprobendiskrepanzfunktion $\hat{F} = F(S, \hat{\Sigma})$ ist dann eine verzerrte Schätzung der ersten Diskrepanz $F_0 = F(\Sigma, \tilde{\Sigma})$ (zu den Diskrepanzfuntionen vgl. Abschnitt 6.1.4). Der Erwartungswert der Stichprobendiskrepanzfunktion kann aber nach Browne und Cudeck (1993, S. 143) über die erste Diskrepanz näherungsweise bestimmt werden:

$$E\hat{F} \approx F_0 + n^{-1}df \tag{6.37}$$

Um negative Werte zu vermeiden, wird die Punktschätzung $\hat{F}_0$ als Populationsdiskrepanzfunktion (*Population Discrepancy Function*) aufgestellt:

$$\hat{F}_0 = \text{Max}\{\hat{F} - n^{-1}df, 0\} \tag{6.38}$$

wobei $\hat{F}$ das Minimum der Funktion ist. Wenn $\hat{F}_0 = 0$, dann paßt das Modell perfekt zu den Daten. Da von Stichprobe zu Stichprobe die Diskrepanz streuen kann, wird mit einem 90%igen Vertrauensintervall gearbeitet:

$$(\hat{\lambda}_L/n; \hat{\lambda}_U/n) \tag{6.39}$$

wobei $\lambda = n \times F_0$. $\hat{\lambda}_L$ ist die untere (lower), $\hat{\lambda}_U$ die obere (upper) Grenze des Vertrauensintervalls. Da aber $\hat{F}_0$ im allgemeinen auch dann kleiner wird, wenn redundante Parameter spezifiziert werden (und damit eine möglichst sparsame Modellierung konterkariert wird), wird der ursprünglich von Steiger (1990) entwickelte *Root Mean Square Error of Approximation* (RMSEA), der auf der Populationsdiskrepanzfunktion basiert, empfohlen (Browne & Cudeck, 1993, S. 144):

$$RMSEA = \sqrt{\frac{\hat{F}_0}{df}} \tag{6.40}$$

Der RMSEA mißt die Diskrepanz zwischen Σ und $\tilde{\Sigma}$ pro Freiheitsgrad und hat wie $\hat{F}_0$ eine Untergrenze von Null, wenn das Modell exakt zu den Daten paßt. Werden dem Modell redundante Parameter hinzugefügt, dann kann im Unterschied zu $\hat{F}_0$ der RMSEA auch steigen. Nach den Erfahrungen von Browne und Cudeck (1993, S. 144) werden Werte des RMSEA, die größer als 0.08 sind, als *große* Diskrepanz, Werte zwischen 0.05 und 0.08 als *mittlere* Diskrepanz und Werte kleiner als 0.05 als *kleine* Diskrepanz interpretiert. Das 90%ige Vertrauensintervall des RMSEA wird folgendermaßen berechnet:

$$\left(\sqrt{\frac{\hat{\lambda}_L}{ndf}}; \sqrt{\frac{\hat{\lambda}_U}{ndf}}\right) \tag{6.41}$$

Der gewöhnliche Test der Nullhypothese ($H_0 : \Sigma = \Sigma(\Theta)$) hat sich in praktischen Anwendungen als unplausibel erwiesen und kann mit Hilfe des RMSEA durch eine andere Nullhypothese (*null hypothesis of close fit*) ersetzt werden:

$$H_0 = RMSEA \leq 0.05 \tag{6.42}$$

Diese Nullhypothese wird dann nicht zurückgewiesen, wenn die untere Grenze des Vertrauensintervalls des RMSEA in Gleichung 6.41 kleiner als 0.05 ist (vgl. Browne & Cudeck, 1993, S. 146).

Zu den ersten Goodness-of-Fit Kriterien, die unabhängig von der Stichprobengröße den Modellfit anzeigen sollten, gehört der ursprünglich von Jöreskog und Sörbom (1984) für die ML- und ULS-Diskrepanzfunktion entwickelte *Goodness-of-Fit-Index* (GFI), der von Tanaka und Huba (1985) auf die GLS-Diskrepanzfunktion erweitert wurde:[25]

$$GFI_{ML} = 1 - \frac{tr[(\hat{\Sigma}^{-1}S - I)^2]}{tr[(\hat{\Sigma}^{-1}S)^2]} \tag{6.43}$$

$$GFI_{ULS} = 1 - \frac{tr[(S - \hat{\Sigma})^2]}{tr(S^2)} \tag{6.44}$$

$$GFI_{GLS} = 1 - \frac{tr[(I - \hat{\Sigma}S^{-1})^2]}{p + q} \tag{6.45}$$

$p + q$ gibt die Anzahl der manifesten Variablen in den Matrizen S bzw. Σ an. Der GFI kann Werte zwischen 0 und 1 annehmen und mißt den Varianzanteil in der empirischen Matrix S, der durch die modellimplizierte Matrix Σ aufgeklärt wird. Der Wert von 1 wird erreicht, wenn $S = \Sigma$ ist (Bollen, 1989, S. 276; Schumacker & Lomax, 1996, S. 125).

Der *Adjusted Goodness-of-Fit Index* (AGFI) erweitert bzw. korrigiert den GFI um die Freiheitsgrade des Modells:

$$AGFI_{ML} = 1 - \left[\frac{(p + q)(p + q + 1)}{2df}\right](1 - GFI_{ML}) \tag{6.46}$$

$$AGFI_{ULS} = 1 - \left[\frac{(p + q)(p + q + 1)}{2df}\right](1 - GFI_{ULS}) \tag{6.47}$$

$$AGFI_{GLS} = 1 - \left[\frac{(p + q)(p + q + 1)}{2df}\right](1 - GFI_{GLS}) \tag{6.48}$$

Die Stichprobenunabhängigkeit ist durch Simulationsstudien nachgewiesen worden. Es gibt allerdings bei kleinen Stichproben eine nennenswerte Variation beim GFI und beim AGFI, die sich nach der Anzahl der manifesten Variablen pro latenter und der Anzahl der latenten Variablen insgesamt richtet (vgl. Anderson & Gerbing, 1984).

---

[25] Es sei darauf hingewiesen, daß die Berechnung des GFI für die WLS-Diskrepanzfunktion natürlich ebenso möglich ist, da diese eine Verallgemeinerung der anderen Diskrepanzfunktionen darstellt, vgl. Abschnitt 6.1.4.4.

Standardfehler und z-Wert.   Wenn ein Modell auf Grund der Nullhypothese $H_0 : \Sigma = \Sigma(\Theta)$ und anderer *Goodness-of-Fit* Kriterien akzeptiert wird, können die geschätzten Parameter danach beurteilt werden, ob diese signifikant von Null verschieden sind. Da mit steigender Stichprobengröße die ML-Schätzer approximativ einer Normalverteilung folgen, kann auf die z-Statistik (bzw. t-Statistik, vgl. Bortz, 1993, S. 80) zurückgegriffen werden. Für den Test eines Parameters $\Theta_i = 0$ wird der z-Wert aus dem Verhältnis zwischen dem geschätzten Parameter $\hat{\Theta}_i$ und seinem Standardfehler $SE(\hat{\Theta}_i)$ ermittelt:[26]

$$z = \frac{\hat{\Theta}_i}{SE(\hat{\Theta}_i)} \tag{6.49}$$

Die Standardfehler werden aus der invertierten Matrix der zweiten partiellen Ableitungen der ML-Diskrepanzfunktion berechnet (vgl. hierzu Bollen, 1989, S. 109). Bei einer Irrtumswahrscheinlichkeit von $\alpha = 0.05$ ist der Parameter $\Theta_i = 0$, wenn $z \leq 1.96$. Dieser Test ist allerdings nur korrekt, wenn die Variablen multinormalverteilt sind. Erfüllen die Daten diese Voraussetzung nicht, dann müssen die höheren Momente (asymptotische Varianz-/Kovarianzmatrix) bei der Berechnung der Standardfehler berücksichtigt werden (vgl. Bentler & Dudgeon, 1996, S. 572).[27]

Residuen und standardisierte Residuen.   Bei jeder Modellprüfung wird von der Nullhypothese $H_0 : \Sigma = \Sigma(\Theta)$ ausgegangen. Es gibt keine Differenz zwischen Σ und $\Sigma(\Theta)$, wenn die Hypothese zutrifft. Da die Populationskovarianzmatrix Σ unbekannt ist, wird für die Differenzbildung die Stichprobenkovarianzmatrix S und die modellimplizierte Kovarianzmatrix $\hat{\Sigma}$ verwendet. Die Residualmatrix $S - \hat{\Sigma}$ ist die einfachste Form, um einen Modellfit zu erlangen. Ein positiver Wert in der Matrix $S - \hat{\Sigma}$ bedeutet, daß das Modell die entsprechende Kovarianz zwischen zwei Variablen unterschätzt, während ein negativer Wert auf eine Überschätzung der entsprechenden Kovarianz hinweist. Eine zusammenfassende Statistik dieser Abweichungen bietet der *Root Mean Square Residual* (RMR, vgl. Jöreskog & Sörbom, 1986):

$$RMR = \left[2 \sum_{i=1}^{p+q} \sum_{j=1}^{i} \frac{(s_{ij} - \hat{\sigma}_{ij})^2}{(p+q)(p+q+1)} \right]^{\frac{1}{2}} \tag{6.50}$$

mit s_{ij} als Elemente der Matrix S und $\hat{\sigma}_{ij}$ als Elemente der Matrix Σ. Je kleiner der RMR ist, desto kleiner sind im Durchschnitt die Abweichungen bzw. Residuen in der Matrix $S - \hat{\Sigma}$.

Die unterschiedlichen Skalierungen der gemessenen Variablen können die Residualgrößen aber beeinflussen. So kann eine große Abweichung eines Elementes in der Matrix $S - \hat{\Sigma}$ darauf

---

[26]   Die z-Werte werden im Programm LISREL als t-Werte bezeichnet.

[27]   Im Programm LISREL werden asymptotisch korrekte Standardfehler und z-Werte für die ULS-, die ML- und die GLS-Schätzer immer dann berechnet, wenn die asymptotische Varianz-/Kovarianzmatrix im Programminput zur Verfügung gestellt wird. Im Programm EQS werden nicht korrigierte und korrigierte Standardfehler bzw. z-Werte immer dann berechnet, wenn im Programminput neben dem Schätzverfahren das Wort *Robust* eingefügt wird.

zurückzuführen sein, daß die Skalierung der betreffenden Variablen wesentlich breiter ist, als bei anderen Variablen. Eine feste Ober- und Untergrenze existiert demnach für die Residuen nicht. Werden dagegen die Abweichungen auf der Basis von Korrelationen berechnet ($r_{ij} - \hat{r}_{ij}$), dann können die Abweichungen theoretisch nur zwischen -2 und $+2$ liegen (vgl. Bollen, 1989, S. 258). Ein weitere Größe, die die Werte der Residuen beeinflussen kann, ist der Stichprobenumfang. Wenn man unterstellt, daß das Modell in der Grundgesamtheit korrekt ist ($\Sigma = \Sigma(\Theta)$), dann werden mit steigendem Stichprobenumfang die Werte der Residuen abnehmen.

Um diese Skalierungsdifferenzen und Stichprobenvariationen zu berücksichtigen, haben Jöreskog und Sörbom (1986, S. 42) die Verwendung von normalisierten Residuen (*normalized residuals*) vorgeschlagen:

$$\text{Normalized Residual} \quad = \frac{(s_{ij} - \hat{\sigma}_{ij})}{\left[(\hat{\sigma}_{ii}\hat{\sigma}_{jj} + \hat{\sigma}_{ij}^2)/N\right]^{1/2}} \quad\quad (6.51)$$

Im Zähler der Gleichung 6.51 steht die beschriebene Abweichung bzw. das Residuum und im Nenner dessen geschätzte asymptotische Variation. Die größten Werte der normalisierten Residuen weisen auf entsprechende Fehlspezifikationen im Modell hin.

6.1.5.2   Der Modellvergleich und die Modellsparsamkeit

Der Likelihood-Ratio(LR)-Test (χ^2-Differenzentest). Der Likelihood-Ratio(LR)-Test bezieht sich auf die Differenz der χ^2-Statistiken zwischen zwei Modellvarianten (vgl. Bollen, 1989, S. 292):

$$LR = (N-1)(F_r - F_u) \quad\quad (6.52)$$

mit F_r als Funktionswert der Diskrepanzfunktion des restringierten und F_u als Funktionswert der Diskrepanzfunktion des unrestringierten (oder weniger restringierten) Modells. Auf Grund der Differenzbildung wird der LR-Test auch als χ^2-Differenzentest bezeichnet, der bei hierarchischer Modellstruktur wiederum einer χ^2-Verteilung folgt:

$$LR \sim \chi^2 \quad\quad (6.53)$$

In der Praxis wird demnach die einfache Differenz der beiden χ^2-Werte gebildet und geprüft, ob mit der parallel zu berechnenden Differenz der Freiheitsgrade eine signifikante Veränderung zu verzeichnen ist. Wenn sich beispielsweise aus der Spezifikation einer Restriktion im Modell nur eine unwesentliche Differenz zwischen den beiden χ^2-Werten ergibt, dann ist das restriktivere Modell zu akzeptieren. Unter Berücksichtigung der jeweils gewählten Diskrepanzfunktion gelten für den LR-Test die gleichen Annahmen wie für den einzelnen χ^2-Test (vgl. Abschnitt 6.1.5.1).

Neben dem LR-Test, der auf der separaten Schätzung zweier geschachtelter Modelle basiert, existieren weitere Tests, die prüfen, ob Parameter ergänzt werden müssen, um die Modellanpassung zu verbessern, oder ob Parameter eingespart werden können, um den Informationsgehalt des Modells zu erhöhen. Entscheidungshilfen für diese Strategien der Modellverbesserung liefern der Langrange Multiplier(LM)-Test und der Wald(W)-Test .

Der Langrange Multiplier(LM)-Test. Der Langrange Multiplier(LM)-Test evaluiert den statistischen Effekt, wenn zusätzliche Parameter in dem Strukturgleichungsmodell spezifiziert werden. Der LM-Test ist in seiner univariaten Form nichts anderes als eine χ^2-Differenzstatistik mit einem Freiheitsgrad (vgl. Bentler, 1995, S. 127; Bollen, 1989, S. 293; zur Herleitung des LM-Tests, vgl. Sörbom, 1989):[28]

$$LM - \text{Test} \sim \chi_1^2 \tag{6.54}$$

Je größer der Wert des LM-Test ist, desto stärker fällt die Modellverbesserung aus. Wird der betreffende Parameter freigesetzt, dann sinkt der Wert der χ^2-Statistik (vgl. Gleichung 6.34) um genau die Größe des LM-Tests auf der Basis der restriktiveren Modellvariante. Der Test kann wiederholt von Modellvariante zu Modellvariante eingesetzt werden, wobei dem Anwender die Freisetzung jeweils nur eines Parameters pro Modellprüfung empfohlen wird. Außerdem sollte der substanzielle Gehalt der freizusetzenden Parameter vorher geprüft werden (vgl. Jöreskog & Sörbom, 1993a, S. 128). Denn eine nach dem LM-Test verbesserte Modellvariante kann zu inhaltlich unsinnigen Schlußfolgerungen führen.

Der univariate LM-Test kann nicht prüfen, welchen statistischen Effekt die gleichzeitige Freisetzung mehrerer Parameter hat. Hierzu kann der multivariate LM-Test herangezogen werden, der für einen $r \times 1$-Vektor der Modellrestriktionen prüft, ob eine signifikante Modellverbesserung zu erwarten ist:[29]

$$LM - \text{Test} \sim \chi_r^2 \tag{6.55}$$

Werden mit Hilfe des multivariaten LM-Tests für mehrere Parameter höhere Werte erzielt, als für die entsprechenden univariaten LM-Tests, so zeigt sich hierbei der höhere Informationsgehalt des multivariaten Tests.[30]

Mit dem LM-Test verbunden ist die zu erwartende Parametergröße bei entsprechender Freisetzung des Parameters (*expected parameter change*). Inhaltlich sollte hier insbesondere das Vorzeichen des Parameters beachtet und mit den vermuteten Zusammenhängen im Modell konfrontiert werden. Stimmen Hypothesenrichtung und zu erwartendes Vorzeichen nicht miteinander überein, dann sollte die Parameterfreisetzung trotz zu erwartender signifikanter Modellverbesserung abgewogen werden. Werden große Parameterveränderungen festgestellt, obwohl der LM-Test keine signifikante Modellverbesserung anzeigt, dann liegen in der Regel Fehlspezifikationen im Modell vor (zur weiteren Argumentation vgl. Saris et al., 1987).

---

[28]   Der univariate LM-Test wird im Programm LISREL *Modification Index* genannt (vgl. Jöreskog & Sörbom, 1993a, S. 127f.). Beispiele zur Anwendung des LM-Tests diskutiert Sörbom (1989, S. 376f.).

[29]   Der multivariate LM-Test ist nur im Programm EQS implementiert (vgl. Bentler, 1995, S. 125f.).

[30]   Bentler und Chou (1987) diskutieren die Möglichkeit, den auf r Freiheitsgraden basierenden multivariaten LM-Test in r separate univariate LM-Tests aufzuteilen.

Der Wald(W)-Test. Gegenüber dem LM-Test prüft der Wald(W)-Test den statistischen Effekt, wenn Parameter im Strukturgleichungsmodell eingespart werden. Dies führt zu einer Erhöhung der Parameterrestriktionen. Der W-Test ist in seiner univariaten Form genau wie der LM-Test eine χ^2-Differenzstatistik mit einem Freiheitsgrad (vgl. Bentler, 1995, S. 129; zur Herleitung des W-Tests, vgl. Bollen, 1989, S. 294):

$$W - \text{Test} \sim \chi_1^2 \tag{6.56}$$

Je größer der Wert des W-Test ist, desto stärker fällt die Modellverbesserung aus. Wird der betreffende Parameter restringiert, dann sinkt der Wert der χ^2-Statistik (vgl. Gleichung 6.34) um genau die Größe des W-Tests auf der Basis der weniger restriktiveren Modellvariante.

Der univariate W-Test kann nicht prüfen, welchen statistischen Effekt die gleichzeitige Restringierung mehrerer Parameter hat. Hierzu kann der multivariate W-Test herangezogen werden, der für einen $r \times 1$-Vektor der freien Parameter prüft, ob durch eine Restriktion eine signifikante Modellverbesserung zu erreichen ist:[31]

$$W - \text{Test} \sim \chi_r^2 \tag{6.57}$$

Restriktionen, die nach dem W-Test erfolgen, beziehen sich in der Regel auf nicht bedeutsame Parameter, die auf Null gesetzt werden können und das Modell insgesamt sparsamer machen. Zwar sollte auch beim W-Test die theoretische Plausibilität des Modells im Vordergrund stehen.[32] Da hier aber nur spezifizierte und dann geschätzte Parameter betroffen sind, ist eine rein aus statistischen Überlegungen erfolgte Modellanpassung mit Hilfe des W-Tests nur sehr eingeschränkt möglich.

Insgesamt betrachtet gibt es mehrere Vorteile, den LM-Test und den W-Test bei der Beurteilung der Modellanpassung dem LR-Test vorzuziehen (vgl. Bentler, 1995, S. 125 f.). Sowohl der LM-Test als auch der W-Test können exploratorisch angewendet werden. Mit nur einer Modellprüfung lassen sich über diese Tests Hinweise finden, an welcher Stelle das Modell modifiziert werden kann. Der LR-Test benötigt dagegen immer eine Strategie der paarweisen Modellüberprüfungen, um die Signifikanz der Modellverbesserung zu prüfen. Da statistisch betrachtet LR-Test, LM-Test und W-Test äquivalente χ^2-Tests sind (vgl. Bentler & Dijkstra, 1985; Satorra, 1989), kann bei der Modellmodifikation so vorgegangen werden, als ob eine χ^2-Differenz gemäß Gleichung 6.52 gebildet worden wäre.

Goodness-of-Fit Indizes. Goodness-of-Fit Indizes, die sich für den Modellvergleich eignen, sind in der Regel χ^2-basierte Maße und setzen den für das Modell ermittelten Wert (χ_M^2) mit der Modellbedingung ins Verhältnis, bei der die gemessenen Variablen statistisch unabhängig

---

[31]   Der univariate und multivariate W-Test ist nur im Programm EQS implementiert. Beispiele werden in Bentler (1995, S. 140f.) diskutiert.

[32]   Beispielsweise kann ein nicht-signifikanter Effekt inhaltlich so bedeutsam sein, daß den Empfehlungen des W-Tests nicht gefolgt wird.

voneinander sind (χ_I^2). Dieses sogenannte *independence model* bzw. *null model* kann aber auch jede andere Modellspezifikation sein, die als Basis für den Modellvergleich dienen soll (vgl. Schumacker & Lomax, 1996, S. 127; Kaplan, 2000, S. 108). Vorausgesetzt wird ein hierarchisches Verhältnis zwischen dem Basismodell und dem zu prüfenden Modell, d. h. die Differenzen zwischen den Modellen basieren ausschließlich auf Differenzen durch Aufgabe von Freiheitsgraden.

Zwei Varianten des ursprünglich von Bentler und Bonett (1980) entwickelten *Normed Fit Index* (NFI, NFI2) gehören zu diesen Indizes[33], dazu der *Tucker-Lewis Index* (TLI)[34] und der *Relative Noncentrality Index* (RNI):[35]

$$\text{NFI} = \frac{\chi_I^2 - \chi_M^2}{\chi_I^2} \tag{6.58}$$

$$\text{NFI2} = \frac{\chi_I^2 - \chi_M^2}{\chi_I^2 - df_M} \tag{6.59}$$

$$\text{TLI} = \frac{\chi_I^2/df_I - \chi_M^2/df_M}{\chi_I^2/df_I - 1} \tag{6.60}$$

$$\text{RNI} = \frac{[(\chi_I^2 - df_I) - (\chi_M^2 - df_M)]}{\chi_I^2 - df_I} \tag{6.61}$$

In allen diesen Indizes wird das Verhältnis zwischen dem Anpassungswert des untersuchten Modells (χ_M^2 mit Freiheitsgraden df_M) und dem entsprechenden Wert des Unabhängigkeits- oder Basismodells (χ_I^2 mit Freiheitsgraden df_I) bestimmt. Es wird eine Normierung der χ^2-Differenzen angestrebt, so daß durch den Modellvergleich bestimmt werden kann, ob ein Modell sich nur wenig vom Basismodell unterscheidet (mit einem Indexwert nahe Null) oder eine entscheidende Modellverbesserung gegenüber dem Basismodell zu verzeichnen ist (mit einem Indexwert nahe Eins).

Die Indizes unterscheiden sich dahingehend, zu welcher Größe die Differenz zwischen der Modellgüte des Basismodells und der des untersuchten Modells ins Verhältnis gesetzt wird. Beim NFI (Gleichung 6.58) ist es χ_I^2, beim NFI2 (Gleichung 6.59) ist es $\chi_I^2 - df_M$, wobei Werte über 0.90 einen akzeptablen Modellfit anzeigen. NFI2 hat gegenüber NFI den Vorteil, daß eine Adjustierung des χ_I^2 über die Freiheitsgrade des Modells erfolgt. Beim TLI (Gleichung

---

[33]   In Bollen (1989, S. 269f.) werden die beiden Indizes als *Incremental Fit Indices* (IFI1 bzw. Δ_1 und IFI2 bzw. Δ_2) bezeichnet.

[34]   Der TLI wird auch als *Non-Normed Fit Index* (NNFI) bezeichnet, vgl. Bentler (1990). Bollen (1989, S. 273) verwendet die Bezeichnung ρ_2. Desweiteren wird hier auch der Index ρ_1 diskutiert, der im Nenner der Gleichung 6.60 nur χ_I^2/df_I stehen hat (vgl. Bollen, 1989, S. 272).

[35]   Es wird hier nur eine Auswahl der in der Literatur diskutierten Indizes vorgestellt. Die Aussagekraft der Indizes wurde mit Hilfe von Simulationsstudien geprüft (vgl. Gerbing & Anderson, 1993). Sehr umfangreich ist die Simulationsstudie von Haughton et al. (1997), in der insgesamt 18 Indizes untersucht wurden.

6.60) werden alle χ^2-Werte mit ihren jeweiligen Freiheitsgraden in Beziehung gesetzt. Der beste Fit des Modells ist der Erwartungswert χ^2_M/df_M. Der schlechteste Fit des Modells ist demnach χ^2_B/df_B. Ist $\chi^2_M/df_M = 1.0$, dann ist auch TLI= 1.0. Damit wird der beste Modellfit angezeigt. Nimmt der TLI Werte deutlich unterhalb von 1.0 an, dann liegen Fehlspezifikationen im Modell vor. Werden Werte größer als 1.0 ermittelt, dann sind im Modell mehr Parameter spezifiziert als notwendig (*overfitting*, vgl. Bollen, 1989, S. 273).

NFI, NFI2 und TLI gehen jeweils von einer wahren Nullhypothese aus. Dies bedeutet, daß auch die Verteilung der χ^2-Teststatistik als wahr unterstellt wird. Ist diese Verteilung aber verschoben[36], dann kann diese Verschiebung durch einen Parameter λ ausgedrückt werden. McDonald und Marsh (1990) nehmen als Schätzung für λ die Differenz zwischen χ^2-Wert und Freiheitsgraden und entwickelten damit den RNI (Gleichung 6.61). Es zeigte sich, daß der RNI im Vergleich zum TLI die Intervallgrenzen von 0 und 1 deutlich weniger unter- bzw. überschreitet und seine statistischen Eigenschaften (bezogen auf den Standardfehler) besser sind (vgl. die zusammenfassende Argumentation in Gerbing & Anderson, 1993, S. 58). Bentler (1990) adjustierte den RNI so, daß der Wertebereich von 0 und 1 nicht überschritten wird und bezeichnet ihn als *Comparative Fit Index* (CFI).

Modellsparsamkeit wird dadurch erreicht, daß eine gute Modellanpassung durch eine möglichst geringe Anzahl zu schätzender Parameter erreicht wird. Der in Abschnitt 6.1.5.1 besprochene *Adjusted-Goodness-of-Fit Index* (AGFI) ist in der Lage, Modellsparsamkeit anzuzeigen, da er die Freiheitsgrade des Modells explizit berücksichtigt. Sollen aber Modelle verglichen und die Modellsparsamkeit gleichzeitig berücksichtigt werden, dann müssen andere Indizes herangezogen werden.

Hierzu gehört der *Parsimony Normed Fit Index* (PNFI), der sich zusammensetzt aus dem NFI (vgl. Gleichung 6.58) sowie dem Verhältnis der Freiheitsgrade des Basismodells und der Freiheitsgrade des zu prüfenden Modells (vgl. Kaplan, 2000, S. 109):[37]

$$\text{PNFI} = \frac{df_M}{df_I} \cdot \text{NFI} \qquad\qquad (6.62)$$

Ein sparsam spezifiziertes Modell zeichnet sich dadurch aus, daß ein guter Modellfit mit wenigen Parametern und einer hohen Anzahl von Freiheitsgraden erreicht wird. Modellvarianten, die sich in ihren Freiheisgraden bzw. zu prüfenden Restriktionen unterscheiden, können mit Hilfe des PNFI verglichen werden.

Stehen sparsame Modellierung und Modellvergleich bei Spezifikationen im Vordergrund, die nicht hierarchisch zueinander stehen (d. h. eine unterschiedliche Anzahl latenter Variablen aufweisen), dann kann auf das *Akaike Information Criterion* (AIC) und das *Consistent Akaike Information Criterion* (CAIC) zurückgegriffen werden. Der AIC setzt die χ^2-Statistik mit den

---

[36]   Man spricht in diesem Zusammenhang von einer *non-central χ^2-Statistik*.

[37]   Der PNFI wird auch als *Parsimony Fit Index* (PFI) bezeichnet, vgl. beispielsweise Schumacker und Lomax, 1996, S. 128.

zu schätzenden Parametern t des Modells so in Beziehung, daß die Modellkomplexität wie ein Bestrafungsterm (*penalty term*) wirkt (vgl. Akaike, 1987; Browne & Cudeck, 1989):

$$\text{AIC} = \chi^2_M + 2t \tag{6.63}$$

Werden mehrere Modellvarianten berechnet, so wird die mit dem kleinsten AIC gewählt. Der von Bozdogan (1987) entwickelte CAIC berücksichtigt neben der Parameteranzahl auch die Stichprobengröße N:

$$\text{CAIC} = \chi^2_M + (1 + lnN)t \tag{6.64}$$

Damit wird beim CAIC die Modellkomplexität stärker berücksichtigt als beim AIC.[38]

Sollen Modellvergleiche mit kleinen Stichproben durchgeführt werden, dann eignet sich hierfür der von Browne und Cudeck (1989, 1993) entwickelte *Expected Cross Validation Index* (ECVI):

$$\text{ECVI} = (\chi^2_M/N) + (2t/N) \tag{6.65}$$

Ein weiterer Vorteil gegenüber dem AIC und CAIC ergibt sich durch die Möglichkeit, ein Konfidenzintervall zu berechnen (vgl. Browne & Cudeck, 1993, S. 149):

$$(c_L; c_U) = \left(\frac{\lambda_L + p + t}{N}; \frac{\lambda_U + p + t}{N} \right) \tag{6.66}$$

Mit c_L und c_U werden die unteren und oberen Grenzen des Konfidenzintervalls, mit λ_L und λ_U die unteren und oberen Grenzwerte des ECVI bezeichnet. p bezieht sich auf die Anzahl der manifesten Variablen und t auf die Anzahl der geschätzten Parameter im Modell. Insbesondere bei kleinen Stichprobengrößen sollte auf die Konfidenzintervalle der vergleichbaren Modelle geachtet werden. Basieren die Daten auf einer großen Stichprobe, dann eignet sich der ECVI nicht zur Beurteilung der Sparsamkeit. In diesem Fall sollte auf den PNFI (vgl. Gleichung 6.62) zurückgegriffen werden.

6.1.5.3   Zusammenfassung

Einen zusammenfassenden Überblick über die besprochenen Statistiken der Modellprüfung zeigt Tabelle 6.1. Hierbei wird auch eine Zuordnung zu den Programmen LISREL (Version 8) und EQS (Version 6) vorgenommen. Es sei an dieser Stelle darauf hingewiesen, daß die Programme LISREL und EQS noch weitere Statistiken der Modellprüfung berechnen, die hier aber nicht weiter besprochen werden. In der Praxis werden diese Statistiken auch selten verwendet. Weitere Übersichten sind in Schumacker und Lomax (1996, S. 121) und Maruyama (1998, S. 240) nachzulesen. Bei Maruyama (1998, S. 239) wird eine ähnliche Einteilung der Indizes wie hier vorgenommen. Statistiken der Modellevaluation werden dort als *absolute indexes* bezeichnet, Statistiken der Modellsparsamkeit und des Modellvergleichs als *adjusted indexes* bzw. *relative indexes*.

---

[38]   In einigen Lehrbüchern (Schumacker & Lomax, 1996, S. 128; Kline, 1998, S. 138) werden anstatt der Anzahl der freien Parameter (t) die Freiheitsgrade (*df*) in den Gleichungen 6.63 und 6.64 angegeben.

Tabelle 6.1: Die Statistiken der Modellprüfung im Überblick

Modellevaluation	LISREL	EQS
Independence χ^2	x	x
Model χ^2 (C1)	x	x
Normal Theory WLS χ^2 (C2)	x	x
Scaled χ^2 statistic (C3)	x	x
Satorra χ^2 statistic (C4)	x	
F_0	x	
RMSEA	x	x
GFI	x	x
z-Wert	x	x
$S - \Sigma$	x	x
Normalized Residual	x	
RMR	x	x
Modellsparsamkeit, Modellvergleich		
LR-Test	x	x
LM-Test	x	x
W-Test		x
NFI (IFI1, Δ_1)	x	x
NFI2 (IFI2, Δ_2)	x	x
TLI (NNFI)	x	x
RNI	x	
PNFI	x	
AIC	x	x
CAIC	x	x
ECVI	x	

Zu den verwendeten Abkürzungen, vgl. die Abschnitte 6.1.5.1 und 6.1.5.2. Die Berechnung der Prüfstatistiken hängt davon ab, ob robuste z-Werte und χ^2-Statistiken angefordert werden.

6.1.6   Empirische Beispiele zu den Meßmodellen

Die folgenden Meßmodelle beziehen sich inhaltlich auf eine Skala, die in ihren Items unterschiedliche politische Aktivitäten thematisiert und im ALLBUS 1998 eingesetzt wurde. Die Befragten sollten angeben, „in welchem Maße Sie persönlich auf die Politik Einfluß nehmen könnten, wenn Sie die Handlungen ... ausführen würden" (vgl. Zentralarchiv für Empirische Sozialforschung, 1998, S. 85). Die Endpunkte der 7-stufigen Skala tragen die Bezeichnungen *überhaupt nicht* (1) und *sehr stark* (7). Die Skala umfaßt insgesamt 11 Items.

Exploratorische Faktorenanalysen zeigen, daß die Items drei Dimensionen erfassen: Sogenannte *legale politische Aktivitäten*, *illegale politische Aktivitäten* und *Protest*.[39] Sechs Items sind eindeutig den ersten beiden Dimensionen zuzuordnen und sollen hier unter meßtheoretischen Gesichtspunkten näher analysiert werden. Die Häufigkeitsverteilungen dieser Items, deren Variablennamen aus dem ALLBUS und die Kurzbezeichnungen sind in Tabelle 6.2 aufgeführt.

Die Häufigkeiten der sechs Items sind erwartungsgemäß nicht normal-, sondern schiefverteilt. Zwischen den Items der beiden Dimensionen sind deutliche Verteilungsunterschiede festzustellen. Über eine legale politische Aktivität politischen Einfluß auszuüben, können sich deutlich mehr befragte Personen vorstellen als den Einsatz politischer Aktivitäten mit illegalen Mitteln. Die Mittelwerte der ersten drei Items sind daher auch deutlich höher ($\bar{x} > 3.0$) als die Mittelwerte der letzten drei Items ($\bar{x} < 3.0$, vgl. Tabelle 6.3). Die Streuungen (s^2) der ersten drei Items sind ebenfalls größer als die der letzten drei Items, während dies bei den Schiefen (s^3) genau umgekehrt ist. Negative Werte der Kurtosis (s^4) zeigen eine flachgipflige Verteilung an, während positive Werte auf eine gewölbte Verteilung hinweisen. Bei einem Item (V139) ist diese besonders stark ausgeprägt. Wenn wir die Verteilungsanforderungen für die zu berechnenden Meßmodelle berücksichtigen, so sind - auch wenn sich die Werte in Tabelle 6.3 nur auf die jeweils univariaten Verteilungen beziehen - die Voraussetzungen für die Items der legalen politischen Aktivitäten eher erfüllt als für die Items der illegalen politischen Aktivitäten. Dies wird beim Vergleich der Schätzverfahren weiter unten zu prüfen sein.

Die Korrelationen der beiden Itemgruppen unterscheiden sich geringfügig, eine ausreichende Konstruktvalidität wird auf Grund der Werte in den Meßmodellen zu erwarten sein (vgl. Tabelle 6.4).

Entsprechend den Ausführungen in Abschnitt 6.1.3 wird im folgenden für jede Dimension ein paralleles, ein τ-äquivalentes und ein kongenerisches Meßmodell berechnet. Das Modell entspricht Abbildung 6.2 wobei für das parallele Meßmodell die Restriktionen in Gleichung 6.11 und für das τ-äquivalente Meßmodell die Restriktionen in Gleichung 6.13 jeweils spezifiziert werden. Da die einzelnen Meßmodellvarianten sich nur über die Restriktionen unterscheiden, liegt eine hierarchische Struktur vor, die einen Modellvergleich über den χ^2-Differenzentest (vgl. Abschnitt 6.1.5.2) erlaubt. Um die höheren Momente zu berücksichtigen, sind die ein-

---

[39]   Befragte mit fehlenden Angaben in den 11 Items sind ausgeschlossen worden (fallweiser Ausschluß fehlender Werte).

Tabelle 6.2: Die Items der Dimensionen *legale* und *illegale politische Aktivitäten*

Legale politische Aktivitäten									
Item	Wortlaut	Kategorien							
		1	2	3	4	5	6	7	
		%	%	%	%	%	%	%	
		n	n	n	n	n	n	n	$\sum$
V135	Öffentliche	16.9	14.8	17.0	21.7	16.1	8.5	5.0	
	Diskussion	527	461	531	678	504	266	157	3124
V136	Bürgerinitiative	20.0	12.6	15.9	20.2	17.5	9.4	4.4	
		626	393	495	631	548	294	137	3124
V137	Parteimitarbeit	28.4	12.8	12.5	15.0	14.2	11.0	6.2	
		886	401	389	468	443	345	192	3124
Illegale politische Aktivitäten									
Item	Wortlaut	Kategorien							
		1	2	3	4	5	6	7	
		%	%	%	%	%	%	%	
		n	n	n	n	n	n	n	$\sum$
V138	Ungenehmigte	52.4	16.9	11.4	9.8	5.3	2.6	1.6	
	Demonstration	1637	527	356	306	165	82	51	3124
V139	Besetzungsaktion	66.4	13.3	8.0	6.2	3.4	1.2	1.6	
		2073	416	249	193	106	38	49	3124
V144	Verkehrsblockade	57.7	15.7	9.4	8.6	4.9	2.2	1.4	
		1802	491	294	270	152	70	45	3124

Skalierung:
Kategorie 1: überhaupt nicht
Kategorie 7: sehr stark

Tabelle 6.3: Die Momente der Verteilungen für die Items der Dimensionen *legale* und *illegale politische Aktivitäten*

Item	$\bar{x}$	s^2	s^3	s^4
V135	3.511	1.731	0.155	-0.879
V136	3.484	1.774	0.098	-1.012
V137	3.315	1.964	0.281	-1.201
V138	2.131	1.522	1.308	0.872
V139	1.769	1.353	1.961	3.373
V144	1.998	1.474	1.490	1.404

Tabelle 6.4: Korrelationsmatrix der Items der Dimensionen *legale* und *illegale politische Aktivitäten*

Legale pol. Aktivitäten			Illegale pol. Aktivitäten		
V135	1.000		V138	1.000	
V136	0.636	1.000	V139	0.687	1.000
V137	0.498	0.669	1.000	V144	0.580	0.679	1.000

zelnen Modellvarianten neben der üblichen ML-Diskrepanzfunktion (vgl. Abschnitt 6.1.4.1) zusätzlich mit der WLS-Diskrepanzfunktion (vgl. Abschnitt 6.1.4.4) berechnet worden.[40]

Die χ^2-Tests und die berechneten χ^2-Differenzen zeigen, daß für das erste Meßmodell (legale politische Aktivitäten) die Restriktionen nicht zu den Daten passen. Daher ist die unrestringierte kongenerische Spezifikation zu akzeptieren, die gerade identifiziert ist ($df = 0$) und folgerichtig einen perfekten Modellfit haben muß ($\chi^2 = 0$). Beim zweiten Meßmodell (illegale politische Aktivitäten) ist auch eine kongenerische Spezifikation zu akzeptieren, obwohl das τ-äquivalente Meßmodell schon gut zu den Daten paßt ($\chi^2_{ML} = 13.09$ bzw. $\chi^2_{WLS} = 8.00$ bei $df = 2$). Immerhin kann aber in der akzeptierten Modellvariante eine Gleichsetzung zwischen den Faktorenladungen (betrifft V138 und V144, vgl. Tabelle 6.6) aufrechterhalten werden. Die χ^2-Differenz zum τ-äquivalenten Modell ist bei beiden Funktionen signifikant.

Die Unterschiede zwischen ML- und WLS-Schätzern sind für das erste Meßmodell unbedeutend. Da die Verteilungen der Items nicht sehr schief sind und die Kurtosiswerte auf eher flache Wölbungen hinweisen (vgl. Tabelle 6.3), wirkt sich die Berücksichtigung der asymptotischen Varianzen und Kovarianzen bei der WLS-Funktion auf die Signifikanzwerte (z-Werte) kaum aus (vgl. Tabelle 6.6).

---

[40]   Die entsprechenden Eingabespezifikationen für die Programme LISREL und EQS sind im Anhang zu diesem Kapitel zu finden (vgl. Abschnitt 6.5).

Tabelle 6.5: Modellvergleiche durch den χ^2-Differenzentest (ML- und WLS-Schätzfunktion)

	Legale pol. Aktivitäten				
Modell (ML)	χ^2	df	χ^2_{Diff}	df_{Diff}	RMSEA
parallel	350.68	4	$--$	$--$	0.17
τ-äquivalent	152.96	2	197.72	2	0.16
kongenerisch	0	0	152.96	2	0.00
Modell (WLS)	χ^2	df	χ^2_{Diff}	df_{Diff}	RMSEA
parallel	363.75	4	$--$	$--$	0.17
τ-äquivalent	146.23	2	217.52	2	0.15
kongenerisch	0	0	146.23	2	0.00
	Illegale pol. Aktivitäten				
Modell (ML)	χ^2	df	χ^2_{Diff}	df_{Diff}	RMSEA
parallel	248.66	4	$--$	$--$	0.14
τ-äquivalent	13.09	2	235.57	2	0.04
kongenerisch	3.26	1	9.83	1	0.03
Modell (WLS)	χ^2	df	χ^2_{Diff}	df_{Diff}	RMSEA
parallel	122.07	4	$--$	$--$	0.10
τ-äquivalent	8.00	2	114.07	2	0.03
kongenerisch	2.25	1	5.75	1	0.02

Deutliche Unterschiede sind dagegen für das zweite Meßmodell zu verzeichnen. Hier sind die über die WLS-Funktion ermittelten z-Werte teilweise deutlich geringer als die der ML-Funktion. Auch weisen die χ^2-Tests der WLS-Funktion bei den einzelnen Modellvarianten deutlich niedrigere Werte auf als die entsprechenden Tests der ML-Funktion (vgl. Tabelle 6.5). Hier zeigt sich, daß bei deutlich schief verteilten und extrem gewölbten Daten durch die Berücksichtigung der asymptotischen Varianzen und Kovarianzen die Überschätzung der z-Werte und die Unterschätzung des Modellfits korrigiert wird. Es ist aber bei einer hinreichend großen Stichprobe zu erwarten, daß die Parametergrößen am wenigsten von den Verletzungen der Normalverteilungsannahme betroffen sind.

Neben den unstandardisierten Parametern sind auch die standardisierten Parameter ($\lambda^s_{ij}, \delta^s_i$) der berechneten Meßmodelle in Tabelle 6.6 aufgeführt. Nach Bollen (1989, S. 349) werden die standardisierten Parameter folgendermaßen berechnet:

$$\lambda^s_{ij} = \lambda_{ij} \left(\frac{\sigma^2_{jj}}{\sigma^2_{ii}} \right)^{1/2} \qquad\qquad \delta^s_i = 1 - (\lambda^s_{ij})^2 \qquad\qquad (6.67)$$

Tabelle 6.6: Unstandardisierte (λ) und standardisierte (λ^s) Faktorenladungen sowie entsprechende Meßfehler (δ^s) der kongenerischen Meßmodelle

Legale pol. Aktivitäten						
Item (ML)	λ	z-Wert	λ^s	δ	z-Wert	δ^s
V135	1.19	40.02	0.69	1.58	31.77	0.53
V136	1.64	55.68	0.93	0.46	7.97	0.15
V137	1.42	42.29	0.72	1.84	29.30	0.16
Item (WLS)	λ	z-Wert	λ^s	δ	z-Wert	δ^s
V135	1.19	41.43	0.69	1.58	25.89	0.53
V136	1.64	61.40	0.93	0.46	6.50	0.15
V137	1.42	45.74	0.72	1.84	24.44	0.16
Illegale pol. Aktivitäten						
Item (ML)	λ	z-Wert	λ^s	δ	z-Wert	δ^s
V138	1.14	56.08	0.76	0.97	30.05	0.43
V139	1.21	56.96	0.89	0.36	13.63	0.20
V144	1.14	56.08	0.77	0.92	29.34	0.41
Item (WLS)	λ	z-Wert	λ^s	δ	z-Wert	δ^s
V138	1.14	45.62	0.76	0.98	18.44	0.43
V139	1.21	37.43	0.89	0.36	9.31	0.20
V144	1.14	45.62	0.77	0.92	17.56	0.41

Zur Berechnung der standardisierten Parameter, vgl. den Text.

mit σ_{jj}^2 als Varianz der latenten Variablen ξ[41] und σ_{ii}^2 als Varianz der jeweiligen gemessenen
Variablen x. Durch ihre festen Intervallgrenzen (0,1) wird die inhaltliche Interpretation der
standardisierten Parameter erleichtert. Nach den Ergebnissen werden durch die Variablen V136
und V139 die jeweiligen untersuchten Konstrukte am besten repräsentiert.

6.2   Die konfirmatorische Faktorenanalyse

Konfirmatorische Faktorenanalysen führen ähnlich zu den üblichen exploratorischen Faktorenanalysen (vgl. hierzu Arminger, 1976; Kim & Mueller, 1978; Bortz, 1993, Kapitel 15)
die Zusammenhänge unter den manifesten Variablen auf deren Abhängigkeiten von einigen wenigen latenten Variablen (Faktoren) zurück. In beiden Fällen liegt eine Technik der
Datenreduktion vor. Die Ausgangspunkte sind aber deutlich verschieden. Während bei der exploratorischen Faktorenanalyse die Dimensionen, d. h. die latenten Variablen gesucht werden,
setzt die konfirmatorische Faktorenanalyse ein theoretisches Modell voraus und setzt damit

---

[41]   In den Beispielen ist ξ entweder das Konstrukt *legale* oder die Dimension *illegale politische*
Aktivitäten.

Tabelle 6.7: Unterschiede zwischen exploratorischer und konfirmatorischer Faktorenanalyse

Exploratorische Faktorenanalyse	Konfirmatorische Faktorenanalyse
Kein theoretisches Modell	Theoretisches Modell
Anzahl der Faktoren wird durch die Analyse bestimmt	A priori Festlegung der Faktorenzahl
Faktorenkorrelation wird durch die Analyse bestimmt	Faktoren werden a priori korreliert bzw. nicht korreliert
Zuordnung zwischen manifesten Variablen und Faktoren wird durch die Analyse bestimmt	Zuordnung zwischen manifesten Variablen und Faktoren wird durch a priori Restriktionen bestimmt

a priori fest, welche manifesten Variablen eindeutig als Messungen der postulierten Faktoren gelten. Damit wird auch festgelegt, von welchen Faktoren eine manifeste Variable unabhängig sein soll bzw. welche der Zuordnungen a priori auf Null fixiert wird. Die exploratorische Faktorenanalyse läßt dagegen die Zuordnung zwischen Faktoren und manifesten Variablen offen.[42] Die folgende Übersicht in Tabelle 6.7 (vgl. auch Stevens, 2002, S. 411) verdeutlicht generell die Unterschiede zwischen exploratorischer und konfirmatorischer Faktorenanalyse.

Die vor der Analyse festgelegte Zuordnung der gemessenen Variablen zu den Faktoren führt bei der konfirmatorischen Faktorenanalyse dazu, daß hiermit auch schon die inhaltliche Bestimmung der Faktoren feststeht. Hierbei werden die gemessenen Variablen als linear-additive Kombinationen von theoretischen Variablen und davon unabhängigen Meßfehlern aufgefaßt. Die Meßfehler der unterschiedlichen gemessenen Variablen sollten unabhängig voneinander sein (vgl. Weede & Jagodzinski, 1977, S. 316).[43] Da Zuordnungen zwischen Faktoren und gemessenen Variablen gleichzeitig statistisch zu überprüfende Restriktionen sind, erübrigen sich die in der exploratorischen Faktorenanalyse bekannten Rotationsverfahren zur Maximierung der Varianz der quadrierten Ladungen für jeden Faktor (vgl. hierzu Bortz, 1993, S. 506). Die Entwicklung des konfirmatorischen Faktorenmodells im Rahmen von Strukturgleichungen ist maßgeblich durch Jöreskog (1969, 1973) auf der Basis der Maximum-Likelihood(ML)-Methode (vgl. hierzu Abschnitt 6.1.4.1) entwickelt worden. Einer-

---

[42] Verschiedene Techniken exploratorischer Faktorenanalysen sind in den gängigen Statistikprogrammpaketen wie SPSS, SAS oder STATA implementiert. Einen Schritt in Richtung einer konfirmatorischen Analyse kann hier nur über die a priori Festlegung der Faktorenanzahl erfolgen. Eine eindeutige a priori restringierte Zuordnung der manifesten Variablen zu den Faktoren ist hier nicht möglich.

[43] Korrelierte Meßfehler können auch unter bestimmten Umständen zugelassen werden, vgl. hierzu die Abschnitte 6.4.1 und 6.4.2.

seits kann die konfirmatorische Faktorenanalyse als Erweiterung der in Abschnitt 6.1 erörterten Meßmodelle aufgefaßt werden, andererseits ist sie ein Spezialfall des allgemeinen Strukturgleichungsmodells (vgl. Kapitel 7). Auf eine detaillierte pfadanalytische Betrachtung der konfirmatorischen Faktorenanalyse wird an dieser Stelle verzichtet (vgl. hierzu Weede & Jagodzinski, 1977, S. 318f.). Die wissenschaftstheoretischen Überlegungen von Blalock (1968) und Costner (1969), die das Verhältnis zwischen Messungen und Konstrukten (Faktoren) als Korrespondenzhypothesen formulieren und die zwischen den Konstrukten zu formulierenden Beziehungen als theoretische Postulate bezeichnen, sollen hier ebenso außer Betracht bleiben.

Im folgenden Abschnitt wird zunächst die formale Spezifikation des konfirmatorischen Faktorenmodells in der Terminologie des Programms LISREL erläutert. Daran schließt sich eine Erörterung der Identifikationsbedingungen des konfirmatorischen Faktorenmodells in Abhängigkeit von der Modellcharakteristik an (vgl. Abschnitt 6.2.2).

6.2.1   Die Modellspezifikation

Die Spezifikation des konfirmatorischen Faktorenmodells ist gleichzeitig eine Verallgemeinerung der Gleichungen für Meßmodelle für mehr als eine latente Variable (vgl. Gleichung 6.1 in Abschnitt 6.1.1; Bollen, 1989, S. 233):

$$x_i = \Lambda_{x_{ij}}\xi_j + \delta_i, \qquad i = 1,\ldots,p; \quad j = 1,\ldots,n \qquad\qquad (6.68)$$

$$y_i = \Lambda_{y_{ij}}\eta_j + \epsilon_i, \qquad i = 1,\ldots,q; \quad j = 1,\ldots,m \qquad\qquad (6.69)$$

x_i und y_i sind die manifesten, ξ und η die latenten Variablen (Faktoren). Die Beziehungen zwischen den latenten und manifesten Variablen werden durch die Koeffizientenmatrizen Λ_{x_i} bzw. Λ_{y_i} ausgedrückt, die in der faktorenanalytischen Terminologie auch als Faktorenladungsmatrizen bezeichnet werden. δ_i und ϵ_i sind die jeweiligen Meßfehleranteile der manifesten Variablen x_i bzw. y_i. Da Gleichungen 6.68 und 6.69 Regressionsgleichungen sind, gelten wie bei den Meßfehlermodellen die üblichen Annahmen: Die Meßfehler haben einen Erwartungswert von Null ($E(\delta_i) = E(\epsilon_i) = 0$) und die Faktoren korrelieren nicht mit den Meßfehlern ($E(\xi_j\delta_i') = E(\eta_j\epsilon_i') = 0$). Da beide Faktorenmodelle konzeptionell gleich sind und sich nur durch die von Jöreskog und Sörbom (1993b) mit der Entwicklung des Programms LISREL getroffene Differenzierung unterscheiden, wird im folgenden - analog zu den Meßfehlermodellen in Abschnitt 6.1 - die Terminologie aus Gleichung 6.68 verwendet.[44]

Abbildung 6.3 zeigt ein konfirmatorisches Faktorenmodell mit zwei latenten Variablen ξ_1 und ξ_2, die beide miteinander korrelieren (Parameter ϕ_{21}). Die manifesten Variablen x_1, x_2 und

---

[44]   Die Differenzierung nach den gemessenen Variablen x bzw. y und nach den latenten Variablen ξ und η wird erst bei den Strukturgleichungsmodellen mit latenten Variablen relevant (vgl. Kapitel 7). Zu beachten ist hierbei, daß nach dem verallgemeinerten Modell von Bentler und Weeks (1980) und Graff und Schmidt (1982) kein formaler Unterschied zwischen den Modellgleichungen 6.68 und 6.69 existiert. Das Programm EQS trifft diese Differenzierung nicht und arbeitet ausschließlich nach dem verallgemeinerten Modell von Bentler und Weeks (1980).

x_3 sind der latenten Variablen ξ_1 zugeordnet, die manifesten Variablen x_4, x_5 und x_6 der latenten Variablen ξ_2. Es existieren keine Beziehungen zwischen x_1, x_2 und x_3 und der latenten Variablen ξ_2, sowie keine Beziehungen zwischen x_4, x_5 und x_6 und der latenten Variablen ξ_1. Diese Restriktionen sind dann mit den Daten vereinbar, wenn die empirischen Assoziationen innerhalb von x_1, x_2 und x_3 und innerhalb von x_4, x_5 und x_6 größer sind als beispielsweise die Assoziation zwischen x_1 und x_4.

Abbildung 6.3: Konfirmatorisches Faktorenmodell mit zwei latenten Variablen

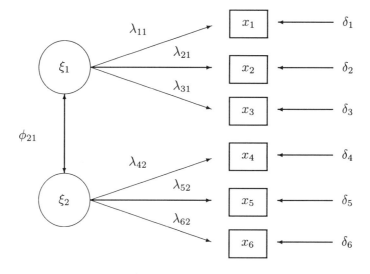

Auf der Basis der allgemeinen Meßgleichung 6.68 kann das beschriebene konfirmatorische Faktorenmodell (vgl. Abbildung 6.3) auch formal spezifiziert werden (vgl. Bollen, 1989, S. 234)[45]:

$$
\begin{pmatrix} x_1 \\ x_2 \\ x_3 \\ x_4 \\ x_5 \\ x_6 \end{pmatrix} = \begin{pmatrix} \lambda_{11} & 0 \\ \lambda_{21} & 0 \\ \lambda_{31} & 0 \\ 0 & \lambda_{42} \\ 0 & \lambda_{52} \\ 0 & \lambda_{62} \end{pmatrix} * \begin{pmatrix} \xi_1 \\ \xi_2 \end{pmatrix} + \begin{pmatrix} \delta_1 \\ \delta_2 \\ \delta_3 \\ \delta_4 \\ \delta_5 \\ \delta_6 \end{pmatrix} \tag{6.70}
$$

---

[45] Im Unterschied zur Gleichung 6.68 werden die Faktorenladungen λ ohne die Bezeichnung x angegeben. Die jeweils erste Ziffer im Suffix ist die laufende Nummer der manifesten Variablen x, die jeweils zweite Ziffer ist die laufende Nummer der latenten Variablen ξ.

mit den Annahmen

$$COV(\xi_j, \delta_i) = 0 \quad \text{für alle } i = 1, \ldots, p \text{ und alle } j = 1, \ldots, n \text{ und}$$
$$E(\delta_i) = 0 \quad \text{für alle } i = 1, \ldots, p.$$

Die Matrix Λ_x enthält die Zuordnung der manifesten Variablen x_1 bis x_6 zu den latenten Variablen ξ_1 und ξ_2. Die Parameter λ_{ij} zeigen an, welche manifeste Variable zur Messung der latenten Variable herangezogen wird. Die Parameter werden im konfirmatorischen Faktorenmodell als Faktorenladungen bezeichnet. Die Nullen in den Spalten der Matrix Λ_x repräsentieren die weiter oben beschriebenen Restriktionen. Der Vektor δ_j enthält die Meßfehleranteile für die manifesten Variablen.[46]

Zur Berechnung der Modellparameter werden die manifesten Variablen x des konfirmatorischen Faktorenmodells wie bei den Meßmodellen als Differenzen von ihren jeweiligen Mittelwerten behandelt. Die empirischen Informationen sind in der Kovarianzmatrix S enthalten. Die geschätzte Kovarianzmatrix Σ ist eine Funktion des Parametervektors Θ und identisch mit dem Erwartungswert des Produktes xx', was Gleichung 6.16 in Abschnitt 6.1.4 entspricht:

$$\Sigma(\Theta) = E(xx')$$

$$= \lambda_x \Phi \lambda_x' + \Theta_\delta$$

(6.71)

Neben den Faktorenladungen in der Matrix Λ_x sind die Varianzen und Kovarianzen der latenten Variablen (Matrix Φ) und die Meßfehlervarianzen (Matrix Θ_δ) zu ermitteln. Die Matrizen Φ und Θ_δ haben für das spezifizierte Faktorenmodell folgende Form:

$$\Phi = \begin{pmatrix} \phi_{11} & \\ \phi_{21} & \phi_{22} \end{pmatrix}$$

(6.72)

$$\Theta_\delta = \begin{pmatrix} \theta_{\delta_1} & & & & & \\ 0 & \theta_{\delta_2} & & & & \\ 0 & 0 & \theta_{\delta_3} & & & \\ 0 & 0 & 0 & \theta_{\delta_4} & & \\ 0 & 0 & 0 & 0 & \theta_{\delta_5} & \\ 0 & 0 & 0 & 0 & 0 & \theta_{\delta_6} \end{pmatrix}$$

Um $\Sigma(\Theta)$ für das konfirmatorische Faktorenmodell zu bestimmen, werden die Parametermatrizen in Gleichung 6.71 eingesetzt:

$$\Sigma(\Theta) = \begin{pmatrix} \lambda_{11}^2 \phi_{11} + \theta_{\delta_1} & & & & & \\ \lambda_{11} \phi_{11} \lambda_{21} & \lambda_{21}^2 \phi_{11} + \theta_{\delta_2} & & & & \\ \lambda_{11} \phi_{11} \lambda_{31} & \lambda_{21} \phi_{11} \lambda_{31} & \lambda_{31}^2 \phi_{11} + \theta_{\delta_3} & & & \\ \lambda_{11} \phi_{21} \lambda_{41} & \lambda_{21} \phi_{21} \lambda_{41} & \lambda_{31} \phi_{21} \lambda_{41} & \lambda_{41}^2 \phi_{22} + \theta_{\delta_4} & & \\ \lambda_{11} \phi_{21} \lambda_{51} & \lambda_{21} \phi_{21} \lambda_{51} & \lambda_{31} \phi_{21} \lambda_{51} & \lambda_{41} \phi_{22} \lambda_{51} & \lambda_{51}^2 \phi_{22} + \theta_{\delta_5} & \\ \lambda_{11} \phi_{21} \lambda_{61} & \lambda_{21} \phi_{21} \lambda_{61} & \lambda_{31} \phi_{21} \lambda_{61} & \lambda_{41} \phi_{22} \lambda_{61} & \lambda_{51} \phi_{22} \lambda_{61} & \lambda_{61}^2 \phi_{22} + \theta_{\delta_6} \end{pmatrix}$$

(6.73)

---

[46]   Die Meßfehleranteile können im faktorenanalytischen Modell in eine spezifische Komponente s und eine Zufallskomponente e zerlegt werden, so daß gilt $\delta = s + e$ (vgl. Bollen, 1989, S. 233). In Längsschnittmodellen für Paneldaten können die einzelnen Fehlerkomponenten identifiziert werden, bei Querschnittsdaten ist dies nicht möglich (vgl. hierzu die Diskussion in Allison, 1990).

Die Schätzung der einzelnen Parameter in Θ erfolgt über die Minimierung der im Abschnitt 6.1.4 erläuterten Diskrepanzfunktionen F, soweit die Identifikationsbedingungen erfüllt sind.

6.2.2 Die Identifikation der Modellparameter

Die Identifikation der Parameter im konfirmatorischen Faktorenmodell folgt dem in Abschnitt 6.1.2 erläuterten Regelsystem für die Meßmodelle. Ergänzend kann hierzu ausgeführt werden, daß jedes konfirmatorische Faktorenmodell zwei notwendige (wenn auch nicht hinreichende) Bedingungen erfüllen muß:

1. Die Anzahl der zu schätzenden Parameter muß gleich oder kleiner sein als die Anzahl der Beobachtungen (d. h. die Anzahl der Parameter in der Kovarianzmatrix).

2. Jede latente Variable ξ muß eine Skala erhalten.

Die erste Bedingung kann durch die t-Regel ($df \geq 0$, vgl. den letzten Absatz in Abschnitt 6.1.2 und Bollen, 1989, S. 243) erfüllt werden. Die zweite Bedingung wird entweder dadurch erfüllt, daß die Varianz jeder latenten Variable auf eine Konstante festgesetzt wird (z. B. in Gleichung 6.72 $\phi_{11} = \phi_{22} = 1.0$) oder die latenten Variablen die Skalierung eines ihrer Indikatoren übernehmen (z. B. in Gleichung 6.70 $\lambda_{11} = \lambda_{42} = 1.0$). Im ersten Fall werden die latenten Variablen standardisiert, im zweiten Fall übernehmen diese die Skalierung jeweils eines Indikators durch die Festsetzung der Faktorenladung.

Tabelle 6.8 faßt die für eindimensionale und mehrdimensionale Faktorenmodelle geltenden Voraussetzungen zur Identifikation der Parameter zusammen (vgl. auch Kline, 1998, S. 203). Wenn ein konfirmatorisches Faktorenmodell mit einer latenten Variablen drei zugehörige Messungen hat (Bedingung c_1), dann ist das Modell hinreichend identifiziert, vorausgesetzt die t-Regel (Bedingung a_1) ist erfüllt und die latente Variable hat eine Skalierung (Bedingung b_1). Wenn ein konfirmatorisches Faktorenmodell mit mindestens zwei latenten Variablen mit je zwei Messungen konzipiert wird (Bedingung c_2), dann ist auch dieses Modell, unter Voraussetzung der t-Regel (Bedingungen a_2 und b_2), hinreichend identifiziert.

Soll der Identifikationsstatus eines mehrdimensionalen konfirmatorischen Faktorenmodells geprüft werden (Bedingung c_3), dann existieren auf Grund der zunehmenden Modellierungsmöglichkeiten keine hinreichenden Bedingungen zur Identifikation des Modells. Hier kann aber durch leicht unterschiedliche Variationen der Modellspezifikation getestet werden, ob es zu einer eindeutigen Lösung der Parameterwerte kommt (vgl. auch Kline, 1998, S. 170f.). Eine eindeutige Schätzung der Parameter impliziert zwar mit hoher Wahrscheinlichkeit eine Identifikation der Modellparameter, ob diese Identifikation aber hinreichend ist, kann nicht gewährleistet werden.[47]

---

[47] Die meisten Strukturgleichungsprogramme bieten heute automatische Identifikationsprüfungen der zu prüfenden Modelle an, die während des Schätzalgorithmus durchgeführt werden. Auf Grund der unendlichen Modellvielfalt ist eine vorhergehende Prüfung nicht möglich. Eine Modellschätzung

Tabelle 6.8: Voraussetzungen zur Identifikation der Parameter in konfirmatorischen Faktorenmodellen

Modellcharakteristik		Identifikationsstatus	
Faktoren	Eindimensionalität	Bedingungen	Charakter
1	ja	a_1: $t \leq \nu(\nu - 1)/2$	notwendig
		b_1: Skalierung des Faktors	notwendig
		c_1: Manifeste Var. ≥ 3	hinreichend
≥ 2	ja	a_2: $t \leq \nu(\nu - 1)/2$	notwendig
		b_2: Skalierung der Faktoren	notwendig
		c_2: Manifeste Var. ≥ 2	hinreichend
≥ 1	nein	a_3: $t \leq \nu(\nu - 1)/2$	notwendig
		b_3: Skalierung der Faktoren	notwendig
		c_3: Eindeutige Lösung	notwendig

t = Anzahl der freien Parameter
ν = Anzahl der gemessenen Variablen $(p + q)$

Die Schätzung der Modellparameter erfolgt mittels der in Abschnitt 6.1.4 erläuterten
Schätzfunktionen.

6.2.3   Empirische Beispiele

Die folgenden konfirmatorischen Faktorenmodelle beziehen sich inhaltlich auf eine Skala, die
in ihren Items unterschiedliches Erziehungsverhalten von Eltern gegenüber ihren Kindern thematisiert. Die Skala wurde in einer kriminologisch-soziologischen Dunkelfeldbefragung zum
devianten und delinquenten Verhalten von Jugendlichen eingesetzt.[48] Die befragten Schüler
sollten angeben, „wie oft das Folgende zu Hause in Deiner Familie vorgekommen ist, bist
Du zwölf Jahre alt warst." Zur Beantwortung sind für jedes Item vier Kategorien vorgegeben
worden: *nie* (1), *manchmal* (2), *selten* (3) und *häufig* (4). Vorher durchgeführte exploratorische Faktorenanalysen zeigten, daß die Items drei Dimensionen erfassen: *empathisches
Erziehungsverhalten* (Empathie), *bestrafendes Erziehungsverhalten* (Bestrafung) und *mißhan-
delndes Erziehungsverhalten* (Mißhandlung). Für die konfirmatorischen Faktorenmodelle sind
neun Items ausgewählt worden, die die angesprochenen Dimensionen meßtheoretisch und

---

ohne einen entsprechenden Hinweis über die Unteridentifikation des Modells zu erhalten, kann
insbesondere bei großen Modellen vorkommen. Hier kann nur der Test über verschiedene Startwerte,
die zu der gleichen eindeutigen Lösung führen müssen, die Identifikation des Modells absichern
(siehe auch die Hinweise in Bollen (1989, S. 251)).

[48]   Im Jahre 2001 wurden die Schüler des 8. Schuljahrgangs aller weiterführenden Schulen der Stadt
Münster befragt (N = 1942). Das Untersuchungsdesign und die einzelnen Erhebungen sind in Boers
et al. (2002) erläutert.

inhaltlich gut repräsentieren. Die deskriptiven Häufigkeitsverteilungen dieser Items, deren Variablennamen und die Kurzbezeichnungen (Wortlaut) sind in Tabelle 6.9 aufgeführt.[49]

Die Häufigkeiten der neun Items weisen teilweise deutliche Verteilungsunterschiede auf. Empathische Erziehungserfahrungen haben die befragten Schüler deutlich häufiger erlebt als bestrafende oder mißhandelnde Situationen. Die Mittelwerte der ersten drei Items (E0004, E0006, E0008) sind daher auch deutlich höher ($\bar{x} > 2.9$) als die Mittelwerte der übrigen sechs Items (vgl. Tabelle 6.10). Die Varianzen (s^2) sind nur bei den Items der Dimension *Mißhandlung* (E0020, E0021, E0023) geringer als bei den übrigen Items.

Bei der Schiefe (s^3) und der Kurtosis (s^4) sind ebenfalls deutliche Unterschiede zwischen den Items zu verzeichnen. Die Items des Faktors *Empathie* sind leicht linksschief (negative Werte) und kaum gewölbt (Werte nahe Null) während die Items der beiden anderen Faktoren deutlich rechtsschiefe Verteilungen (positive Werte) aufweisen. Insbesondere bei den Items des Faktors *Mißhandlung* sind die Verteilungen deutlich gewölbt, was zu den hohen Werten der Kurtosis führt. Die Items E0020, E0021 und E0023 weisen entsprechend in den Kategorien 2, 3 und 4 nur Häufigkeiten unter 5% auf (vgl. den unteren Teil der Tabelle 6.9).

Wenn wir die Verteilungsanforderungen für die zu berechnenden Faktorenmodelle berücksichtigen, so sind die Voraussetzungen für die Items der Konstrukte *Empathie* eher erfüllt als für die Items der beiden anderen Konstrukte. Insbesondere bei den sehr schief verteilten Items der Dimension *Mißhandlung* werden die inferenzstatistischen Grössen stark verzerrt sein. Dies muß bei der Schätzung der Parameter in den konfirmatorischen Faktorenmodellen berücksichtigt werden (siehe weiter unten).

Die Korrelationen der Items *innerhalb* der drei Konstrukte unterscheiden sich geringfügig. Da alle Korrelationen *zwischen* den Indikatoren verschiedener Konstrukte kleiner als die Korrelationen innerhalb der jeweiligen Konstrukte sind, kann von einer ausreichenden Konstruktvalidität in den Faktorenmodellen ausgegangen werden (vgl. Tabelle 6.11).

Im folgenden werden drei konfirmatorische Faktorenmodelle mit jeweils zwei Faktoren berechnet. Das erste Modell beinhaltet die Konstrukte *Empathie* und *Bestrafung*, das zweite Modell die Konstrukte *Bestrafung* und *Mißhandlung* und das dritte Modell die Konstrukte *Empathie* und *Mißhandlung*. Aus Komplexitätsgründen wird an dieser Stelle auf die Modellierung aller Faktoren in einem dreifaktoriellen konfirmatorischen Faktorenmodell verzichtet. In Abbildung 6.4 ist das erste Modell exemplarisch dargestellt. Da jeweils drei gemessene Variablen pro Konstrukt zur Verfügung stehen, gibt es keine Unterschiede in der Spezifikation der berechneten Modelle.

Bei allen drei Faktorenmodellen sind 13 Parameter (6 Parameter aus der Matrix λ_x, 6 Parameter aus der Matrix Θ_δ, 1 Parameter aus der Matrix Φ) zu schätzen. Bei 6 manifesten Variablen stehen 21 bekannte Größen (6 Varianzen und 15 Kovarianzen) aus der empirischen Kovarianzmatrix S zur Verfügung. Die Freiheitsgrade betragen demnach $df = 21 - 13 = 8$. Um die

---

[49]   Befragte mit fehlenden Angaben in den Items sind ausgeschlossen worden (fallweiser Ausschluß fehlender Werte).

Tabelle 6.9: Die Items der Dimensionen *Empathie*, *Bestrafung* und *Mißhandlung*

Empathie						
Item	Wortlaut	Kategorien				
		1	2	3	4	
		%	%	%	%	
		n	n	n	n	∑
E0004	Erklären bei Fehlern	4.9	18.7	51.8	24.6	
		88	333	923	438	1782
E0006	Unterstützen bei Ärger	6.6	18.5	48.8	26.1	
		117	330	870	465	1782
E0008	Trösten	6.6	15.5	42.4	35.5	
		117	276	756	633	1782
Bestrafung						
Item	Wortlaut	Kategorien				
		1	2	3	4	
		%	%	%	%	
		n	n	n	n	∑
E0011	Fernsehverbot	52.4	29.5	12.5	5.7	
		933	525	222	102	1782
E0012	Hausarrest	61.8	24.5	8.5	5.1	
		1102	437	152	91	1782
E0013	Taschengeldkürzung	75.7	15.1	5.3	3.9	
		1349	269	95	69	1782
Mißhandlung						
Item	Wortlaut	Kategorien				
		1	2	3	4	
		%	%	%	%	
		n	n	n	n	∑
E0020	Prügel, Schläge	90.7	4.6	1.9	2.7	
		1617	82	34	49	1782
E0021	Faustschläge	91.1	4.4	1.9	2.6	
		1624	78	34	46	1782
E0023	Körperverletzung mit Waffe	92.5	3.6	1.7	2.2	
		1649	64	30	39	1782

Skalierung:
Kategorie 1: nie
Kategorie 2: selten
Kategorie 3: manchmal
Kategorie 4: häufig

Tabelle 6.10: Die der Verteilungen für die Items der Konstrukte *Empathie*, *Bestrafung* und *Mißhandlung*

Item	$\bar{x}$	s^2	s^3	s^4
E0004	2.960	0.793	-0.524	-0.023
E0006	2.944	0.840	-0.560	-0.166
E0008	3.069	0.877	-0.720	-0.161
E0011	1.715	0.893	1.073	0.218
E0012	1.569	0.850	1.450	1.252
E0013	1.374	0.757	2.142	3.876
E0020	1.167	0.585	3.830	14.230
E0021	1.159	0.572	3.923	15.021
E0023	1.135	0.531	4.310	18.417

s^2 = Varianz
s^3 = Schiefe
s^4 = Kurtosis

Tabelle 6.11: Korrelationsmatrix der Items der Konstrukte *Empathie*, *Bestrafung* und *Mißhandlung*

	Empathie			Bestrafung			Mißhandlung		
	E0004	E0006	E0008	E0011	E0012	E0013	E0020	E0021	E0023
E0004	1.000								
E0006	0.534	1.000							
E0008	0.539	0.584	1.000						
E0011	-0.027	0.010	0.032	1.000					
E0012	-0.042	0.006	-0.021	0.549	1.000				
E0013	-0.080	-0.018	-0.038	0.437	0.487	1.000			
E0020	-0.130	-0.077	-0.109	0.238	0.334	0.421	1.000		
E0021	-0.136	-0.079	-0.088	0.258	0.308	0.409	0.833	1.000	
E0023	-0.077	-0.052	-0.088	0.215	0.281	0.401	0.735	0.785	1.000

Abbildung 6.4: Konfirmatorisches Faktorenmodell mit den Konstrukten *Empathie* und *Bestrafung*

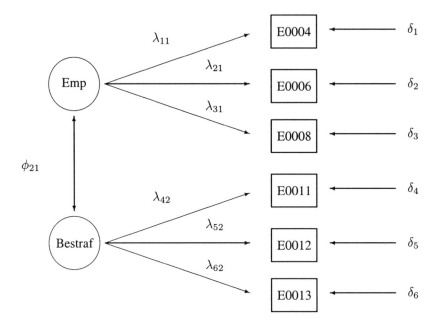

Emp = Faktor *Empathie*
Bestraf = Faktor *Bestrafung*

höheren Momente für die Korrektur der inferenzstatistischen Größen zu berücksichtigen, sind die Modelle mit der üblichen ML-Diskrepanzfunktion (vgl. Abschnitt 6.1.4.2) und der asymptotischen Varianz-/Kovarianzmatrix (vgl. Abschnitt 6.1.4.4) berechnet worden. Die empirische Kovarianzmatrix S basiert auf $N = 1782$ Personen. Aus Vergleichsgründen werden auch die WLS-Parameter aufgeführt.[50]

Die χ^2-Tests für das erste Faktorenmodell (Empathie und Bestrafung) zeigen eine recht gute Modellanpassung (vgl. Tabelle 6.12 oben). Die Faktorenladungen weisen hier zufriedenstellende Werte auf (unstandardisiert zwischen 0.47 und 0.67). Größere Differenzen der Parameter zwischen den beiden Schätzverfahren (ML und WLS) sind nicht zu verzeichnen (vgl. Tabelle 6.13). Auch die durch die asymptotische Varianz-/Kovarianzmatrix korrigierte Inferenzstatistik (Spalte z-Wert(r) in Tabelle 6.13) zeigt wenig Differenzen zu den auf ML-Schätzungen basie-

---

[50]   Die entsprechenden Spezifikationen für die Programme LISREL und EQS sind im Anhang zu diesem Kapitel zu finden (vgl. Abschnitt 6.5).

renden z-Werten. Die größten Differenzen sind bei den Meßfehlern der Items E0011, E0012 und E0013 zu verzeichnen. Das Ergebnis ist nicht unerwartet, da die Abweichungen von der Normalverteilung bei diesen Items höher sind als bei den Items des Faktors *Empathie* (vgl. die Werte in Tabelle 6.10). Die Korrelation zwischen den beiden Faktoren *Empathie* und *Bestrafung* ist nahe Null (ϕ_{21}= -0.03, z-Wert= -0.93). Beide Erziehungserfahrungen stehen nach diesem Ergebnis in keinem Zusammenhang.

Tabelle 6.12: Modellanpassungen der untersuchten Faktorenmodelle (ML- und WLS-Schätzfunktion)

Empathie und Bestrafung					
Modell (ML)	χ^2	df	RMSEA	p-Wert	GFI
C1	24.32	8	0.034	0.958	0.996
C2	24.23				
C3	19.19		0.028	0.989	0.996
C4	19.47				
Modell (WLS)	χ^2	df	RMSEA	p-Wert	GFI
C1	19.44	8	0.028	0.989	0.992
Bestrafung und Mißhandlung					
Modell (ML)	χ^2	df	RMSEA	p-Wert	GFI
C1	125.23	8	0.091	0.000	0.977
C2	127.42				
C3	59.30		0.059	0.125	0.977
C4	55.36				
Modell (WLS)	χ^2	df	RMSEA	p-Wert	GFI
C1	54.21	8	0.056	0.212	0.954
Empathie und Mißhandlung					
Modell (ML)	χ^2	df	RMSEA	p-Wert	GFI
C1	27.80	8	0.037	0.918	0.995
C2	27.71				
C3	16.15		0.024	0.997	0.995
C4	17.68				
Modell (WLS)	χ^2	df	RMSEA	p-Wert	GFI
C1	17.66	8	0.026	0.994	0.990

C1: $(N-1) \cdot F_D$ mit D als Diskrepanzfunktion ML oder WLS.

C2: $(N-1) \cdot F_D$ mit D als Diskrepanzfunktion WLS, wobei die Gewichtungsmatrix W unter der Multinormalverteilungsbedingung benutzt wird.

C3: *Satorra-Bentler scaled chi-square statistic* (Satorra & Bentler, 1988, siehe auch Abschnitt 6.1.5.1).

C4: *Satorra chi-square statistic* (Satorra, 1993), wobei die asymptotische Varianz-/Kovarianzmatrix als Gewichtungsmatrix W benutzt wird (siehe auch Abschnitt 6.1.5.1).

Tabelle 6.13: Unstandardisierte Faktorenladungen (λ), Meßfehler (δ) und die jeweiligen Standardfehler (z-Wert) des ersten Faktorenmodells

Modell: Empathie und Bestrafung (ML)						
Item	λ	z-Wert	z-Wert(r)	δ	z-Wert	z-Wert(r)
E0004	0.56	29.70	25.08	0.32	21.43	15.60
E0006	0.64	32.16	29.18	0.30	17.65	12.99
E0008	0.67	32.44	30.54	0.32	17.18	12.54
E0011	0.63	27.51	22.70	0.41	18.73	13.77
E0012	0.67	30.21	22.69	0.28	13.20	9.22
E0013	0.47	24.77	15.55	0.35	23.19	15.19
Modell: Empathie und Bestrafung (WLS)						
Item	λ	z-Wert		δ	z-Wert	
E0004	0.56	25.18		0.31	15.43	
E0006	0.63	29.30		0.30	13.14	
E0008	0.67	30.88		0.30	12.22	
E0011	0.63	23.23		0.40	13.69	
E0012	0.66	22.90		0.28	9.40	
E0013	0.46	15.29		0.34	15.14	

Mit z-Wert(r) werden die um die höheren Momente korrigierten (robusten) z-Werte bezeichnet. Bei den WLS-Schätzern sind Parameter und z-Werte durch die Gewichtung in der Schätzfunktion (vgl. Gleichung 6.22) korrigiert.

Abbildung 6.5 zeigt die Parameter der standardisierten Lösung für das erste konfirmatorische Faktorenmodell in der Graphik. Die standardisierten Faktorenladungen liegen zwischen 0.62 und 0.78 und geben damit zufriedenstellende Werte wieder.

Das Ergebnis des zweiten Faktorenmodells (Bestrafung und Mißhandlung) unterscheidet sich deutlich vom ersten Ergebnis. Hier ist nach den *Goodness-of-Fit*-Statistiken die Modellanpassung deutlich schlechter (vgl. die Werte in Tabelle 6.12 Mitte). Die große Diskrepanz zwischen den χ^2-Werten, die ohne die Asymptotik berechnet werden (C1 und C2), und den χ^2-Werten, die die höheren Momente berücksichtigen (C3 und C4), ist im wesentlichen auf die schiefen und stark gewölbten Verteilungen der Variablen E0020, E0021 und E0023 zurückzuführen (vgl. die höheren Momente in Tabelle 6.11). Dadurch werden die χ^2-Werte C1 und C2 stark überschätzt und führen in der Regel zu einer voreiligen Modellwiderlegung.[51] Allerdings ist

---

[51] Simulationsstudien mit konfirmatorischen Faktorenmodellen haben die Überschätzung der χ^2-Werte C1 und C2 unter verschiedenen Bedingungen nachgewiesen. Je mehr die Voraussetzungen der Multinormalverteilung verletzt sind, desto größer ist die Differenz zwischen den χ^2-Werten C1 und C2 einerseits und den korrigierten χ^2-Werten C3 und C4 andererseits (vgl. Chou et al., 1991; Hu et al., 1992).

Abbildung 6.5: Konfirmatorisches Faktorenmodell mit den Konstrukten *Empathie* und *Bestrafung* (Standardisierte Lösung der ML-Parameter)

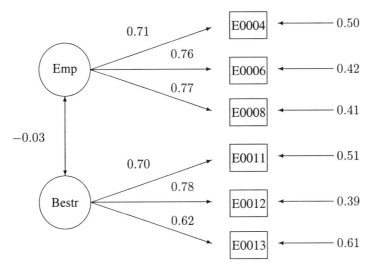

Emp = Faktor *Empathie*
Bestr = Faktor *Bestrafung*

auch die - inhaltlich bedingte - geringere Trennschärfe zwischen den beiden Faktoren für die schlechte Modellanpassung verantwortlich. Die detaillierte Betrachtung des Modellergebnisses (standardisierte Residuen, LM-Test) gibt hierzu im Programmausdruck eindeutige Hinweise (vgl. hierzu die Erläuterungen in den Abschnitten 6.1.5.1 und 6.1.5.2).

Die Faktorenladungen weisen auch hier zufriedenstellende Werte auf (unstandardisiert zwischen 0.44 und 0.63). Größere Differenzen der Parameter zwischen den beiden Schätzverfahren (ML und WLS) sind nicht zu verzeichnen (vgl. Tabelle 6.14). Allerdings zeigen sich teilweise deutliche Differenzen zwischen den z-Werten ohne und den z-Werten mit Berücksichtigung der Asymptotik. Bei den sehr schiefen und gewölbten Verteilungen der Variablen E0020, E0021 und E0023 werden die inferenzstatistischen Maße ohne die Asymptotik stark überschätzt. Hier zeigt sich der sinnvolle Einsatz der höheren Verteilungsmomente zur korrekten Schätzung der inferenzstatistischen Grössen, ohne daß auf die ML-Parameter verzichtet werden muß. Zieht man zum Vergleich auch die Parameter der WLS-Lösung heran, dann sind auch hier die deutlichsten Unterschiede in den Parameterschätzungen bei den Variablen E0020, E0021 und E0023 festzustellen.

Die Korrelation zwischen den beiden Faktoren *Bestrafung* und *Mißhandlung* liegt bei $\phi_{21} = 0.50$ (ML) bzw. $\phi_{21} = 0.37$ (WLS). Bestrafende und mißhandelnde Erziehungserfahrungen stehen nach diesen Ergebnissen in einem positiven Zusammenhang.

Tabelle 6.14: Unstandardisierte Faktorenladungen (λ), Meßfehler (δ) und die jeweiligen Standardfehler (z-Wert) des zweiten Faktorenmodells

Modell: Bestrafung und Mißhandlung (ML)						
Item	λ	z-Wert	z-Wert(r)	δ	z-Wert	z-Wert(r)
E0011	0.60	27.73	23.30	0.43	21.92	16.31
E0012	0.63	30.91	23.84	0.32	17.68	12.69
E0013	0.51	28.04	17.13	0.31	21.56	14.06
E0020	0.52	46.95	17.93	0.07	19.58	5.93
E0021	0.53	51.10	17.85	0.04	12.60	4.23
E0023	0.44	42.86	13.67	0.09	24.17	6.47
Modell: Bestrafung und Mißhandlung (WLS)						
Item	λ	z-Wert		δ	z-Wert	
E0011	0.60	21.59		0.39	13.67	
E0012	0.61	21.26		0.30	11.08	
E0013	0.46	14.60		0.29	13.68	
E0020	0.41	12.94		0.06	5.07	
E0021	0.46	14.68		0.03	2.83	
E0023	0.33	9.36		0.07	6.35	

Mit z-Wert(r) werden die um die höheren Momente korrigierten (robusten) z-Werte bezeichnet. Bei den WLS-Schätzern sind Parameter und z-Werte durch die Gewichtung in der Schätzfunktion (vgl. Gleichung 6.22) korrigiert.

Abbildung 6.6 zeigt die Parameter der standardisierten Lösung für das zweite konfirmatorische Faktorenmodell in der Graphik. Die standardisierten Faktorenladungen liegen zwischen 0.67 und 0.93 und geben damit zufriedenstellende Werte wieder.

Das Ergebnis des dritten Faktorenmodells (Empathie und Mißhandlung) ist vergleichbar mit dem Ergebnis des ersten Faktorenmodells (vgl. Tabelle 6.12 unten). Die Unterschiede der einzelnen χ^2-Werte fallen hier allerdings nicht so deutlich aus.

Die Faktorenladungen haben ähnlich zufriedenstellende Werte wie in den beiden vorhergehenden Modellen (unstandardisiert zwischen 0.44 und 0.68). Größere Differenzen zwischen den beiden Schätzverfahren ML und WLS betreffen wiederum nur die z-Werte der Variablen E0020, E0021 und E0023 (vgl. Tabelle 6.15).

Abbildung 6.7 zeigt die Parameter der standardisierten Lösung für das dritte konfirmatorische Faktorenmodell in der Graphik. Die standardisierten Faktorenladungen liegen zufriedenstellend zwischen 0.70 und 0.95. Die Korrelation zwischen den beiden Faktoren *Empathie* und *Mißhandlung* liegt bei $\phi_{21} = -0.14$ (ML) bzw. $\phi_{21} = -0.12$ (WLS). Empathische und mißhandelnde Erziehungserfahrungen stehen nach diesem Ergebnis erwartungsgemäß in einem negativen Zusammenhang. Dieses Ergebnis unterstreicht auch die unterschiedliche Bedeutung bestrafender

Abbildung 6.6: Konfirmatorisches Faktorenmodell mit den Konstrukten *Bestrafung* und *Mißhandlung* (Standardisierte Lösung der ML-Parameter)

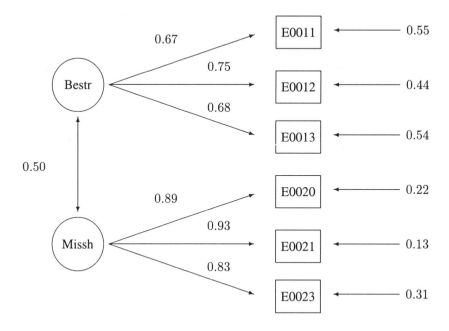

Bestr = Faktor *Bestrafung*
Missh = Faktor *Mißhandlung*

und mißhandelnder Erziehungserfahrungen bei den befragten Jugendlichen, da der ermittelte
Zusammenhang zwischen empathischen und bestrafenden Erziehungserfahrungen nach dem
Ergebnis des ersten Faktorenmodells nahe Null liegt (vgl. Abbildung 6.5).

Wenn alle berechneten konfirmatorischen Faktorenmodelle zusammengefaßt betrachtet werden, zeigt sich, daß beim ersten und dritten Modell ein guter Modellfit erreicht wird. Beim
zweiten Faktorenmodell (vgl. Abbildung 6.6) liegt ein schlechterer Modellfit vor. Hier wurden
die Items zur Messung der bestrafenden und mißhandelnden Erziehungsstile auf ihre Konstruktvalidität untersucht. Auch wenn die Faktorenkorrelation (0.50) verdeutlicht, daß die Items zwei
unterschiedliche Dimensionen erfassen, ist von einzelnen inhaltlichen Überschneidungen auszugehen, die auch über Kovariationen der Meßfehler modelliert werden könnten. Auf diese -
inhaltlich oft schwer zu begründenden - Modellmodifikationen ist hier verzichtet worden. Wenn
eine ausreichende Modellanpassung nur über dieses *model fitting* zu erreichen ist, dann werden
bei der Berücksichtigung dieser Faktoren in Strukturgleichungsmodellen mit latenten Variablen
(vgl. Kapitel 7) die Modellprobleme weiter bestehen bleiben. Wenn beide Faktoren in verschie-

Tabelle 6.15: Unstandardisierte Faktorenladungen (λ), Meßfehler (δ) und die jeweiligen Standardfehler (z-Wert) des dritten Faktorenmodells

Modell: Empathie und Mißhandlung (ML)						
Item	λ	z-Wert	z-Wert(r)	δ	z-Wert	z-Wert(r)
E0004	0.56	29.95	25.24	0.32	22.06	16.01
E0006	0.65	32.78	29.48	0.30	17.88	12.94
E0008	0.68	33.25	31.03	0.31	17.09	12.36
E0020	0.52	45.83	17.82	0.08	20.18	6.30
E0021	0.55	52.49	18.43	0.03	8.63	2.86
E0023	0.44	41.49	13.68	0.10	24.86	6.77
Modell: Empathie und Mißhandlung (WLS)						
Item	λ	z-Wert		δ	z-Wert	
E0004	0.56	26.08		0.31	15.89	
E0006	0.65	30.68		0.29	12.90	
E0008	0.68	31.34		0.31	12.60	
E0020	0.49	16.71		0.08	6.67	
E0021	0.54	18.11		0.02	2.03	
E0023	0.44	13.22		0.08	5.98	

Mit z-Wert(r) werden die um die höheren Momente korrigierten (robusten) z-Werte bezeichnet. Bei den WLS-Schätzern sind Parameter und z-Werte durch die Gewichtung in der Schätzfunktion (vgl. Gleichung 6.22) korrigiert.

denen Faktorenmodellen auf ihre Konstruktvalidität überprüft werden (vgl. Abbildungen 6.5 und 6.7), dann sind die erörterten Modellprobleme nicht zu verzeichnen.

Auch wenn die Verteilungen der Items zur Messung der mißhandelnden Erziehungsstile extrem schief sind, können durch die Berücksichtigung der höheren Momente (asymptotische Varianz-/Kovarianzmatrix) sowohl asymptotisch korrekte inferenzstatistische Maße (z-Werte) als auch korrigierte χ^2-Statistiken (vgl. C3 und C4 in Tabelle 6.12) ermittelt werden.

Abbildung 6.7: Konfirmatorisches Faktorenmodell mit den Konstrukten *Empathie* und *Miß-handlung* (Standardisierte Lösung der ML-Parameter)

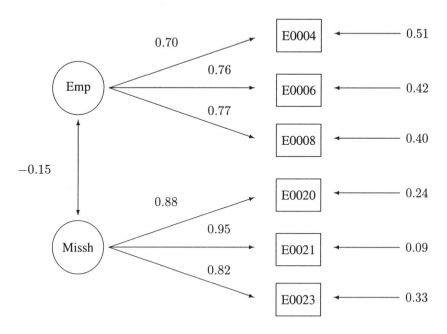

Emp = Faktor *Empathie*
Missh = Faktor *Mißhandlung*

6.3 Multiple Gruppenvergleiche von konfirmatorischen Faktorenmodellen

6.3.1 Der simultane Vergleich der Kovarianzstruktur

In den erörterten konfirmatorischen Faktorenmodellen sind empirische Informationen in Form von Kovarianzmatrizen zugrunde gelegt worden, die sich immer auf *alle* Fälle einer Stichprobe bezogen haben. Für Gruppenanalysen kann es sinnvoll sein zu testen, ob das Meßmodell auch im simultanen Vergleich über mehrere Subpopulationen zu den Daten paßt. Die Vorgehensweise unterscheidet sich prinzipiell nicht zu multiplen Gruppenvergleichen bei Pfadmodellen mit gemessenen Variablen (vgl. Kapitel 5, Abschnitt 5.3). Auch hier werden die Matrizen für die einzelnen Gruppen (beispielsweise getrennt für Frauen und Männer) berechnet und verschiedene Modellvarianten getestet, die die Gleichheit bzw. Verschiedenheit der Parameter zwischen den Gruppen simultan prüfen (vgl. Kline, 1998, S. 224f.; Byrne, 2001, S. 174f.). Das Interesse, Gruppenvariabilität bzw. Gruppeninvarianz im konfirmatorischen Faktorenmodell zu prüfen, kann sich auf die Faktorenladungen, auf die Fehlervarianzen der Indikatoren (gemessene Variablen) und auf die Kovarianzstruktur der Faktoren beziehen. Für einen multiplen Gruppenvergleich wird im folgenden das erörterte konfirmatorische Faktorenmodell mit zwei Faktoren (vgl. Abbildung 6.3) herangezogen und anschließend mit einem inhaltlichen Beispiel erläutert.

Zur Berechnung der Parameter des konfirmatorischen Faktorenmodells wird folgendes Gleichungssystem zu Grunde gelegt:

$$
\begin{pmatrix} x_1 \\ x_2 \\ x_3 \\ x_4 \\ x_5 \\ x_6 \end{pmatrix} = \begin{pmatrix} \lambda_{11}^g & 0 \\ \lambda_{21}^g & 0 \\ \lambda_{31}^g & 0 \\ 0 & \lambda_{42}^g \\ 0 & \lambda_{52}^g \\ 0 & \lambda_{62}^g \end{pmatrix} * \begin{pmatrix} \xi_1 \\ \xi_2 \end{pmatrix} + \begin{pmatrix} \delta_1^g \\ \delta_2^g \\ \delta_3^g \\ \delta_4^g \\ \delta_5^g \\ \delta_6^g \end{pmatrix} \tag{6.74}
$$

Das konfirmatorische Faktorenmodell ist für jede Gruppe g durch die Parameter in den Gleichungen definiert, wobei mit $g = 1, 2, \ldots G$ die jeweilige Gruppe bezeichnet wird (vgl. Abbildung 6.8). Es gelten auch hier die unter Gleichung 6.70 genannten Annahmen.

Abbildung 6.8: Konfirmatorisches Faktorenmodell mit zwei latenten Variablen für den multiplen Gruppenvergleich

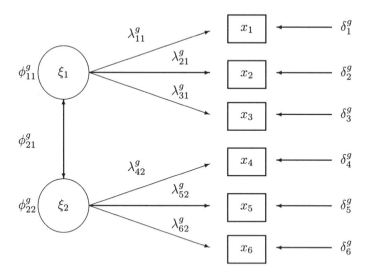

Neben den Faktorenladungen in der Matrix Λ_x können die Varianzen und Kovarianzen der latenten Variablen (Matrix Φ) sowie die Meßfehlervarianzen (Matrix Θ_δ) über die Gruppen restringiert werden:

$$\Phi = \begin{pmatrix} \phi_{11}^g & \\ \phi_{21}^g & \phi_{22}^g \end{pmatrix} \qquad \Theta_\delta = \begin{pmatrix} \sigma_{\delta_1^g} & & & & & \\ 0 & \sigma_{\delta_2^g} & & & & \\ 0 & 0 & \sigma_{\delta_3^g} & & & \\ 0 & 0 & 0 & \sigma_{\delta_4^g} & & \\ 0 & 0 & 0 & 0 & \sigma_{\delta_5^g} & \\ 0 & 0 & 0 & 0 & 0 & \sigma_{\delta_6^g} \end{pmatrix} \qquad (6.75)$$

Um das konfirmatorische Faktorenmodell schätzen zu können, werden entweder die Varianzen der Faktoren ($\phi_{11}^g = \phi_{22}^g = 1$ für alle Gruppen $g = 1, 2, \ldots G$) oder jeweils eine Faktorenladung pro Faktor (z. B. $\lambda_{11}^g = \lambda_{42}^g = 1$ für alle Gruppen $g = 1, 2, \ldots G$) restringiert.

Mit den Parameterrestriktionen in der Matrix Λ_x kann nun getestet werden, ob die Faktorenladungen über die Gruppen signifikant variieren oder ob diese Variation so unbedeutend ist, daß die gewählten Restriktionen die Modellanpassung nicht beeinträchtigen würden. Hierzu vergleicht man die Modellvarianten (jeweils mit und ohne die gewählten Parameterrestriktionen) mit Hilfe des in Abschnitt 6.1.5.2 erörterten χ^2-Differenzentests. Die Gleichsetzung der Faktorenladungen aus Gleichungen 6.74 kann wie folgt spezifiziert werden:

$$\begin{aligned} \lambda_{11}^1 &= \lambda_{11}^2 = \ldots = \lambda_{11}^G \\ \lambda_{21}^1 &= \lambda_{21}^2 = \ldots = \lambda_{21}^G \\ \lambda_{31}^1 &= \lambda_{31}^2 = \ldots = \lambda_{31}^G \\ \lambda_{42}^1 &= \lambda_{42}^2 = \ldots = \lambda_{42}^G \\ \lambda_{52}^1 &= \lambda_{52}^2 = \ldots = \lambda_{52}^G \\ \lambda_{62}^1 &= \lambda_{62}^2 = \ldots = \lambda_{62}^G \end{aligned} \qquad (6.76)$$

Die Gleichsetzung der Parameter in den Matrizen Φ und Θ_δ erfolgt in gleicher Weise.

Die Schätzung der Parameter im multiplen Gruppenvergleich erfolgt analog zu den schon erörterten Modellen über die Minimierung einer Diskrepanzfunktion (vgl. hierzu Abschnitt 6.1.4). Die Modellüberprüfung wird über den *Likelihood-Ratio*(LR)-Test vorgenommen, der die Modellanpassungen nach den jeweiligen spezifizierten Modellrestriktionen prüft (vgl. zum Test die Erläuterungen in Abschnitt 6.1.5.2). Im *Basismodell* sollten bei einer konfirmatorischen Faktorenanalyse alle Parameter über die Gruppen gleichgesetzt sein, insbesondere wenn man daran interessiert ist zu testen, daß kein subgruppenspezifisches Meßmodell vorliegt. Wenn die Faktorenladungen (und eventuell auch die Meßfehler) über die Gruppen gleichgesetzt werden können, dann liefern die Variationen auf der latenten Ebene (d. h. aus den gruppenspezifischen Varianzen und Kovarianzen der Faktoren) auf die Gruppen bezogene inhaltliche Erkenntnisse.

Umgekehrt kann der multiple Gruppenvergleich aber auch mit einem Basismodell starten, daß keinerlei gruppenbezogene Restriktionen enthält (vgl. Byrne, 2001, S. 177). Je nach gewähltem Basismodell kann durch Freisetzung bzw. Restringierung einzelner Modellparameter die Modellvariante im Gruppenvergleich gefunden werden, die am ehesten zu den Daten paßt. Da es sich bei den einzelnen Modellvarianten um geschachtelte Modelle (*nested models*) handelt, kann die eigentliche Hypothesenprüfung (Variabilität bzw. Invarianz des Modells bzw. einzelner Parameter) über den χ^2-Differenzentest erfolgen. Die schrittweise Überprüfung einzelner Modellrestriktionen kann wie bei den Pfadmodellen zu einer großen Zahl von Modellvarianten führen. Praktikabel hat sich die Strategie erwiesen, zunächst ganze Parametermatrizen (z.B. alle Faktorenladungen) über die Gruppen zu restringieren. In einem weiteren Schritt werden dann die Restriktionen zurückgenommen, die eine gruppenspezifische Variabilität aufweisen. Inhaltliche Überlegungen und die jeweils formulierten Hypothesen bestimmen die Reihenfolge der Modellvarianten mit ihren spezifischen Restriktionen.

Beispiele

Der folgende multiple Gruppenvergleich basiert auf den Analysen der Erziehungsstile in Abschnitt 6.2.3. Dort sind jeweils drei zweifaktorielle Modelle mit den Faktoren *Empathie*, *Bestrafung* und *Mißhandlung* getestet worden. Da sich das erste und dritte Faktorenmodell (vgl. Abbildungen 6.5 und 6.7) an der Gesamtstichprobe empirisch bewährt haben, können diese für einen multiplen Gruppenvergleich verwendet werden. Das Geschlecht der befragten Jugendlichen wird als Gruppenvariable verwendet. Inhaltlich soll geprüft werden, ob eine Variabilität des Meßmodells hinsichtlich der Faktorenladungen, der Meßfehler und der Varianzen bzw. Kovarianzen der latenten Variablen zwischen männlichen und weiblichen Befragten besteht. Die Berechnung der Kovarianzmatrizen erfolgt jeweils getrennt für Jungen und Mädchen (N = 970 Jungen und N = 950 Mädchen).[52]

Für beide Faktorenmodelle werden je vier Modellvarianten des multiplen Gruppenvergleichs berechnet. Die jeweils erste Modellvariante ist das Basismodell ohne Variation der Modellparameter über die Gruppen, die jeweils letzte Modellvariante läßt eine Variation aller Größen zu. Im Basismodell (Variante 1) werden somit alle Parameter über beide Gruppen gleichgesetzt. In allen Gruppenvergleichen wird je eine Faktorenladung pro latenter Variable auf den Wert 1.0 fixiert, um die Varianz der latenten Variablen schätzen zu können und gegebenenfalls auch über die Gruppen variieren zu lassen. Insgesamt sind damit 13 Parameter (4 Parameter aus der Matrix λ_x, 6 Parameter aus der Matrix Θ_δ, 3 Parameter aus der Matrix Φ) zu schätzen. Durch die simultane Analyse zweier Kovarianzmatrizen verdoppelt sich die Anzahl der empirischen Größen von 21 auf 42. Die Freiheitsgrade betragen damit $df = 42 - 13 = 29$. In Modellvariante 2 werden die Meßfehler der Items über die Gruppen freigesetzt. 6 Parameter aus der Matrix Θ_δ sind zusätzlich zu schätzen. Die Freiheitsgrade betragen $df = 42 - 19 = 23$. Modellvariante 3 läßt zwei Parameter der Matrix Φ über die Gruppen variieren ($df = 42 - 21 = 21$), während in Modellvariante 4 zusätzlich alle Faktorenladungen freigesetzt werden ($df = 42 - 25 = 17$). Mit der letzten Modellvariante kann die Invarianz der Meßtheorie getestet werden. Diese Invarianz ist dann bestätigt, wenn durch die Spezifikation in Modellvariante 4 keine signifikante Modellverbesserung erreicht wird. Zusätzlich sind für die akzeptierten Modellvarianten auch die jeweiligen asymptotischen Varianz-/Kovarianzmatrizen (vgl. Abschnitt 6.1.4.4) berücksichtigt worden, um eine Korrektur der inferenzstatistischen

---

[52]   Befragte mit fehlenden Angaben sind ausgeschlossen worden (fallweiser Ausschluß fehlender Werte).

Tabelle 6.16: Vergleich der Modellvarianten nach dem multiplen Gruppenvergleich für das Modell mit den Faktoren *Empathie* und *Bestrafung*

Modell	Gruppe		χ^2	df	χ^2_{Diff}	df_{Diff}	RMSEA	GFI
Variante 1	m		49.77					0.982
Basismodell	w		57.18					0.979
		$\sum$	106.95	29	— —	— —	0.055	
Variante 2	m		35.64					0.987
Θ_δ frei	w		34.07					0.988
		$\sum$	69.71	23	37.24	6	0.048	
Variante 3	m		26.22					0.990
$+ \Phi$ frei	w		23.59					0.991
		$\sum$	49.81	21	19.90	2	0.039	
Variante 4	m		20.27					0.993
$+ \lambda_x$ frei	w		17.88					0.993
		$\sum$	38.15	17	11.66	4	0.037	

Die Spezifikation der Modellvarianten ist im Text erläutert.

Größen und der χ^2-Statistiken zu ermöglichen. Die empirischen Kovarianzmatrizen S^1 und S^2 basieren auf $N = 883$ männlichen bzw. $N = 882$ weiblichen Personen.

Tabelle 6.16 gibt einen Überblick über die Fitmaße der berechneten Modellvarianten sowie die Ergebnisse der χ^2-Differenzentests (Spalten 6 und 7) für das erste Faktorenmodell (*Empathie* und *Bestrafung*). Der χ^2-Wert der einzelnen Modellvarianten setzt sich aus den jeweiligen Werten der beiden Gruppen zusammen. Hiermit läßt sich feststellen, wie gut die jeweilige Modellanpassung ist.[53] Analog wird der *Goodness-of-Fit*-Index (GFI) für jede Gruppe berechnet, während der *Root Mean Square Error of Approximation*-Index (RMSEA) auf den Gesamtanpassungswerten des Modells basiert (vgl. die Erläuterungen zum GFI und zum RMSEA in Abschnitt 6.1.5.2).

Der Fit des Basismodells (Variante 1 in Tabelle 6.16) ist zwar einerseits akzeptabel, andererseits sind bei den Prüfstatistiken jedoch Hinweise zu finden, daß einige der spezifizierten Gleichheitsrestriktionen in den Matrizen λ_x, Θ_δ und Φ nicht aufrechterhalten werden können. Die standardisierten Residuen und die Resultate des LM-Tests (vgl. hierzu Abschnitt 6.1.5.2) weisen auf gruppenspezifische Meßfehlervariationen hin. In Variante 2 werden diese Parameter über die Gruppen freigesetzt. Der χ^2-Differenzentest ist signifikant ($\chi^2_{Diff} = 106.95 - 69.71 =$

---

[53] Die jeweilige Modellanpassung wird durch die Differenz zwischen den gruppenspezifischen, empirischen Kovarianzmatrizen S^G und den gruppenspezifischen, modellimplizierten Kovarianzmatrizen Σ^G ermittelt. Zum χ^2-Differenzentest vgl. die Erläuterungen in Abschnitt 6.1.5.2.

37.24 und $df_{Diff} = 29 - 23 = 6$). Es gibt desweiteren Hinweise auf gruppenspezifische Variation der Varianz des Faktors *Bestrafung* und der Kovarianz zwischen den beiden Faktoren *Empathie* und *Bestrafung*. Die Freisetzung dieser beiden Parameter wird in Modellvariante 3 vorgenommen, was zu einer weiteren signifikanten Modellverbesserung führt ($\chi^2_{Diff} = 19.90$ und $df_{Diff} = 2$). Abschließend wird mit Modellvariante 4 geprüft, ob die Faktorenladungsmatrizen gruppenspezifisch variieren. Hier zeigt der χ^2-Differenzentest aber keinen signifikanten Unterschied an, so daß von einer gruppenspezifischen Variation der Faktorenstruktur nicht auszugehen ist ($\chi^2_{Diff} = 11.66$ und $df_{Diff} = 4$). Andernfalls hätte man keine für alle Gruppen gemeinsame Interpretation auf der Faktorenebene vornehmen können. Die Parameter der Modellvariante 3 können für dieses konfirmatorische Faktorenmodell daher als Ergebnis akzeptiert und inhaltlich interpretiert werden.[54]

Abbildung 6.9 zeigt das Ergebnis der akzeptierten Modellvariante. Da die Parameter unstandardisiert sind und damit die unterschiedliche Gruppenvariabilität berücksichtigen, ist ein direkter Vergleich über die Differenzen möglich.[55]

Bedeutsame Differenzen auf der latenten Ebene sind bei der Varianz des Faktors *Bestrafung* zu verzeichnen. Die Streuung ist bei den männlichen Befragten größer als bei den weiblichen ($\phi^2_{22} = 0.42$ versus $\phi^1_{22} = 0.32$). Die Kovarianz zwischen dem Faktor *Empathie* und dem Faktor *Bestrafung* ist zwischen beiden Gruppen nicht nur in der Größe, sondern auch von der Richtung her unterschiedlich. Während bei den männlichen Befragten ein positiver, aber auch nicht signifikanter Wert zu verzeichnen ist ($\phi^1_{21} = 0.02$; $z = 1.35$), ist der entsprechende Wert bei den weiblichen Befragten negativ und signifikant ($\phi^2_{21} = -0.05$; $z = -3.25$). Demnach ist nur bei den Mädchen davon auszugehen, daß mit Zunahme unterstützender Erziehungsstile die Sanktionen abnehmen. Bei den Jungen sind unterstützende und bestrafende Erziehungsstile unabhängig voneinander.

Tabelle 6.17 gibt einen Überblick über die Fitmaße der berechneten Modellvarianten sowie die Ergebnisse der χ^2-Differenzentests (Spalten 6 und 7) für das zweite Faktorenmodell (*Empathie* und *Mißhandlung*).

Der Fit des Basismodells (Variante 1 in Tabelle 6.17) zeigt, daß die spezifizierten Gleichheitsrestriktionen in den Matrizen λ_x, Θ_δ und Φ nicht alle aufrechterhalten werden können. Außerdem zeigt der RMSEA einen Wert über der noch akzeptablen Grenze von 0.08 an (vgl. die Hinweise in Abschnitt 6.1.5.1). Die standardisierten Residuen und die *Modification Indices* weisen auf gruppenspezifische Meßfehlervariationen hin. In Variante 2 werden diese Parameter über die Gruppen freigesetzt. Der χ^2-Differenzentest ist signifikant ($\chi^2_{Diff} = 152.88$ und $df_{Diff} = 6$). Wie im ersten Modell gibt es Hinweise auf gruppenspezifische Unterschiede der Varianzen und Kovarianzen der Faktoren (außer *Empathie*). Die Freisetzung dieser beiden Parameter wird in Modellvariante 3 vorgenommen, was zu einer weiteren signifikanten Modellverbesserung führt

---

[54]   Die Spezifikationen der akzeptierten Modellvariante für die Programme LISREL und EQS sind im Anhang zu diesem Kapitel zu finden (vgl. Abschnitt 6.5).

[55]   Unstandardisierte Parameter haben einen von der Skalierung der Variablen abhängigen Wertebereich und können daher auch größer als 1.0 sein, vgl. auch die Erläuterungen in Kapitel 4, Abschnitt 4.2.1.

Abbildung 6.9: Ergebnis der Modellvariante 3 des konfirmatorischen Faktorenmodells mit den latenten Variablen *Empathie* und *Bestrafung*

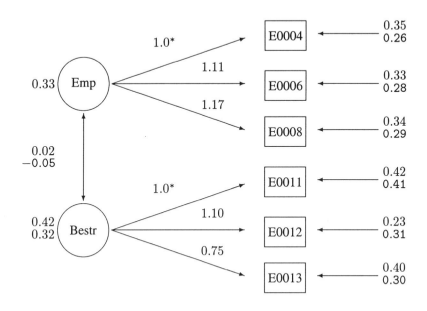

* = Parameter ist fixiert

Emp = Faktor *Empathie*; Bestr = Faktor *Bestrafung*

xx = Parameter der ersten Gruppe (männlich); xx = Parameter der zweiten Gruppe (weiblich)

$(\chi^2_{Diff} = 59.21$ und $df_{Diff} = 2)$. Abschließend wird mit Modellvariante 4 geprüft, ob die Faktorenladungsmatrizen gruppenspezifisch variieren. Wie im ersten Gruppenvergleich zeigt auch hier der χ^2-Differenzentest einen nicht signifikanten Unterschied an, so daß von einer gruppenspezifischen Variation der Faktorenstruktur nicht auszugehen ist $(\chi^2_{Diff} = 7.42$ und $df_{Diff} = 4)$. Andernfalls hätte man keine für alle Gruppen gemeinsame Interpretation auf der Faktorenebene vornehmen können. Die Parameter der Modellvariante 3 können für dieses konfirmatorische Faktorenmodell daher als Ergebnis akzeptiert und inhaltlich interpretiert werden.[56]

Abbildung 6.10 zeigt das Ergebnis der akzeptierten Modellvariante mit den unstandardisierten Parametern der beiden Gruppen. Die Varianz des Faktors *Mißhandlung* ist bei männlichen Befragten größer als bei weiblichen $(\phi^2_{22} = 0.32$ versus $\phi^1_{22} = 0.19)$. Die Kovarianz zwischen den beiden Faktoren *Empathie* und *Mißhandlung* ist hier aber - im Unterschied zum ersten

---

[56]   Die Spezifikationen der akzeptierten Modellvariante für die Programme LISREL und EQS sind im Anhang zu diesem Kapitel zu finden (vgl. Abschnitt 6.5).

Tabelle 6.17: Vergleich der Modellvarianten nach dem multiplen Gruppenvergleich für das Modell mit den Faktoren *Empathie* und *Mißhandlung*

Modell	Gruppe		χ^2	df	χ^2_{Diff}	df_{Diff}	RMSEA	GFI
Variante 1	m		124.15					0.959
Basismodell	w		141.72					0.939
		$\sum$	265.87	29	$--$	$--$	0.097	
Variante 2	m		64.86					0.975
$+ \Theta_\delta$ frei	w		48.13					0.983
		$\sum$	112.99	23	152.88	6	0.067	
Variante 3	m		38.62					0.986
$+ \Phi$ frei	w		15.06					0.994
		$\sum$	53.68	21	59.31	2	0.042	
Variante 4	m		34.48					0.987
$+ \lambda_x$ frei	w		11.78					0.995
		$\sum$	46.26	17	7.42	4	0.045	

Die Spezifikation der Modellvarianten wird im Text erläutert.

Gruppenvergleich - nur in der Größe, aber nicht von der Richtung her unterschiedlich. Sowohl bei den männlichen als auch bei den weiblichen Befragten ist ein negativer Wert geschätzt worden, der in beiden Gruppen signifikant ist ($\phi^1_{21} = -0.03$; $z = -2.45$ und $\phi^2_{21} = -0.06$; $z = -6.18$). Demnach ist nur bei den Mädchen davon auszugehen, daß mit Zunahme unterstützender Erziehungsstile die mißhandelnden Sanktionen abnehmen. Bei den Jungen sind beide Erziehungsdimensionen unabhängig voneinander.

In den konfirmatorischen Faktorenmodellen für die Gesamtstichprobe zeigte sich, daß durch die asymptotische Varianz-/Kovarianzmatrix eine wesentliche Korrektur der z-Werte für das Meßmodell der latenten Variablen *Mißhandlung* erreicht werden konnte (vgl. die Werte in den Tabellen 6.14 und 6.15). Auch die entsprechende Satorra-Bentler-χ^2-Statistik weist deutlich geringere Werte auf als die herkömmlichen χ^2-Tests (vgl. Tabelle 6.12). Wenn in dem besprochenen Gruppenvergleichsmodell (Variante 3) die asymptotischen Varianz-/Kovarianzmatrizen berücksichtigt werden, dann ist die geschätzte Kovarianz zwischen den beiden Faktoren *Empathie* und *Mißhandlung* bei den männlichen Befragten nicht mehr signifikant ($z = -1.73$) und bei den weiblichen Befragten deutlich verringert ($z = -3.60$).

Die entsprechend korrigierten χ^2-Statistiken weisen durch die Schiefe der gemessenen Variablen E0020, E0021 und E0023 auch deutlich geringere Werte auf. Für den multiplen Gruppenvergleich ergibt sich allerdings das Problem, daß, im Unterschied zum dargestellen χ^2-Differenzentest, die Differenz der Satorra-Bentler-χ^2-Statistiken nur dann χ^2-verteilt ist, wenn die Reskalierungsgrößen für beide Gruppen gleich sind (vgl. Satorra, 2000). Satorra und

Abbildung 6.10: Ergebnis der Modellvariante 3 des konfirmatorischen Faktorenmodells mit den latenten Variablen *Empathie* und *Mißhandlung*

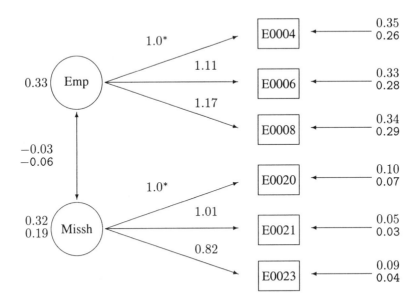

* = Parameter ist fixiert

Emp = Faktor *Empathie*; Missh = Faktor *Mißhandlung*

xx = Parameter der ersten Gruppe (männlich); xx = Parameter der zweiten Gruppe (weiblich)

Bentler (2001) diskutieren verschiedene Möglichkeiten, χ^2-Differenzentests auf der Basis der Satorra-Bentler-χ^2-Statistik durchzuführen. Allerdings ist die Implementierung dieser Differenzentests in die entsprechenden Programme noch nicht erfolgt, so daß hier auf eine weitere Darstellung der Ergebnisse verzichtet wurde.

6.3.2   Der simultane Vergleich der Mittelwerte

Der multiple Gruppenvergleich der konfirmatorischen Faktorenmodelle läßt auch einen simultanen Vergleich der Mittelwerte zu. Hierzu werden die Mittelwertvektoren der Variablen für die einzelnen Gruppen berechnet und als empirische Größen dem Gruppenvergleichsmodell hinzugefügt. Zur Verdeutlichung wird auf das Modell in Abbildung 6.8 (Abschnitt 6.3.1) zurückgegriffen. Für diesen Gruppenvergleich wird Gleichung 6.74 um den Mittelwertvektor τ erweitert (vgl. Bollen, 1989, S. 306):

$$\begin{pmatrix} x_1 \\ x_2 \\ x_3 \\ x_4 \\ x_5 \\ x_6 \end{pmatrix} = \begin{pmatrix} \tau_1 \\ \tau_2 \\ \tau_3 \\ \tau_4 \\ \tau_5 \\ \tau_6 \end{pmatrix} + \begin{pmatrix} \lambda_{11}^g & 0 \\ \lambda_{21}^g & 0 \\ \lambda_{31}^g & 0 \\ 0 & \lambda_{42}^g \\ 0 & \lambda_{52}^g \\ 0 & \lambda_{62}^g \end{pmatrix} * \begin{pmatrix} \xi_1 \\ \xi_2 \end{pmatrix} + \begin{pmatrix} \delta_1^g \\ \delta_2^g \\ \delta_3^g \\ \delta_4^g \\ \delta_5^g \\ \delta_6^g \end{pmatrix} \qquad (6.77)$$

Dieses konfirmatorische Faktorenmodell ist für jede Gruppe $g = 1, 2, \ldots G$ definiert. Es gelten auch hier die unter Gleichung 6.70 genannten Annahmen. Die Restriktionsmöglichkeiten für die Faktorenladungen (λ) und für die Residualvarianzen (δ) erfolgen nach den Gleichungen 6.75 bzw. 6.76.

In Gleichung 6.77 werden zur Identifikation des Modells die Varianzen der latenten Variablen (ϕ) auf den Wert 1.0 fixiert (vgl. die Identifikationsbedingungen in Tabelle 6.8). Da die manifesten Mittelwertinformationen im Gruppenvergleich berücksichtigt werden, läßt sich auch auf der latenten Ebene eine Mittelwertschätzung vornehmen. Der Mittelwertvektor der latenten Variablen ξ wird mit κ bezeichnet.[57] Allerdings sind die latenten Mittelwerte in den einzelnen Gruppen aus Identifikationsgründen nicht schätzbar, sondern nur die Mittelwertsdifferenzen zwischen den Gruppen. Um diese Differenzen ermitteln zu können, werden in einer Gruppe (üblicherweise die Referenzgruppe) die latenten Mittelwerte auf Null restringiert:

$$\kappa_1^1 = \kappa_1^2 = 0 \qquad (6.78)$$

Demnach sind κ_1^2 und κ_2^2 zwei zu schätzende Parameter, die als Differenzen zu Null zu interpretieren sind. Um eine inhaltlich sinnvolle Interpretation der latenten Mittelwertsdifferenzen zu gewährleisten, sollten die Mittelwerte der manifesten Variablen über die Gruppen gleichgesetzt werden:

$$\begin{aligned} \tau_1^1 &= \tau_1^2 \\ \tau_2^1 &= \tau_2^2 \\ \tau_3^1 &= \tau_3^2 \\ \tau_4^1 &= \tau_4^2 \\ \tau_5^1 &= \tau_5^2 \\ \tau_6^1 &= \tau_6^2 \end{aligned} \qquad (6.79)$$

Das zu überprüfende *Basismodell* enthält - wie in Abschnitt 6.3.1 dargestellt - entweder keinerlei Modellrestriktionen oder aber die vollständige Gleichsetzung aller zu schätzenden Parameter über die Gruppen. Allerdings kann die akzeptierte Modellvariante des Gruppenvergleichs der

---

[57]   Die Notation folgt auch hier den Konventionen im Programm LISREL. Werden die latenten Variablen im konfirmatorischen Faktorenmodell als ηs spezifiziert, dann ist der entsprechende latente Mittelwertvektor α. Formale Unterschiede ergeben sich dadurch nicht.

Tabelle 6.18: Mittelwerte der manifesten Variablen (τ_x) und Mittelwertsdifferenzen der latenten Variablen (κ) für die Modellvariante 3 aus Abbildung 6.9

Modellvariante 3		
Item	τ_x	z-Wert
E0004	2.92	119.12
E0006	2.91	109.99
E0008	3.03	109.12
E0011	1.75	62.11
E0012	1.60	57.30
E0013	1.39	61.27
Faktor	κ	z-Wert
Empathie	0.06	2.06
Bestrafung	-0.07	-2.18

Kovarianzstruktur als Ausgangspunkt des Mittelwertvergleichs dienen (siehe das Beispiel weiter unten). Dieses Vorgehen ist gerechtfertigt, da durch die Mittelwertinformationen zusätzliche Parameter restringiert werden. Der Test auf Mittelwertsdifferenzen auf der latenten Ebene sollte - wie bei allen Gruppenvergleichen - durch inhaltliche Überlegungen gestützt sein.

Für die Berechnung dieses Modells werden die jeweiligen gruppenspezifischen Varianzen, Kovarianzen und Mittelwerte benötigt. Die Eingabematrizen S^g ($g = 1, 2, \ldots G$) müssen daher Momentenmatrizen sein (vgl. zur Berechnung Kapitel 4).

Beispiel

Für den Mittelwertvergleich wird aus Abschnitt 6.3.1 die Modellvariante 3 des konfirmatorischen Faktorenmodells mit den latenten Variablen *Empathie* und *Bestrafung* als Basismodell herangezogen (vgl. auch Abbildung 6.9). Hinsichtlich der Faktorenladungen ist das dort geprüfte Meßmodell invariant über die Gruppen, so daß eine inhaltliche Interpretation der Invarianzen und Variabilitäten auf der latenten Ebene gerechtfertigt werden kann. Werden dieser Modellspezifikation die Mittelwertinformationen hinzugefügt, lassen sich Mittelwertsdifferenzen auf der latenten Ebene überprüfen. Auf das Beispiel bezogen bedeutet dies, daß getestet werden kann, ob eine bedeutsame Differenz der Mittelwerte der beiden Faktoren *Empathie* und *Bestrafung* zwischen Mädchen und Jungen existiert. Wird die Spezifikation mit den Mittelwertsdifferenzen der latenten Variablen getestet, so werden nur knapp signifikante Unterschiede ermittelt (vgl. Tabelle 6.18).[58]

---

[58] Die Spezifikationen der akzeptierten Modellvariante für die Programme LISREL und EQS sind im Anhang zu diesem Kapitel zu finden (vgl. Abschnitt 6.5).

Demnach erfahren die Mädchen einen etwas empathischeren Erziehungsstil als die Jungen ($\kappa_1 = 0.06$) und gleichzeitig weniger bestrafende Erziehungsmaßnahmen ($\kappa_2 = -0.07$). Die über beide Gruppen invariant gesetzten Mittelwerte der manifesten Variablen (τ_x) zeigen die durchweg höheren Mittelwerte der Items des Faktors *Empathie* gegenüber den Items des Faktors *Bestrafung*.

6.4 Spezielle Varianten der konfirmatorischen Faktorenanalyse

Im folgenden wird auf spezielle Modellierungsvarianten der konfirmatorischen Faktorenanalyse eingegangen. Hierzu zählen Modelle mit kovariierenden Meßfehlern (Abschnitt 6.4.1), Modelle im Längsschnitt (Abschnitt 6.4.2), Modelle für Multitrait-Multimethod-Matrizen (Abschnitt 6.4.3) und Modelle, die Faktoren zweiter Ordnung berücksichtigen (Abschnitt 6.4.4). Die Modellierungsvarianten werden jeweils durch Beispiele erörtert.

6.4.1 Faktorenmodelle mit kovariierenden Meßfehlern

Ein konfirmatorisches Faktorenmodell beinhaltet in der Regel die Restriktion, daß jede manifeste Variable nur einer latenten zugeordnet ist. Damit wird die Eindimensionalität der Messungen geprüft. Wenn aber manifeste Variablen mehr als eine Dimension erfassen, dann kann auf drei Strategien für eine adäquate Modellierung verwiesen werden:

1. Die manifeste Variable wird aus dem konfirmatorischen Faktorenmodell entfernt, da die Eindimensionalität der Messung widerlegt ist.

2. Die manifeste Variable repräsentiert mehr als eine latente Variable im Modell, was durch mehr als eine Faktorenladung ausgedrückt und inhaltlich begründet wird (vgl. Aish & Jöreskog, 1990 für ein entsprechendes Beispiel).

3. Es wird von einer weiteren latenten Variablen (Faktor) ausgegangen, die nicht im Modell enthalten ist und über die Kovariation der Meßfehler der manifesten Variablen modelliert werden kann.[59]

Die dritte Modellierungsstrategie wird hier im Vordergrund stehen. Ausgangspunkt ist ein Modell, das zunächst keine Kovariationen der Meßfehler enthält. Dies würde bei zwei latenten und sechs manifesten VariablenEindimensionalität der Messungen formal der Spezifikation in den Gleichungen 6.70 bis 6.72 entsprechen. Soll geprüft werden, ob zwei manifeste Variablen mehr Gemeinsamkeiten haben, als modelliert wurden, dann kann dies über die Spezifikation der entsprechenden Meßfehlerkovariation erfolgen. Dafür werden die entsprechenden Parameter

---

[59]   Bei unstandardisierten Parametern wird auf die Kovariation der Meßfehler verwiesen, bei standardisierten Parametern wird von korrelierten Meßfehlern oder auch Meßfehlerkorrelationen gesprochen.

unterhalb der Diagonalen in der Matrix Θ_δ geschätzt, d. h. diese Spezifikation erlaubt den Test auf nicht modellierte Faktoren im Modell bzw. gemeinsame Variationsursachen (vgl. Kline, 1998, S. 201f.). Hierbei kann noch unterschieden werden, ob diese Meßfehlerkovariationen *innerhalb* eines Faktors oder *zwischen* den spezifizierten Faktoren auftreten.[60] Es sollte in jedem Fall sorgfältig geprüft werden, ob die Spezifikation von Meßfehlerkovariationen inhaltlich gerechtfertigt werden kann. Die Spezifikation zusätzlicher Parameter beeinträchtigt nämlich die Sparsamkeit der Modellierung und damit die Aussagekraft des Modells. Modellvergleiche (ohne und mit Meßfehlerkovariationen) können mit dem χ^2-Differenzentest (vgl. Abschnitt 6.1.5.2) durchgeführt werden, da es sich um geschachtelte Modelle handelt.

Beispiel

Die Spezifikation einer Meßfehlerkovariation innerhalb eines Faktors wird im folgenden für das zweite Faktorenmodell aus Abschnitt 6.2.3 vorgenommen (vgl. Abbildung 6.6). Das Modell enthält zwei Faktoren: die Erziehungsstile *Bestrafung* und *Mißhandlung*. Gegenüber den anderen Modellen in Abschnitt 6.2.3 ist hier die Modellanpassung deutlich schlechter, was auf mangelnde Trennschärfe der Indikatoren zwischen den modellierten Dimensionen zurückgeführt werden könnte. Weisen die LM-Tests beispielsweise auf eine mögliche Meßfehlerkovariation zwischen den beiden Variablen E0011 (Fernsehverbot) und E0012 (Hausarrest) hin, dann ist durch diese Meßfehlerkovariation eine bedeutsame Modellverbesserung zu erreichen. Die standardisierten Parameter der ML-Lösung mit dem zusätzlichen Parameter zeigt Abbildung 6.11.[61]

Nach dem vorliegenden Ergebnis ist die Meßfehlerkovariation signifikant (unstandardisierter Wert: $\delta_{21} = 0.18$ und $z = 9.65$) und führt zu einer bedeutsamen Modellverbesserung ($\chi^2_{Diff} = 89.20$ mit $df_{Diff} = 1$).[62] Damit zeigt sich, daß die gemeinsame Kovariation zwischen den beiden gemessenen Variablen E0011 und E0012 durch das in Abschnitt 6.2.3 diskutierte Modell nicht vollständig aufgeklärt werden konnte. Hier ist ein weiterer Faktor zu vermuten, der auch Hinweise auf systematische Meßfehler (z. . sozial erwünschtes Antwortverhalten) geben kann.[63]

---

[60]   Ein Spezialfall für Meßfehlerkovariationen zwischen gleichen Faktoren in Panelmodellen wird im folgenden Abschnitt 6.4.2 behandelt.

[61]   Die entsprechenden Eingabespezifikationen für die Programme LISREL und EQS sind im Anhang zu diesem Kapitel zu finden (vgl. Abschnitt 6.5).

[62]   Die Differenz ist zwischen den χ^2-Werten der ursprünglichen Modellierung ($\chi^2 = 124.73$ mit $df = 8$, vgl. Tabelle 6.12) und der hier überprüften Variante ($\chi^2 = 35.53$ mit $df = 7$) gebildet worden.

[63]   Auf die Modellierungsmöglichkeiten systematischer Meßfehler in multiplen Indikatorenmodellen haben schon Blalock (1968) und Costner (1969) hingewiesen. Die Spezifikation von *Methodenfaktoren* in Strukturgleichungsmodellen ist von Reinecke (1985, 1991) behandelt worden.

Abbildung 6.11: Konfirmatorisches Faktorenmodell mit kovariierendem Meßfehler (Standardisierte Lösung der ML-Parameter)

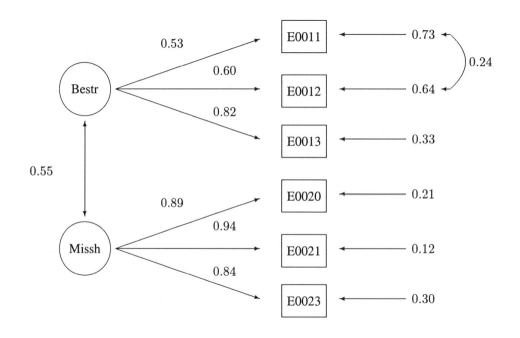

Bestr = Faktor *Bestrafung*
Missh = Faktor *Mißhandlung*

6.4.2   Faktorenmodelle im Längsschnitt

Die bisher erörterten konfirmatorischen Faktorenmodelle enthalten ausschließlich gemessene Variablen, die zu einem Meßzeitpunkt erfaßt worden sind. Die Untersuchung der Konstruktvalidität bezieht sich in diesen Modellen auf Querschnittinformationen. Für Längsschnittdaten innerhalb eines Paneldesigns kann die konfirmatorische Faktorenanalyse dazu dienen, die Konstruktvalidität des Meßmodells über mehrere Erhebungszeitpunkte zu prüfen. Durch Einführung geeigneter Restriktionen kann dann auch getestet werden, ob die Variabilität der Faktoren, die Faktorenladungen und die Meßfehler sich als zeitlich invariante Größen erweisen.

Die Spezifikation des konfirmatorischen Faktorenmodells im Längsschnitt setzt eine leichte Modifikation der Meßgleichungen 6.68 und 6.69 (vgl. Abschnitt 6.2.1) voraus:

$$x_{i,t} = \Lambda_{x_{i,t}}\xi_t + \delta_{i,t}, \quad i = 1, \ldots, p; t = 1, \ldots, T; \tag{6.80}$$

$$y_{i,t} = \Lambda_{y_{i,t}}\eta_t + \epsilon_{i,t}, \quad i = 1, \ldots, q; t = 1, \ldots, T; \tag{6.81}$$

$x_{i,t}$ und $y_{i,t}$ sind die über einen Zeitpunkt t erfaßten manifesten Variablen. Mit ξ_t und η_t werden die entsprechenden latenten Variablen (Faktoren) zu einem Zeitpunkt t bezeichnet. Die Matrizen Λ_x bzw. Λ_y spezifizieren die Faktorenstruktur mit den entsprechenden Restriktionen (z. B. eindeutige Zuordnung der gemessenen Variablen des Zeitpunktes t_1 zu der latenten Variablen des Zeitpunktes t_1). Mit $\delta_{i,t}$ und $\epsilon_{i,t}$ werden die jeweiligen Meßfehleranteile der manifesten Variablen $x_{i,t}$ und $y_{i,t}$ bezeichnet. Auch hier gelten die üblichen Annahmen konfirmatorischer Faktorenmodelle: Die Meßfehler haben einen Erwartungswert von Null ($E(\delta_{i,t}) = E(\epsilon_{i,t}) = 0$); Faktoren und Meßfehler sind jeweils unkorreliert ($E(\xi_t\delta_{i,t}') = E(\eta_t\epsilon_{i,t}') = 0$). Da beide Faktorenmodelle konzeptionell gleich sind und sich nur durch die von Jöreskog und Sörbom (1993b) getroffene Differenzierung nach x- und y-Variablen unterscheiden, wird - analog zu den Faktorenmodellen in Abschnitt 6.2 - im folgenden die Terminologie aus Gleichung 6.80 verwendet.

Abbildung 6.12 zeigt ein konfirmatorisches Faktorenmodell für Paneldaten mit vier latenten Variablen (ξ_1 bis ξ_4), die alle untereinander korrelieren (6 ϕ-Parameter). Jeweils zwei manifeste Variablen (x_{11} und x_{21}, x_{12} und x_{22}, x_{13} und x_{23}, x_{14} und x_{24}) sind den latenten Variablen ξ_1 bis ξ_4 zugeordnet. Mit den Suffixen der latenten Variablen werden die Meßzeitpunkte bezeichnet, das jeweils erste Suffix bezeichnet das Item, das jeweils zweite Suffix den Meßzeitpunkt.

Abbildung 6.12: Konfirmatorisches Faktorenmodell im Längsschnitt mit vier latenten Variablen

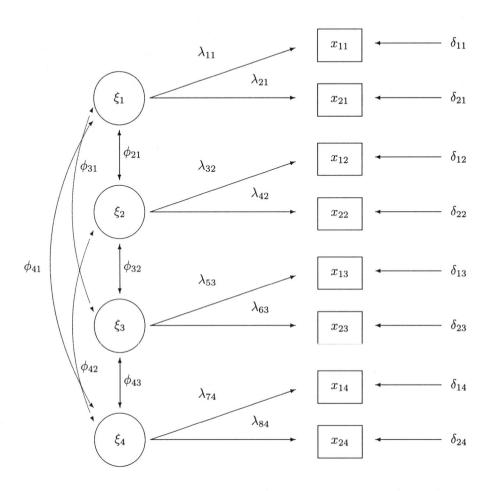

Auf Basis der allgemeinen Meßgleichung 6.80 kann dieses konfirmatorische Faktorenmodell auch formal spezifiziert werden (vgl. Bollen, 1989, S. 234):

$$
\begin{pmatrix} x_{11} \\ x_{21} \\ x_{12} \\ x_{22} \\ x_{13} \\ x_{23} \\ x_{14} \\ x_{24} \end{pmatrix} = \begin{pmatrix} \lambda_{11} & 0 & 0 & 0 \\ \lambda_{21} & 0 & 0 & 0 \\ 0 & \lambda_{32} & 0 & 0 \\ 0 & \lambda_{42} & 0 & 0 \\ 0 & 0 & \lambda_{53} & 0 \\ 0 & 0 & \lambda_{63} & 0 \\ 0 & 0 & 0 & \lambda_{74} \\ 0 & 0 & 0 & \lambda_{84} \end{pmatrix} * \begin{pmatrix} \xi_1 \\ \xi_2 \\ \xi_3 \\ \xi_4 \end{pmatrix} + \begin{pmatrix} \delta_{11} \\ \delta_{21} \\ \delta_{12} \\ \delta_{22} \\ \delta_{13} \\ \delta_{23} \\ \delta_{14} \\ \delta_{24} \end{pmatrix} \qquad (6.82)
$$

mit den Annahmen

$$COV(\xi_t, \delta_{it}) = 0 \quad \text{und} \quad E(\delta_{it}) = 0$$

für alle i in den Zeitpunkten t. Die Varianzen und Kovarianzen der vier latenten Variablen sind in der Matrix Φ spezifiziert:

$$\Phi = \begin{pmatrix} \phi_{11} & & & \\ \phi_{21} & \phi_{22} & & \\ \phi_{31} & \phi_{32} & \phi_{33} & \\ \phi_{41} & \phi_{42} & \phi_{43} & \phi_{44} \end{pmatrix} \tag{6.83}$$

Um das Modell zu identifizieren, werden die Varianzen der latenten Variablen auf den Wert 1.0 fixiert ($\phi_{11} = \phi_{22} = \phi_{33} = \phi_{44} = 1.0$, vgl. auch die Ausführungen in Abschnitt 6.2.2). Die Werte unterhalb der Diagonalen der Matrix Φ sind durch die Fixierung keine Kovarianzen sondern Korrelationen, die das Ausmaß an Stabilität und Wandel der untersuchten latenten Dimension über die vier Zeitpunkte wiedergeben.

In Gleichung 6.82 können nun sinnvolle Restriktionen eingeführt werden, die sich auf die besondere Situation der Paneldaten beziehen. Hier ist zunächst das parallele Meßmodell zu prüfen, das gleiche Ladungen und gleiche Meßfehler über die Zeitpunkte spezifiziert (vgl. auch Abschnitt 6.1.3):

$$\begin{aligned} \lambda_{11} &= \lambda_{32} = \lambda_{53} = \lambda_{74} \\ \lambda_{21} &= \lambda_{42} = \lambda_{63} = \lambda_{84} \\ \theta_{\delta_{11}} &= \theta_{\delta_{12}} = \theta_{\delta_{13}} = \theta_{\delta_{14}} \\ \theta_{\delta_{21}} &= \theta_{\delta_{22}} = \theta_{\delta_{23}} = \theta_{\delta_{24}} \end{aligned} \tag{6.84}$$

Mit diesen Restriktionen wird postuliert, daß sich die Meßqualität der gemessenen Variablen und die Meßfehler über die Zeit nicht ändern.

In vielen empirischen Überprüfungen von Längsschnittmodellen zeigt sich, daß die Kovariation inhaltlich gleicher Variablen zwischen den Meßzeitpunkten ungenügend aufgeklärt wird und es zu hohen Abweichungen zwischen empirischen und modellimplizierten Kovariationen kommen kann. Diese Fehlspezifikation ist relativ typisch für Panelmodelle und kann durch die zusätzliche Spezifikation und Schätzung von Meßfehlerkovariationen bzw. -korrelationen in der Matrix Θ_δ berücksichtigt werden. Da diese Beziehungen zwischen inhaltlich gleichen Variablen spezifiziert werden, ist die Bezeichnung *autokovariierende* oder *autokorrelierte* Residuen gebräuchlich (vgl. Sörbom, 1979; Jöreskog, 1979, 1981; Aish & Jöreskog, 1990). Das Auftreten autokovariierender oder autokorrelierter Residuen bedeutet, daß neben den zeitbezogenen zufälligen Meßfehlern auch zeitstabile Fehlerkomponenten in den gemessenen Variablen vorhanden sind.[64]

---

[64] Eine Diskussion der einzelnen Fehlerkomponenten geben Saris und Andrews (1991) und Reinecke und Schmidt (1993). Die Zerlegung autokorrelierter Residuen in sogenannte Methodenfaktoren zeigen Jagodzinski et al. (1987).

Beispiel

Variablen und Daten für das konfirmatorische Faktorenmodell im Längsschnitt sind der Ausländerstichprobe des Sozio-ökonomischen Panels (SOEP) entnommen (vgl. SOEP Group, 2001). Die Stichprobe beinhaltet Ausländer, die der Gruppe der sogenannten Gastarbeiter zugeordnet werden können.[65] Zwei gemessene Variablen sollen die latente Dimension *Identität* konstruktvalide über vier Zeitpunkte erfassen. Die Variable x_{1t} $(t = 1, \ldots 4)$ mißt das *Zugehörigkeitsgefühl zu Deutschland*[66], die Variable x_{2t} $(t = 1, \ldots 4)$ das *Zugehörigkeitsgefühl zur eigenen Nationalität*[67], jeweils abgestuft in 5 Kategorien. Der Fragetext für die Variable x_{1t} lautet: *Wenn Menschen längere Zeit in Deutschland leben, können sich die ursprünglichen Beziehungen zum* Herkunftsland *verändern. Wie ist das bei Ihnen, da Sie hier in Deutschland leben? Wie sehr fühlen Sie sich als Deutscher?* Folgende Antwortkategorien wurden vorgegeben:[68]

- *Ich fühle mich ganz als Deutscher*
- *Ich fühle mich mehr als Deutscher*
- *Ich fühle mich in manchen Beziehungen als Deutscher*
- *Ich fühle mich kaum als Deutscher*
- *Ich fühle mich nicht als Deutscher*

Der Fragetext für die Variable x_{2t} lautet: *Und wie sehr fühlen Sie sich hier in Deutschland noch als* Herkunft*?* Hier wurden folgende Antwortkategorien vorgegeben:[69]

- *Ich fühle mich ganz als* Herkunft
- *Ich fühle mich mehr als* Herkunft
- *Ich fühle mich in manchen Beziehungen als* Herkunft
- *Ich fühle mich kaum als* Herkunft
- *Ich fühle mich nicht als* Herkunft

Die Erhebung der Variablen erfolgte im Abstand von zwei Jahren. Der erste Meßzeitpunkt (t_1) bezieht sich auf das Jahr 1989, der letzte Meßzeitpunkt (t_4) auf das Jahr 1995. Um gleiche Polungsrichtungen zu erhalten, sind die Variablen x_{2t} jeweils umkodiert worden. In Tabelle 6.19 sind die Mittelwerte und Standardabweichungen der beiden Variablen für alle vier Meßzeitpunkte aufgeführt. Hier zeigt sich eine wenn auch geringfügig ausfallende Veränderung der Mittelwerte über den gemessenen Zeitraum in Richtung einer Zunahme zur deutschen

---

[65]   Hierzu gehören Türken, Ex-Jugoslawen, Griechen, Italiener und Spanier. Zu den Analysen mit Pfadmodellen, vgl. Kapitel 5, Abschnitt 5.4.

[66]   Variablenname im SOEP: fp93a01/hp93a01/jp93a01/lp101a01

[67]   Variablenname im SOEP: fp93a02/hp93a02/jp93a02/lp101a02

[68]   Für Herkunftsland steht in den Fragebögen jeweils die Bezeichnung Türkei, Ex-Jugoslawien, Griechenland, Italien und Spanien.

[69]   Für Herkunft steht in den Fragebögen die jeweilige Nationalität (Türke, Jugoslawe, Grieche, Italiener, Spanier).

Identität (Variable x_{1t}). Die zweite Variable x_{2t} weist auf die gleiche Tendenz hin. Hier deutet sich über die Zeit eine Abnahme der Identität zum Herkunftsland an.[70]

Tabelle 6.19: Mittelwerte und Standardabweichungen der gemessenen Variablen aus dem SO-EP für die Jahre 1989, 1991, 1993 und 1995

	$\bar{x}_{it}$	s_{it}
fp93a01	3.830	1.139
(x_{11})		
fp93a02	4.131	1.085
(x_{21})		
hp93a01	3.778	1.159
(x_{12})		
hp93a02	4.085	1.070
(x_{22})		
jp93a01	3.722	1.171
(x_{13})		
jp93a02	4.065	1.078
(x_{23})		
lp101a01	3.770	1.142
(x_{14})		
lp101a02	4.014	1.122
(x_{24})		

$N \approx 1500$ (paarweiser Ausschluß fehlender Werte)
$\bar{x}_{it}$ = Mittelwerte, s_{it} = Standardabweichungen

Tabelle 6.20 enthält die Varianzen, Kovarianzen und Korrelationen der gemessenen Variablen für alle vier Meßzeitpunkte. Es sind deutlich höhere Werte für die Kovarianzen bzw. Korrelationen der Items innerhalb der Meßzeitpunkte als zwischen den Meßzeitpunkten zu verzeichnen. Ein konstruktvalides Faktorenmodell im Längsschnitt dürfte demnach zu erwarten sein. Je weiter die Meßzeitpunkte auseinander liegen, desto niedriger werden die Kovarianzen bzw. Korrelationen.

Das oben erörterte parallele Meßmodell wird als Basismodell mit den Restriktionen aus Gleichung 6.84 überprüft. Hierbei zeigt sich eine moderate Übereinstimmung zwischen Modell und Daten ($\chi^2 = 211.89$ mit $df = 26$, $RMSEA = 0.071$, vgl. Tabelle 6.21). Die LM-Tests zeigen, daß sich bestimmte Gleichsetzungen der Fehlervarianzen als zu restriktiv erweisen und größere Abweichungen zwischen Modell und Daten verursachen. In den folgenden beiden Modellvarianten (Variante 1a und Variante 1b) werden jeweils die Fehlervarianzen der ersten gemessenen Variablen x_{1t} bzw. der zweiten gemessenen Variablen x_{2t} über die Zeit frei gesetzt. Während die Variante 1a keine Modellverbesserung erreicht ($\chi^2_{Diff} = 3.51$ mit

---

[70] Auf Grund der Rekodierung müssen beide Variablen die gleiche Mittelwertveränderung aufweisen.

Tabelle 6.20: Varianzen, Kovarianzen und Korrelationen der gemessenen Variablen aus dem SOEP für die Jahre 1989, 1991, 1993 und 1995

	x_{11}	x_{21}	x_{12}	x_{22}	x_{13}	x_{23}	x_{14}	x_{24}
fp93a01 (x_{11})	1.298	0.718	0.586	0.543	0.506	0.475	0.469	0.421
fp93a02 (x_{21})	0.887	1.178	0.496	0.526	0.489	0.414	0.520	0.479
hp93a01 (x_{12})	0.773	0.624	1.343	0.777	0.593	0.538	0.546	0.490
hp93a02 (x_{22})	0.661	0.611	0.964	1.145	0.542	0.569	0.516	0.516
jp93a01 (x_{13})	0.674	0.526	0.805	0.680	1.371	0.757	0.617	0.518
jp93a02 (x_{23})	0.583	0.489	0.672	0.656	0.956	1.162	0.579	0.581
lp101a01 (x_{14})	0.611	0.520	0.722	0.631	0.825	0.713	1.304	0.734
lp101a02 (x_{24})	0.538	0.479	0.637	0.620	0.681	0.703	0.941	1.260

Die Varianzen stehen in der Diagonalen, die Kovarianzen unterhalb und die Korrelationen oberhalb der Diagonalen. Paarweiser Ausschluß fehlender Werte

$df_{Diff} = 3$), wird durch die Freisetzung der Fehlervarianzen in der Variante 1b eine bedeutsame Modellverbesserung ermittelt ($\chi^2_{Diff} = 42.16$ mit $df_{Diff} = 3$).

Die Inspektion der standardisierten Residuen und der Modifikationsindizes zeigen aber desweiteren die für Panelmodelle typische Fehlspezifikation auf Grund der fehlenden Autokovariationen der Meßfehler. Hier können zwischen den Meßzeitpunkten die signifikanten acht Autokovariationen (von 12 möglichen insgesamt) spezifiziert werden. Für beide Varianten 2a und 2b werden starke Modellverbesserungen erreicht (vgl. Tabelle 6.21). Auf Grund der insgesamt besseren Modellanpassung der Variante 2b wird diese im weiteren inhaltlich diskutiert.[71] In Variante 3b werden keine Restriktionen spezifiziert, auch die Faktorenladungen können über die Zeit variieren. Gegenüber Variante 2b wird durch die Spezifikation zusätzlicher Parameter (sechs Faktorenladungen und drei Meßfehlervarianzen) keine signifikante Modellverbesserung erreicht ($\chi^2_{Diff} = 11.03$ mit $df_{Diff} = 9$). Damit bestätigt sich die Konstruktvalidität der Messungen über die Zeit bzw. die zeitinvariante Gültigkeit der Meßtheorie.

---

[71]   Die entsprechenden Spezifikationen für die Programme LISREL und EQS sind im Anhang zu diesem Kapitel zu finden (vgl. Abschnitt 6.5).

Tabelle 6.21: Modellvergleiche durch den χ^2-Differenzentest für das konfirmatorische Faktorenmodell im Längsschnitt

Modell	χ^2	df	χ^2_{Diff}	df_{Diff}	RMSEA
Basismodell λs fixiert δs fixiert	211.89	26	$--$	$--$	0.071 0.071
Variante a					
Variante 1a λs fixiert $\delta_{x_{1t}}$ frei	208.38	23	3.51 Diff. zum Basismodell	3	0.075
Variante 2a λs fixiert δs fixiert Autokovarianzen	58.13	18	153.76 Diff.zur Variante 1a	8	0.038
Variante b					
Variante 1b λs fixiert $\delta_{x_{2t}}$ frei	169.73	23	42.16 Diff. zum Basimodell	3	0.068
Variante 2b λs fixiert $\delta_{x_{2t}}$ frei Autokovarianzen	17.75	15	151.98 Diff. zur Variante 1b	8	0.012
Variante 3b λs frei δs frei Autokovarianzen	6.72	6	11.03 Diff. zur Variante 2b	9	0.009

In Abbildung 6.13 wird die standardisierte Lösung der Modellvariante 2b graphisch verdeutlicht, Tabelle 6.22 gibt die zusätzlich spezifizierten Meßfehlerkovariationen standardisiert als Autokorrelationen wieder.

Diese zusätzlichen Parameter beseitigen die aufgetretenen Unterschätzungen in der Varianz-/Kovarianzmatrix Σ und verbessern die Modellanpassung entscheidend. Auffällig ist, daß diese Effekte zwischen den jeweils zeitlich nachfolgenden Messungen auftreten, dagegen Effekte über einen Zeitraum von vier Jahren nur in zwei Fällen signifikant sind (zwischen Variable fp93a01 und jp93a01 sowie zwischen Variable hp93a01 und lp101a02). Hier bestätigt sich das auch in anderen Studien ermittelte Ergebnis, daß autokorrelierte Residuen als Meßwiederholungseffekte um so eher auftreten, je kürzer der Zeitabstand zwischen den Messungen ist (vgl. hierzu die Ausführungen in Engel & Reinecke, 1994, S. 55).

Abbildung 6.13: Ergebnis des konfirmatorischen Faktorenmodells im Längsschnitt (Variante 2b: standardisierte Lösung der ML-Parameter)

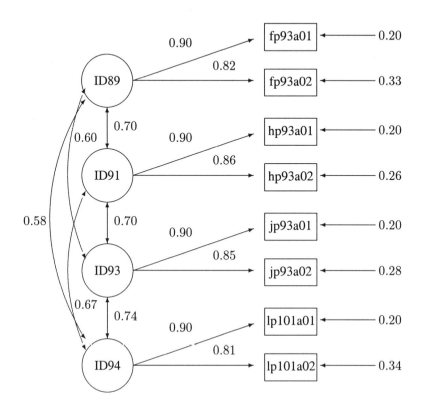

ID = Identität

Die auf der latenten Ebene ermittelten Korrelationen weisen stabile Größen zwischen den Meßzeitpunkten auf. Die Korrelationen nehmen mit zunehmendem Zeitabstand ab, über den Zeitraum von sechs Jahren existiert immerhin noch ein beträchtlicher Zusammenhang zwischen den Identitätskonstrukten ID89 und ID95 (0.58).

6.4.3   Faktorenmodelle für MTMM-Matrizen

Die Konstruktvalidität von Erhebungsinstrumenten läßt sich mit der Technik der Multitrait-Multimethod-Matrix (MTMM-Matrix) untersuchen, wenn mindestens zwei Konstrukte mit unterschiedlichen Methoden gemesssen werden (vgl. die mittlerweile klassische Arbeit von Campbell & Fiske, 1959 und aktuellere Anwendungen in Saris & Münnich, 1995). Für jede Kombination von Konstrukt (*trait*) und Erhebungsmethode (*method*) muß also eine Messung

Tabelle 6.22: Autokorrelationen der Meßfehler der gemessenen Variablen (Variante 2b: Standardisierte Lösung der ML-Parameter)

	fp93a01	fp93a02	hp93a01	hp93a02	jp93a01	jp93a02
fp93a02						
hp93a01	0.027					
hp93a02		0.041				
jp93a01	0.026		0.029			
jp93a02				0.050		
lp101a01					0.025	
lp101a02				0.048		0.072

zur Verfügung stehen. Die Korrelationen zwischen Konstrukt und Erhebungsmethode lassen sich dann in der MTMM-Matrix zusammenstellen. Die Minimalgröße einer MTMM-Matrix ist 4×4: zwei Konstrukte werden mit mindestens je zwei verschiedenen Methoden gemessen (vgl. Tabelle 6.23).

Tabelle 6.23: Minimalgröße einer Multitrait-Multimethod-Matrix

Methode		Interview		Beobachtung	
	Konstrukt	K_1	K_2	K_1	K_2
Interview	K_1	(0.80)			
	K_2	*0.40*	(0.78)		
Beobachtung	K_1	**0.59**	0.25	(0.72)	
	K_2	0.28	**0.50**	*0.34*	(0.70)

() = Werte in klammern (Diagonale) sind Reliabilitätskoeffizienten
xx = Korrelationen, die die konvergente Validität anzeigen
xx = Korrelationen, die die diskriminante Validität anzeigen

Die Korrelation zwischen gleichen Konstrukten, ermittelt durch verschiedene Erhebungsmethoden, wird als *konvergente Validität* bezeichnet. Die Korrelation zwischen verschiedenen Konstrukten, gemessen durch dieselbe Methode, wird als *diskriminante Validität* bezeichnet. Die Meßergebnisse eines Konstruktes sollen demnach möglichst methodenunabhängig sein (Konvergenz), aber gleichzeitig auch zu anderen inhaltlichen Konstrukten ausreichende Differenz aufweisen (Diskriminanz).

Campbell und Fiske (1959) benennen vier Anforderungen an die Koeffizienten der MTMM-Matrix (vgl. jeweils die Werte in Tabelle 6.23):

1. Die Korrelationskoeffizienten sollten nicht zu geringe Werte aufweisen und sich von Null signifikant unterscheiden.

2. Die Korrelationskoeffizienten für unterschiedliche Konstrukte und unterschiedliche Methoden sollten kleiner sein als alle anderen Korrelationen.

3. Korrelationen, die die konvergente Validität anzeigen, sollen höhere Werte aufweisen als die entsprechenden Korrelationen, die diskriminante Validität anzeigen.

4. Das Korrelationsmuster, d. h. die Rangfolge zwischen den Konstrukten bei gleicher Methode, soll für alle Methoden gleich sein.

Die den MTMM-Matrizen zugrundeliegenden Dimensionen können faktorenanalytisch untersucht werden. Da apriori festgelegt wird, daß bestimmte Sachverhalte mit unterschiedlichen Erhebungsmethoden gemessen werden, ist die konfirmatorische Faktorenanalyse das geeignete Instrument, die Messungen auf konvergente und diskriminante Validität zu testen. Ein entsprechend spezifiziertes Faktorenmodell erfordert aber mindestens eine MTMM-Matrix mit drei Messungen und drei Methoden (3 traits × 3 methods-design), um die Parameter identifizieren zu können. Das Modell enthält 6 Faktoren, wobei jede gemessene Variable jeweils einem *trait*-Faktor und einem *method*-Faktor zugeordnet wird. Korrelationen der *trait*-Faktoren und der *method*-Faktoren untereinander werden zugelassen, allerdings keine Korrelationen zwischen *trait*- und *method*-Faktoren (vgl. Marsh, 1989, S. 336; Marsh & Grayson, 1995, S. 181; Maruyama, 1998, S. 150).[72] Abbildung 6.14 zeigt eine übliche Modellierung des konfirmatorischen Faktorenmodells für eine MTMM-Matrix mit drei Messungen (*traits*) und drei Konstrukten (*methods*).

Auf der Basis der allgemeinen Meßgleichung 6.68 kann das Modell in Abbildung 6.14 auch formal spezifiziert werden:

$$
\begin{pmatrix} x_{tr1m1} \\ x_{tr2m1} \\ x_{tr3m1} \\ x_{tr1m2} \\ x_{tr2m2} \\ x_{tr3m2} \\ x_{tr1m3} \\ x_{tr2m3} \\ x_{tr3m3} \end{pmatrix} = \begin{pmatrix} \lambda_{11} & 0 & 0 & \lambda_{14} & 0 & 0 \\ 0 & \lambda_{22} & 0 & \lambda_{24} & 0 & 0 \\ 0 & 0 & \lambda_{33} & \lambda_{34} & 0 & 0 \\ \lambda_{41} & 0 & 0 & 0 & \lambda_{45} & 0 \\ 0 & \lambda_{52} & 0 & 0 & \lambda_{55} & 0 \\ 0 & 0 & \lambda_{63} & 0 & \lambda_{65} & 0 \\ \lambda_{71} & 0 & 0 & 0 & 0 & \lambda_{76} \\ 0 & \lambda_{82} & 0 & 0 & 0 & \lambda_{86} \\ 0 & 0 & \lambda_{93} & 0 & 0 & \lambda_{96} \end{pmatrix} * \begin{pmatrix} \xi_1 \\ \xi_2 \\ \xi_3 \\ \xi_4 \\ \xi_5 \\ \xi_6 \end{pmatrix} + \begin{pmatrix} \delta_1 \\ \delta_2 \\ \delta_3 \\ \delta_4 \\ \delta_5 \\ \delta_6 \\ \delta_7 \\ \delta_8 \\ \delta_9 \end{pmatrix} \quad (6.85)
$$

---

[72] Diese Restriktion wird eher aus technischen und weniger aus inhaltlichen Gründen getroffen, vgl. hierzu die Argumentation bei Kumar und Dillon (1992).

Abbildung 6.14: Konfirmatorisches Faktorenmodell für eine MTMM-Matrix

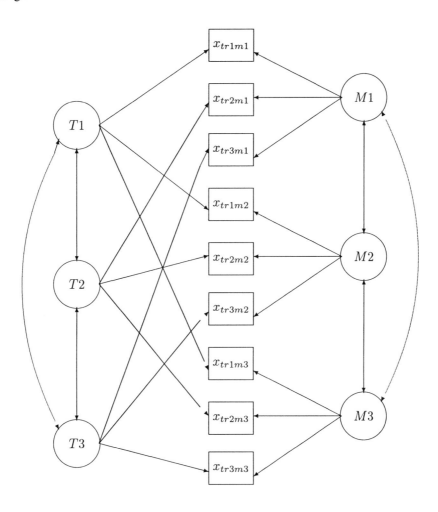

T1, T2, T3 = *trait*-Faktoren
M1, M2, M3 = *method*-Faktoren
Auf die Darstellung der Meßfehler ist aus Gründen der Übersichtlichkeit verzichtet worden.

Das Suffix tr steht hier für *trait*, das Suffix m steht hier für *method*. Die Matrizen Φ und Θ_δ haben für das spezifizierte Faktorenmodell folgende Form:

$$
\Phi = \begin{pmatrix}
\phi_{11} & 0 & 0 & 0 & 0 & 0 \\
\phi_{21} & \phi_{22} & 0 & 0 & 0 & 0 \\
\phi_{31} & \phi_{32} & \phi_{33} & 0 & 0 & 0 \\
0 & 0 & 0 & \phi_{44} & 0 & 0 \\
0 & 0 & 0 & \phi_{54} & \phi_{55} & 0 \\
0 & 0 & 0 & \phi_{64} & \phi_{65} & \phi_{66}
\end{pmatrix}
\tag{6.86}
$$

$$
\Theta_\delta = \begin{pmatrix}
\theta_{\delta_1} & & & & & & & & \\
0 & \theta_{\delta_2} & & & & & & & \\
0 & 0 & \theta_{\delta_3} & & & & & & \\
0 & 0 & 0 & \theta_{\delta_4} & & & & & \\
0 & 0 & 0 & 0 & \theta_{\delta_5} & & & & \\
0 & 0 & 0 & 0 & 0 & \theta_{\delta_6} & & & \\
0 & 0 & 0 & 0 & 0 & 0 & \theta_{\delta_7} & & \\
0 & 0 & 0 & 0 & 0 & 0 & 0 & \theta_{\delta_8} & \\
0 & 0 & 0 & 0 & 0 & 0 & 0 & 0 & \theta_{\delta_9}
\end{pmatrix}
$$

Um das Modell schätzen zu können, müssen - wie bei den besprochenen konfirmatorischen Faktorenmodellen - entweder die Varianzen jeder latenten Variablen auf eine Konstante festgesetzt werden ($\phi_{11} = \phi_{22} = \phi_{33} = \phi_{44} = \phi_{55} = \phi_{66} = 1.0$) oder die latenten Variablen die Skalierung eines ihrer manifesten Variablen übernehmen (vgl. hierzu auch Abschnitt 6.2.2). Die Schätzung dieses Modells wird mit Hilfe eines Beispiels weiter unten verdeutlicht.

Marsh (1989) und Marsh und Bailey (1991) diskutieren alternative Modellierungen für eine MTMM-Matrix und entwickeln eine Taxonomie der Modelle mit allen möglichen Kombinationen der *trait*- und *method*-Faktoren (vgl. Tabelle 6.24). Werden alle Kombinationen modelliert, dann ergeben sich 20 verschiedene Modellvarianten, wobei an dieser Stelle nur die in der Literatur am häufigsten diskutierten Modelle weiter erörtert werden (vgl. die Übersicht in Marsh, 1989, S. 338).

Tabelle 6.24: Taxonomie der Multitrait-Multimethod-Modelle

trait	method
keine *trait*-Faktoren	keine *method*-Faktoren
ein genereller *trait*-Faktor	ein genereller *method*-Faktor
unkorrelierte *trait*-Faktoren	unkorrelierte *method*-Faktoren
korrelierte *trait*-Faktoren	korrelierte *method*-Faktoren
	korrelierte Meßfehler

Hierzu zählen Modelle, die korrelierte *trait*-Faktoren mit korrelierten Meßfehlern kombinieren, aber keine Methodenfaktoren spezifizieren. Die korrelierten Meßfehler modellieren die Varianz zwischen den gemessenen Variablen, die jeweils durch eine Methode erfaßt worden sind. Sind diese Effekte relativ stark, dann ist ein Teil der Variabilität auf die Methoden zurückzuführen. In einem nächsten Schritt können die korrelierten Meßfehler durch Methodenfaktoren ersetzt werden. Dies führt zunächst zu einem Modell mit korrelierten *trait*-Faktoren und unkorrelierten *method*-Faktoren. Wenn die Methodenfaktoren unkorreliert sind, dann ist das Modell äquivalent zum Modell mit korrelierten Meßfehlern. Modelle mit unkorrelierten Methodenfaktoren erzeugen häufig technische Schwierigkeiten bei der Modellschätzung (z. B. Parameterschätzer, die außerhalb des Parameterraumes liegen, negative Fehlervarianzen, extrem hohe Standardfehler). Deshalb werden Modelle mit korrelierten Meßfehlern (ohne Methodenfaktoren) oft bevorzugt (vgl. Marsh, 1989, S. 338 f. und Marsh & Bailey, 1991, S. 49).

Die häufigste Modellierung einer MTMM-Matrix mit konfirmatorischen Faktorenmodellen wird durch korrelierte *trait*-Faktoren und korrelierte *method*-Faktoren vorgenommen. Korrelationen zwischen den *trait*- und *method*-Faktoren werden in der Regel auf Null fixiert, um die Varianzzerlegung nach *trait*-Anteilen und *method*-Anteilen zu ermöglichen (vgl. Kumar & Dillon, 1992). Diese Fixierung entspricht der Modellierung in Abbildung 6.14 und der Formalisierung in den Gleichungen 6.85 und 6.86.

Beispiel

Das folgende Beispiel ist der Arbeit von Marsh und Grayson (1995) entnommen, die eine MTMM-Matrix mit drei Messungen und drei Methoden einer konfirmatorischen Faktorenanalyse unterziehen (vgl. Tabelle 6.25). Die Messungen beziehen sich auf Skalen zur Erfassung von drei unterschiedlichen Selbstkonzepten: ein generelles schulisches Selbstkonzept ($tr1$), ein verbales Selbstkonzept ($tr2$) und ein mathematisches Selbstkonzept ($tr3$). Drei unterschiedliche Erhebungsmethoden ($m1$, $m2$ und $m3$) wurden eingesetzt.

Werden die von Campbell und Fiske (1959) genannten und weiter oben erörterten vier Anforderungen mit den Korrelationskoeffizienten der MTMM-Matrix in Tabelle 6.25 konfrontiert, dann sind folgende Schlußfolgerungen erlaubt:

1. Die Korrelationskoeffizienten weisen alle nicht zu geringe Werte auf und sind deutlich von Null verschieden.

2. Die Korrelationskoeffizienten für unterschiedliche Konstrukte und unterschiedliche Methoden sind alle kleiner als die übrigen Korrelationen.

3. Die neun Korrelationen, die konvergente Validität anzeigen, variieren zwischen 0.54 und 0.87. Diese Korrelationen sind im Durchschnitt höher als die entsprechenden Korrelationen, die diskriminante Validität anzeigen. Deren Werte variieren zwischen 0.02 und 0.59.

Tabelle 6.25: Eine MTMM-Matrix mit drei Messungen und drei Methoden (vgl. Marsh & Grayson, 1995, S. 179)

	Methode 1			Methode 2			Methode 3		
x_{tr1m1}	(0.89)								
x_{tr2m1}	0.384	(0.79)							
x_{tr3m1}	0.441	0.002	(0.92)						
x_{tr1m2}	0.622	0.368	0.353	(0.84)					
x_{tr2m2}	0.438	0.703	0.008	0.441	(0.89)				
x_{tr3m2}	0.465	0.069	0.871	0.424	0.136	(0.95)			
x_{tr1m3}	0.678	0.331	0.478	0.550	0.380	0.513	(0.87)		
x_{tr2m3}	0.458	0.541	0.057	0.381	0.658	0.096	0.584	(0.90)	
x_{tr3m3}	0.414	0.027	0.825	0.372	0.029	0.810	0.592	0.135	(0.94)

$tr1$ = Generelles schulisches Selbstkonzept
$tr2$ = Verbales Selbstkonzept
$tr3$ = Mathematisches Selbstkonzept
$m1$, $m2$, $m3$ = Drei Erhebungsmethoden
Werte in Klammern sind Reliabilitätskoeffizienten der Messungen.

4. Die Korrelationsmuster innerhalb der Konstrukte bei gleicher Methode sind in allen drei Dreiecken der Matrix ähnlich. Generelles schulisches Selbstkonzept ($t1$) korreliert immer höher mit dem verbalen und dem mathematischen Selbstkonzept ($t2$ und $t3$) als verbales und mathematisches Selbstkonzept untereinander.

Damit sind die Anforderungen der Konstruktvalidität für die untersuchten Konstrukte erfüllt. Ein der Abbildung 6.14 entsprechendes konfirmatorisches Faktorenmodell müßte daher mit den Daten in Übereinstimmung gebracht werden können.

Zunächst wird nach der Taxonomie der Multitrait-Multimethod-Modelle (vgl. Tabelle 6.24) jeweils ein konfirmatorisches Faktorenmodell nur mit korrelierten *trait*-Faktoren (ohne *method*-Faktoren) und nur mit korrelierten *method*-Faktoren (ohne *trait*-Faktoren) geschätzt. Erwartungsgemäß werden beide Modelle von den Daten widerlegt (vgl. Nr. 1 und 2 in Tabelle 6.26).

Das dritte Modell enthält korrelierte *trait*-Faktoren und korrelierte Meßfehler zur Ermittlung methodenspezifischer Zusammenhänge zwischen den Konstrukten. Hier zeigt sich eine gute Übereinstimmung zwischen Modell und Daten (vgl. Nr. 3 in Tabelle 6.26). Allerdings sind bedeutende methodenspezifische Residualkorrelationen nur bei der zweiten und dritten Erhebungsmethode zu verzeichnen. Durch den Verzicht auf die Spezifizierung nicht-signifikanter Residualkorrelationen läßt sich hier eine sparsamere Modellierung erreichen.

Im vierten Modell werden die korrelierten Meßfehler durch die Methodenfaktoren ersetzt. Bei unkorrelierten Methodenfaktoren beträgt die Anzahl der Freiheitsgrade auch $df = 15$. Allerdings war mit dieser Spezifikation kein Minimum der Diskrepanzfunktion zu erreichen (vgl.

Abbildung 6.15: Ergebnis des konfirmatorischen Faktorenmodells für eine MTMM-Matrix
(standardisierte Lösung der ML-Parameter)

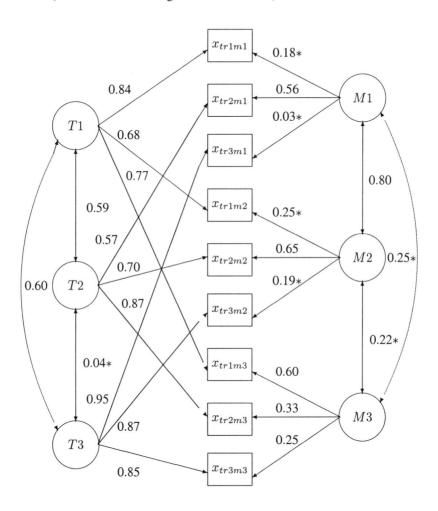

T1 = generelles schulisches Selbstkonzept, T2 = verbales Selbstkonzept, T3 = mathematisches Selbstkonzept; M1, M2, M3 = Unterschiedliche Erhebungsmethoden
* = Koeffizienten sind nicht signifikant

Tabelle 6.26: Überblick über die berechneten konfirmatorischen Faktorenmodelle mit der MTMM-Matrix aus Marsh und Grayson (1995)

Nr.	Modellbeschreibung	χ^2	df	RMSEA	GFI
1	ohne *method*-Faktoren + korrelierte *trait*-Faktoren	54.88	24	0.118	0.887
2	ohne *trait*-Faktoren + korrelierte *method*-Faktoren	279.10	24	0.391	0.535
3	korrelierte *trait*-Faktoren + korrelierte Meßfehler	7.88	15	0.000	0.983
4	korrelierte *trait*-Faktoren + korrelierte *method*-Faktoren	4.86	12	0.000	0.989

auch die Argumentation weiter vorne). Erst bei korrelierten Methodenfaktoren wurde eine gute Übereinstimmung zwischen Modell und Daten erzielt (vgl. Nr. 4 in Tabelle 6.26).[73] Die Parameterschätzungen dieses Modells sind in Abbildung 6.15 eingetragen. Alle Faktorenladungen der *trait*-Faktoren sind höher als die der *method*-Faktoren, was die weiter oben schon angesprochenen Konstruktvalidität der Messungen unterstreicht. Relevante Einflüsse der Methodenfaktoren sind für das verbale Selbstkonzept (x_{tr2m1}, x_{tr2m2} und x_{tr2m3}) zu verzeichnen. Nur für den dritten Methodenfaktor ($M3$) sind alle Faktorenladungen signifikant, was die Ergebnisse des dritten Modells mit den Residualkorrelationen bestätigt.[74]

6.4.4   Faktorenmodelle höherer Ordnung

In den vorhergehenden Abschnitten sind unterschiedliche Faktorenmodelle konzeptualisiert worden, die eine Differenzierung zwischen Meß- und Strukturebene zulassen und neben der Dimensionalität der zugrundeliegenden Messungen eine explizite Zuordnung der Indikatoren zu den Faktoren (latenten Variablen) prüfen. Diese Faktoren werden auch als *first-order latent variables* bezeichnet, die sich wiederum unter generelle Faktoren subsumieren lassen (vgl. Bollen, 1989, S. 313). Ein prominentes Beispiel aus der Sozialpsychologie kann zur Verdeutlichung herangezogen werden. Rosenberg und Hovland (1960) konzeptualisieren Einstellung als ein

---

[73]   Für das dritte und vierte Modell sind die entsprechenden Programmanweisungen für LISREL und EQS im Anhang zu diesem Kapitel zu finden (vgl. Abschnitt 6.5).

[74]   Es ist bei Modell Nr. 4 zu beachten, daß eine Lösung nur mit der Vorgabe von Startwerten zu erreichen ist. Wird mit TSLS-Startwerten (vgl. Jöreskog & Sörbom, 1981, S. 32f.) gearbeitet, dann kann der Iterationsprozeß unverhältnismäßig lange dauern, wobei die standardisierten Parameterschätzungen Werte über 1.0 erreichen können. Es ist davon auszugehen, daß die ML-Lösung dann auf einem lokalen Minimum der Diskrepanzfunktion basiert. Beim dritten Modell führen beide Möglichkeiten (mit und ohne Vorgabe von Startwerten) zu den gleichen Parameterschätzungen.

Konstrukt, das sich aus kognitiven, affektiven und Verhaltens-Komponenten zusammensetzt. Hierbei wird die Einstellung als ein generalisierter Faktor der drei Komponenten betrachtet, die wiederum durch entsprechende Skalen repräsentiert werden. Dieses hierarchische Einstellungsmodell läßt sich prinzipiell durch ein Faktorenmodell höherer Ordnung überprüfen.

Mit Hilfe von Strukturgleichungen lassen sich Faktorenmodelle höherer Ordnung relativ leicht konstruieren, wobei auf Grund der Komplexität mehr als zweistufige Modelle selten vorkommen. Im folgenden wird von einem zweistufigen Modell ausgegangen. Die Meßtheorie dieses Modells wird durch Gleichung 6.87 formalisiert:

$$y_i = \Lambda_{y_i}\eta + \epsilon_i, \quad i = 1, \ldots, q; \tag{6.87}$$

y_i ist der Vektor der gemessenen Variablen (Indikatoren), η ist der Vektor der Faktoren erster Ordnung, während durch Λ_{y_i} die Matrix der Faktorenladungen spezifiziert wird und durch ϵ_i die Meßfehleranteile der manifesten Variablen.

Die Modellierung der Beziehungen zwischen den Faktoren erster und zweiter Ordnung erfolgt durch folgende Strukturgleichung:

$$\eta = \Gamma\xi + \zeta \tag{6.88}$$

ξ ist der Vektor der Faktoren zweiter Ordnung, Γ ist die Matrix der Faktorenladungen zwischen den Faktoren zweiter Ordnung (ξ) und den Faktoren erster Ordnung (η). Im Vektor ζ befinden sich die Residuen für die Faktoren erster Ordnung.[75]

Abbildung 6.16 zeigt ein konfirmatorischen Faktorenmodell mit sechs Faktoren erster Ordnung (η) und deren Messungen (y-Indikatoren) und zwei Faktoren zweiter Ordnung (ξ).

Auf der Basis der Meßgleichung 6.87 und der Strukturgleichung 6.88 läßt sich dieses Modell auch formal spezifizieren:

$$
\begin{pmatrix} y_1 \\ y_2 \\ y_3 \\ y_4 \\ y_5 \\ y_6 \\ y_7 \\ y_8 \\ y_9 \\ y_{10} \\ y_{11} \\ y_{12} \\ y_{13} \end{pmatrix} =
\begin{pmatrix}
\lambda_{11} & 0 & 0 & 0 & 0 & 0 \\
\lambda_{21} & 0 & 0 & 0 & 0 & 0 \\
0 & \lambda_{32} & 0 & 0 & 0 & 0 \\
0 & \lambda_{42} & 0 & 0 & 0 & 0 \\
0 & 0 & \lambda_{53} & 0 & 0 & 0 \\
0 & 0 & \lambda_{63} & 0 & 0 & 0 \\
0 & 0 & 0 & \lambda_{74} & 0 & 0 \\
0 & 0 & 0 & \lambda_{84} & 0 & 0 \\
0 & 0 & 0 & 0 & \lambda_{95} & 0 \\
0 & 0 & 0 & 0 & \lambda_{105} & 0 \\
0 & 0 & 0 & 0 & \lambda_{115} & 0 \\
0 & 0 & 0 & 0 & 0 & \lambda_{126} \\
0 & 0 & 0 & 0 & 0 & \lambda_{136}
\end{pmatrix}
* \begin{pmatrix} \eta_1 \\ \eta_2 \\ \eta_3 \\ \eta_4 \\ \eta_5 \\ \eta_6 \end{pmatrix}
+ \begin{pmatrix} \epsilon_1 \\ \epsilon_2 \\ \epsilon_3 \\ \epsilon_4 \\ \epsilon_5 \\ \epsilon_6 \\ \epsilon_7 \\ \epsilon_8 \\ \epsilon_9 \\ \epsilon_{10} \\ \epsilon_{11} \\ \epsilon_{12} \\ \epsilon_{13} \end{pmatrix} \tag{6.89}
$$

---

[75] Wenn alle Faktoren erster und zweiter Ordnung als ηs spezifiziert werden, dann lautet die Gleichung $\eta = B\eta + \zeta$. In der Matrix B werden dann die Faktorenladungen zwischen den Faktoren erster und zweiter Ordnung spezifiziert, vgl. Bollen (1989, S. 314).

Abbildung 6.16: Konfirmatorisches Faktorenmodell zweiter Ordnung

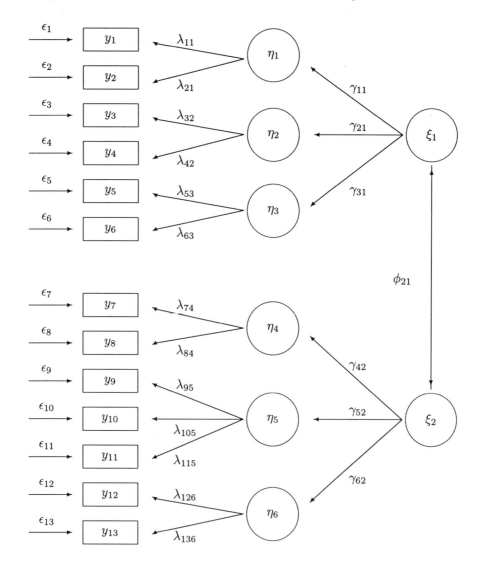

$$\begin{pmatrix} \eta_1 \\ \eta_2 \\ \eta_3 \\ \eta_4 \\ \eta_5 \\ \eta_6 \end{pmatrix} = \begin{pmatrix} \gamma_{11} & 0 \\ \gamma_{21} & 0 \\ \gamma_{31} & 0 \\ 0 & \gamma_{42} \\ 0 & \gamma_{52} \\ 0 & \gamma_{62} \end{pmatrix} * \begin{pmatrix} \xi_1 \\ \xi_2 \end{pmatrix} + \begin{pmatrix} \zeta_1 \\ \zeta_2 \\ \zeta_3 \\ \zeta_4 \\ \zeta_5 \\ \zeta_6 \end{pmatrix} \tag{6.90}$$

Die Fehlervarianzen der gemessenen Variablen werden in der Diagonalen der Matrix Θ_ϵ spezifiziert, die Fehlervarianzen der Faktoren erster Ordnung in der Diagonalen der Matrix Ψ:

$$diag\ \Theta_\epsilon = \begin{bmatrix} \sigma_{\epsilon_1} & \sigma_{\epsilon_2} & \sigma_{\epsilon_3} & \sigma_{\epsilon_4} & \sigma_{\epsilon_5} & \sigma_{\epsilon_6} & \sigma_{\epsilon_7} & \sigma_{\epsilon_8} & \sigma_{\epsilon_9} & \sigma_{\epsilon_{10}} & \sigma_{\epsilon_{11}} & \sigma_{\epsilon_{12}} & \sigma_{\epsilon_{13}} \end{bmatrix}$$
$$\tag{6.91}$$

$$diag\ \Psi = \begin{bmatrix} \psi_{11} \psi_{22} \psi_{33} \psi_{44} \psi_{55} \psi_{66} \end{bmatrix} \tag{6.92}$$

Die Korrelation der beiden Faktoren zweiter Ordnung wird in der Matrix Φ spezifiziert:

$$\Phi = \begin{pmatrix} \phi_{11} & 0 \\ \phi_{21} & \phi_{22} \end{pmatrix} \tag{6.93}$$

Um das Modell schätzen zu können, muß zur Skalierung der Faktoren erster Ordnung jeweils eine Ladung pro latenter Variable in der Matrix Λ_y auf den Wert 1.0 fixiert werden. Desweiteren sind zur Skalierung der Faktoren zweiter Ordnung die entsprechenden Varianzen (ϕ_{11}, ϕ_{22}) auf den Wert 1.0 zu fixieren (vgl. hierzu auch Abschnitt 6.2.2). Die Schätzung dieses Modells wird mit Hilfe von Beispieldaten im weiteren verdeutlicht.

Beispiel

Das folgende Beispiel basiert auf den Arbeiten von Reinecke et al. (1997). Dort wurden im Rahmen der Untersuchung von Verhaltenspräventionsmaßnahmen bei Jugendlichen und jungen Erwachsenen untersucht, inwieweit sich die Theorie des geplanten Verhaltens (vgl. Ajzen, 1988, 1991) jeweils für die Anwendung von Kondomen zur Schwangerschaftsverhütung einerseits und zur Prävention von AIDS bei neuen sexuellen Kontakten andererseits konstruktvalide in einer repräsentativen Untersuchung operationalisieren lassen.[76]

---

[76] Die Studie „AIDS-Prävention und Kontrazeptionsproblematik bei Jugendlichen - Soziale Determinanten und Folgen" ist im Rahmen des Förderschwerpunktes „Sozialwissenschaftliche AIDS-Forschung" vom Bundesministerium für Forschung und Technologie (BMFT) in den Jahren 1991 bis 1993 gefördert worden. Die Studie umfaßt drei quantitative und qualitative Erhebungen in Ost- und Westdeutschland basierend auf schriftlichen Befragungen, die zeitlich jeweils ein Jahr auseinanderliegen. Hier werden nur Daten aus der ersten Befragung verwendet. Inhaltliche Ergebnisse mit der Theorie des geplanten Verhaltens im Längsschnitt sind ausführlich in Reinecke (1997) erörtert. Der Bericht zu allen inhaltlichen Teilen der Studie ist in Plies et al. (1999) zusammengefaßt.

Die Theorie des geplanten Verhaltens (TOPB) umfaßt fünf Konstrukte: Einstellung zum Verhalten, subjektive Norm, wahrgenommene Verhaltenskonstrolle, Verhaltensintention und Verhalten. Ohne auf die weiteren theoretischen Hintergründe der Theorie einzugehen (vgl. hierzu ausführlich Reinecke, 1997, S. 41f.), können die Operationalisierungen für die Einstellung, die subjektive Norm und die wahrgenommene Verhaltenskontrolle jeweils für beide Verhaltensbereiche (Schwangerschaftsverhütung, AIDS-Prävention) auf Konstruktvalidität geprüft werden. Dies kann mit einem konfirmatorischen Faktorenmodell zweiter Ordnung erfolgen, wobei die Faktoren erster Ordnung (η) die Konstrukte der Theorie des geplanten Verhaltens bilden und die Faktoren zweiter Ordnung (ξ) die beiden Verhaltensbereiche (vgl. auch Abbildung 6.16).[77]

Im folgenden werden zunächst die für das Modell verwendeten Items für den Bereich Schwangerschaftsverhütung beschrieben. Bei dem Begriff *Methoden* bzw. *Verhütungsmethoden* sollten die Befragten ihre Einschätzungen bezüglich des Kondoms und der Antibabypille angeben. Für den Modelltest werden nur die Messungen bezüglich der Verwendung von Kondomen berücksichtigt. Die Items sind siebenstufig skaliert, wobei die Skalenendpunkte verbale Bezeichnungen tragen. Alle folgenden Itemformulierungen sind dem Fragebogen für die weiblichen Befragten entnommen:

V 50: *Wie angenehm sind Ihnen persönlich die folgenden Methoden zur Verhütung einer Schwangerschaft?*
        <u>Skala:</u> *sehr unangenehm (1) ... sehr angenehm (7)*

V 53: *Für wie wahrscheinlich halten Sie es, daß die folgenden Verhütungsmethoden Ihr Lustgefühl beeinträchtigen?*
        <u>Skala:</u> *sehr wahrscheinlich (1) ... sehr unwahrscheinlich (7)*

V 55: *Glauben Sie, daß Ihre Eltern bzw. Erziehungsberechtigten befürworten, daß Sie und Ihr Freund/Ehepartner die folgenden Verhütungsmethoden anwenden, oder sind sie eher dagegen?*
        <u>Skala:</u> *sind sehr dagegen (1) ... befürworten das sehr (7)*

V 57: Glauben Sie, daß Ihr Freund/Ehepartner befürwortet, daß Sie beide beim Geschlechtsverkehr die folgenden Verhütungsmethoden anwenden sollten, oder ist er eher dagegen?
        <u>Skala:</u> *ist sehr dagegen (1) ... befürwortet das sehr (7)*

V 47: *Für wie wahrscheinlich halten Sie es, daß Sie gegenwärtig in der Lage sind, folgende Verhütungsmethoden richtig anzuwenden bzw. deren Anwendung zu erreichen?*
        <u>Skala:</u> *sehr unwahrscheinlich (1) ... sehr wahrscheinlich (7)*

---

[77] Die Verhaltensmessung bleibt hier außerhalb der Betrachtung, da diese theoriekonform in der zeitlich nachfolgenden Erhebung ermittelt wird. Die Verhaltensintention wird hier auch nicht weiter berücksichtigt, um das Modell übersichtlich zu halten. Bei der Messung der Verhaltensintention für den Bereich AIDS-Prävention liegt außerdem nur eine Messung vor, vgl. Reinecke (1997, S. 164).

$V\,59$: *Für wie schwierig halten Sie die Anwendung dieser Verhütungsmethoden für sich selbst*
           bzw. für Ihren Freund/Ehepartner?
           <u>Skala</u>: *sehr schwierig (1) ... überhaupt nicht schwierig (7)*

Die ersten beiden Items ($V\,50$, $V\,53$) repäsentieren den Faktor Einstellung zum Verhalten
(Att_{ver}), die beiden folgenden Items ($V\,55$, $V\,57$) messen die subjektive Norm ($Norm_{ver}$)
und die beiden letzten Items ($V\,47$, $V\,59$) die wahrgenommene Verhaltenskontrolle (Pbc_{ver}).

Für den Bereich AIDS-Prävention stehen folgende Operationalisierungen zur Verfügung. Die
Items sind bis auf drei Ausnahmen ($V\,94_A, V\,94_B, V\,94_C$) siebenstufig skaliert, wobei auch die
Skalenendpunkte verbale Bezeichnungen tragen. Zwei Items messen das Konstrukt Einstellung
($Att_{prä}$):

$V\,83_1$: *Wenn Sie an die Anwendung von Kondomen bei neuen sexuellen Kontakten denken:*
           Halten Sie die Anwendung für sehr schlecht (1) ... sehr gut (7).

$V\,83_3$: *Wenn Sie an die Anwendung von Kondomen bei neuen sexuellen Kontakten denken:*
           Halten Sie die Anwendung für gar nicht wünschenswert (1) ... sehr wünschenswert (7).

Zur Messung des Konstruktes subjektive Norm ($Norm_{prä}$) sind die Befragten nach der Ansicht
ihrer drei besten Freunde (andere als ihre Sexualpartner) zu folgenden Items befragt worden:

$V\,94_A, V\,94_B, V\,94_C$: *Sind die Personen A, B, C für die Benutzung von Kondomen bei neuen*
           sexuellen Kontakten?
           <u>Skala</u>: *nein (1), ja (2)*

Zwei Items messen das Konstrukt wahrgenommene Verhaltenskontrolle ($Pbc_{prä}$):

$V\,84$: *Für wie wahrscheinlich halten Sie es, daß Sie gegenwärtig in der Lage sind, bei neuen*
           sexuellen Kontakten Kondome richtig anzuwenden bzw. ihre richtige Anwendung zu
           erreichen?
           <u>Skala</u>: *sehr unwahrscheinlich ... sehr wahrscheinlich*

$V\,85$: *Für wie schwierig halten Sie die Anwendung von Kondomen bei neuen sexuellen*
           Kontakten?
           <u>Skala</u>: *sehr unwahrscheinlich ... sehr wahrscheinlich*

Tabelle 6.27 gibt eine Übersicht über die deskriptiven Statistiken der verwendeten Variablen.
Für den Bereich AIDS-Prävention weisen insbesondere die Verteilungen der Einstellungsvaria-
blen ($V\,83_1$ und $V\,83_3$) relativ starke Abweichungen von der Normalverteilung auf. Dagegen
sind die Variablen für den Bereich Schwangerschaftsverhütung insgesamt weniger schief verteilt (mit Ausnahme der Variablen $V\,47$).

Tabelle 6.27: Deskriptive Statistiken der Variablen zur Operationalisierung der TOPB für die Bereiche Schwangerschaftsverhütung und AIDS-Prävention

Schwangerschaftsverhütung					
Faktor	Variable	$\bar{x}$	s^2	s^3	s^4
Att_{ver}	$V50$	3.792	3.411	-0.036	-1.105
	$V53$	3.461	3.655	0.315	-1.044
$Norm_{ver}$	$V55$	5.836	2.512	-1.388	1.115
	$V57$	4.405	4.363	-0.253	-1.245
Pbc_{ver}	$V47$	5.738	3.161	-1.520	1.266
	$V59$	5.097	2.976	-0.668	-0.530
AIDS-Prävention					
Faktor	Variable	$\bar{x}$	s^2	s^3	s^4
$Att_{prä}$	$V83_1$	5.876	2.411	-1.413	1.178
	$V83_3$	5.632	2.986	-1.186	0.397
$Norm_{Prä}$	$V94_A$	0.862	0.119	-2.105	2.429
	$V94_B$	0.841	0.134	-1.865	1.477
	$V94_C$	0.834	0.138	-1.798	1.233
$Pbc_{prä}$	$V84$	5.390	3.240	-1.034	0.033
	$V85$	4.908	3.301	-0.483	0.887

$\bar{x}$ = Mittelwert; s^2 = Varianz; s^3 = Schiefe; s^4 = Kurtosis

In dem zu überprüfenden Faktorenmodell zweiter Ordnung werden drei Ebenen unterschieden: Die Meßebene mit den gemessenen Variablen (siehe die zweite Spalte in Tabelle 6.27), die Ebene der Faktoren erster Ordnung, die hier die Konstrukte der TOPB getrennt nach den Bereichen Schwangerschaftsverhütung und AIDS-Prävention abbilden (siehe die erste Spalte in Tabelle 6.27), und die Ebene der Faktoren zweiter Ordnung, die gemeinsame inhaltliche Anteile in den Konstrukten der TOPB modellieren. Dabei wird getestet, ob jeder Faktor erster Ordnung durch eine bereichsspezifische Komponente der TOPB dargestellt werden kann und zwei Faktoren zweiter Ordnung auf die Bereiche Schwangerschaftverhütung (Ver) und AIDS-Prävention ($Prä$) zurückzuführen sind (vgl. auch Abbildung 6.17). Diese Spezifikation ist recht gut mit den Daten vereinbar ($\chi^2 = 154.84$ mit $df = 58$, $RMSEA = 0.046$).

Bei der detaillierten Betrachtung der Ergebnisse zeigt sich aber, daß zwischen den einzelnen Variablen der wahrgenommenen Verhaltenskontrolle ($V47$, $V59$, $V84$, $V85$) empirisch mehr gemeinsame Varianz besteht, als das Modell aufklären kann. Die Spezifikation dieser gemeinsamen Varianz über Residualkovarianzen (standardisiert Residualkorrelationen, vgl. Abschnitt

Abbildung 6.17: Konfirmatorisches Faktorenmodell zweiter Ordnung zur Prüfung der Konstruktvalidität von Messungen der TOPB für zwei Verhaltensbereiche
(standardisierte Lösung der ML-Parameter)

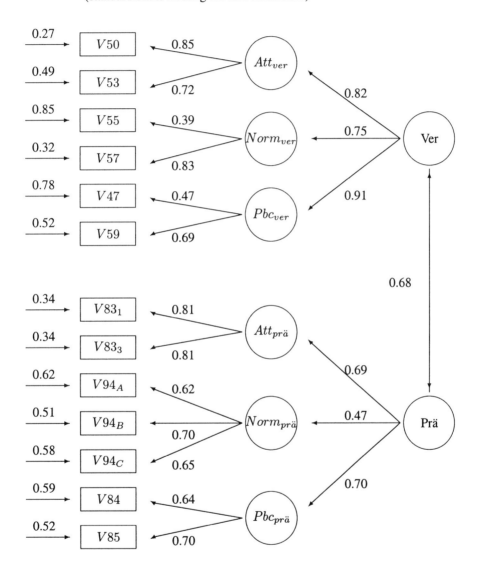

Ver = Verhütung; Prä = Prävention

6.4.1) führt zu einer signifikanten Verbesserung der Modellanpassung ($\chi^2 = 109.12$ mit $df = 54$, $RMSEA = 0.036$).[78]

Die signifikanten Residualkorrelationen zwischen den Variablen der wahrgenommenen Verhaltenskontrolle (vgl. Tabelle 6.28) weisen auf die Evidenz einer gemeinsamen Hintergrundvariablen hin, die in dem Faktorenmodell zweiter Ordnung nicht spezifiziert wurde. Daher kann das Faktorenmodell zweiter Ordnung die empirischen Korrelationen zwischen den Variablen der wahrgenommenen Verhaltenskontrolle nur über Residualkorrelationen zufriedenstellend reproduzieren. Inhaltlich kann die Hintergrundvariable Hinweise auf die Gemeinsamkeit der Messungen der wahrgenommenen Verhaltenskontrolle für beide Bereiche Schwangerschaftverhütung (Ver) und AIDS-Prävention ($Prä$) geben.

Tabelle 6.28: Residualkorrelationen zwischen den Variablen der wahrgenommenen Verhaltenskontrolle

Bereiche	AIDS-Prävention		
	Variablen	$V84$	$V85$
Schwanger-schafts-verhütung	$V47$	0.15 (4.53)	0.07 (2.38)
	$V59$	0.14 (4.28)	0.16 (5.06)

z-Werte sind in Klammern angegeben.

Das Ergebnis in Abbildung 6.17 verdeutlicht, daß die zwei Konzeptualisierungen der TOPB simultan mit Hilfe eines Faktorenmodells zweiter Ordnung getestet werden können. Die zwei Faktoren zweiter Ordnung sind auf die abgefragten Themenbereiche Schwangerschaftsverhütung (Ver) und AIDS-Prävention ($Prä$) zurückzuführen. Die Korrelation zwischen diesen beiden Faktoren hat eine zufriedenstellende Größe (0.68) und unterstreicht die dargestellte Zwei-Faktorenlösung. Die erklärten Varianzen für die Faktoren erster Ordnung bewegen sich zwischen 22% und 83%. Die erklärten Varianzen betragen durchschnittlich 69% für den Bereich Schwangerschaftsvehütung und 39% für den Bereich AIDS-Prävention.[79]

Betrachtet man das konfirmatorische Faktorenmodell zweiter Ordnung nach dem Konzept des Multitrait-Multimethod-Designs (vgl. Abschnitt 6.4.3), so können die Faktoren zweiter Ordnung als Methodenfaktoren und die Faktoren erster Ordnung als Trait-Faktoren interpretiert werden. Die Korrelationen zwischen den Konstrukten innerhalb der Bereiche Schwangerschaftsverhütung und AIDS-Prävention sind in der Regel größer als die Korrelationen der

---

[78]   Die Programmanweisungen für LISREL und EQS sind im Anhang zu diesem Kapitel zu finden (vgl. Abschnitt 6.5).

[79]   Wenn mit einer Eingabematrix bestehend aus polychorischen Korrelationen (vgl. zur Berechnung Kapitel 4) gearbeitet wird, dann liegen die Werte etwas höher. Substantiell ändert sich aber nichts an der Interpretation des Modells (vgl. hierzu Reinecke et al., 1997).

Konstrukte zwischen den Bereichen (vgl. Tabelle 6.29). Die Bedingungen für die diskriminante Validität sind damit erfüllt. Die Muster der Korrelationen innerhalb der Bereiche sind ähnlich, auch wenn für den Bereich AIDS-Prävention die Korrelationskoeffizienten insgesamt geringer sind. Die Bedingungen für die konvergente Validität können mit einigen Einschränkungen als erfüllt angesehen werden.

Tabelle 6.29: Geschätzte bivariate Korrelationen der Faktoren erster Ordnung

Faktor	Schwangerschaftsverhütung			AIDS-Prävention		
	Att_{ver}	$Norm_{ver}$	Pbc_{ver}	$Att_{prä}$	$Norm_{prä}$	$Pbc_{prä}$
Att_{ver}	1.000					
$Norm_{ver}$	0.612	1.000				
Pbc_{ver}	0.745	0.685	1.000			
$Att_{prä}$	0.380	0.349	0.425	1.000		
$Norm_{prä}$	0.261	0.240	0.292	0.322	1.000	
$Pbc_{prä}$	0.385	0.354	0.431	0.477	0.327	1.000

Mit einem konfirmatorischen Faktorenmodell zweiter Ordnung läßt sich demnach die Konstruktvalidität für ein theoretisches Konzept überprüfen, das innerhalb einer Untersuchung für zwei Anwendungsbereiche operationalisiert wurde. Weitere Beispiele aus der Psychologie zeigt Byrne (1994; 2001, S. 120f.) und aus der Medizin Papa et al. (1997).

6.5 Anhang: Programmspezifikationen zu den Meß- und Faktorenmodellen

6.5.1 Meßmodelle

Bei den Eingabespezifikationen für LISREL sind nur die Input-Files für die Schätzung mit der ML-Methode angegeben. Für die Berechnungen mit der WLS-Methode muß zuerst aus dem Rohdatenfile (POL.DAT) mit PRELIS die asymptotische Varianz-/Kovarianzmatrix berechnet und diese dann mit der empirischen Kovarianzmatrix in LISREL eingelesen werden. In der Zeile *Options* wird ME=ML durch ME=WLS ersetzt. Bei EQS erfolgt die Berechnung der asymptotische Varianz-/Kovarianzmatrix über das Einlesen der Rohdaten. Daher sind Berechnungen mit der ML- und WLS-Methode in einem File möglich. Die WLS-Methode wird in EQS als AGLS bezeichnet (vgl. Abschnitt 6.1.4.3)[80].

In den folgenden Tabellen 6.30 und 6.31 sind die Spezifikationen des *parallelen* Meßmodells für die latente Variable *legale politische Aktivitäten* aufgeführt (vgl. Tabelle 6.5).

Tabelle 6.30: Spezifikation des *parallelen* Meßmodells mit drei Variablen (LISREL)

```
Paralleles Messmodell: legale politische Aktivitaeten
(ML-Methode)
Observed Variables
V135 V136 V137
Sample Size: 3124
Covariance Matrix
2.995
1.953  3.146
1.693  2.333  3.859
Latent Variables
Legakt
Relationships
V135 = Legakt
V136 = Legakt
V137 = Legakt
Set path from Legakt to V135 equal to path from Legakt to V136
Set path from Legakt to V136 equal to path from Legakt to V137
Set the error variance of V135 equal to V136
Set the error variance of V136 equal to V137
Options: SC RS ND=3 MI ME=ML
End of Problem
```

---

[80]   Die hier dokumentierten Programmspezifikationen können unter http://www.oldenbourg.de/verlag unter dem Link „Downloads" abgerufen werden

Tabelle 6.31: Spezifikation des *parallelen* Meßmodells mit drei Variablen (EQS)

```
/TITLE
Paralleles Messmodell: legale politische Aktivitaeten
(ML/WLS-Schaetzmethode)
/SPECIFICATIONS
CASES=3124; VAR=11; ME=ML, AGLS;
MA=RAW;
DATA='POL.DAT';
/LABELS ;
V1=V134 ; V2=V135 ; V3=V136 ; V4=V137 ; V5=V138 ;
V6=V139 ; V7=V140 ; V8=V141 ; V9=V142 ; V10=V143; V11=V144;
F1=Legakt;
/EQUATIONS
V2 = .5*F1    + E1;
V3 = .5*F1    + E2;
V4 = .5*F1    + E3;
/VARIANCES
F1 =1.0;
E1 TO E3=.8*;
/CONSTRAINTS
(V2,F1) = (V3,F1) = (V4,F1);
(E1,E1) = (E2,E2) = (E3,E3);
/WTEST
/LMTEST
/PRINT
COVARIANCE=YES; CORRELATION=YES;
PARAMETER=YES; FIT=ALL;
/END
```

In den folgenden Tabellen 6.32 und 6.33 sind die Spezifikationen des *parallelen* Meßmodells für die latente Variable *illegale politische Aktivitäten* aufgeführt (vgl. Tabelle 6.5).

Tabelle 6.32: Spezifikation des *parallelen* Meßmodells mit drei Variablen (LISREL)

```
Paralleles Messmodell: illegale politische Aktivitaeten
(ML-Methode)
Observed Variables
V138 V139 V144
Sample Size: 3124
Covariance Matrix
2.317
1.415  1.830
1.303  1.355  2.174
Latent Variables
```

```
Illakt
Relationships
V138 = Illakt
V139 = Illakt
V144 = Illakt
Set path from Illakt to V138 equal to path from Illakt to V139
Set path from Illakt to V139 equal to path from Illakt to V144
Set the error variance of V138 equal to V139
Set the error variance of V139 equal to V144
Options: SC RS ND=3 MI ME=ML
End of Problem
```

Tabelle 6.33: Spezifikation des *parallelen* Meßmodells mit drei Variablen (EQS)

```
/TITLE
Paralleles Messmodell: illegale politische Aktivitaeten
(ML/WLS-Schaetzmethode)
/SPECIFICATIONS
CASES=3124; VAR=11; ME=ML, AGLS;
MA=RAW;
DATA='POL.DAT';
/LABELS ;
V1=V134 ; V2=V135 ; V3=V136 ; V4=V137 ; V5=V138 ;
V6=V139 ; V7=V140 ; V8=V141 ; V9=V142 ; V10=V143; V11=V144;
F1=Legakt;
/EQUATIONS
V5  = .5*F1    + E1;
V6  = .5*F1    + E2;
V11 = .5*F1    + E3;
/VARIANCES
F1 =1.0;
E1 TO E3=.8*;
/CONSTRAINTS
(V5,F1) = (V6,F1) = (V11,F1);
(E1,E1) = (E2,E2) = (E3,E3);
/WTEST
/LMTEST
/PRINT
COVARIANCE=YES; CORRELATION=YES;
PARAMETER=YES; FIT=ALL;
/END
```

In den folgenden Tabellen 6.34 und 6.35 sind die Spezifikationen des *τ-äquivalenten* Meßmodells für die latente Variable *legale politische Aktivitäten* aufgeführt (vgl. Tabelle 6.5).

Tabelle 6.34: Spezifikation des *τ-äquivalenten* Meßmodells mit drei Variablen (LISREL)

```
Tau-aequivalentes Messmodell: legale politische Aktivitaeten
(ML-Methode)
Observed Variables
V135 V136 V137
Sample Size: 3124
Covariance Matrix
2.995
1.953   3.146
1.693   2.333   3.859
Latent Variables
Legakt
Relationships
V135 = Legakt
V136 = Legakt
V137 = Legakt
Set path from Legakt to V135 equal to path from Legakt to V136
Set path from Legakt to V136 equal to path from Legakt to V137
Options: SC RS ND=3 MI ME=ML
End of Problem
```

Tabelle 6.35: Spezifikation des *τ-äquivalenten* Meßmodells mit drei Variablen (EQS)

```
/TITLE
Tau-aequivalentes Messmodell: legale politische Aktivitaeten
(ML/WLS-Schaetzmethode)
/SPECIFICATIONS
CASES=3124; VAR=11; ME=ML, AGLS;
MA=RAW;
DATA='POL.DAT';
/LABELS ;
V1=V134 ; V2=V135 ; V3=V136 ; V4=V137 ; V5=V138 ;
V6=V139 ; V7=V140 ; V8=V141 ; V9=V142 ; V10=V143; V11=V144;
F1=Legakt;
/EQUATIONS
V2 = .5*F1   + E1;
V3 = .5*F1   + E2;
V4 = .5*F1   + E3;
/VARIANCES
F1 =1.0;
E1 TO E3=.8*;
/CONSTRAINTS
```

```
(V2,F1) = (V3,F1) = (V4,F1);
/WTEST
/LMTEST
/PRINT
COVARIANCE=YES; CORRELATION=YES;
PARAMETER=YES; FIT=ALL;
/END
```

In den folgenden Tabellen 6.36 und 6.37 sind die Spezifikationen des *τ-äquivalenten* Meßmodells für die latente Variable *illegale politische Aktivitäten* aufgeführt (vgl. Tabelle 6.5).

Tabelle 6.36: Spezifikation des *τ-äquivalenten* Meßmodells mit drei Variablen (LISREL)

```
Tau-aequivalentes Messmodell: illegale politische Aktivitaeten
(ML-Methode)
Observed Variables
V138 V139 V144
Sample Size: 3124
Covariance Matrix
2.317
1.415  1.830
1.303  1.355  2.174
Latent Variables
Illakt
Relationships
V138 = Illakt
V139 = Illakt
V144 = Illakt
Set path from Illakt to V138 equal to path from Illakt to V139
Set path from Illakt to V139 equal to path from Illakt to V144
Options: SC RS ND=3 MI ME=ML
End of Problem
```

Tabelle 6.37: Spezifikation des *τ-äquivalenten* Meßmodells mit drei Variablen (EQS)

```
/TITLE
Tau-aequivalentes Messmodell: illegale politische Aktivitaeten
(ML/WLS-Schaetzmethode)
/SPECIFICATIONS
CASES=3124; VAR=11; ME=ML, AGLS;
MA=RAW;
```

```
DATA='POL.DAT';
/LABELS ;
V1=V134 ; V2=V135 ; V3=V136 ; V4=V137 ; V5=V138 ;
V6=V139 ; V7=V140 ; V8=V141 ; V9=V142 ; V10=V143; V11=V144;
F1=Legakt;
/EQUATIONS
V5 = .5*F1    + E1;
V6 = .5*F1    + E2;
V11 = .5*F1    + E3;
/VARIANCES
F1 =1.0;
E1 TO E3=.8*;
/CONSTRAINTS
(V5,F1) = (V6,F1) = (V11,F1);
/WTEST
/LMTEST
/PRINT
COVARIANCE=YES; CORRELATION=YES;
PARAMETER=YES; FIT=ALL;
/END
```

In den folgenden Tabellen 6.38 und 6.39 sind die Spezifikationen des *kongenerischen* Meßmodells für die latente Variable *legale politische Aktivitäten* aufgeführt (vgl. Tabelle 6.5).

Tabelle 6.38: Spezifikation des *kongenerischen* Meßmodells mit drei Variablen (LISREL)

```
Kongenerisches Messmodell: legale politische Aktivitaeten
(ML-Methode)
Observed Variables
V135 V136 V137
Sample Size: 3124
Covariance Matrix
2.995
1.953  3.146
1.693  2.333  3.859
Latent Variables
Legakt
Relationships
V135 = Legakt
V136 = Legakt
V137 = Legakt
Options: SC RS ND=3 MI ME=ML
End of Problem
```

Tabelle 6.39: Spezifikation des *kongenerischen* Meßmodells mit drei Variablen (EQS)

```
/TITLE
Kongenerisches Messmodell: legale politische Aktivitaeten
(ML/WLS-Schaetzmethode)
/SPECIFICATIONS
CASES=3124; VAR=11; ME=ML, AGLS;
MA=RAW;
DATA='POL.DAT';
/LABELS ;
V1=V134 ; V2=V135 ; V3=V136 ; V4=V137 ; V5=V138 ;
V6=V139 ; V7=V140 ; V8=V141 ; V9=V142 ; V10=V143; V11=V144;
F1=Legakt;
/EQUATIONS
V2 = .5*F1    + E1;
V3 = .5*F1    + E2;
V4 = .5*F1    + E3;
/VARIANCES
F1 =1.0;
E1 TO E3=.8*;
/WTEST
/LMTEST
/PRINT
COVARIANCE=YES; CORRELATION=YES;
PARAMETER=YES; FIT=ALL;
/END
```

In den folgenden Tabellen 6.40 und 6.41 sind die Spezifikationen des *kongenerischen* Meßmodells für die latente Variable *illegale politische Aktivitäten* aufgeführt (vgl. Tabelle 6.5).

Tabelle 6.40: Spezifikation des *kongenerischen* Meßmodells mit drei Variablen (LISREL)

```
Kongenerisches Messmodell: illegale politische Aktivitaeten
(ML-Methode)
Observed Variables
V138 V139 V144
Sample Size: 3124
Covariance Matrix
2.317
1.415  1.830
1.303  1.355  2.174
Latent Variables
Illakt
Relationships
V138 = Illakt
```

```
V139 = Illakt
V144 = Illakt
Set path from Illakt to V138 equal to path from Illakt to V144
Options: SC RS ND=3 MI ME=ML
End of Problem
```

Tabelle 6.41: Spezifikation des *kongenerischen* Meßmodells mit drei Variablen (EQS)

```
/TITLE
Kongenerisches Messmodell: illegale politische Aktivitaeten
(ML/WLS-Schaetzmethode)
/SPECIFICATIONS
CASES=3124; VAR=11; ME=ML, AGLS;
MA=RAW;
DATA='POL.DAT';
/LABELS ;
V1=V134 ; V2=V135 ; V3=V136 ; V4=V137 ; V5=V138 ;
V6=V139 ; V7=V140 ; V8=V141 ; V9=V142 ; V10=V143; V11=V144;
F1=Legakt;
/EQUATIONS
V5 = .5*F1   + E1;
V6 = .5*F1   + E2;
V11 = .5*F1   + E3;
/VARIANCES
F1 =1.0;
E1 TO E3=.8*;
/CONSTRAINTS
(V5,F1) = (V11,F1);
/WTEST
/LMTEST
/PRINT
COVARIANCE=YES; CORRELATION=YES;
PARAMETER=YES; FIT=ALL;
/END
```

6.5.2   Faktorenmodelle

In den folgenden Tabellen 6.42, 6.43, 6.44 und 6.45 sind die Spezifikationen der konfirmatorischen Faktorenmodelle für die latenten Variablen *Empathie* und *Bestrafung* aufgeführt (vgl. Tabelle 6.12) .

Tabelle 6.42: Spezifikation des konfirmatorischen Faktorenmodells (LISREL)

```
Konfirmatorisches Faktorenmodell: Empathie und Bestrafung
(ML-Methode)
Observed Variables
E0004 E0006 E0008
E0011 E0012 E0013
Sample Size: 1802
Covariance Matrix
 0.634
 0.362    0.708
 0.380    0.433    0.776
-0.022    0.005    0.025    0.797
-0.031    0.004   -0.018    0.416    0.727
-0.050   -0.011   -0.027    0.292    0.314    0.572
Latent Variables
Empathie Bestrafung
Relationships
E0004 = Empathie
E0006 = Empathie
E0008 = Empathie
E0011 = Bestrafung
E0012 = Bestrafung
E0013 = Bestrafung
Options: SC RS MR ND=3 PT MI ME=ML
End of Problem
```

Tabelle 6.43: Spezifikation des konfirmatorischen Faktorenmodells (LISREL)

```
Konfirmatorisches Faktorenmodell: Empathie und Bestrafung
(WLS-Methode)
Observed Variables
E0004 E0006 E0008
E0011 E0012 E0013
Sample Size: 1802
Covariance Matrix from file Erz1.cm
Asymptotic Covariance Matrix from file Erzcm1.ac
Latent Variables
Empathie Bestrafung
```

```
Relationships
E0004 = Empathie
E0006 = Empathie
E0008 = Empathie
E0011 = Bestrafung
E0012 = Bestrafung
E0013 = Bestrafung
Options: SC RS MR ND=3 PT MI ME=WLS
End of Problem
```

Tabelle 6.44: Spezifikation des konfirmatorischen Faktorenmodells (EQS)

```
/TITLE
Konfirmatorisches Faktorenmodell: Empathie und Bestrafung
(ML-Methode)
/SPECIFICATIONS
CASES=1942; VAR=15; ME=ML, Robust;
MC=999;
MI=COMPLETE;
MA=RAW;
DATA='ERZ.DAT';
/LABELS ;
V1=E0001; V2=E0003; V3=E0004; V4=E0006; V5=E0008;
V6=E0010; V7=E0011; V8=E0012; V9=E0013; V10=E0017;
V11=E0018; V12=E0020; V13=E0021; V14=E0022; V15=E0023;
F1=Empathie;
F2=Bestrafung;
/EQUATIONS
V3 = .5*F1    + E3;
V4 = .5*F1    + E4;
V5 = .5*F1    + E5;
V7 = .5*F2    + E7;
V8 = .5*F2    + E8;
V9 = .5*F2    + E9;
/VARIANCES
F1 = 1.0;
F2 = 1.0;
E3 TO E5=.8*;
E7 TO E9=.8*;
/COVARIANCES
F1, F2 = *;
/WTEST
/LMTEST
/PRINT
COVARIANCE=YES; CORRELATION=YES;
PARAMETER=YES; FIT=ALL;
/END
```

Tabelle 6.45: Spezifikation des konfirmatorischen Faktorenmodells (EQS)

```
/TITLE
Konfirmatorisches Faktorenmodell: Empathie und Bestrafung
(WLS-Methode)
/SPECIFICATIONS
CASES=1942; VAR=15; ME=AGLS;
MC=999;
MI=COMPLETE;
MA=RAW;
DATA='ERZ.DAT';
/LABELS ;
V1=E0001; V2=E0003; V3=E0004; V4=E0006; V5=E0008;
V6=E0010; V7=E0011; V8=E0012; V9=E0013; V10=E0017;
V11=E0018; V12=E0020; V13=E0021; V14=E0022; V15=E0023;
F1=Empathie;
F2=Bestrafung;
/EQUATIONS
V3 = .5*F1    + E3;
V4 = .5*F1    + E4;
V5 = .5*F1    + E5;
V7 = .5*F2    + E7;
V8 = .5*F2    + E8;
V9 = .5*F2    + E9;
/VARIANCES
F1 = 1.0;
F2 = 1.0;
E3 TO E5=.8*;
E7 TO E8=.8*;
/COVARIANCES
F1, F2 = *;
/WTEST
/LMTEST
/PRINT
COVARIANCE=YES; CORRELATION=YES;
PARAMETER=YES; FIT=ALL;
/END
```

In den folgenden Tabellen 6.46, 6.47, 6.48 und 6.49 sind die Spezifikationen der konfirmatorischen Faktorenmodelle für die latenten Variablen *Bestrafung* und *Mißhandlung* aufgeführt (vgl. Tabelle 6.12).

Tabelle 6.46: Spezifikation des konfirmatorischen Faktorenmodells (LISREL)

```
Konfirmatorisches Faktorenmodell: Bestrafung und Misshandlung
(ML-Methode)
Observed Variables
E0011 E0012 E0013
E0020 E0021 E0023
Sample Size: 1824
Covariance Matrix
0.793
0.410  0.717
0.292  0.308  0.570
0.122  0.163  0.185  0.340
0.132  0.148  0.177  0.276  0.328
0.101  0.124  0.160  0.229  0.239  0.285
Latent Variables
Bestrafung Misshandlung
Relationships
E0011 = Bestrafung
E0012 = Bestrafung
E0013 = Bestrafung
E0020 = Misshandlung
E0021 = Misshandlung
E0023 = Misshandlung
Options: SC RS MR ND=3 PT MI ME=ML
End of Problem
```

Tabelle 6.47: Spezifikation des konfirmatorischen Faktorenmodells (LISREL)

```
Konfirmatorisches Faktorenmodell: Empathie und Bestrafung
(WLS-Methode)
Observed Variables
E0011 E0012 E0013
E0020 E0021 E0023
Sample Size: 1824
Covariance Matrix from file Erz2.cm
Asymptotic Covariance Matrix from file Erzcm2.ac
Latent Variables
Bestrafung Misshandlung
Relationships
```

```
E0011 = Bestrafung
E0012 = Bestrafung
E0013 = Bestrafung
E0020 = Misshandlung
E0021 = Misshandlung
E0023 = Misshandlung
Options: SC RS MR ND=3 PT MI ME=WLS
End of Problem
```

Tabelle 6.48: Spezifikation des konfirmatorischen Faktorenmodells (EQS)

```
/TITLE
Konfirmatorisches Faktorenmodell: Bestrafung und Misshandlung
(ML-Methode)
/SPECIFICATIONS
CASES=1942; VAR=15; ME=ML, Robust;
MC=999;
MI=COMPLETE;
MA=RAW;
DATA='ERZ.DAT';
/LABELS ;
V1=E0001; V2=E0003; V3=E0004; V4=E0006; V5=E0008;
V6=E0010; V7=E0011; V8=E0012; V9=E0013; V10=E0017;
V11=E0018; V12=E0020; V13=E0021; V14=E0022; V15=E0023;
F2=Bestrafung;
F3=Misshandlung;
/EQUATIONS
V7  = .5*F2   + E7;
V8  = .5*F2   + E8;
V9  = .5*F2   + E9;
V12 = .5*F3   + E12;
V13 = .5*F3   + E13;
V15 = .5*F3   + E15;
/VARIANCES
F2 = 1.0;
F3 = 1.0;
E7 TO E9 = .8*;
E12, E13, E15 = .8*;
/COVARIANCES
F2, F3 = *;
/WTEST
/LMTEST
/PRINT
COVARIANCE=YES; CORRELATION=YES;
PARAMETER=YES; FIT=ALL;
/END
```

Tabelle 6.49: Spezifikation des konfirmatorischen Faktorenmodells (EQS)

```
/TITLE
Konfirmatorisches Faktorenmodell: Bestrafung und Misshandlung
(WLS-Methode)
/SPECIFICATIONS
CASES=1942; VAR=15; ME=AGLS;
MC=999;
MI=COMPLETE;
MA=RAW;
DATA='ERZ.DAT';
/LABELS ;
V1=E0001; V2=E0003; V3=E0004; V4=E0006; V5=E0008;
V6=E0010; V7=E0011; V8=E0012; V9=E0013; V10=E0017;
V11=E0018; V12=E0020; V13=E0021; V14=E0022; V15=E0023;
F2=Bestrafung;
F3=Misshandlung;
/EQUATIONS
V7  = .5*F2   + E7;
V8  = .5*F2   + E8;
V9  = .5*F2   + E9;
V12 = .5*F3   + E12;
V13 = .5*F3   + E13;
V15 = .5*F3   + E15;
/VARIANCES
F2  = 1.0;
F3  = 1.0;
E7 TO E9 = .8*;
E12, E13, E15 = .8*;
/COVARIANCES
F2, F3 = *;
/WTEST
/LMTEST
/PRINT
COVARIANCE=YES; CORRELATION=YES;
PARAMETER=YES; FIT=ALL;
/END
```

In den folgenden Tabellen 6.50, 6.51, 6.52 und 6.53 sind die Spezifikationen der konfirmatorischen Faktorenmodelle für die latenten Variablen *Empathie* und *Mißhandlung* aufgeführt (vgl. Tabelle 6.12).

Tabelle 6.50: Spezifikation des konfirmatorischen Faktorenmodells (LISREL)

```
Konfirmatorisches Faktorenmodell: Empathie und Misshandlung
(ML-Methode)
Observed Variables
E0004 E0006 E0008
E0020 E0021 E0023
Sample Size: 1820
Covariance Matrix
 0.630
 0.357   0.715
 0.377   0.442   0.779
-0.065  -0.043  -0.060   0.355
-0.067  -0.044  -0.051   0.289   0.338
-0.038  -0.030  -0.051   0.231   0.245   0.294
Latent Variables
Empathie Misshandlung
Relationships
E0004 = Empathie
E0006 = Empathie
E0008 = Empathie
E0020 = Misshandlung
E0021 = Misshandlung
E0023 = Misshandlung
Options: SC RS MR ND=3 PT MI ME=ML
End of Problem
```

Tabelle 6.51: Spezifikation des konfirmatorischen Faktorenmodells (LISREL)

```
Konfirmatorisches Faktorenmodell: Empathie und Misshandlung
(WLS-Methode)
Observed Variables
E0004 E0006 E0008
E0020 E0021 E0023
Sample Size: 1820
Covariance Matrix from file Erz3.cm
Asymptotic Covariance Matrix from file Erzcm3.ac
Latent Variables
Empathie Misshandlung
Relationships
```

```
E0004 = Empathie
E0006 = Empathie
E0008 = Empathie
E0020 = Misshandlung
E0021 = Misshandlung
E0023 = Misshandlung
Options: SC RS MR ND=3 PT MI ME=WLS
End of Problem
```

Tabelle 6.52: Spezifikation des konfirmatorischen Faktorenmodells (EQS)

```
/TITLE
Konfirmatorisches Faktorenmodell: Empathie und Misshandlung
(ML-Methode)
/SPECIFICATIONS
CASES=1942; VAR=15; ME=ML, Robust;
MC=999;
MI=COMPLETE;
MA=RAW;
DATA='ERZ.DAT';
/LABELS ;
V1=E0001; V2=E0003; V3=E0004; V4=E0006; V5=E0008;
V6=E0010; V7=E0011; V8=E0012; V9=E0013; V10=E0017;
V11=E0018; V12=E0020; V13=E0021; V14=E0022; V15=E0023;
F1=Empathie;
F3=Misshandlung;
/EQUATIONS
V3  = .5*F1    + E3;
V4  = .5*F1    + E4;
V5  = .5*F1    + E5;
V12 = .5*F3    + E12;
V13 = .5*F3    + E13;
V15 = .5*F3    + E15;
/VARIANCES
F1 = 1.0;
F3 = 1.0;
E3 TO E5 = .8*;
E12, E13, E15 = .8*;
/COVARIANCES
F1, F3 = *;
/WTEST
/LMTEST
/PRINT
COVARIANCE=YES; CORRELATION=YES;
PARAMETER=YES; FIT=ALL;
/END
```

Tabelle 6.53: Spezifikation des konfirmatorischen Faktorenmodells (EQS)

```
/TITLE
Konfirmatorisches Faktorenmodell: Empathie und Misshandlung
(WLS-Methode)
/SPECIFICATIONS
CASES=1942; VAR=15; ME=AGLS;
MC=999;
MI=COMPLETE;
MA=RAW;
DATA='ERZ.DAT';
/LABELS ;
V1=E0001; V2=E0003; V3=E0004; V4=E0006; V5=E0008;
V6=E0010; V7=E0011; V8=E0012; V9=E0013; V10=E0017;
V11=E0018; V12=E0020; V13=E0021; V14=E0022; V15=E0023;
F1=Empathie;
F3=Misshandlung;
/EQUATIONS
V3  = .5*F1    + E3;
V4  = .5*F1    + E4;
V5  = .5*F1    + E5;
V12 = .5*F3    + E12;
V13 = .5*F3    + E13;
V15 = .5*F3    + E15;
/VARIANCES
F1 = 1.0;
F3 = 1.0;
E3 TO E5 = .8*;
E12, E13, E15 = .8*;
/COVARIANCES
F1, F3 = *;
/WTEST
/LMTEST
/PRINT
COVARIANCE=YES; CORRELATION=YES;
PARAMETER=YES; FIT=ALL;
/END
```

In den folgenden Tabellen 6.54 und 6.55 sind die Spezifikationen der Variante 3 des multiplen Gruppenvergleichs für die latenten Variablen *Empathie* und *Bestrafung* aufgeführt (vgl. Tabelle 6.16).

Tabelle 6.54: Spezifikation der Variante 3 (LISREL)

```
Group1: Empathie und Bestrafung (maennliche Jugendliche)
Observed Variables
E0004 E0006 E0008
E0011 E0012 E0013
Sample Size: 883
Covariance Matrix
  0.646
  0.345    0.757
  0.370    0.471    0.822
  0.023    0.042    0.068    0.825
  0.015    0.039    0.023    0.451    0.738
 -0.045    0.006    0.005    0.326    0.365    0.653
Latent Variables
Empathie Bestrafung
Relationships
E0004 = 1*Empathie
E0006 = Empathie
E0008 = Empathie
E0011 = 1*Bestrafung
E0012 = Bestrafung
E0013 = Bestrafung
Group2: Empathie und Bestrafung (weibliche Jugendliche)
Observed Variables
E0004 E0006 E0008
E0011 E0012 E0013
Sample Size: 882
Covariance Matrix
  0.614
  0.372    0.658
  0.390    0.390    0.707
 -0.067   -0.029   -0.012    0.748
 -0.079   -0.036   -0.060    0.373    0.699
 -0.056   -0.032   -0.058    0.235    0.248    0.466
Latent Variables
Empathie Bestrafung
Set the errors of E0004 free
Set the errors of E0006 free
Set the errors of E0008 free
Set the errors of E0011 free
Set the errors of E0012 free
Set the errors of E0013 free
Set the variance of Bestrafung free
```

```
Let Empathie and Bestrafung correlate
LISREL Output: SC RS MR ND=3 PT MI ME=ML
End of Problem
```

Tabelle 6.55: Spezifikation der Variante 3 (EQS)

```
/TITLE
Group1: Empathie und Bestrafung (maennliche Jugendliche)
/SPECIFICATIONS
CASES=970; VARIABLES=9; METHOD=ML, Robust; MATRIX=RAW; ANALYSIS=COV;
MI=COMPLETE; GROUPS=2;
DATA='ERZM9.ESS';
/LABELS
V1=E0004; V2=E0006; V3=E0008;
V4=E0011; V5=E0012; V6=E0013;
V7=E0020; V8=E0021; V9=E0023;
F1=Empathie; F2=Bestrafung;
/EQUATIONS
V1 = 1.0 F1 + E1;
V2 = *F1 + E2;
V3 = *F1 + E3;
V4 - 1.0 F2 + E4;
V5 = *F2 + E5;
V6 = *F2 + E6;
/VARIANCES
E1 to E3 = *;
E4 to E6 = *;
F1 = *;
F2 = *;
/COVARIANCES
F1, F2 = *;
/END
/TITLE
Group2: Empathie und Bestrafung (weibliche Jugendliche)
/SPECIFICATIONS
CASES=950; VARIABLES=9; METHOD=ML, Robust; MATRIX=RAW; ANALYSIS=COV;
MI=COMPLETE;
DATA='ERZW9.ESS';
/LABELS
V1=E0004; V2=E0006; V3=E0008;
V4=E0011; V5=E0012; V6=E0013;
V7=E0020; V8=E0021; V9=E0023;
F1=Empathie; F2=Bestrafung;
/EQUATIONS
V1 = 1.0F1 + E1;
V2 = *F1 + E2;
```

```
V3 = *F1 + E3;
V4 = 1.0F2 + E4;
V5 = *F2 + E5;
V6 = *F2 + E6;
/VARIANCES
E1 to E3 = *;
E4 to E6 = *;
F1 = *;
F2 = *;
/COVARIANCES
F1, F2 = *;
/CONSTRAINTS
(1,F1,F1) = (2,F1,F1);
(1,V2,F1) = (2,V2,F1);
(1,V3,F1) = (2,V3,F1);
(1,V5,F2) = (2,V5,F2);
(1,V6,F2) = (2,V6,F2);
/LMTEST
/PRINT
FIT=ALL;
/END
```

In den folgenden Tabellen 6.56 und 6.57 sind die Spezifikationen der Variante 3 des multiplen Gruppenvergleichs für die latenten Variablen *Empathie* und *Mißhandlung* aufgeführt (vgl. Tabelle 6.17).

Tabelle 6.56: Spezifikation der Variante 3 (LISREL)

```
Group1: Empathie und Misshandlung (maennliche Jugendliche)
Observed Variables
E0004       E0006       E0008
E0020       E0021       E0023
Sample Size: 883
Covariance Matrix
 0.646
 0.345   0.757
 0.370   0.471   0.822
-0.057  -0.013  -0.034   0.409
-0.069  -0.021  -0.026   0.319   0.368
-0.030  -0.012  -0.039   0.262   0.265   0.319
Latent Variables
Empathie Misshandlung
Relationships
E0004 = 1*Empathie
E0006 = Empathie
E0008 = Empathie
```

```
E0020 = 1*Misshandlung
E0021 = Misshandlung
E0023 = Misshandlung
Group2: Empathie und Misshandlung (weibliche Jugendliche)
Observed Variables
E0004        E0006        E0008
E0020        E0021        E0023
Sample Size: 882
Covariance Matrix
 0.614
 0.372    0.658
 0.390    0.390    0.707
-0.071   -0.070   -0.082    0.235
-0.059   -0.057   -0.074    0.193    0.226
-0.039   -0.037   -0.054    0.157    0.158    0.197
Latent Variables
Empathie Misshandlung
Set the errors of E0004 free
Set the errors of E0006 free
Set the errors of E0008 free
Set the errors of E0020 free
Set the errors of E0021 free
Set the errors of E0023 free
Set the variance of Misshandlung free
Let Empathie and Misshandlung correlate
LISREL Output: SC RS MR ND=3 PT MI ME=ML
End of Problem
```

Tabelle 6.57: Spezifikation der Variante 3 (EQS)

```
/TITLE
Group1: Empathie und Misshandlung (maennliche Jugendliche)
/SPECIFICATIONS
CASES=970; VARIABLES=6; METHOD=ML, Robust; MATRIX=RAW; ANALYSIS=COV;
MI=COMPLETE; GROUPS=2;
DATA='EMP_MISS_M.ESS';
/LABELS
V1=E0004; V2=E0006; V3=E0008; V4=E0020; V5=E0021; V6=E0023;
F1=Empathie; F2=Misshandlung;
/EQUATIONS
V1 = 1.0 F1 + E1;
V2 =  *F1 + E2;
V3 =  *F1 + E3;
V4 = 1.0 F2 + E4;
V5 =  *F2 + E5;
V6 =  *F2 + E6;
```

```
/VARIANCES
E1 to E3 = *;
E4 to E6 = *;
F1 = *;
F2 = *;
/COVARIANCES
F1, F2 = *;
/END
/TITLE
Group2: Empathie und Misshandlung (weibliche Jugendliche)
/SPECIFICATIONS
CASES=950; VARIABLES=6; METHOD=ML, Robust; MATRIX=RAW; ANALYSIS=COV;
MI=COMPLETE;
DATA='EMP_MISS_W.ESS';
/LABELS
V1=E0004; V2=E0006; V3=E0008; V4=E0020; V5=E0021; V6=E0023;
F1=Empathie; F2=Misshandlung;
/EQUATIONS
V1 = 1.0F1 + E1;
V2 = *F1 + E2;
V3 = *F1 + E3;
V4 = 1.0F2 + E4;
V5 = *F2 + E5;
V6 = *F2 + E6;
/VARIANCES
E1 to E3 = *;
E4 to E6 = *;
F1 = *;
F2 = *;
/COVARIANCES
F1, F2 = *;
/CONSTRAINTS
(1,F1,F1) = (2,F1,F1);
(1,V2,F1) = (2,V2,F1);
(1,V3,F1) = (2,V3,F1);
(1,V5,F2) = (2,V5,F2);
(1,V6,F2) = (2,V6,F2);
/LMTEST
/PRINT
FIT=ALL;
/END
```

In den folgenden Tabellen 6.58 und 6.59 sind die Spezifikationen des multiplen Gruppenvergleichs mit Mittelwerten für die latenten Variablen *Empathie* und *Bestrafung* aufgeführt (vgl. Tabelle 6.18).

Tabelle 6.58: Spezifikation des multiplen Gruppenvergleichs mit Mittelwerten (LISREL)

```
Group1: Empathie und Bestrafung (maennliche Jugendliche)
Observed Variables
E0004 E0006 E0008
E0011 E0012 E0013
Sample Size: 883
Covariance Matrix
 0.646
 0.345    0.757
 0.370    0.471    0.822
 0.023    0.042    0.068    0.825
 0.015    0.039    0.023    0.451    0.738
-0.045    0.006    0.005    0.326    0.365    0.653
Means
 2.980    2.910    2.983    1.772    1.580    1.411
Latent Variables
Empathie Bestrafung
Relationships
E0004 = 1*Empathie      + CONST
E0006 = Empathie        + CONST
E0008 = Empathie        + CONST
E0011 = 1*Bestrafung    + CONST
E0012 = Bestrafung      + CONST
E0013 = Bestrafung      + CONST
Group2: Empathie und Bestrafung (weibliche Jugendliche)
Observed Variables
E0004 E0006 E0008
E0011 E0012 E0013
Sample Size: 882
Covariance Matrix
 0.614
 0.372    0.658
 0.390    0.390    0.707
-0.067   -0.029   -0.012    0.748
-0.079   -0.036   -0.060    0.373    0.699
-0.056   -0.032   -0.058    0.235    0.248    0.466
Means
 2.941    2.975    3.147    1.647    1.552    1.321
Latent Variables
Empathie Bestrafung
Relationships
Empathie   = CONST
Bestrafung = CONST
```

```
Set the errors of E0004 free
Set the errors of E0006 free
Set the errors of E0008 free
Set the errors of E0011 free
Set the errors of E0012 free
Set the errors of E0013 free
Set the variance of Bestrafung free
Let Empathie and Bestrafung correlate
LISREL Output: SC RS MR ND=3 PT MI ME=ML
End of Problem
```

Tabelle 6.59: Spezifikation des multiplen Gruppenvergleichs mit Mittelwerten (EQS)

```
/TITLE
Group1: Empathie und Bestrafung (maennliche Jugendliche)
/SPECIFICATIONS
CASES=970; VARIABLES=6; METHOD=ML, ROBUST; MATRIX=RAW; ANALYSIS=MOM;
MI=COMPLETE; GROUPS=2;
DATA='ERZM.ESS';
/LABELS
V1=E0004; V2=E0006; V3=E0008; V4=E0011; V5=E0012; V6=E0013;
F1=Empathie; F2=Bestrafung;
/EQUATIONS
V1 = *V999 + *F1 + E1;
V2 = *V999 + *F1 + E2;
V3 = *V999 + *F1 + E3;
V4 = *V999 + *F2 + E4;
V5 = *V999 + *F2 + E5;
V6 = *V999 + *F2 + E6;
F1 = 0V999 + D1;
F2 = 0V999 + D2;
/VARIANCES
E1 to E3 = *;
E4 to E6 = *;
/COVARIANCES
D1, D2 = *;
/END
/TITLE
Group2: Empathie und Bestrafung (weibliche Jugendliche)
/SPECIFICATIONS
CASES=950; VARIABLES=6; METHOD=ML, ROBUST; MATRIX=RAW; ANALYSIS=MOM;
MI=COMPLETE;
DATA='ERZW.ESS';
/LABELS
V1=E0004; V2=E0006; V3=E0008; V4=E0011; V5=E0012; V6=E0013;
F1=Empathie; F2=Bestrafung;
/EQUATIONS
V1 = *V999 + *F1 + E1;
```

```
V2 = *V999 + *F1 + E2;
V3 = *V999 + *F1 + E3;
V4 = *V999 + *F2 + E4;
V5 = *V999 + *F2 + E5;
V6 = *V999 + *F2 + E6;
F1 = *V999 + D1;
F2 = *V999 + D2;
/VARIANCES
E1 to E3 = *;
E4 to E6 = *;
/COVARIANCES
D1, D2 = *;
/CONSTRAINTS
(1,D1,D1) = (2,D1,D1);
(1,V2,F1) = (2,V2,F1);
(1,V3,F1) = (2,V3,F1);
(1,V5,F2) = (2,V5,F2);
(1,V6,F2) = (2,V6,F2);
(1,V1,V999) = (2,V1,V999);
(1,V2,V999) = (2,V2,V999);
(1,V3,V999) = (2,V3,V999);
(1,V4,V999) = (2,V4,V999);
(1,V5,V999) = (2,V5,V999);
(1,V6,V999) = (2,V6,V999);
/LMTEST
/PRINT
FIT=ALL;
/END
```

In den folgenden Tabellen 6.60 und 6.61 sind die Spezifikationen des konfirmatorischen Faktorenmodells (*Bestrafung* und *Mißhandlung*) mit kovariierendem Meßfehler aufgeführt (vgl. Abbildung 6.11).

Tabelle 6.60: Spezifikation des konfirmatorischen Faktorenmodells mit kovariierendem Meßfehler (LISREL)

```
Konfirmatorisches Faktorenmodell: Bestrafung und Misshandlung
(ML-Schaetzmethode)
Observed Variables
E0011 E0012 E0013
E0020 E0021 E0023
Sample Size: 1824
Covariance Matrix
0.797
0.417  0.723
0.295  0.313  0.573
```

```
0.124  0.166  0.186  0.342
0.132  0.150  0.177  0.279  0.327
0.102  0.127  0.161  0.228  0.238  0.282
Latent Variables
Bestrafung Misshandlung
Relationships
E0011 = Bestrafung
E0012 = Bestrafung
E0013 = Bestrafung
E0020 = Misshandlung
E0021 = Misshandlung
E0023 = Misshandlung
Set the error covariance between E0011 and E0012 free
Options: SC RS MR ND=3 PT MI ME=ML
End of Problem
```

Tabelle 6.61: Spezifikation des konfirmatorischen Faktorenmodells mit kovariierendem Meßfehler (EQS)

```
/TITLE
Konfirmatorisches Faktorenmodell: Bestrafung und Misshandlung
(ML-Schaetzmethode)
/SPECIFICATIONS
CASES=1942; VARIABLES=6; ME=ML; MATRIX=RAW; ANALYSIS=COV;
DATA='ERZ6.ESS';
/LABELS
V1=E0011; V2=E0012; V3=E0013; V4=E0020; V5=E0021; V6=E0023;
F1=Bestrafung; F2=Misshandlung;
/EQUATIONS
V1 = *F1 + E1;
V2 = *F1 + E2;
V3 = *F1 + E3;
V4 = *F2 + E4;
V5 = *F2 + E5;
V6 = *F2 + E6;
/VARIANCES
E1 to E6 = *;
F1 = 1.0;
F2 = 1.0;
/COVARIANCES
F1, F2 = *;
E1, E2 = *;
/LMTEST
/PRINT
FIT=ALL;
/END
```

In den folgenden Tabellen 6.62 und 6.63 sind die Spezifikationen des konfirmatorischen Faktorenmodells im Panel mit Autokovarianzen aufgeführt (Variante 2b, vgl. Tabelle 6.21).

Tabelle 6.62: Spezifikation des Panelmodells mit Autokovarianzen (LISREL)

```
Konfirmatorisches Faktorenmodell im Panel: Identitaet (Variante 2b)
Observed Variables
FP93A01 FP93A02 HP93A01 HP93A02
JP93A01 JP93A02 LP101A01 LP101A02
Sample Size: 1500
Covariance Matrix
1.298
0.887  1.178
0.773  0.624  1.343
0.661  0.611  0.964  1.145
0.674  0.526  0.805  0.680  1.371
0.583  0.489  0.672  0.656  0.956  1.162
0.611  0.520  0.722  0.631  0.825  0.713  1.304
0.538  0.479  0.637  0.620  0.681  0.703  0.941  1.260
Latent Variables
ID89 ID91 ID93 ID95
Relationships
FP93A01  = ID89
FP93A02  = ID89
HP93A01  = ID91
HP93A02  = ID91
JP93A01  = ID93
JP93A02  = ID93
LP101A01 = ID95
LP101A02 = ID95
Set the path from ID89 to FP93A01 equal to path from ID91 to HP93A01
Set the path from ID89 to FP93A01 equal to path from ID93 to JP93A01
Set the path from ID89 to FP93A01 equal to path from ID95 to LP101A01
Set the path from ID89 to FP93A02 equal to path from ID91 to HP93A02
Set the path from ID89 to FP93A02 equal to path from ID93 to JP93A02
Set the path from ID89 to FP93A02 equal to path from ID95 to LP101A02
Set the error variance of FP93A01 equal to the error variance of HP93A01
Set the error variance of FP93A01 equal to the error variance of JP93A01
Set the error variance of FP93A01 equal to the error variance of LP101A01
Set the error covariance of FP93A01 and HP93A01 free
Set the error covariance of FP93A01 and JP93A01 free
Set the error covariance of FP93A02 and HP93A02 free
Set the error covariance of HP93A01 and JP93A01 free
Set the error covariance of HP93A02 and JP93A02 free
Set the error covariance of HP93A02 and LP101A02 free
Set the error covariance of JP93A01 and LP101A01 free
Set the error covariance of JP93A02 and LP101A02 free
LISREL OUTPUT: SC RS ND=3 PT MI
End of Problem
```

Tabelle 6.63: Spezifikation des Panelmodells mit Autokovarianzen (EQS)

```
/TITLE
Konfirmatorisches Faktorenmodel im Panel: Identitaet (Variante 2b)
/SPECIFICATIONS
CASES=1500; VARIABLES=8; ME=ML; MI=COMPLETE;
MA=COV; ANALYSIS=COV;
/LABELS
V1=FP93A01; V2=FP93A02; V3=HP93A01; V4=HP93A02;
V5=JP93A01; V6=JP93A02; V7=LP101A01; V8=LP101A02;
F1=ID89; F2=ID91; F3=ID93; F4=ID95;
/EQUATIONS
V1 = *F1 + E1;
V2 = *F1 + E2;
V3 = *F2 + E3;
V4 = *F2 + E4;
V5 = *F3 + E5;
V6 = *F3 + E6;
V7 = *F4 + E7;
V8 = *F4 + E8;
/VARIANCES
F1 to F4 = 1.0;
E1 to E8 = *;
/COVARIANCES
F1 to F4 = *;
E1,E3 = *;
E1,E5 = *;
E2,E4 = *;
E3,E5 = *;
E4,E6 = *;
E4,E8 = *;
E5,E7 = *;
E6,E8 = *;
/MATRIX
 1.298
 0.887  1.178
 0.773  0.624  1.343
 0.661  0.611  0.964  1.145
 0.674  0.526  0.805  0.680  1.371
 0.583  0.489  0.672  0.656  0.956  1.162
 0.611  0.520  0.722  0.631  0.825  0.713  1.304
 0.538  0.479  0.637  0.620  0.681  0.703  0.941  1.260
/CONSTRAINTS
(V1,F1) = (V3,F2) = (V5,F3) = (V7,F4);
(V2,F1) = (V4,F2) = (V6,F3) = (V8,F4);
(E1,E1) = (E3,E3) = (E5,E5) = (E7,E7);
/LMTEST
/PRINT
FIT=ALL; PARAMETER=YES;
/END
```

In den folgenden Tabellen 6.64, 6.65, 6.66 und 6.67 sind die Spezifikationen des konfirmatorischen Faktorenmodells für die MTMM-Matrix aufgeführt (Nr. 3 und 4 aus Tabelle 6.26).

Tabelle 6.64: Spezifikation des konfirmatorischen Faktorenmodells für die MTMM-Matrix (LISREL, Variante 3)

```
Schulische Selbstkonzepte (korrelierte Messfehler)
Observed Variables
GenM1 VerbM1 MathM1
GenM2 VerbM2 MathM2
GenM3 VerbM3 MathM3
Sample Size: 100
Correlation Matrix
1.000
0.384  1.000
0.441  0.002  1.000
0.622  0.368  0.353  1.000
0.438  0.703  0.008  0.441  1.000
0.465  0.069  0.871  0.424  0.136  1.000
0.678  0.331  0.478  0.550  0.380  0.513  1.000
0.458  0.541  0.057  0.381  0.658  0.096  0.584  1.000
0.414  0.027  0.825  0.372  0.029  0.810  0.592  0.135  1.000
Latent Variables
Gen Verb Math
Relationships
GenM1  = Gen
VerbM1 = Verb
MathM1 = Math
GenM2  = Gen
VerbM2 = Verb
MathM2 = Math
GenM3  = Gen
VerbM3 = Verb
MathM3 = Math
Set the error correlation between MathM1 and VerbM1
Set the error correlation between MathM1 and GenM1
Set the error correlation between VerbM1 and GenM1
Set the error correlation between MathM2 and VerbM2
Set the error correlation between MathM2 and GenM2
Set the error correlation between VerbM2 and GenM2
Set the error correlation between MathM3 and VerbM3
Set the error correlation between MathM3 and GenM3
Set the error correlation between VerbM3 and GenM3
LISREL Output: SC RS MR ND=3 PT MI PC ME=ML AD=OFF
End of Problem
```

Tabelle 6.65: Spezifikation des konfirmatorischen Faktorenmodells für die MTMM-Matrix (EQS, Variante 3)

```
/TITLE
Schulische Selbstkonzepte (korrelierte Messfehler)
/SPECIFICATIONS
CASES=100; VARIABLES=9; MATRIX=COR; ANALYSIS=COR; METHOD=ML;
/LABELS
V1 = GenM1; V2 = VerbM1; V3 = MathM1;
V4 = GenM2; V5 = VerbM2; V6 = MathM2;
V7 = GenM3; V8 = VerbM3; V9 = MathM3;
F1 = Gen; F2 = Verb; F3 = Math;
/EQUATIONS
V1 = *F1 + E1;
V2 = *F2 + E2;
V3 = *F3 + E3;
V4 = *F1 + E4;
V5 = *F2 + E5;
V6 = *F3 + E6;
V7 = *F1 + E7;
V8 = *F2 + E8;
V9 = *F3 + E9;
/VARIANCES
F1 to F3 = 1.0;
E1 to E9 = *;
/COVARIANCES
F1 to F3 = *;
E1 to E3 = *;
E4 to E6 = *;
E7 to E9 = *;
/MATRIX
1.000
0.384  1.000
0.441  0.002  1.000
0.622  0.368  0.353  1.000
0.438  0.703  0.008  0.441  1.000
0.465  0.069  0.871  0.424  0.136  1.000
0.678  0.331  0.478  0.550  0.380  0.513  1.000
0.458  0.541  0.057  0.381  0.658  0.096  0.584  1.000
0.414  0.027  0.825  0.372  0.029  0.810  0.592  0.135  1.000
/PRINT
FIT = ALL;
/LMTEST
/END
```

Tabelle 6.66: Spezifikation des konfirmatorischen Faktorenmodells für die MTMM-Matrix
           (LISREL, Variante 4)

```
Schulische Selbstkonzepte (Methodenfaktoren)
Observed Variables
GenM1 VerbM1 MathM1
GenM2 VerbM2 MathM2
GenM3 VerbM3 MathM3
Sample Size: 100
Correlation Matrix
1.000
0.384  1.000
0.441  0.002  1.000
0.622  0.368  0.353  1.000
0.438  0.703  0.008  0.441  1.000
0.465  0.069  0.871  0.424  0.136  1.000
0.678  0.331  0.478  0.550  0.380  0.513  1.000
0.458  0.541  0.057  0.381  0.658  0.096  0.584  1.000
0.414  0.027  0.825  0.372  0.029  0.810  0.592  0.135  1.000
Latent Variables
Math Verb Gen M1 M2 M3
Relationships
GenM1  = (0.9)*Gen  + (0.1)*M1
VerbM1 = (0.6)*Verb + (0.3)*M1
MathM1 = (0.8)*Math + (0.2)*M1
GenM2  = (0.9)*Gen  + (0.1)*M2
VerbM2 = (0.7)*Verb + (0.3)*M2
MathM2 = (0.7)*Math + (0.3)*M2
GenM3  = (0.9)*Gen  + (0.1)*M3
VerbM3 = (0.8)*Verb + (0.2)*M3
MathM3 = (0.8)*Math + (0.2)*M3
Set the correlation between Math and M1 to 0
Set the correlation between Verb and M1 to 0
Set the correlation between Gen  and M1 to 0
Set the correlation between Math and M2 to 0
Set the correlation between Verb and M2 to 0
Set the correlation between Gen  and M2 to 0
Set the correlation between Math and M3 to 0
Set the correlation between Verb and M3 to 0
Set the correlation between Gen  and M3 to 0
Set the correlation between Math and Math to 1
Set the correlation between Verb and Verb to 1
Set the correlation between Gen and Gen to 1
Set the correlation between M1 and M1 to 1
Set the correlation between M2 and M2 to 1
Set the correlation between M3 and M3 to 1
LISREL Output: SC RS MR ND=3 PT MI PC ME=ML AD=OFF NS
End of Problem
```

Tabelle 6.67: Spezifikation des konfirmatorischen Faktorenmodells für die MTMM-Matrix (EQS, Variante 4)

```
/TITLE
Schulische Selbstkonzepte (Methodenfaktoren)
/SPECIFICATIONS
CASES=100; VARIABLES=9; MATRIX=COR; ANALYSIS=COR; METHOD=ML;
/LABELS
V1 = GenM1; V2 = VerbM1; V3 = MathM1;
V4 = GenM2; V5 = VerbM2; V6 = MathM2;
V7 = GenM3; V8 = VerbM3; V9 = MathM3;
F1 = Gen; F2 = Verb; F3 = Math;
F4 = M1; F5 = M2; F6 = M3;
/EQUATIONS
V1 = *F1 + *F4 + E1;
V2 = *F2 + *F4 + E2;
V3 = *F3 + *F4 + E3;
V4 = *F1 + *F5 + E4;
V5 = *F2 + *F5 + E5;
V6 = *F3 + *F5 + E6;
V7 = *F1 + *F6 + E7;
V8 = *F2 + *F6 + E8;
V9 = *F3 + *F6 + E9;
/VARIANCES
F1 to F6 = 1.0;
E1 to E9 = *;
/COVARIANCES
F1,F4 = 0;
F2,F4 = 0;
F3,F4 = 0;
F1,F5 = 0;
F2,F5 = 0;
F3,F5 = 0;
F1,F6 = 0;
F2,F6 = 0;
F3,F6 = 0;
F1 to F3 = *;
F4 to F6 = *;
/MATRIX
1.000
0.384  1.000
0.441  0.002  1.000
0.622  0.368  0.353  1.000
0.438  0.703  0.008  0.441  1.000
0.465  0.069  0.871  0.424  0.136  1.000
0.678  0.331  0.478  0.550  0.380  0.513  1.000
0.458  0.541  0.057  0.381  0.658  0.096  0.584  1.000
0.414  0.027  0.825  0.372  0.029  0.810  0.592  0.135  1.000
/PRINT
FIT = ALL;
/LMTEST
/END
```

In den folgenden Tabellen 6.68 und 6.69 sind die Spezifikationen des konfirmatorischen Faktorenmodells zweiter Ordnung aufgeführt (vgl. Abbildung 6.17).

Tabelle 6.68: Spezifikation des konfirmatorischen Faktorenmodells zweiter Ordnung (LISREL)

```
Konfirmatorische Faktorenanalyse zweiter Ordnung
Labels
V50 V53 V55 V57 V47 V59
V83_1 V83_3 V94_A V94_B V94_C
V84 V85
Sample Size: 800
Covariance Matrix
3.413
2.153 3.654
0.448 0.282 2.512
1.791 1.375 1.065 4.365
0.935 0.618 0.513 1.144 3.161
1.373 1.365 0.584 1.392 1.011 2.976
0.685 0.667 0.479 0.510 0.519 0.678 2.412
0.962 0.903 0.389 0.568 0.473 0.728 1.775 2.987
0.073 0.085 0.068 0.097 0.065 0.063 0.103 0.112 0.119
0.055 0.071 0.051 0.069 0.074 0.053 0.110 0.139 0.056 0.134
0.103 0.114 0.040 0.098 0.082 0.074 0.119 0.128 0.049 0.062 0.138
0.632 0.584 0.479 0.708 0.903 0.816 0.759 0.763 0.091 0.070 0.113 3.240
0.945 0.776 0.405 0.812 0.959 1.192 0.769 0.724 0.071 0.083 0.107 1.466 3.302
Latent Variables
ATT1 NORM1 PBC1
ATT2 NORM2 PBC2
VER PRAE
Relationsships
V50 = ATT1
V53 = ATT1
V55 = NORM1
V57 = NORM1
V47 = PBC1
V59 = PBC1
V83_1 = ATT2
V83_3 = ATT2
V94_A = NORM2
V94_B = NORM2
V94_C = NORM2
V84 = PBC2
V85 = PBC2
ATT1 NORM1 PBC1 = PRAE
ATT2 NORM2 PBC2 = VER
Let the errors of V47 and V84 correlate
Let the errors of V47 and V85 correlate
Let the errors of V59 and V84 correlate
Let the errors of V59 and V85 correlate
LISREL Output: SC RS ND=3 AD=OFF PT MI
End of Problem
```

Tabelle 6.69: Spezifikation des konfirmatorischen Faktorenmodells zweiter Ordnung (EQS)

```
/TITLE
Konfirmatorisches Faktorenmodell zweiter Ordnung
/SPECIFICATIONS
CASES=800; VARIABLES=13; MATRIX=COV; ANALYSIS=COV; ME=ML;
/LABELS
V1=V50; V2=V53; V3=V55; V5=V57; V5=V47; V6=V59;
V7=V83_1; V8=V83_3; V9=V94_A; V10=V94_B; V11=V94_C;
V12=V84; V13=V85;
F1=ATT_VER; F2=NORM_VER; F3=PBC_VER;
F4=ATT_PRAE; F5=NORM_PRAE; F6=PBC_PRAE;
F7=VER; F8=PRAE;
/EQUATIONS
V1 = F1 + E1;
V2 = *F1 + E2;
V3 = F2 + E3;
V4 = *F2 + E4;
V5 = F3 + E5;
V6 = *F3 + E6;
V7 = F4 +E7;
V8 = *F4 + E8;
V9 = F5 + E9;
V10 = *F5 + E10;
V11 = *F5 + E11;
V12 = F6 + E12;
V13 = *F6 + E13;
F1 = *F7 + D1;
F2 = *F7 + D2;
F3 = *F7 + D3;
F4 = *F8 + D4;
F5 = *F8 + D5;
F6 = *F8 + D6;
/VARIANCES
E1 to E13 = *;
D1 to D6 = *;
F7 to F8 = 1.0;
/COVARIANCES
F7, F8 = *;
E5, E12 = *;
E5, E13 = *;
E6, E12 = *;
E6, E13 = *;
/MATRIX
3.413
2.153 3.654
0.448 0.282 2.512
1.791 1.375 1.065 4.365
0.935 0.618 0.513 1.144 3.161
1.373 1.365 0.584 1.392 1.011 2.976
0.685 0.667 0.479 0.510 0.519 0.678 2.412
0.962 0.903 0.389 0.568 0.473 0.728 1.775 2.987
0.073 0.085 0.068 0.097 0.065 0.063 0.103 0.112 0.119
0.055 0.071 0.051 0.069 0.074 0.053 0.110 0.139 0.056 0.134
0.103 0.114 0.040 0.098 0.082 0.074 0.119 0.128 0.049 0.062 0.138
0.632 0.584 0.479 0.708 0.903 0.816 0.759 0.763 0.091 0.070 0.113 3.240
0.945 0.776 0.405 0.812 0.959 1.192 0.769 0.724 0.071 0.083 0.107 1.466 3.302
/PRINT
FIT=ALL
/LMTEST
/END
```

7   Das allgemeine Strukturgleichungs-modell mit latenten Variablen

In Kapitel 5 und 6 sind zwei Varianten von Strukturgleichungsmodellen diskutiert worden. Die eine Variante modelliert kausale Beziehungen zwischen ausschließlich gemessenen Variablen und erweitert damit das klassische Regressionsmodell zur Pfadanalyse. Durch Einführung von Meßmodellen differenziert die andere Variante zwischen gemessenen (manifesten) und nicht gemessenen (latenten) Variablen und führt so die Kontrolle von Meßfehlern in den Strukturgleichungsansatz ein (konfirmatorische Faktorenanalyse).

Das allgemeine Strukturgleichungsmodell mit latenten Variablen verbindet die Pfadanalyse mit der konfirmatorischen Faktorenanalyse, wobei Struktur- und Meßmodell einer simultanen Prüfung unterzogen werden. Diese Verbindung wird in Abschnitt 7.1 erörtert und anhand von Beispielen diskutiert. Berücksichtigt wird hier auch der Test des allgemeinen Strukturgleichungsmodells über mehrere Gruppen im Rahmen des multiplen Gruppenvergleichs. Abschnitt 7.2 behandelt Techniken, die das kategoriale Meßniveau von manifesten Variablen in Strukturgleichungsmodellen berücksichtigen können. Hierbei wird auf die in Kapitel 4, Abschnitt 4.2 erörterten Zusammenhangsmaße (polychorische und polyserielle Korrelation) zurückgegriffen. Abschnitt 7.3 diskutiert Modellierungsmöglichkeiten für Längsschnittdaten bzw. Paneldaten. Stabilitäten als auch kreuzverzögerte Effekte können zwischen den Meßzeitpunkten unter Berücksichtigung unterschiedlicher Meßfehleranteile geprüft werden, wenn eine ausreichende Anzahl von manifesten Variablen in jeder Panelwelle spezifiziert werden kann. Abschnitt 7.4 diskutiert Möglichkeiten zur Behandlung fehlender Werte in Strukturgleichungsmodellen, die gerade in jüngster Zeit verstärkt in den einzelnen Strukturgleichungsprogrammen implementiert wurden. Sowohl modellbasierte als auch datenbasierte Verfahren werden hier vorgestellt. Für die Analyse von Entwicklungsprozessen können Strukturgleichungsmodelle formuliert werden, die nicht nur individuelle Entwicklungsparameter berücksichtigen, sondern auch die Variation dieser Entwicklungen in der untersuchten Population. Diese sogenannten Wachstumsmodelle (*growth curve models*) haben gerade in jüngster Zeit verstärkte Beachtung gefunden. Ihnen ist der abschließende Abschnitt 7.5 gewidmet.

7.1 Die Verbindung von Pfad- und Faktorenanalyse zum allgemeinen Strukturgleichungsmodell

7.1.1 Die Modellspezifikation

In Kapitel 6, Abschnitt 6.4.4 ist die Verbindung zwischen Pfad- und Strukturgleichungsmodellen im Rahmen der Faktorenmodelle zweiter Ordnung schon angesprochen worden. Zur Modellierung der Beziehungen zwischen den Faktoren zweiter Ordnung und den Faktoren erster Ordnung ist dort eine allgemeine Strukturgleichung spezifiziert worden (vgl. Gleichung 6.88 in dem angegebenen Kapitel). Aus dieser Gleichung ist ersichtlich, daß die diskutierten Faktorenmodelle zweiter Ordnung sich nur inhaltlich, aber nicht statistisch vom allgemeinen Strukturgleichungsmodell unterscheiden. Die Modellierung von Kausalbeziehungen zwischen den abhängigen latenten Variablen (Faktoren erster Ordnung) erlaubt das Faktorenmodell zweiter Ordnung aber nicht. Diese werden in der folgenden Gleichung über die Matrix B spezifiziert und erweitern somit Gleichung 6.88 (vgl. Bollen, 1989, S. 319):[1]

$$\eta = B\eta + \Gamma\xi + \zeta \tag{7.1}$$

η ist der Vektor der *abhängigen* latenten Variablen, ξ der Vektor der *unabhängigen* latenten Variablen. In der Matrix B werden die Beziehungen der *abhängigen* latenten Variablen untereinander spezifiziert, in der Matrix Γ die Beziehungen zwischen *unabhängigen* und *abhängigen* latenten Variablen.[2] Vektor ζ bezeichnet die Residuen der *abhängigen* latenten Variablen, die annahmegemäß einen Erwartungswert von Null haben $(E(\zeta)) = 0)$. Die Meßfehlervarianzen σ_ζ werden in der Matrix Ψ spezifiziert. Desweiteren wird davon ausgegangen, daß die Differenz $I - B$ nicht singulär ist (vgl. Bollen, 1989, S. 320). Die Varianzen und Kovarianzen der unabhängigen latenten Variablen ξ werden in der Matrix Φ angegeben.

---

[1] Die formale Spezifikation des allgemeinen Strukturgleichungsmodells wird im folgenden in der LISREL-Terminologie vorgestellt, wobei gleichzeitig auf die diskutierten Pfad-, Meß- und Faktorenmodelle Bezug genommen wird. In den frühen Versionen des Programms LISREL (I bis IV) wird $B\eta = \Gamma\xi + \zeta$ als allgemeine Strukturgleichung angegeben (vgl. Jöreskog & Sörbom, 1978, S. 4). Dies führte aber technisch dazu, daß die Vorzeichen der Strukturkoeffizienten in der Matrix B gegenteilig zu interpretieren waren. Ab Version V von LISREL gilt die hier angebene Gleichung mit den korrekten Koeffizienten (vgl. Jöreskog & Sörbom, 1981, I.5; Hayduk, 1987, S. 325).

[2] Nach dem verallgemeinerten Modell von Bentler und Weeks (1980) und Graff und Schmidt (1982) existiert keine formale Differenz zwischen den Vektoren η und ξ bzw. den Matrizen B und Γ. Jedes Strukturgleichungsmodell läßt sich in eine Gleichung mit den Vektoren η und ζ und der Matrix B überführen und testen. Die ursprünglich von Jöreskog (1973) formulierte und im Programm LISREL implementierte Differenzierung in unabhängige und abhängige Variablen (auf manifester und latenter Ebene) hat sich allerdings bewährt und ist für den Anwender sehr hilfreich. In der weiteren formalen Darstellung wird diese Differenzierung beibehalten, auch wenn sie für die Anwendung in der vereinfachten, auf Matrizenspezifikation verzichtende, Version des Programms LISREL (*SIMPle LISrel*, abgekürzt SIMPLIS) praktisch keine Bedeutung hat (vgl. Jöreskog & Sörbom, 1993a).

Neben der Strukturebene ist das Meßmodell gemäß den Gleichungen 6.68 und 6.69 (vgl. Kapitel 6, Abschnitt 6.2.1) zu spezifizieren, die zur vollständigen Darstellung hier wiederholt werden (vgl. Bollen, 1989, S. 320):[3]

$$x = \Lambda_x \xi + \delta \qquad\qquad (7.2)$$

$$y = \Lambda_y \eta + \epsilon \qquad\qquad (7.3)$$

x ist der Vektor der Indikatoren für die latenten Variablen η, y ist der Vektor der Indikatoren für die latenten Variablen ξ. Die Beziehungen zwischen den latenten und manifesten Variablen werden, wie schon in Kapitel 6, Abschnitt 6.2.1 ausgeführt, durch die Koeffizientenmatrizen Λ_x und Λ_y ausgedrückt. Die Vektoren δ und ϵ beinhalten die Meßfehleranteile der manifesten Variablen. Die Meßfehler haben nach den üblichen Annahmen einen Erwartungswert von Null ($E(\delta) = E(\epsilon)) = 0$) und sind mit den jeweiligen latenten Variablen unkorreliert ($E(\xi\delta) = E(\eta\epsilon) = 0$). Die Meßfehlervarianzen σ_δ und σ_ϵ werden in den Matrizen Θ_δ und Θ_ϵ spezifiziert.

Folgende Spezialfälle subsumieren sich unter das in den Gleichungen 7.1 bis 7.3 spezifizierte allgemeine Strukturgleichungsmodell:

- Wenn kein Meßmodell existiert ($\Lambda_x = I$, $\Lambda_y = I$, $\Theta_\delta = 0$, $\Theta_\epsilon = 0$), dann reduziert sich die Strukturgleichung 7.1 auf

$$y = By + \Gamma x + \zeta \qquad\qquad (7.4)$$

Diese Formalisierung entspricht einem Pfadmodell mit ausschließlich gemessenen Variablen (vgl. Kapitel 5, Abschnitt 5.1.1).

- Wird für die unabhängigen latenten Variablen kein Meßmodell spezifiziert ($\Lambda_x = I$, $\Theta_\delta = 0$) und existiert nur eine abhängige latente Variable η_1, dann reduziert sich die Strukturgleichung 7.1 auf

$$\eta_1 = \Gamma x + \zeta_1 \qquad\qquad (7.5)$$

und die Meßgleichung 7.3 auf

$$x = \xi \qquad\qquad (7.6)$$

Die Meßgleichung 7.2 wird dann nur für eine latente Variable η_1 formuliert:

$$y = \Lambda_y \eta_1 + \epsilon \qquad\qquad (7.7)$$

Diese Formalisierung entspricht einem sogenannten *Multiple-Indicator-Multiple-Cause-Modell* (MIMIC, vgl. hierzu Jöreskog & Goldberger, 1975; Bollen, 1989, S. 331 und die Ausführungen weiter unten).

---

[3] Auf die Darstellung der Suffixe wird an dieser Stelle verzichtet.

- Wird nur ein Meßmodell spezifiziert (Gleichung 7.2) sowie die Parameter der Kovarianz- bzw. Korrelationsmatrix Φ, dann reduziert sich das Strukturgleichungsmodell auf ein konfirmatorisches Faktorenmodell (vgl. Kapitel 6, Abschnitt 6.2.1).

- Wird ein Faktorenmodell zweiter Ordnung spezifiziert, dann ist Matrix $B = 0$ und es existiert nur ein Meßmodell für die y-Indikatoren (vgl. Kapitel 6, Abschnitt 6.4.4).

Abbildung 7.1 zeigt ein einfaches Strukturgleichungsmodell mit einer latenten unabhängigen Variablen ξ_1 und einer latenten abhängigen Variablen η_1, die durch den Strukturkoeffizienten γ_{11} miteinander verbunden sind. Die manifesten Variablen x_1, x_2 und x_3 sind der latenten Variablen ξ_1 zugeordnet, die manifesten Variablen y_1, y_2 und y_3 der latenten Variablen η_1. Der wesentliche Unterschied zum konfirmatorischen Faktorenmodell in Abbildung 6.3 (Kapitel 6) besteht darin, daß die Beziehung zwischen den latenten Variablen nicht bloß korrelativer Art sind, sondern eine genaue Spezifikation der Richtung des Einflusses von unabhängiger und abhängiger Variablen erfolgt.

Abbildung 7.1: Strukturgleichungsmodell mit zwei latenten Variablen

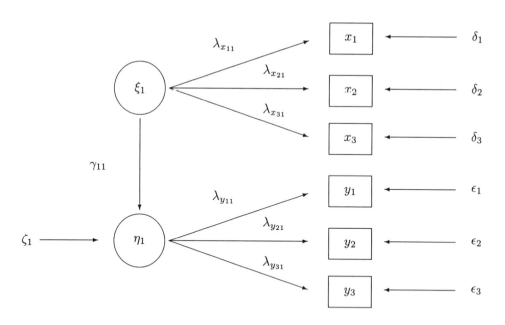

Den allgemeinen Struktur- und Meßgleichungen folgend, läßt sich das Modell aus Abbildung 7.1 formal spezifizieren:

$$\eta_1 = \gamma_{11}\xi_1 + \zeta_1 \tag{7.8}$$

$$\begin{pmatrix} x_1 \\ x_2 \\ x_3 \end{pmatrix} = \begin{pmatrix} \lambda_{x_{11}} \\ \lambda_{x_{21}} \\ \lambda_{x_{31}} \end{pmatrix} * \begin{pmatrix} \xi_1 \end{pmatrix} + \begin{pmatrix} \delta_1 \\ \delta_2 \\ \delta_3 \end{pmatrix} \tag{7.9}$$

$$\begin{pmatrix} y_1 \\ y_2 \\ y_3 \end{pmatrix} = \begin{pmatrix} \lambda_{y_{11}} \\ \lambda_{y_{21}} \\ \lambda_{y_{31}} \end{pmatrix} * \begin{pmatrix} \eta_1 \end{pmatrix} + \begin{pmatrix} \epsilon_1 \\ \epsilon_2 \\ \epsilon_3 \end{pmatrix} \tag{7.10}$$

mit den Annahmen

$$COV(\xi_i, \delta_j) = 0$$
$$COV(\eta_i, \epsilon_j) = 0$$

für alle i und j und

$$E(\delta_j) = 0$$
$$E(\epsilon_j) = 0$$

für alle j.

Die Spalten der Matrizen Λ_x und Λ_y korrespondieren zu den latenten Variablen ξ_1 bzw. η_1. Die Parameter in den Matrizen zeigen an, welche manifeste VariableZuordnung zu Faktoren zur Messung der latenten Variable herangezogen wird. Der Vektor δ enthält die Meßfehler für die manifesten Variablen x, der Vektor ϵ die Meßfehler für die manifesten Variablen y. Während bei den dargestellten Spezialfällen nur einige der Parametermatrizen verwendet werden, sind bei einem allgemeinen Strukturgleichungsmodell alle acht Parametermatrizen zu spezifizieren. Für das Modell in Abbildung 7.1 werden diese im folgenden aufgelistet:[4]

$$\Lambda_x = \begin{pmatrix} \lambda_{x_{11}} \\ \lambda_{x_{21}} \\ \lambda_{x_{31}} \end{pmatrix} \qquad \Lambda_y = \begin{pmatrix} \lambda_{y_{11}} \\ \lambda_{y_{21}} \\ \lambda_{y_{31}} \end{pmatrix} \tag{7.11}$$

$$\Theta_\delta = \begin{pmatrix} \sigma_{\delta_1} & & \\ 0 & \sigma_{\delta_2} & \\ 0 & 0 & \sigma_{\delta_3} \end{pmatrix} \qquad \Theta_\epsilon = \begin{pmatrix} \sigma_{\epsilon_1} & & \\ 0 & \sigma_{\epsilon_2} & \\ 0 & 0 & \sigma_{\epsilon_3} \end{pmatrix}$$

$$B = \begin{pmatrix} 0 \end{pmatrix} \qquad \Gamma = \begin{pmatrix} \gamma_{11} \end{pmatrix} \qquad \Phi = \begin{pmatrix} \phi_{11} \end{pmatrix} \qquad \Psi = \begin{pmatrix} \psi_{11} \end{pmatrix}$$

7.1.2 Die Schätzung der Modellparameter

Alle zu schätzenden Parameter werden im Parametervektor Θ zusammengefaßt. Die geschätzte Kovarianzmatrix Σ ist eine Funktion des Parametervektors Θ:

$$\Sigma(\Theta) = \begin{bmatrix} \Sigma_{yy}(\Theta) & \Sigma_{yx}(\Theta) \\ \Sigma_{xy}(\Theta) & \Sigma_{xx}(\Theta) \end{bmatrix} \tag{7.12}$$

---

[4]   Für mögliche Meßfehlerkovarianzen zwischen x- und y-Variablen kann eine zusätzliche Matrix herangezogen werden ($\Theta_{\delta\epsilon}$), auf die im weiteren nicht eingegangen wird, vgl. hierzu Jöreskog und Sörbom (1993b).

Im folgenden werden die vier Elemente der Matrix $\Sigma(\Theta)$ getrennt hergeleitet. $\Sigma_{yy}(\Theta)$ enthält die Kovarianzen der y-Variablen als Funktion des Parametervektors Θ und ist gleich dem Erwartungswert des Produktes yy' (vgl. Bollen, 1989, S. 324):

$$\begin{aligned}
\Sigma_{yy}(\Theta) &= E(yy') \\
&= E[(\Lambda_y\eta + \epsilon)(\eta'\Lambda_y' + \epsilon')] \\
&= \Lambda_y E(\eta\eta')\Lambda_y' + \Theta_\epsilon
\end{aligned} \tag{7.13}$$

Der Term $E(\eta\eta')$ kann durch Substitution mit Gleichung 7.1 weiter zerlegt werden.[5] So wird erkennbar, daß die Kovarianz der y-Indikatoren in eine komplexe Funktion aus sechs der acht oben angegebenen Parametermatrizen (vgl. die Spezifikation in 7.11) zerlegt werden kann:

$$\Sigma_{yy}(\Theta) = \Lambda_y(I - B)^{-1}(\Gamma\Phi\Gamma' + \Psi)[(I - B)^{-1}]'\Lambda_y' + \Theta_\epsilon \tag{7.14}$$

Der rechte obere Quadrant der Matrix $\Sigma(\Theta)$ enthält die Kovarianzen der y- und x-Variablen (vgl. Bollen, 1989, S. 325):

$$\begin{aligned}
\Sigma_{yx}(\Theta) &= E(yx') \\
&= E[(\Lambda_y\eta + \epsilon)(\xi'\Lambda_x' + \delta')] \\
&= \Lambda_y E(\eta\xi')\Lambda_x'
\end{aligned} \tag{7.15}$$

Wird wiederum durch $\eta = (I - B)^{-1}(\Gamma\xi + \zeta)$ substituiert, dann erhält man:

$$\Sigma_{yx}(\Theta) = \Lambda_y(I - B)^{-1}\Gamma\Phi\Lambda_x' \tag{7.16}$$

Der linke untere Quadrant der Matrix $\Sigma(\Theta)$ ist die Transponierte von $\Sigma_{yx}(\Theta)$:

$$\Sigma_{xy}(\Theta) = \Lambda_x\Phi\Gamma'[(I - B)^{-1}]'\Lambda_y' \tag{7.17}$$

Als letztes sind die Kovarianzen der x-Variablen (Σ_{xx}) abzuleiten, was im Rahmen der Meßmodelle schon behandelt wurde (vgl. Kapitel 6, Abschnitt 6.1.2):

$$\begin{aligned}
\Sigma(\Theta) &= E(xx') \\
&= E[(\lambda_x\xi + \delta)(\lambda_x'\xi' + \delta')] \\
&= \lambda_x E(\xi\xi')\lambda_x' + \Theta_\delta \\
&= \lambda_x\Phi\lambda_x' + \Theta_\delta
\end{aligned} \tag{7.18}$$

Wenn Gleichungen 7.14, 7.16, 7.17 und 7.18 in Gleichung 7.12 eingesetzt werden, erhält man die geschätzte Varianz-/Kovarianzmatrix Σ als Funktion des Parametervektors Θ:

$$\begin{aligned}
\Sigma(\Theta) &= \begin{bmatrix} \Sigma_{yy}(\Theta) & \Sigma_{yx}(\Theta) \\ \Sigma_{xy}(\Theta) & \Sigma_{xx}(\Theta) \end{bmatrix} \\
&= \begin{bmatrix} \Lambda_y(I - B)^{-1}(\Gamma\Phi\Gamma' + \Psi)[(I - B)^{-1}]'\Lambda_y' + \Theta_\epsilon & \Lambda_y(I - B)^{-1}\Gamma\Phi\Lambda_x' \\ \Lambda_x\Phi\Gamma'[(I - B)^{-1}]'\Lambda_y' & \Lambda_x\Phi\Lambda_x' + \Theta_\delta \end{bmatrix}
\end{aligned} \tag{7.19}$$

---

5   Die Substitution erfolgt durch $\eta = (I - B)^{-1}(\Gamma\xi + \zeta)$ (vgl. Bollen, 1989, S. 324).

Die Schätzung der einzelnen Parameter in den Matrizen der Gleichung 7.19 erfolgt über die Minimierung[6] der im Kapitel 6, Abschnitt 6.1.4 erläuterten Diskrepanzfunktionen, soweit die Identifikationsbedingungen erfüllt sind.

7.1.3   Die Identifikation der Modellparameter

Die Identifikation der Parameter im allgemeinen Strukturgleichungsmodell baut auf dem im Rahmen der Meßmodelle und der konfirmatorischen Faktorenanalyse erörterten Regelsystem auf (vgl. Kapitel 6, Abschnitte 6.1.2 und 6.2.2). Zwei notwendige, aber nicht hinreichende, Bedingungen der Modellidentifikation sind für die Parameterschätzung zu erfüllen:

1. Die Anzahl der zu schätzenden Parameter im Parametervektor Θ muß gleich oder kleiner sein als die Anzahl der empirischen Parameter in der Kovarianzmatrix S.

2. Jede latente Variable (ξ und η) muß eine Skala erhalten.

Die erste Bedingung kann durch die t-Regel ($t \leq (p+q)(p+q+1)/2$) mit p als die Anzahl der x-Variablen und q als die Anzahl der y-Variablen erfüllt werden (vgl. Kapitel 6, Abschnitt 6.1.2 und Bollen, 1989, S. 328). Die zweite Bedingung wird entweder dadurch erfüllt, daß die Varianzen jeder latenten Variablen auf eine Konstante festgesetzt werden ($\phi_{11} = 1.0$ und $\psi_{11} = 1.0$) oder die latenten Variablen die Skalierung eines ihrer Indikatoren übernehmen ($\lambda_{x_{11}} = 1.0$ und $\lambda_{y_{11}} = 1.0$).[7]

Neben der t-Regel existiert die sogenannte Zwei-Schritt-Regel (*two-step-rule*) zur Identifikation eines allgemeinen Strukturgleichungsmodells (vgl. Bollen, 1989, S. 328; Kline, 1998, S. 249). Im ersten Schritt wird zunächst das Meßmodell geprüft, d. h. jegliche Spezifikation von Strukturkoeffizienten auf der latenten Ebene unterbleibt und das Modell wird wie ein konfirmatorisches Faktorenmodell behandelt. Wenn das Modell identifiziert ist, kann der zweite Schritt folgen. Hierbei gelten die in Tabelle 6.8 (Kapitel 6, Abschnitt 6.2.2) zusammengestellten Voraussetzungen zur Identifikation der Parameter.

Im zweiten Schritt wird das Strukturmodell ohne das Meßmodell geprüft, d. h. es wird angenommen, daß jede latente Variable des Modells perfekt gemessen wird. Die empirische Grundlage ist also durch die Kovarianzmatrix der latenten Variablen gegeben, die im ersten Schritt geschätzt wurde. Nun kann getestet werden, ob sich die Parameter in den Matrizen B, Γ, Φ und Ψ ermitteln lassen.

Wenn beide Schritte jeweils zu identifizierten Lösungen führen, ist das Struktur- und das Meßmodell identifiziert. Die Zwei-Schritt-Regel ist eine hinreichende Bedingung zur Identifikation von Strukturgleichungsmodellen mit latenten Variablen (vgl. Tabelle 7.1).

---

[6]   Es wird an dieser Stelle daran erinnert, daß in der LISREL-Terminologie die empirische Kovarianzmatrix mit S bezeichnet wird und die Differenz $S - \Sigma$ minimiert wird.

[7]   Die Restriktionen sind jeweils bezogen auf das Modell in Abbildung 7.1.

Im *Multiple-Indicator-Multiple-Cause*(MIMIC)-Modell wird eine latente Variable η_1 (mit den dazugehörigen manifesten Variablen y) spezifiziert, die direkt von einer unabhängigen manifesten Variablen x beinflußt wird (vgl. die formale Spezifikation in den Gleichungen 7.5, 7.6 und 7.7). Enthält das MIMIC-Modell mindestens zwei manifeste Variablen y und eine manifeste Variable x, dann ist die Bedingung zur Identifikation des Modells hinreichend. Es muß aber darauf hingewiesen, daß diese Bedingung nur für eine spezifische Modellierung (d. h. nur eine latente Variable η) gilt (vgl. Bollen, 1989, S. 331).[8]

Tabelle 7.1 faßt die besprochenen Regeln und Voraussetzungen zusammen. Es existiert für die allgemeine Spezifikation der Strukturgleichungsmodelle keine Identifikationsregel, die sowohl notwendig als auch hinreichend ist. Hier muß in den jeweiligen Anwendungen darauf geachtet werden, ob es Unplausibilitäten in den Modellergebnissen gibt, die möglicherweise auf ein Identifikationsproblem hinweisen.

Tabelle 7.1: Regeln und Voraussetzungen zur Identifikation der Parameter in allgemeinen Strukturgleichungsmodellen

Identifikationsregel	Voraussetzungen	Charakterisierung
t-Regel	$t \leq \nu(\nu+1)/2$	notwendig
Zwei-Schritt-Regel	1. Prüfung des Meßmodells ohne Strukturmodell 2. Prüfung des Strukturmodells ohne Meßmodell	hinreichend
MIMIC-Regel	Spezifikation gemäß Gleichung 7.5 Anzahl der x-Variablen ≥ 1 Anzahl der y-Variablen ≥ 2	hinreichend

t = Anzahl der freien Parameter
ν = Anzahl der gemessenen Variablen $(p+q)$

7.1.4   Standardisierte und unstandardisierte Koeffizienten

Wenn die Datengrundlage zur Schätzung der unbekannten Parameter eine Kovarianzmatrix ist, dann sind die geschätzten Parameter unstandardisiert und damit abhängig von der Skalierung der manifesten Variablen. Da keine festen Intervallgrenzen für unstandardisierte Parameter existieren, kann bei einem Vergleich von Parametern im Modell nicht beurteilt werden, welcher Effekt am stärksten und welcher am schwächsten ist. Dieser Vergleich läßt sich mit standardisierten Koeffizienten durchführen, da diese eine feste Unter- und Obergrenze haben

---

[8]   Stapleton (1977) zeigt Identifikationsmöglichkeiten von MIMIC-Modellen mit mehreren η-Variablen.

(zwischen -1 und +1, vgl. auch Kapitel 4, Abschnitt 4.1). Die standardisierten Koeffizienten β_{ij}^s und γ_{ij}^s des Strukturmodells werden wie folgt berechnet (vgl. Bollen, 1989, S. 349):

$$\beta_{ij}^s = \beta_{ij} \left(\frac{\sigma_{jj}}{\sigma_{ii}} \right)^{1/2} \tag{7.20}$$

$$\gamma_{ij}^s = \gamma_{ij} \left(\frac{\sigma_{jj}}{\sigma_{ii}} \right)^{1/2} \tag{7.21}$$

Das Superscript s kennzeichnet den standardisierten Koeffizienten, i bezieht sich auf die abhängige, j auf die unabhängige latente Variable. σ_{ii} und σ_{jj} sind die jeweiligen geschätzten Varianzen der abhängigen und unabhängigen latenten Variablen. Die standardisierten Koeffizienten λ_{ij}^s des Meßmodells werden folgendermaßen berechnet:

$$\lambda_{ij}^s = \lambda_{ij} \left(\frac{\sigma_{jj}}{\sigma_{ii}} \right)^{1/2} \tag{7.22}$$

Hier bezieht sich i auf die manifeste Variable x oder y im Meßmodell, j auf die latente Variable ξ oder η. σ_{ii} ist dann die modellimplizierte Varianz der manifesten Variablen und σ_{jj} die geschätzte Varianz der jeweiligen latenten Variablen. Gleichungen 7.20 bis 7.22 sind auf einzelne Parameter bezogen, in der Praxis werden aber ganze Parametermatrizen standardisiert. Für die Koeffizienten des Strukturmodells berechnen sich die standardisierten Parametermatrizen B^s und Γ^s folgendermaßen (vgl. Bollen, 1989, S. 350):

$$B^s = [diag(C)]^{1/2} \, B \, [diag(C)]^{-1/2} \tag{7.23}$$

$$\Gamma^s = [diag(\Phi)]^{1/2} \, \Gamma \, [diag(C)]^{-1/2} \tag{7.24}$$

wobei

$$C = (I - B)^{-1} (\Gamma \Phi \Gamma' + \Psi)[(I - B)^{-1}]' \tag{7.25}$$

ist. Die standardisierten Parametermatrizen Λ_x^s und Λ_y^s des Meßmodells werden folgenderma-ßen berechnet:

$$\Lambda_x^s = [diag(\Phi)]^{1/2} \, \Lambda_x \, [diag(\Sigma_{xx})]^{-1/2} \tag{7.26}$$

$$\Lambda_y^s = [diag(C)]^{1/2} \, \Lambda_y \, [diag(\Sigma_{yy})]^{-1/2} \tag{7.27}$$

Im Programm LISREL werden zwei standardisierte Lösungen berechnet. Die eine standardisiert nur das Strukturmodell (Gleichungen 7.23 und 7.24), die andere zusätzlich auch das Meßmodell (Gleichungen 7.26 und 7.27).[9] Das Programm EQS gibt eine vollständig standardisierte Lösung aus.

---

[9]   Im Programmoutput werden die Lösungen als *Standardized Solution* und *Completely Standardized Solution* bezeichnet (vgl. Jöreskog & Sörbom, 1993a, S. 152).

Tabelle 7.2: Übersicht über die Effektzerlegungen im allgemeinen Strukturgleichungsmodell

Nr.	Kausalrichtung	Matrizen	Interpretation
1	$\xi \rightarrow \eta$	$(I-B)^{-1}\Gamma$	Totaler Kausaler Effekt von ξ nach η
2	$\eta \rightarrow \eta$	$(I-B)^{-1}$ - I	Totaler Kausaler Effekt von η nach η
3	$\xi \rightarrow x$	Λ_x	Totaler Kausaler Effekt von ξ nach x
4	$\xi \rightarrow y$	$\Lambda_y(I-B)^{-1}\Gamma$	Totaler Kausaler Effekt von ξ nach y
5	$\eta \rightarrow y$	$\Lambda_y(I-B)^{-1}$	Totaler Kausaler Effekt von η nach y

Die formale Grundlage für die Effektzerlegung bildet Gleichung 7.19.

7.1.5   Die Effektzerlegung

In Abschnitt Kapitel 5, Abschnitt 5.1.2 ist erläutert worden, wie die Pfadkoeffizienten in *direkte* und *indirekte* Effekte zerlegt werden können. Direkte Effekte im allgemeinen Strukturgleichungsmodell werden durch die Koeffizienten des Struktur- und Meßmodells (Gleichungen 7.1 bis 7.3) ausgedrückt. Indirekte Effekte werden durch mindestens eine andere Variable vermittelt. Im allgemeinen Strukturgleichungsmodell wird hier differenziert zwischen indirekten Effekten von einer latenten Variablen (ξ oder η) auf eine andere latente Variable (η) und indirekten Effekten von einer latenten Variablen auf eine manifeste Variable (x oder y). Die Summe der im Modell vorhandenen direkten und indirekten Effekte ergibt dann den *totalen* kausalen Effekt, der vielfach auch als *reduced form coefficent* bezeichnet wird (vgl. Graff & Schmidt, 1982, S. 132).

Tabelle 7.2 zeigt, daß fünf verschiedene Effektzerlegungen möglich sind, wobei sich diese auf zwei reduzieren können, wenn ein Strukturgleichungsmodell auf der latenten Ebene nur mit η-Variablen und auf der manifesten Ebene nur mit y-Variablen definiert wird.[10]

Im folgenden wird die Zerlegung der Koffizienten auf der latenten Ebene des Strukturgleichungsmodells betrachtet, da diese für inhaltliche Interpretationen am wichtigsten sind. Zur Vereinfachung werden alle latenten Variablen als η-Variablen definiert.

Folgt man der Darstellung von Bollen (1987) und Graff und Schmidt (1982), dann lassen sich die totalen Effekte der latenten Variablen η als infinite Summe einer geometrischen Reihe darstellen:

$$T_{\eta\eta} = \sum_{k=1}^{\infty} B^k \tag{7.28}$$

---

[10]   Die Ausführungen in Graff und Schmidt (1982) basieren auf der im Programm LISREL IV implementierten Strukturgleichung $B\eta = \Gamma\xi + \zeta$. Daher basiert die Effektzerlegung dort auf der Matrix B, während hier in Übereinstimmung mit Gleichung 7.19 Matrix $I - B$ zugrunde gelegt wird.

Abbildung 7.2: Strukturgleichungsmodell mit drei latenten Variablen (rekursiv)

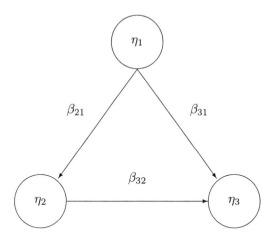

wobei die Matrix der totalen Effekte $T_{\eta\eta}$ nur dann definiert ist, wenn die Summe zu einer Matrix mit finiten Elementen konvergiert. Mit k werden die Effekte der Matrix B differenziert. Bei $k = 1$ enthält Matrix B nur direkte Effekte, bei $k > 1$ die jeweiligen indirekten Effekte der Länge k.[11]

Ist das Modell rekursiv, dann ist die Konvergenz immer gewährleistet, wenn $k \to \infty$ und $B^k = 0$ wird.[12] Wird die Effektzerlegung bei einem nicht-rekursiven Modell vorgenommen, dann existieren auch Werte in der Diagonalen der Matrix B, die den indirekten Effekt der gleichen latenten Variablen auf sich selber anzeigen (vgl. die Ausführungen zu den nicht-rekursiven Modellen in Kapitel 5, Abschnitt 5.2 und Graff & Schmidt, 1982, S. 135). Eine hinreichende (aber nicht notwendige) Bedingung für die Konvergenz der Gleichung 7.28 liegt vor, wenn die Elemente von B^k positiv sind, die Summe der Spalten von B kleiner eins ist und die absoluten Werte der Eigenwerte von B ebenfalls kleiner eins sind (vgl. Bollen, 1989. S. 381). Anhand eines rekursiven und eines nicht-rekursiven Strukturgleichungsmodells werden diese Bedingungen verdeutlicht.

---

[11]   Bei $k = 2$ enthält Matrix B die indirekten Effekte vermittelt über *eine* latente Variable η, bei $k = 3$ enthält Matrix B die indirekten Effekte vermittelt über *zwei* latente Variablen, usw. (vgl. zur Ableitung der Gleichung 7.28 Graff & Schmidt, 1982, S. 135).

[12]   Bentler und Freeman (1983) zeigen, daß dafür der absolute Wert der Eigenwerte der Matrix B kleiner eins sein muß.

Wenn ein rekursives Modell mit drei η-Variablen spezifiziert wird, dann beinhaltet Matrix B nach Abbildung 7.2 drei Parameter:

$$B = \begin{pmatrix} 0 & 0 & 0 \\ \beta_{21} & 0 & 0 \\ \beta_{31} & \beta_{32} & 0 \end{pmatrix} \tag{7.29}$$

Setzt man diese Modellspezifikation in Gleichung 7.28 ein, dann können mit den ersten beiden Termen der infiniten Serie die totalen Effekte ermittelt werden:

$$
\begin{aligned}
T_{\eta\eta} &= \quad B^1 \quad + \quad B^2 \quad + B^3 + \dots \\
&= \begin{pmatrix} 0 & 0 & 0 \\ \beta_{21} & 0 & 0 \\ \beta_{31} & \beta_{32} & 0 \end{pmatrix} + \begin{pmatrix} 0 & 0 & 0 \\ 0 & 0 & 0 \\ \beta_{21}\beta_{32} & 0 & 0 \end{pmatrix} + 0 + \dots
\end{aligned}
\tag{7.30}
$$

Es wird ersichtlich, daß für $k \geq 3$ alle B^k Null werden, die Serie konvergiert und somit die totalen kausalen Effekte bestimmt werden können. Der erste Term B^1 enthält die drei direkten kausalen Effekte zwischen den drei latenten Variablen η_1, η_2 und η_3. Der zweite Term enthält den indirekten Effekt der Variablen η_1 auf η_3 vermittelt über η_2. Da keine indirekten Effekte über mehr als eine Variable existieren, ist $B^3 = 0$. Werden B^1 und B^2 aufsummiert, dann wird ersichtlich, daß der totale kausale Effekt immer die Summe der direkten und indirekten Effekte ist:

$$T_{\eta\eta} = \begin{pmatrix} 0 & 0 & 0 \\ \beta_{21} & 0 & 0 \\ \beta_{31} + \beta_{21} & \beta_{32}\beta_{32} & 0 \end{pmatrix} \tag{7.31}$$

Für ein nicht-rekursives Modell ist die Situation etwas komplizierter. Es werden wieder drei η-Variablen spezifiziert, wobei η_2 auf η_3 wirkt als auch umgekehrt η_3 auf η_2 (vgl. Abbildung 7.3).

Matrix B beinhaltet nach Abbildung 7.2 nun vier Parameter:

$$B = \begin{pmatrix} 0 & 0 & 0 \\ \beta_{21} & 0 & \beta_{23} \\ \beta_{31} & \beta_{32} & 0 \end{pmatrix} \tag{7.32}$$

Abbildung 7.3: Strukturgleichungsmodell mit drei latenten Variablen (nicht-rekursiv)

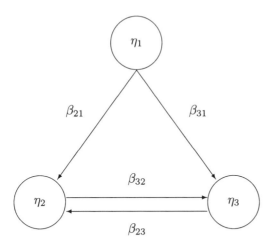

Setzt man diese Modellspezifikation in Gleichung 7.28 ein, dann werden drei oder mehr Terme benötigt, um die infinite Serie der totalen Effekte zu ermitteln:

$$
\begin{aligned}
T_{\eta\eta} = \quad & B^1 \quad + \quad B^2 \\
+ \quad & B^3 \quad + \quad B^4 \quad + \; \ldots
\end{aligned}
$$

$$
= \begin{pmatrix} 0 & 0 & 0 \\ \beta_{21} & 0 & \beta_{23} \\ \beta_{31} & \beta_{32} & 0 \end{pmatrix} + \begin{pmatrix} 0 & 0 & 0 \\ \beta_{31}\beta_{23} & \beta_{32}\beta_{23} & 0 \\ \beta_{21}\beta_{32} & 0 & \beta_{32}\beta_{23} \end{pmatrix} \tag{7.33}
$$

$$
+ \begin{pmatrix} 0 & 0 & 0 \\ 0 & 0 & \beta_{32}\beta_{23}^2 \\ 0 & \beta_{32}^2\beta_{23} & 0 \end{pmatrix} + \begin{pmatrix} 0 & 0 & 0 \\ 0 & \beta_{32}^2\beta_{23}^2 & 0 \\ 0 & 0 & \beta_{32}^2\beta_{23}^2 \end{pmatrix} + \; \ldots
$$

Im Unterschied zum rekursiven Modell kann im nicht-rekursiven Modell eine abhängige Variable einen Effekt auf sich selber haben. Die Diagonale in den Termen B^2, B^3 und B^4 enthält damit nicht nur Nullen. Daraus folgt, daß B^k nicht notwendigerweise Null ist, wenn k größer ist als die Anzahl der Variablen im Modell. Der Zyklus der indirekten Effekte einer Variablen auf sich selber kann in der geometrischen Reihe beliebig fortgesetzt werden. Die

Konvergenz ist gewährleistet, wenn die Werte in B^k mit zunehmenden k gegen Null streben.[13] Werden alle Terme der Gleichung 7.33 aufsummiert, dann erhält man die totalen kausalen Effekte des in Abbildung 7.2 spezifizierten Modells:

$$T_{\eta\eta} = \begin{pmatrix} 0 & 0 & 0 \\ \beta_{21} + \beta_{31}\beta_{23} & \beta_{32}\beta_{23} + \beta_{32}^2\beta_{23}^2 & \beta_{23} + \beta_{32}\beta_{23}^2 \\ \beta_{31} + \beta_{21}\beta_{32} & \beta_{32} + \beta_{32}^2\beta_{23} & \beta_{32}\beta_{23} + \beta_{32}^2\beta_{23}^2 \end{pmatrix} \tag{7.34}$$

7.1.6   Multiple Gruppenvergleiche

In den erörterten Strukturgleichungsmodellen beziehen sich die empirischen Informationen immer auf *alle* Fälle einer Stichprobe. Ebenso wie bei den konfirmatorischen Faktorenmodellen läßt sich auch mit einem Strukturgleichungsmodell prüfen, ob das Meß- und das Strukturmodell im simultanen Vergleich über mehrere Subpopulationen zu den Daten paßt. Die Vorgehensweise unterscheidet sich im wesentlichen nicht von den schon erörterten Gruppenvergleichen in Kapitel 6, Abschnitt 6.3. Auch hier werden die Matrizen für die einzelnen Gruppen berechnet und verschiedene Modellvarianten getestet, die die Gleichheit bzw. Verschiedenheit der Parameter zwischen den Gruppen simultan prüfen (Bollen, 1989, S. 355f.). Die Gruppenvariabilität bzw. Gruppeninvarianz im Strukturgleichungsmodell kann sich im Meßmodell auf die Faktorenladungen und auf die Fehlervarianzen der gemessenen Variablen beziehen, während im Strukturmodell die Strukturkoeffizienten, die Varianzen und Kovarianzen der unabhängigen latenten Variablen sowie die Residualvarianzen der abhängigen latenten Variablen über die Gruppen variieren können.

Abbildung 7.4 zeigt das einfache Strukturgleichungsmodell aus Abbildung 7.1 mit dem Unterschied, daß die Koeffizienten des Meß- und Strukturmodells hier mit dem Index g ($g = 1, 2 \ldots G$) bezeichnet sind, der die jeweilige Gruppe anzeigt.

---

[13]   Da die Eigenwerte der Matrix B in der Regel komplexe Zahlen sind, wird der größte Eigenwert der Matrix BB' berechnet. Ist dieser Eigenwert kleiner als eins, dann ist die Konvergenz des Gleichungssystems gewährleistet. Im Programm LISREL wird diese Eigenwertberechnung als *Stabilitätsindex* bezeichnet (vgl. Jöreskog & Sörbom, 1981, III. 93).

Abbildung 7.4: Strukturgleichungsmodell mit zwei latenten Variablen für den multiplen Gruppenvergleich

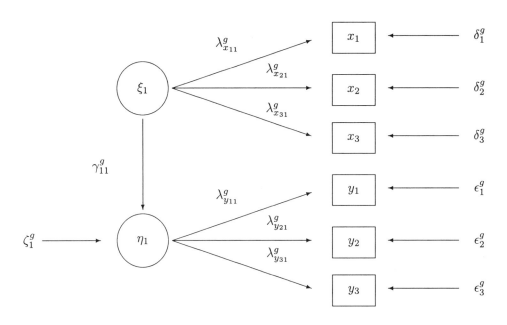

Analog zu den Gleichungen 7.8, 7.9 und 7.10 läßt sich das Modell aus Abbildung 7.4 formal spezifizieren:

$$\eta_1 = \gamma_{11}^g \xi_1 + \zeta_1^g \tag{7.35}$$

$$\begin{pmatrix} x_1 \\ x_2 \\ x_3 \end{pmatrix} = \begin{pmatrix} \lambda_{x_{11}}^g \\ \lambda_{x_{21}}^g \\ \lambda_{x_{31}}^g \end{pmatrix} * \left(\xi_1 \right) + \begin{pmatrix} \delta_1^g \\ \delta_2^g \\ \delta_3^g \end{pmatrix} \tag{7.36}$$

$$\begin{pmatrix} y_1 \\ y_2 \\ y_3 \end{pmatrix} = \begin{pmatrix} \lambda_{y_{11}}^g \\ \lambda_{y_{21}}^g \\ \lambda_{y_{31}}^g \end{pmatrix} * \left(\eta_1 \right) + \begin{pmatrix} \epsilon_1^g \\ \epsilon_2^g \\ \epsilon_3^g \end{pmatrix} \tag{7.37}$$

Es gelten auch hier die unter Gleichung 7.10 genannten Annahmen über die Kovariationen zwischen Meßfehlern (δ, ϵ) und latenten Variablen und die Erwartungswerte der Meßfehler.

Mit den Parameterrestriktionen des Meßmodells (Matrizen Λ_x, Θ_δ, Λ_y, Θ_ϵ) kann nun getestet werden, ob die Faktorenladungen und die Meßfehler über die Gruppen signifikant variieren oder diese Variation so unbedeutend ist, daß die gewählten Restriktionen die Modellanpassung nicht beeinträchtigen. Hierzu vergleicht man die Modellvarianten (jeweils mit und ohne die gewählten Parameterrestriktionen) mit Hilfe des in Kapitel 6, Abschnitt 6.1.5.2 erörterten χ^2-Differenzentests. Die Gleichsetzung der Faktorenladungen erfolgt analog der Spezifikation in Gleichung 6.76 (Kapitel 6, Abschnitt 6.3). Die Gleichsetzung der Parameter in den Matrizen B, Γ, Φ und Ψ erfolgt in gleicher Weise.

Die Modellüberprüfung wird über die *Likelihood-Ratio*-Statistik vorgenommen, die die Modellanpassung nach den spezifizierten Modellrestriktionen testet. Im *Basismodell* sollten alle Parameter über die Gruppen gleichgesetzt sein, insbesondere wenn man daran interessiert ist zu testen, daß kein subgruppenspezifisches Meßmodell vorliegt. Variabilität und Invarianz des Strukturmodells lassen sich nähmlich nur sinnvoll interpretieren, wenn die Invarianz der Faktorenladungen spezifiziert ist. Mögliche gruppenspezifische Variationen der Meßfehler sind hierbei allerdings unerheblich. Je nach gewähltem Basismodell kann durch Freisetzung bzw. Restringierung einzelner Modellparameter des Strukturgleichungsmodells die Modellvariante im Gruppenvergleich gefunden werden, die am ehesten zu den Daten paßt. Inhaltliche Überlegungen mit den jeweils formulierten Strukturhypothesen bestimmen die gewählten Restriktionen und damit auch die Reihenfolge der Modellvarianten. Am Ende des folgenden Abschnitts 7.1.7 wird hierzu ein Beispiel erörtert.

Der multiple Gruppenvergleich des Strukturgleichungsmodells läßt auch einen simultanen Vergleich der Mittelwerte zu. Hierzu werden die Mittelwertsvektoren der Variablen für die einzelnen Gruppen berechnet und als empirische Größen dem Gruppenvergleichsmodell hinzugefügt. Zur Verdeutlichung wird auf das Modell in Abbildung 7.4 zurückgegriffen. Gleichungen 7.35, 7.36 und 7.37 werden entsprechend um die Mittelwertsvektoren α, τ_x und τ_y erweitert:

$$\eta_1 = \alpha + \gamma_{11}^g \xi_1 + \zeta_1^g \tag{7.38}$$

$$\begin{pmatrix} x_1 \\ x_2 \\ x_3 \end{pmatrix} = \begin{pmatrix} \tau_{x_1} \\ \tau_{x_2} \\ \tau_{x_3} \end{pmatrix} + \begin{pmatrix} \lambda_{x_{11}}^g \\ \lambda_{x_{21}}^g \\ \lambda_{x_{31}}^g \end{pmatrix} * (\xi_1) + \begin{pmatrix} \delta_1^g \\ \delta_2^g \\ \delta_3^g \end{pmatrix} \tag{7.39}$$

$$\begin{pmatrix} y_1 \\ y_2 \\ y_3 \end{pmatrix} = \begin{pmatrix} \tau_{y_1} \\ \tau_{y_2} \\ \tau_{y_3} \end{pmatrix} + \begin{pmatrix} \lambda_{y_{11}}^g \\ \lambda_{y_{21}}^g \\ \lambda_{y_{31}}^g \end{pmatrix} * (\eta_1) + \begin{pmatrix} \epsilon_1^g \\ \epsilon_2^g \\ \epsilon_3^g \end{pmatrix} \tag{7.40}$$

Dieses Strukturgleichungsmodell ist für jede Gruppe g durch die Parameter in den Gleichungen definiert, wobei mit $g = 1, 2, \ldots G$ die jeweilige Gruppe bezeichnet wird. Es gelten auch hier die unter Gleichung 7.10 genannten Annahmen. Mit τ_x werden die Mittelwerte der manifesten Variablen x bezeichnet, mit τ_y die Mittelwerte der manifesten Variablen y. Der Mittelwertsvektor der latenten Variablen ξ wird mit κ bezeichnet, der entsprechende Vektor der latenten Variablen η mit α.

Da die manifesten Mittelwertsinformationen im Gruppenvergleich berücksichtigt werden, läßt sich auch auf der latenten Ebene eine Mittelwertsschätzung vornehmen. Allerdings sind die latenten Mittelwerte in den einzelnen Gruppen nicht schätzbar, sondern nur die Mittelwertsdifferenzenzwischen den Gruppen (vgl. Sörbom, 1979, 1982). Hierzu werden in einer Gruppe (üblicherweise der Referenzgruppe) die latenten Mittelwerte auf Null restringiert:

$$\kappa_1^1 = 0$$
$$\alpha_1^1 = 0$$
(7.41)

Demnach sind κ_1^2 und α_1^2 zwei zu schätzende Parameter, die als Differenzen zu Null zu interpretieren sind. Um eine inhaltliche sinnvolle Interpretation der latenten Mittelwertsdifferenzen zu gewährleisten, sollten die Mittelwerte der manifesten Variablen über die Gruppen gleichgesetzt werden:

$$\tau_{x_1}^1 = \tau_{x_1}^2$$
$$\tau_{x_2}^1 = \tau_{x_2}^2$$
$$\tau_{x_3}^1 = \tau_{x_3}^2$$
$$\tau_{y_1}^1 = \tau_{y_1}^2$$
$$\tau_{y_2}^1 = \tau_{y_2}^2$$
$$\tau_{y_3}^1 = \tau_{y_3}^2$$
(7.42)

Das zu überprüfende *Basismodell* enthält - wie auch in Kapitel 6, Abschnitt 6.3.1 dargestellt - entweder keinerlei Modellrestriktionen oder aber die vollständige Gleichsetzung aller zu schätzenden Parameter über die Gruppen. Allerdings kann die akzeptierte Modellvariante des Gruppenvergleichs der Kovarianzstruktur als Ausgangspunkt des Mittelwertvergleichs dienen (siehe das Beispiel am Ende des Abschnitts 7.1.7). Dieses Vorgehen ist gerechtfertigt, da durch die Mittelwertsinformationen zusätzliche Parameter restringiert werden. Der Test auf Mittelwertsdifferenzen auf der latenten Ebene sollte - wie bei allen Gruppenvergleichen - durch inhaltliche Überlegungen gestützt sein.

7.1.7   Empirische Beispiele

Die im folgenden konzipierten Strukturgleichungsmodelle basieren auf Daten einer kriminologisch-soziologischen Dunkelfeldbefragung zum devianten und delinquenten Verhalten von Jugendlichen. In dieser Studie werden drei Analyseebenen unterschieden. Die erste (individuelle) Ebene bezieht sich auf Werteinstellungen, Freizeitorientierungen und deviantes Verhalten von Jugendlichen, die zweite (sozialstrukturelle) Ebene umfaßt die sozialen Lebensmilieus von Jugendlichen mit ihren sozialstrukturellen Bedingungen, während die dritte Ebene die formellen Kontrollmechanismen anspricht, die einerseits Familie und Schule einbezieht, andererseits aber auch staatliche Kontrollorgane wie Polizei und Justiz (vgl. die theoretische Modellierung in Boers et al. 2002, S. 142). Die Entstehungsbedingungen von abweichendem und kriminellem Handeln werden mit diesen drei Analyseebenen differenziert betrachtet.

Für die zu überprüfenden Strukturgleichungsmodelle wird zunächst nur die erste, individuelle Ebene herangezogen und zwei zentrale Elemente in ihrem Zusammenhang zur Delinquenz analysiert: die *Wertorientierungen* als zentraler Teil der kulturell-normativen Ressourcen und die *Freizeitstile* als wesentlicher Teil der Lebensstile. Die Wertorientierungen basieren auf dem

Milieuansatz des Heidelberger Marktforschungsinstituts SINUS (vgl. zum Konzept Becker & Nowak, 1982; Flaig et al., 1993), wobei die für die gesamte Bevölkerung entwickelten Erhebungsinstrumente jugendadäquat reformuliert und ergänzt wurden. Die als expressive Komponente alltäglicher Gewohnheiten relevanten Freizeitstile (Mediengebrauch, Musik- und Modevorlieben, Sport- und Freizeitaktivitäten) wurden mit Hilfe von standardisierten und offenen Fragen erhoben, um ein möglichst vollständiges Bild der Stilisierungskomponenten von Jugendlichen zu erhalten. Als zusätzliches normatives Element wurde zudem die Akzeptanz von Rechtsnormen berücksichtigt. Es wird angenommen, daß die Rechtsnormen einen moderierenden Effekt zwischen den allgemeinen Wertorientierungen und den Freizeistilen auf der einen Seite sowie der Delinquenz auf der anderen Seite ausüben.

Pöge (2002, S. 72 f.) hat die Items zur Messung der Wertorientierungen von Jugendlichen mit exploratorischen und konfirmatorischen Faktorenmodellen für eine Alterskohorte (Jahrgangsstufe 7) analysiert. Er konnte fünf verschiedene Dimensionen von Werteinstellungen ermitteln: Hedonistische, traditionelle und deprivierte Werteinstellungen, die Einstellung zur Technikgläubigkeit und die traditionell-soziale Lebenseinstellung. In den weiteren Strukturanalysen werden die hedonistischen und traditionellen Wertorientierungen als Erklärungskonzepte verwendet. Für das folgende Strukturgleichungsmodell (vgl. Abbildung 7.5) werden diese beiden Wertorientierungen (im folgenden mit *Hedo* und *Trad* abgekürzt) als unabhängige latente Variablen berücksichtigt. Desweiteren wird neben der Akzeptanz von Rechtnormen (*Norm*), eine Dimension der Freizeitorientierungen von Jugendlichen, das außenorientiertes Freizeitverhalten, als intervenierende Variable modelliert (*Freizeit*). Die zentrale abhängige Variable ist das delinquente Verhalten der Jugendlichen (*Delikt*).

Abbildung 7.5: Strukturgleichungsmodell zum Zusammenhang von Wertorientierungen, Freizeit, Rechtsnormen und Delinquenz (Richtung der Hypothesen)

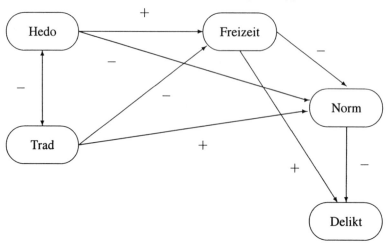

Folgende Hypothesen werden dem Strukturgleichungsmodell zu Grunde gelegt:[14]

1. Je stärker eine hedonistische Werteinstellung geäußert wird, desto eher neigen die Jugendlichen zu Freizeitverhalten, das außerhalb des familiären Umfeldes stattfindet.

2. Je stärker die hedonistische Werteinstellung vorliegt, desto weniger akzeptieren Jugendliche Rechtsnormen.

3. Je stärker eine traditionelle Werteinstellung geäußert wird, desto weniger neigen die Jugendlichen zu Freizeitverhalten, das außerhalb des familiären Umfeldes stattfindet.

4. Je stärker die traditionelle Werteinstellung vorliegt, desto eher akzeptieren Jugendliche Rechtsnormen.

5. Je stärker die nach außen gerichteten Freizeitorientierungen sind, desto eher werden Delikte von Jugendlichen begangen.

6. Je stärker die Freizeitorientierungen, desto weniger Akzeptanz von Rechtsnormen.

7. Je weniger Akzeptanz von Rechtnormen, desto eher werden Delikte von Jugendlichen begangen.

Es wird keine Richtung für den Zusammenhang zwischen den beiden Wertorientierungen (*Hedo* und *Trad*) angenommen. Beide Wertorientierungen sollten negativ miteinander korrelieren, da anzunehmen ist, daß mit zunehmenden hedonistische Orientierungen die traditionellen Werte abnehmen und umgekehrt. Eine direkte Wirkung der Wertorientierungen auf die Deliktraten wird nicht postuliert. Damit wird angenommen, daß der gesamte Einfluß der Wertorientierungen über das Freizeitverhalten und die Akzeptanz von Rechtsnormen vermittelt wird. Alle aufgestellten Hypothesen beziehen sich auf die latente Ebene des Strukturgleichungsmodells und werden im folgenden empirisch überprüft. Der Modelltest wird anhand der Daten des 8. Schuljahrgangs aller weiterführenden Schulen der Stadt Münster aus dem Jahre 2001 vorgenommen (N = 1942).[15] Die Datengrundlage entspricht den berechneten konfirmatorischen Faktorenmodellen in Kapitel 6, Abschnitt 6.2.3.

Beide Werteinstellungen (*Hedo, Trad*) werden durch je drei Items gemessen. Das erste Items der hedonistischen Werteinstellung drückt die Meinung aus, daß der Sinn des Lebens darin besteht, Spaß zu haben und kaufen zu können, was einem gefällt (l0053). Die beiden anderen Items spiegeln die Meinung wieder, man hätte großes Verständnis für Leute, die nur täten, wozu sie Lust hätten und man selber hätte die Devise: Genießen und möglichst angenehm leben

---

[14] In Abbildung 7.5 sind die Richtungen der Hypothesen mit Vorzeichen abgebildet. Eine angenommene positive kausale Beziehung ist mit einem Pluszeichen versehen, eine negative Beziehung mit einem Minuszeichen. Inhaltliche Begründungen zu den aufgestellten Hypothesen werden hier nicht weiter vorgenommen, vgl. hierzu Boers et al. (2002) und Hermann (2002).

[15] Zum Untersuchungsdesign und den einzelnen Erhebungen vgl. Boers et al. (2002).

(I0054 und I0076). Der Faktor der traditionellen Werteinstellung wird gemessen durch die Items I0061, I0066 und I0083, welche die Einstellungen ausdrücken, daß nur durch Pflichterfüllung das Lebensziel erreicht werden könne, daß man sich in der Schule nichts zu Schulden kommen lassen solle und daß generell alte Werte eine große Bedeutung hätten.[16] Zwei Messungen stehen für die nach außen gerichteten Freizeitorientierungen zur Verfügung: *auf Partys gehen* (I0618) und *abhängen* (I0619).[17] Für die Akzeptanz von Rechtsnormen sind drei Items ausgewählt worden, wobei die Jugendlichen einschätzen sollten, ob man Straftaten besser nicht begeht, weil *es wichtig ist, die Gesetze zu beachten* (t0722), weil *man anderen schadet, die nichts dafür können* (t0725), und weil *ich mir selbst dabei schade* (t0727).[18]

Die Prävalenz- und Inzidenzraten aller für die vorangegangenen zwölf Monate berichteten Delikte (im folgenden abgekürzt *Prae* und *Inz*) bilden die Messungen für das zentrale abhängige Konstrukt, die Dunkelfelddelikte der befragten Jugendlichen (*Delikt*).[19] Beide Indikatoren wurden durch Berechnung entsprechender additiver Indizes konstruiert. 17 verschiedene Deliktschilderungen wurden den befragten Jugendlichen vorgelegt. Dazu gehören für den Bereich der Eigentumskriminalität Einbruch, Hehlerei, KfZ-Aufbruch, KfZ-Diebstahl, Automaten-, Fahrrad-, und Ladendiebstahl sowie sonstiger Diebstahl. Zum Bereich der Gewaltkriminalität gehören Raub, Handtaschenraub sowie Körperverletzung mit und ohne Waffen. Bei Drogenkriminalität wurde nach dem Konsum von Drogen und dem Handel mit Drogen gefragt. Für den Bereich des Vandalismus stehen die Sachbeschädigungen, das Graffity-Sprühen und das Scratching. Während der aufsummierte Prävalenzindex (*Prae*) eine Skalenbreite von 0 bis 17 hat, sind die Inzidenzraten (*Inz*) zu einer in der kriminalsoziologischen Forschung üblichen fünfstufigen Kategorisierung zusammengefaßt worden.[20] Prävalenz- und Inzidenzraten der einzelnen Delikte gehen durch die einfache Addition bei den konstruierten Indizes mit jeweils gleichem Gewicht ein. In die Indizes könnten die einzelnen Deliktarten mit unterschiedlichem Gewicht einfließen, wobei der unterschiedliche Schweregrad der Delikte besser berücksichtigt würde. Da die inhaltliche Betrachtung hier aber sekundär ist, wurde darauf verzichtet.

Die Häufigkeitsverteilungen der Items ist insgesamt betrachtet recht ähnlich (vgl. Tabelle 7.3). In einigen Fällen (z. B. Items t0725 und t0727) liegen auch deutlich schiefe Verteilungen vor. Der Prävalenzindex zeigt an, daß im Durchschnitt 1.3 Delikte von den Jugendlichen in den vergangenen 12 Monaten begangen wurden. Schiefe und Kurtosis haben hier deutlich erhöhte Werte, da die meisten befragten Jugendlichen keine Delikte begehen. Der Inzidenzindex zeigt an, daß im Durchschnitt jede Tat einmal in dem genannten Zeitraum begangen wurde. Hierbei muß beachtet werden, daß neben der niedrigsten Kategorie (keine Delikt begangen) die höchste

---

16 Alle genannten Items sind vierstufig skaliert: „trifft gar nicht zu" (1), „trifft eher zu" (2), „trifft eher nicht zu" (3), „trifft völlig zu" (4).

17 Alle genannten Items sind vierstufig skaliert: „nie" (1), „selten" (2), „oft" (3), „sehr oft" (4).

18 Alle genannten Items sind vierstufig skaliert: „trifft gar nicht zu" (1), „trifft eher zu" (2), „trifft eher nicht zu" (3), „trifft völlig zu" (4).

19 Die Prävalenz eines Deliktes wird durch eine dichotome Antwortvorgabe (ja/nein) erfaßt, die Inzidenz eines Deliktes bezieht sich auf die Häufigkeit eines Deliktes im angebenen Referenzzeitraum.

20 „keine Delikte" (0), „ein Delikt" (1), „zwei Delikte" (2), „drei und vier Delikte" (3), „vier und mehr Delikte" (4).

Tabelle 7.3: Die Momente der Verteilungen für die Messungen der Werteinstellungen, des Freizeitverhaltens, der Norm und der Delinquenz

Konstrukt	Item/Index	$\bar{x}$	s	s^3	s^4
Hedo	l0053	2.753	0.934	-0.116	-0.981
	l0054	2.508	0.951	0.072	-0.923
	l0076	2.771	0.873	-0.215	-0.692
Trad	l0061	3.019	0.840	-0.533	-0.352
	l0066	2.768	0.840	-0.276	-0.492
	l0083	2.580	0.903	-0.062	-0.780
Freizeit	l0618	2.558	0.926	0.160	-0.900
	l0619	2.604	1.040	-0.120	-1.157
Norm	t0722	2.864	0.939	-0.503	-0.606
	t0725	3.002	0.963	-0.694	-0.483
	t0727	3.023	0.974	-0.705	-0.526
Delikt	Prae	1.308	2.470	3.043	11.480
	Inz	1.188	1.674	0.889	-1.028

$\bar{x}$ = Mittelwert; s = Standardabweichung; s^3 = Schiefe; s^4 = Kurtosis

Kategorie (mehr als 5 Delikte) den zweitstärksten Wert aufweist und die Verteilung damit bimodal ist.

Vergleicht man die Korrelationen der Items *innerhalb* der Konstrukte mit den Korrelationen *zwischen* den Konstrukten, dann kann von einer ausreichenden Konstruktvalidität für das Meßmodell ausgegangen werden. Zu beachten ist, daß die Items der traditionellen Werteinstellung *Trad* und teilweise auch der hedonistischen Wertorientierung *Hedo* relativ geringe Korrelationen untereinander aufweisen (vgl. Tabelle 7.4). Allerdings liegen die Korrelationen zwischen den Werteinstellungen alle unter 0.10, so daß eine geringe Konstruktvalidität nicht zu befürchten ist. Recht deutlich sind die positiven Korrelationen zwischen den Deliktindizes und dem Freizeitverhalten (zwischen 0.32 und 0.37) sowie die negativen Korrelationen zwischen den Deliktindizes und der Akzeptanz von Rechtsnormen (zwischen -0.26 und -0.36). Die Richtungen der ermittelten Korrelationen stimmen mit den weiter oben formulierten Hypothesen überein.

Bevor die Berechnung und die Ergebnisse des Strukturgleichungsmodells besprochen werden, wird die Spezifikation der Meß- und Strukturmodelle vorgenommen. Das Meßmodell für

Tabelle 7.4: Korrelationsmatrix für die Messungen der Werteinstellungen, des Freizeitverhaltens, der Norm und der Delinquenz

	Hedo			Trad			Freizeit	
	I0053	I0054	I0076	I0061	I0066	I0083	I0618	I0619
I0053	1.000							
I0054	**0.461**	1.000						
I0076	**0.460**	**0.312**	1.000					
I0061	0.018	-0.048	0.000	1.000				
I0066	-0.014	-0.040	0.055	**0.295**	1.000			
I0083	-0.036	-0.076	0.064	**0.297**	**0.339**	1.000		
I0618	0.295	0.220	0.210	0.006	-0.069	-0.017	1.000	
I0619	0.272	0.221	0.207	-0.044	-0.075	-0.084	**0.455**	1.000
t0722	-0.184	-0.220	-0.184	0.210	0.189	0.223	-0.218	-0.248
t0725	-0.197	-0.207	-0.128	0.124	0.107	0.123	-0.153	-0.143
t0727	-0.162	-0.167	-0.122	0.164	0.185	0.151	-0.184	-0.144
Prae	0.251	0.254	0.225	-0.093	-0.147	-0.148	0.365	0.324
Inz	0.283	0.247	0.228	-0.055	-0.133	-0.122	0.369	0.357

	Norm			Delikt	
	t0722	t0725	t0727	Prae	Inz
t0722	1.000				
t0725	**0.465**	1.000			
t0727	**0.462**	0.542	1.000		
Prae	-0.354	-0.282	-0.322	1.000	
Inz	-0.356	-0.264	-0.308	**0.728**	1.000

Korrelationen innnerhalb der Konstrukte sind **fett** markiert.

die unabhängigen latenten Variablen (*Hedo* und *Trad*) wird entsprechend Gleichung 7.2 spezifiziert:

$$
\begin{pmatrix} l0053 \\ l0054 \\ l0076 \\ l0061 \\ l0066 \\ l0083 \end{pmatrix} = \begin{pmatrix} \lambda_{11} & 0 \\ \lambda_{21} & 0 \\ \lambda_{31} & 0 \\ 0 & \lambda_{42} \\ 0 & \lambda_{52} \\ 0 & \lambda_{62} \end{pmatrix} * \begin{pmatrix} Hedo \\ Trad \end{pmatrix} + \begin{pmatrix} \delta_1 \\ \delta_2 \\ \delta_3 \\ \delta_4 \\ \delta_5 \\ \delta_6 \end{pmatrix} \qquad (7.43)
$$

Um die Identifikation des Meßmodells zu gewährleisten bzw. die latenten Variablen zu skalieren, werden die Parameter λ_{11} und λ_{42} auf den Wert 1.0 fixiert (vgl. auch Abschnitt 7.1.3). Die Meßfehlervarianzen werden in der Diagonalen der Matrix Θ_δ angegeben. Nach Gleichung 7.3 wird das Meßmodell für die abhängigen latenten Variablen (*Freizeit*, *Norm* und *Delikt*) spezifiziert:[21]

$$
\begin{pmatrix} l0618 \\ l0619 \\ t0722 \\ t0725 \\ t0727 \\ Prae \\ Inz \end{pmatrix} = \begin{pmatrix} \lambda_{11} & 0 & 0 \\ \lambda_{21} & 0 & 0 \\ 0 & \lambda_{32} & 0 \\ 0 & \lambda_{42} & 0 \\ 0 & \lambda_{52} & 0 \\ 0 & 0 & \lambda_{63} \\ 0 & 0 & \lambda_{73} \end{pmatrix} * \begin{pmatrix} Freiz \\ Norm \\ Delikt \end{pmatrix} + \begin{pmatrix} \epsilon_1 \\ \epsilon_2 \\ \epsilon_3 \\ \epsilon_4 \\ \epsilon_5 \\ \epsilon_6 \\ \epsilon_7 \end{pmatrix} \qquad (7.44)
$$

Auch hier wird zur Identifikation je eine Faktorenladung pro latente Variable auf den Wert 1.0 festgesetzt (λ_{11}, λ_{32} und λ_{63}). Die Meßfehlervarianzen sind in der Diagonalen der Matrix Θ_ϵ enthalten. Zwischen Item $t0725$ und $t0727$ wird eine Meßfehlerkovariation angenommen ($\theta_{\delta_{54}}$), da in beiden Itemkonnotationen das Wort „schaden" vorkommt und hier systematische Antworteffekte zu erwarten sind.[22] Nach Gleichung 7.1 werden nun die Beziehungen der latenten Variablen im Strukturmodell spezifiziert (vgl. Abbildung 7.6):

$$
\begin{pmatrix} Freiz \\ Norm \\ Delikt \end{pmatrix} = \begin{pmatrix} 0 & 0 & 0 \\ \beta_{21} & 0 & 0 \\ \beta_{31} & \beta_{32} & 0 \end{pmatrix} * \begin{pmatrix} Freiz \\ Norm \\ Delikt \end{pmatrix} + \begin{pmatrix} \gamma_{11} & \gamma_{12} \\ \gamma_{21} & \gamma_{22} \\ 0 & 0 \end{pmatrix} * \begin{pmatrix} Hedo \\ Trad \end{pmatrix} + \begin{pmatrix} \zeta_1 \\ \zeta_2 \\ \zeta_3 \end{pmatrix} \qquad (7.45)
$$

In der Matrix B sind drei Parameter spezifiziert, in der Matrix Γ vier Parameter. Direkte Beziehungen zwischen den Wertorientierungen und den Delikthäufigkeiten der Befragten werden explizit ausgeschlossen (vgl. die letzte Zeile der Matrix Γ in Gleichung 7.45). Die Varianzen und Kovarianzen der unabhängigen latenten Variablen werden in der Matrix Φ

---

[21]   Es wird aus Platzgründen im folgenden die Abkürzung „Freiz" verwendet.

[22]   Innerhalb der Methodenliteratur wird auch von Ausstrahlungseffekten gesprochen (*Halo effect*, vgl. Kromrey, 2000, S. 361).

Abbildung 7.6: Spezifikation des Strukturmodells zum Zusammenhang von Wertorientierungen, Freizeit, Rechtsnormen und Delinquenz

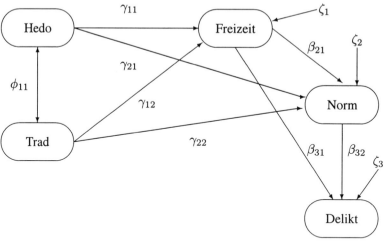

spezifiziert, die Residualvarianzen der latenten abhängigen Variablen in der Diagonalen der Matrix Ψ:

$$\Phi = \begin{pmatrix} \phi_{11} & \\ \phi_{21} & \phi_{22} \end{pmatrix} \qquad \Psi = \begin{pmatrix} \psi_{11} & & \\ 0 & \psi_{22} & \\ 0 & 0 & \psi_{33} \end{pmatrix} \qquad (7.46)$$

In den beiden Meßmodellen sind 22 Parameter zu schätzen (je 4 Parameter aus den Matrizen Λ_x und Λ_y, 6 Parameter aus der Matrix Θ_δ und 8 Parameter aus der Matrix Θ_ϵ).[23] Im Strukturmodell sind 13 Parameter zu schätzen (je 3 Parameter aus den Matrizen B, Φ und Ψ und 4 Parameter aus der Matrix Γ). Die Freiheitsgrade betragen $df = 91 - 35 = 56$. Um die höheren Momente für die Korrektur der inferenzstatistischen Größen zu berücksichtigen, sind die Modelle mit der üblichen ML-Diskrepanzfunktion (vgl. Abschnitt 6.1.4.1) und der asymptotischen Varianz-/Kovarianzmatrix (vgl. Abschnitt 6.1.4.4) berechnet worden. Die empirische Kovarianzmatrix S basiert auf $N = 1549$ Personen. Aus Vergleichsgründen werden auch die Parameter der WLS-Diskrepanzfunktion aufgeführt.[24]

Die χ^2-Tests und die Fitmaße zeigen eine gute Modellanpassung für das postulierte Strukturgleichungsmodell (vgl. Tabelle 7.5). Große Differenzen zwischen dem unter Normal-

---

[23]   Die Matrix Θ_ϵ enthält auf Grund sehr ähnlicher Itemformulierungen der Variablen $t0725$ und $t0727$ eine zusätzliche Meßfehlerkovariation.

[24]   Die entsprechenden Spezifikationen für die Programme LISREL und EQS sind im Anhang zu diesem Kapitel zu finden (vgl. Abschnitt 7.6.1).

verteilungsbedingungen berechneten Likelihood-Ratio-χ^2-Tests (C1, C2) und den robusten Verfahren (C3, C4) sind nicht zu verzeichnen.

Tabelle 7.5: Modellanpassungen des Strukturgleichungsmodells (ML- und WLS-Schätzfunktion)

Modell (ML)	χ^2	df	RMSEA	p-Value	GFI
C1	113.08	56	0.026	1.00	0.989
C2	113.48				
C3	98.38		0.022	1.00	0.989
C4	106.17				
Modell (WLS)	χ^2	df	RMSEA	p-Value	GFI
C1	106.50	56	0.024	0.989	0.992

C1: $(N-1) \cdot F_D$ mit D als Diskrepanzfunktion ML oder WLS.

C2: $(N-1) \cdot F_D$ mit D als Diskrepanzfunktion WLS, wobei die Gewichtungsmatrix W unter der Multinormalverteilungsbedingung benutzt wird.

C3: *Satorra-Bentler scaled chi-square statistic* (Satorra & Bentler, 1988, siehe auch Kapitel 6, Abschnitt 6.1.5.1).

C4: *Satorra chi-square statistic* (Satorra, 1993), wobei die asymptotische Varianz-/Kovarianzmatrix als Gewichtungsmatrix W benutzt wird.

Im oberen Teil der Tabelle 7.6 sind die Ergebnisse des Meßmodells für die latenten unabhängigen Variablen zusammengestellt (entspricht Matrix Λ_x in LISREL), im unteren Teil finden sich die Ergebnisse des Meßmodells für die latenten abhängigen Variablen (entspricht Matrix Λ_y in LISREL). Die Faktorenladungen der Meßmodelle weisen zufriedenstellende Werte auf und variieren kaum zwischen den beiden Schätzverfahren (ML und WLS). Auch die durch die asymptotische Varianz-/Kovarianzmatrix korrigierte Inferenzstatistik (z-Wert(r)) weist wenig Differenzen zu den klassischen, auf den ML-Schätzungen, basierenden z-Werten auf. Einzelne Unterschiede zeigen sich bei den Meßfehlern der Prävalenzraten (*Prae*) und den Indikatoren der hedonistischen Werteinstellung (l0053). Da die Parameter unstandardisiert sind, können Faktorenladungen mit Werten größer als eins auftreten. Die standardisierten Faktorenladungen (hier nicht weiter aufgeführt) zeigen eine zufriedenstellende Konstruktvalidität für alle latenten Variablen. Zu beachten ist, daß für die zur Identifikation des Modells fixierten Parameter natürlich keine Standardfehler berechnet werden können.

Tabelle 7.7 zeigt die unstandardisierten Regressionskoeffizienten des Strukturmodells. Wie im Meßmodell gibt es auch hier kaum Differenzen zwischen den klassischen z-Werten und der korrigierten Inferenzstatistik (z-Wert(r)). Größere Unterschiede zwischen den ML- und WLS-Parametern sind ebenfalls kaum zu verzeichnen. Insgesamt betrachtet ist die Effektstärke bei den WLS-Parametern etwas geringer. Bei der Inspektion der Programmoutputs hinsichtlich möglicher Modellmodifikationen ergeben sich keine Hinweise auf bedeutsame Modellverbesserungen durch Berücksichtigung zusätzlicher Parameter. Die getroffenen Modellrestriktionen

Tabelle 7.6: Unstandardisierte Faktorenladungen (λ), Meßfehler (δ,ϵ) und die jeweiligen Standardfehler (z-Wert) der Meßmodelle (ML- und WLS-Parameter)

Meßmodell: Hedo und Trad						
ML-Schätzung						
Item	λ	z-Wert	z-Wert(r)	δ	z-Wert	z-Wert(r)
10053	1.00			0.34	21.43	11.06
10054	0.77	17.08	17.66	0.59	22.04	22.81
10076	0.69	16.87	16.19	0.51	22.48	19.63
10061	1.00			0.52	20.76	19.46
10066	1.09	11.58	11.01	0.48	18.61	17.39
10083	1.20	11.59	11.12	0.54	17.96	16.87
WLS-Schätzung						
Item	λ	z-Wert		δ	z-Wert	
10053	1.00			0.30	9.81	
10054	0.76	18.32		0.56	22.44	
10076	0.66	16.86		0.51	20.87	
10061	1.00			0.51	19.24	
10066	1.06	10.77		0.46	17.47	
10083	1.14	10.97		0.55	18.29	
Meßmodell: Freizeit, Norm und Delikt						
ML-Schätzung						
Item	λ	z-Wert	z-Wert(r)	ϵ	z-Wert	z-Wert(r)
10618	1.00			0.45	16.38	16.18
10619	1.06	16.46	16.57	0.62	18.48	17.90
t0722	1.00			0.37	12.82	11.12
t0725	0.80	16.10	15.21	0.60	20.89	17.34
t0727	0.83	16.52	15.72	0.59	20.19	17.88
Prae	1.00			1.74	12.02	6.82
Inz	0.69	27.92	20.39	0.72	10.77	10.28
WLS-Schätzung						
Item	λ	z-Wert		ϵ	z-Wert	
10618	1.00			0.44	16.40	
10619	1.08	17.49		0.58	17.05	
t0722	1.00			0.34	10.70	
t0725	0.79	15.16		0.58	17.26	
t0727	0.85	15.98		0.55	17.07	
Prae	1.00			1.47	6.46	
Inz	0.73	21.64		0.67	10.01	

Mit z-Wert(r) werden die um die höheren Momente korrigierten (robusten) z-Werte bezeichnet. Bei den WLS-Schätzern sind Parameter und z-Werte durch die Gewichtung in der Schätzfunktion korrigiert.

(keine direkten Effekte der Wertorientierungen auf die Deliktraten) sind damit mit den empirischen Informationen vereinbar.

Tabelle 7.7: Unstandardisierte Regressionskoeffizienten (β, γ) und die jeweiligen Standardfehler (z-Wert) des Strukturmodells (ML- und WLS-Parameter)

Strukturmodell (ML)						
Konstrukt	Koeff.	Hedo	Trad	Freizeit	Norm	Delikt
Freizeit	β,γ	0.481	-0.132			
	z-Wert	12.860	-2.299			
	z-Wert(r)	13.079	-2.243			
Norm	β,γ	-0.215	0.682	-0.278		
	z-Wert	-4.640	9.103	-4.915		
	z-Wert(r)	-4.012	8.757	-4.362		
Delikt	β,γ			1.555	-1.044	
	z-Wert			11.560	-9.694	
	z-Wert(r)			10.583	-7.775	
Strukturmodell (WLS)						
Konstrukt	Koeff.	Hedo	Trad	Freizeit	Norm	Delikt
Freizeit	β,γ	0.468	-0.093			
	z-Wert	13.680	-1.595			
Norm	β,γ	-0.167	0.664	-0.308		
	z-Wert	-3.400	8.665	-5.127		
Delikt	β,γ			1.511	-0.934	
	z-Wert			11.284	-7.956	

Mit z-Wert(r) werden die um die höheren Momente korrigierten (robusten) z-Werte bezeichnet. Bei den WLS-Schätzern sind Parameter und z-Werte durch die Gewichtung in der Schätzfunktion korrigiert.

Inhaltliche Interpretationen der postulierten Beziehungen zwischen den latenten Variablen werden im folgenden mit den standardisierten Koeffizienten vorgenommen, da hier von der Skalierung der manifesten Variablen unabhängige Parametergrößen vorliegen.

In Abbildung 7.7 sind die entsprechenden Werte eingetragen.[25] Bezogen auf die weiter oben aufgestellten inhaltlichen Hypothesen zeigt sich, daß die Richtung der geschätzten Koeffizienten mit den Annahmen in allen Fällen übereinstimmen (vgl. auch Abbildung 7.5). Die Delikthäufigkeit wird im Wesentlichen direkt durch den nach außen orientierten Freizeitstil (0.48) und durch die Akzeptanz der Rechtsnormen (-0.36) erklärt. Je öfter es um Partys und um das sogenannte „Abhängen" geht, desto eher treten Delikte auf. Je stärker aber Rechtsnormen

---

[25]   Es werden auf Grund der geringen Differenzen zu den WLS-Parametern nur die ML-Schätzer inhaltlich interpretiert. Eine Interpretation der WLS-Parameter in Verbindung mit polychorischen und polyseriellen Korrelationsmatrizen erfolgt in Abschnitt 7.2.

akzeptiert werden, desto weniger wahrscheinlich ist das Auftreten von Delikten. Auffällig ist der delinquenzfördernde Effekt der hedonistischen Werteinstellungen in Verbindung mit dem Freizeitstil. Hier sind auch die stärksten *direkten* Effekte im Modell festzustellen (0.55 bzw. 0.48).

Abbildung 7.7: Standardisierte Lösung des Strukturmodells (ML-Parameter)

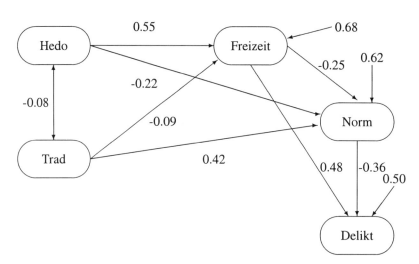

Dagegen wirken die traditionellen Werteinstellungen in Verbindung mit den Rechtsnormen eher delinquenzreduzierend. Je eher traditionelle Werte befürwortet werden, desto stärker werden diese Normen akzeptiert (0.42), und je eher Rechtsnormen akzeptiert werden, desto weniger wahrscheinlich ist das Auftreten von Delikten (-0.36). Der *indirekte* kausale Effekt zwischen hedonistischen Werteinstellungen und den Delikten (0.39) sowie zwischen den traditionellen Werteinstellungen und den Delikten sind beachtlich (-0.20, vgl. Tabelle 7.8). Konform zu den aufgestellten Hypothesen sind mögliche direkte Beziehungen aber nicht bedeutsam.

Hedonistische und traditionelle Werteinstellungen korrelieren kaum miteinander (-0.08), was nicht den Erwartungen entspricht. Hier ist von einer deutlichen negativen Korrelation ausgegangen worden. Die Bedeutung der untersuchten Wertestrukturen, des Freizeitstils und der Rechtsnormen wird auch noch dadurch unterstrichen, daß die Residualvarianzen der abhängigen Variablen nach sozialwissenschaftlichen Maßstäben relativ gering sind (vgl. Abbildung 7.7). Etwa 32% der Gesamtvarianz der latenten Variablen *Freizeit* werden alleine durch die Werteinstellungen erklärt. 39% der Gesamtvarianz in der Variablen *Norm* und fast 50% der Gesamtvarianz in der Variablen *Delikt* werden durch die jeweiligen Prädiktoren im Strukturmodell bestimmt.

Im weiteren wird das erörterte Modell einem multiplen Gruppenvergleich unterzogen. Inhaltlich soll geprüft werden, ob eine Variabilität bei einzelnen Parametern des Strukturmodells

Tabelle 7.8: Standardisierte indirekte und totale Effekte des Strukturmodells (ML-Parameter)

Konstrukt	Hedo	Trad	Freizeit	Norm	Delikt
Indirekte Effekte					
Freizeit					
Norm	-0.14	0.02			
Delikt	0.39	-0.20	0.09		
Totale Effekte					
Konstrukt	Hedo	Trad	Freizeit	Norm	Delikt
Freizeit	0.55	-0.09			
Norm	-0.35	0.44	-0.25		
Delikt	0.39	-0.20	0.56	-0.36	

Indirekte und die in Abbildung 7.7 eingetragenen direkten Effekte summieren sich zu den jeweiligen totalen Effekten (vgl. zur Technik Abschnitt 7.1.5).

hinsichtlich des Geschlechts der befragten Personen vorliegt. Da die latente Variable *Delikt* als zentrale abhängige Variable im Modell enthalten ist, läßt sich hier ein geschlechtsspezifisch bedingter unterschiedlicher Einfluß der Variablen *Freizeit* und *Norm* prüfen. Hinsichtlich der Faktorenladungen sollte das Meßmodell invariant über beide Gruppen sein. Die Berechnung der Kovarianzmatrizen erfolgt auf der Basis der nach dem Geschlecht der Befragten aufgeteilten Daten (N = 970 Jungen und N = 950 Mädchen). Die empirischen Kovarianzmatrizen basieren nach dem fallweisen Ausschluß fehlender Werte auf N = 748 männliche und N = 788 weibliche Personen.

Für das Strukturgleichungsmodell sind 4 Modellvarianten des multiplen Gruppenvergleichs berechnet worden (vgl. Tabelle 7.9). Im Basismodell (Variante 1) werden alle Parameter über beide Gruppen gleichgesetzt. Insgesamt sind 35 Parameter zu schätzen, 22 Parameter des Meßmodells und 13 Parameter des Strukturmodells.[26] Durch die simultane Analyse zweier Kovarianzmatrizen verdoppelt sich bei 13 Variablen die Anzahl der empirischen Größen von 91 auf 182. Die Freiheitsgrade betragen $df = 182 - 35 = 147$.

---

[26]   Im einzelnen sind dies je 4 Parameter aus den Matrizen Λ_x und Λ_y, 6 Parameter aus der Matrix Θ_δ, 8 Parameter aus der Matrix Θ_ϵ, je 3 Parameter aus den Matrizen Φ, Ψ und B und 4 Parameter aus der Matrix Γ. In alle Gruppenvergleichen wird je eine Faktorenladung pro latente Variable auf den Wert 1.0 fixiert.

Tabelle 7.9: Vergleich der Modellvarianten nach dem multiplen Gruppenvergleich für das Modell in Abbildung 7.6

Modell	Gruppe		χ^2	df	χ^2_{Diff}	df_{Diff}	RMSEA	GFI
Variante 1	m		221.77					0.954
Basismodell	w		284.53					0.950
		$\sum$	506.31	147	$--$	$--$	0.056	
Variante 2	m		157.63					0.967
$\Theta_\delta, \Theta_\epsilon$	w		133.54					0.975
		$\sum$	291.17	133	215.14	14	0.040	
Variante 3	m		117.27					0.976
B, Γ, Φ, Ψ	w		108.76					0.979
		$\sum$	226.03	129	65.14	4	0.032	
Variante 4	m		101.42					0.979
Λ_x, Λ_y	w		91.19					0.983
		$\sum$	192.61	121	33.42	8	0.028	

Die Spezifikation der Modellvarianten wird im Text erläutert.

In Modellvariante 2 werden die Meßfehler der Items über die Gruppen freigesetzt. 6 Parameter aus der Matrix Θ_δ und 8 Parameter aus der Matrix Θ_ϵ sind zusätzlich zu schätzen. Die Freiheitsgrade betragen $df = 182 - 49 = 133$. Werden beide Modellvarianten durch einen χ^2-Differenzentest miteinander verglichen, dann führt dies zu einer bedeutsamen Modellverbesserung. Allerdings ist die Modellanpassung im Strukturmodell noch nicht befriedigend. Durch den Lagrange Multiplier(LM)-Test (Modifikationsindizes, vgl. Kapitel 6, Abschnitt 6.1.5.2) gibt es Hinweise, daß

1. die Korrelation der beiden unabhängigen latenten Variablen *Hedo* und *Trad*,

2. die Beziehung zwischen den Variablen *Trad* und *Freizeit*,

3. die Beziehung zwischen den Variablen *Freizeit* und *Delikt* sowie

4. die Residualvarianz der Variablen *Delikt* über die beiden Gruppen variieren.

Modellvariante 3 berücksichtigt diese Variabilitäten. Es ist wiederum eine signifikante Modellverbesserung zu verzeichnen. In Modellvariante 4 werden zusätzlich alle Faktorenladungen freigesetzt, um die Invarianz der Meßtheorie zu testen. Die Freiheitsgrade betragen nun $df = 182 - 53 = 129$. Da durch Modellvariante 4 keine signifikante Modellverbesserung erreicht wird, kann die Invarianz des Meßmodells bestätigt werden. Die χ^2-Differenz zur Modellvariante 3 beträgt nur 33.42, was einer Modellverbesserung von weniger als 5 pro aufgegebenen

Freiheitsgrad entspricht (vgl. Tabelle 7.9). Daraufhin sind die inhaltlichen Beziehungen des Strukturmodells der Modellvariante 3 im weiteren interpretierbar.

Abbildung 7.8 zeigt das Ergebnis der akzeptierten Modellvariante. Da die Parameter unstandardisiert sind und damit die unterschiedlichen Streuungen in den Gruppen berücksichtigen, ist ein direkter Vergleich über die absoluten Differenzen möglich. Allerdings muß in Kauf genommen werden, daß kein eindeutig eingrenzbarer Wertebereich der unstandardisierten Parameter existiert (vgl. hierzu auch die Erläuterungen in Kapitel 4, Abschnitt 4.2). Ist in der Abbildung 7.8 nur ein Wert für jeweils eine Beziehung zwischen zwei Variablen aufgeführt, dann ist der entsprechende Parameter über beide Gruppen gleichgesetzt und es existiert keine Variation zwischen den Gruppen.

Abbildung 7.8: Ergebnis der Modellvariante 3 des Strukturmodells

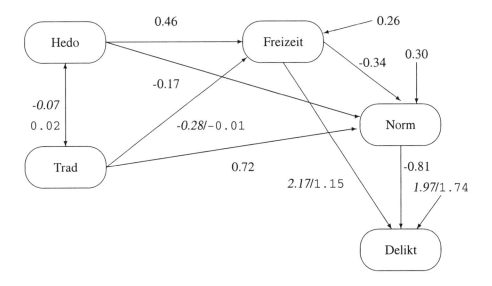

xx = Parameter der ersten Gruppe (männlich)
xx = Parameter der zweiten Gruppe (weiblich)

Die weiter oben aufgestellten inhaltlichen Hypothesen beziehen sich in erster Linie auf die gesamte befragte Population. Das Ergebnis des multiplen Gruppenvergleichs zeigt, daß die Richtung der geschätzten Koeffizienten mit den Hypothesen in allen Fällen übereinstimmt, wenn auch einzelne Beziehungen gruppenspezifisch variieren. So ist der negative Effekt der traditionellen Wertorientierungen bei den männlichen befragten Schülern stärker als bei den weiblichen Schülern. Am deutlichsten ist der Unterschied in der Beziehung zwischen dem nach außen orientierten Freizeitstil und der Delinquenz. Bei Jungen ist der Einfluß dieses Freizeitstils auf die Delinquenz um ein wesentliches stärker als bei den Mädchen, während der vermittelnde Effekt über die Rechtsnormen in beiden Gruppen keine Variation aufweist (vgl. Abbildung

7.8). Deutliche Unterschiede sind auch bei der Varianzaufklärung der abhängigen Variablen zu verzeichnen. Während bei den Jungen etwa 36% Varianz in der Variablen *Freizeit*, etwa 46% Varianz in der Variablen *Norm* sowie 61% Varianz in der Variablen *Delikt* aufgeklärt wird, liegen die Werte bei den Mädchen zwischen 30% und 39%.

Für den Vergleich der latenten Mittelwerte über die Gruppen wird die eben erörterte Modellvariante 3 des Strukturgleichungsmodells herangezogen. Hinsichtlich der Faktorenladungen ist das geprüfte Meßmodell invariant über die beiden Gruppen, so daß eine inhaltliche Interpretation der Invarianzen und Variabilitäten auf der latenten Ebene gerechtfertigt werden kann. Werden dieser Modellspezifikation die Mittelwertinformationen zugefügt, lassen sich Mittelwertsdifferenzen auf der latenten Ebene überprüfen. Auf das Beispiel bezogen bedeutet dies, daß getestet werden kann, ob eine bedeutsame Differenz der Mittelwerte der unabhängigen latenten Variablen *Hedo* und *Trad* und der abhängigen latenten Variablen *Freizeit*, *Norm* und *Delikt* zwischen Mädchen und Jungen existiert. Wird die Spezifikation mit den Mittelwertsdifferenzen der latenten Variablen getestet, so werden teilweise hoch signifikante Unterschiede ermittelt (vgl. Tabelle 7.10).[27] Auf den latenten Mittelwertsvergleich bezogen weisen die Jungen eine etwas stärkere hedonistische Wertorientierung auf als die Mädchen (-0.13). Bei der traditionellen Wertorientierung existieren keine signifikanten Differenzen. Bei der latenten Variablen *Freizeit* und *Norm* sind die Mittelwerte der Mädchen höher als die der Jungen (0.24 und 0.30), während bei der Variablen *Delikt* die Tendenz genau umgekehrt ist (-0.87). Die nach außen gerichtete Freizeitorientierung und die Rechtsnormen sind demnach bei den Mädchen stärker ausgeprägt, während die Delikthäufigkeit bei den Jungen einen höheren Mittelwert aufweist. Die durch den multiplen Gruppenvergleich geschätzten manifesten Mittelwerte sind in Tabelle 7.10 der Vollständigkeit halber aufgeführt.

Tabelle 7.10: Mittelwerte der manifesten Variablen (τ_x und τ_y) und Mittelwertsdifferenzen der latenten Variablen (κ und α) für die Modellvariante 3 aus Abbildung 7.8

Modellvariante 3					
Item	τ_x	z-Wert	Item	τ_y	z-Wert
10053	2.82	86.31	10618	2.46	77.69
10054	2.55	85.91	10619	2.50	70.31
10076	2.81	102.91	t0722	2.75	81.14
10061	3.04	114.03	t0725	2.93	94.37
10066	2.80	101.90	t0727	2.94	90.59
10083	2.62	89.53	Prae	1.72	17.95
			Inz	1.49	22.00
Faktor	κ	z-Wert	Faktor	α	z-Wert
Hedo	-0.13	2.98	Freizeit	0.24	6.17
Trad	-0.06	-1.84	Norm	0.30	6.87
			Delikt	-0.87	-8.49

---

[27]   Die Spezifikationen der akzeptierten Modellvariante für die Programme LISREL und EQS sind im Anhang zu diesem Kapitel zu finden (vgl. Abschnitt 7.6.1).

7.2 Kategoriales Meßniveau in Strukturgleichungsmodellen

Die Berechnung von Strukturgleichungsmodellen erfolgte in Abschnitt 7.1 auf der Basis einer Varianz-/Kovarianzmatrix und der asymptotischen Varianz-/Kovarianzmatrix zur Korrektur der Standardfehler und der Fit-Statistik. Für die manifesten Variablen wird in jedem Fall metrisches Meßniveau angenommen. Da die meisten in den Sozialwissenschaften erhobenen Variablen kein metrisches Meßniveau aufweisen, ist diese Annahme oft ungerechtfertigt, da der Gebrauch metrischer Eingabeinformationen von kategorial skalierten Variablen oft zu einer Unterschätzung der Koeffizienten in der Varianz-/Kovarianzmatrix führt. Je weniger Ausprägungen eine kategoriale Variable hat, desto stärker fällt die Unterschätzung aus (vgl. Jöreskog & Sörbom, 1988, S. 192f.).

Wenn die kategorialen, manifesten Variablen im Strukturgleichungsmodell ordinales Meßniveau aufweisen, dann können polychorische bzw. polyserielle Korrelationskoeffizienten als Datenbasis dienen (vgl. Olsson, 1979; Olsson et al., 1982). Die Schätzung der polychorischen Korrelation zwischen zwei ordinalen Variablen ist in Kapitel 4, Abschnitt 4.2 ausführlich erörtert worden. Eine polyserielle Korrelation wird dann berechnet, wenn eine manifeste Variable kategoriales und die andere metrisches Meßniveau hat. Zentral ist die Annahme, daß die manifesten Variablen Messungen von latenten metrischen Indikatorvariablen sind, für die eine Normalverteilung unterstellt wird. Die Beziehung zwischen zwei metrischen Indikatorvariablen x^* und y^* wird über ein Schwellenwertmodell beschrieben, mit dem die polychorische bzw. die polyserielle Korrelation geschätzt werden kann (vgl. die Gleichungen 4.9 bis 4.12 in Kapitel 4, Abschnitt 4.2.2). Das Schwellenwertmodell beschreibt also die Beziehung zwischen den Indikatorvariablen (x^* bzw. y^*) und den ordinalen Variablen (x und y). Das in den Gleichungen 7.2 und 7.3 für metrische manifeste Variablen formulierte Meßmodell (vgl. Abschnitt 7.1.1) muß nun an das ordinale Meßmodell angepasst werden (vgl. Bollen, 1989, S. 441):

$$x^* = \Lambda_x \xi + \delta \tag{7.47}$$

$$y^* = \Lambda_y \eta + \epsilon \tag{7.48}$$

Σ^* ist die geschätzte Varianz-/Kovarianzmatrix der Indikatorvariablen x^* und y^*, wobei gilt: $\Sigma^* = \Sigma(\Theta)$. Gegenüber Strukturgleichungsmodellen mit metrischen, manifesten Variablen wird also nur die Matrix Σ durch Σ^* ersetzt.

Polychorische und polyserielle Korrelationen können aus den Rohdaten mit dem Programm PRELIS (Jöreskog & Sörbom, 1993c) berechnet werden. Parallel dazu können die höheren Momente durch die asymptotische Varianz-/Kovarianzmatrix (ebenfalls mit PRELIS) ermittelt werden, so daß eine Schätzung der Parameter des Strukturgleichungsmodells auf der Basis der polychorischen, polyseriellen und Produkt-Moment-Korrelationen mit der WLS-Diskrepanzfunktion (vgl. Kapitel 6, Abschnitt 6.1.4.4) anzustreben ist.[28] Im Programm EQS

---

[28] Variablen mit mehr als 15 Kategorien werden im Programm PRELIS grundsätzlich als metrische Variablen behandelt. Die Korrelationen der metrischen Variablen untereinander sind dann natürlich Produkt-Moment-Korrelationen.

erfolgt die Schätzung der Schwellenwerte, polychorischen und polyseriellen Korrelationen und des Modells mit der Datenmatrix in einem Schritt.

Eine weitere Generalisierung unter Berücksichtigung der Mittelwerte ist von Muthén (1984, 1987) entwickelt worden. Mit dem Programm LISCOMP konnte durch ein dreistufiges Schätzverfahren ein Strukturgleichungsmodell unter direkter Berücksichtigung des Schwellenwertmodells geschätzt werden. Dieses Verfahren ist mittlerweile Teil des von Muthén und Muthén (2001) entwickelten Programms *Mplus*.

Beispiel

Das folgende Beispiel bezieht sich auf das erörterte Modell in Abschnitt 7.1.7. Für die Schätzung der Modellparameter wird auf die Matrix der polychorischen und polyseriellen Korrelationen zurückgegriffen, die zuvor mit dem Programm PRELIS (vgl. Jöreskog & Sörbom, 1993c) berechnet worden sind. Da der gebildete Index der Prävalenzraten (Variable *Prae*) über 17 Ausprägungen (d. h. Deliktschilderungen) verfügt, wird diese Variable weiterhin als metrische Variable behandelt. Die Korrelationen der anderen, ordinalen Modellvariablen mit der Variablen *Prae* sind dann polyserielle Korrelationen. Die übrigen Variablen des Modells können alle als ordinale Variablen definiert werden. Die geschätzten Schwellenwerte der in den Gleichungen 7.47 und 7.48 definierten Indikatorvariablen sind in Tabelle 7.11 aufgeführt. Mittelwerte und Standardabweichungen sind auf Grund der arbiträren Skalierung der Indikatorvariablen alle auf den Wert Null bzw. 1.0 fixiert.

Tabelle 7.11: Mittelwerte, Standardabweichungen und Schwellenwerte der Indikatorvariablen

Variable	$\bar{x}$	s	τ			
l0618	0.000	1.000	-1.231	0.074	0.855	
l0619	0.000	1.000	-0.912	-0.113	0.706	
l0053	0.000	1.000	-1.375	-0.201	0.649	
l0054	0.000	1.000	-1.037	0.048	0.927	
l0076	0.000	1.000	-1.440	-0.327	0.778	
l0061	0.000	1.000	-1.654	-0.689	0.485	
l0066	0.000	1.000	-1.459	-0.384	0.874	
l0083	0.000	1.000	-1.168	-0.092	0.976	
t0722	0.000	1.000	-1.242	-0.513	0.598	
t0725	0.000	1.000	-1.267	-0.651	0.353	
t0727	0.000	1.000	-1.274	-0.643	0.295	
Inz	0.000	1.000	0.293	0.489	0.604	0.780

Die Bezeichnungen der Indikatorvariablen differieren hier nicht von den Bezeichnungen der manifesten Variablen in Abschnitt 7.1.7.

Vergleicht man die polychorischen und polyseriellen Korrelationen der Indikatorvariablen in Tabelle 7.12 mit den Produkt-Moment-Korrelationen in Tabelle 7.4, so zeigen sich hier erwartungsgemäß durchweg höhere Werte. Die Unterschätzung durch die Produkt-Moment-Korrelationen fällt umso stärker aus, je weniger Kategorien die manifesten Variablen aufweisen.

Tabelle 7.12: Matrix der polychorischen und polyseriellen Korrelationen der Indikatorvariablen

	Hedo			Trad			Freizeit	
	10053	10054	10076	10061	10066	10083	10618	10619
10053	1.000							
10054	**0.524**	1.000						
10076	**0.529**	**0.361**	1.000					
10061	0.032	-0.052	0.009	1.000				
10066	-0.012	-0.046	-0.058	**0.352**	1.000			
10083	-0.043	-0.090	-0.075	**0.354**	**0.391**	1.000		
10618	0.339	0.249	0.242	0.010	-0.076	-0.020	1.000	
10619	0.317	0.258	0.240	-0.049	-0.088	-0.100	**.523**	1.000
t0722	-0.208	-0.252	-0.206	0.255	0.221	0.264	-0.249	-0.289
t0725	-0.231	-0.241	-0.150	0.159	0.127	0.156	-0.174	-0.176
t0727	-0.189	-0.196	-0.136	0.205	0.220	0.186	-0.203	-0.172
Prae	0.279	0.273	0.251	-0.093	-0.153	-0.161	0.389	0.364
Inz	0.367	0.317	0.294	-0.059	-0.166	-0.151	0.464	0.462

	Norm			Delikt	
	t0722	t0725	t0727	Prae	Inz
t0722	1.000				
t0725	**0.541**	1.000			
t0727	**0.537**	**0.632**	1.000		
Prae	-0.363	-0.288	-0.327	1.000	
Inz	-0.429	-0.335	-0.382	**0.772**	1.000

Korrelationen innnerhalb der Konstrukte sind **fett** markiert.

Die Spezifikation der Meß- und Strukturmodelle wird analog zu dem Beispiel in Abschnitt 7.1.7 vorgenommen. Analog zu den Gleichungen 7.43 und 7.44 werden die Meßmodelle für die unabhängigen latenten Variablen (*Hedo* und *Trad*) und die abhängigen latenten Variablen (*Freizeit*, *Norm* und *Delikt*) spezifiziert. Die Beziehungen der latenten Variablen im Struktur-modell erfolgt nach Gleichung 7.45 (vgl. auch die graphische Darstellung in Abbildung 7.6). Die Varianzen und Kovarianzen der unabhängigen latenten Variablen werden in der Matrix Φ spezifiziert, die Residualvarianzen der latenten abhängigen Variablen in der Diagonalen der Matrix Ψ (vgl. auch Gleichung 7.46).

In den beiden Meßmodellen sind 22 Parameter zu schätzen (8 Faktorenladungen und 14 Meß-fehlervarianzen), im Strukturmodell 13 Parameter (7 Strukturkoeffizienten, 3 Varianzen bzw. Kovarianzen der unabhängigen latenten Variablen sowie 3 Residualvarianzen der abhängigen latenten Variablen). Die Freiheitsgrade betragen $df = 91 - 35 = 56$. Das Modell ist mit der WLS-Diskrepanzfunktion berechnet worden. Die für die Funktion notwendige Gewichtung wird durch die asymptotische Varianz-/Kovarianzmatrix vorgenommen, die entweder durch das

Programm PRELIS (vgl. Jöreskog & Sörbom, 1993c) bereitgestellt werden kann, oder beim Programm EQS gleichzeitig mit den polychorischen und polyseriellen Korrelationen geschätzt wird. Die empirische Kovarianzmatrix S basiert auf $N = 1549$ Personen.[29] Der χ^2-Test und die Fitmaße zeigen eine gute Modellanpassung für das postulierte Strukturgleichungsmodell ($\chi^2 = 101.22$ mit $df = 56$, RMSEA $= 0.023$). Im Vergleich zu den Maßen in Tabelle 7.5 sind keine großen Differenzen zu verzeichnen.

Im oberen Teil der Tabelle 7.13 sind die Ergebnisse des Meßmodells für die latenten unabhängigen Variablen zusammengestellt (entspricht Matrix Λ_x in LISREL), im unteren Teil finden sich die Ergebnisse des Meßmodells für die latenten abhängigen Variablen (entspricht Matrix Λ_y in LISREL). Die Faktorenladungen der Meßmodelle weisen zufriedenstellende Werte auf und differieren kaum zu den ML-Parametern in Tabelle 7.6. Eine Ausnahme bildet hier die Inzidenzrate (*Inz*), deren Faktorenladung hier höher ist als der vergleichbare ML-Parameter.

Tabelle 7.13: Unstandardisierte Faktorenladungen (λ), Meßfehler (δ) und die jeweiligen Standardfehler (z-Wert) der Meßmodelle (WLS-Parameter)

Meßmodell: Hedo und Trad				
Item	λ	z-Wert	δ	z-Wert
10053	1.00		0.26	5.73
10054	0.76	20.64	0.58	14.53
10076	0.72	18.72	0.62	15.33
10061	1.00		0.65	14.08
10066	1.03	12.46	0.63	13.51
10083	1.03	12.69	0.63	13.77

Meßmodell: Freizeit, Norm und Delikt				
Item	λ	z-Wert	ϵ	z-Wert
10618	1.00		0.46	10.63
10619	0.99	19.33	0.47	10.77
t0722	1.00		0.30	6.20
t0725	0.79	17.22	0.57	12.79
t0727	0.85	18.31	0.53	11.99
Prae	1.00		0.37	6.28
Inz	1.23	20.46	0.06	0.91

Tabelle 7.14 zeigt die unstandardisierten Regressionskoeffizienten des Strukturmodells. Differenzen zu den ML-Parametern in Tabelle 7.7 betreffen im wesentlichen die Beziehungen zur latenten Variablen *Delikt*. Die entsprechenden WLS-Parameter weisen hier etwas geringere Werte auf, während die entsprechenden standardisierten Größen leicht gestiegen sind (vgl.

---

[29]   Die entsprechenden Spezifikationen für die Programme LISREL und EQS sind im Anhang zu diesem Kapitel zu finden (vgl. Abschnitt 7.6.1).

Abbildung 7.9). Da bei allen latenten Variablen multiple Indikatoren vorliegen, wirken sich die im Vergleich zu Produkt-Moment-Korrelationen höheren Werte der polychorischen und polyseriellen Korrelationen in erster Linie auf die Parameter des Meßmodells aus und weniger auf die Parameter des Strukturmodells (vgl. hierzu auch die Argumentation von Graff & Schmidt, 1985). Die erklärte Varianz in der Variablen *Freizeit* beträgt etwa 33%, in der Variablen *Norm* fast 39% und in der Variablen *Delikt* über 55%.

Tabelle 7.14: Unstandardisierte Regressionskoeffizienten (β, γ) und die jeweiligen Standardfehler (z-Wert) des Strukturmodells (WLS-Parameter)

Strukturmodell (WLS)						
Konstrukt	Koeff.	Hedo	Trad	Freizeit	Norm	Delikt
Freizeit	β,γ	0.481	-0.078			
	z-Wert	14.706	-1.620			
Norm	β, γ	-0.186	0.595	-0.307		
	z-Wert	-3.690	9.605	-5.037		
Delikt	β, γ			0.576	-0.319	
	z-Wert			12.550	-7.702	

Bezogen auf die in Abschnitt 7.1.7 aufgestellten inhaltlichen Hypothesen zeigt sich, daß die Richtung der geschätzten Strukturkoeffizienten durch die Daten bestätigt wird (vgl. Abbildung 7.9). Die Delikthäufigkeit wird im Wesentlichen direkt durch den nach außen orientierten Freizeitstil (0.53) und durch die Akzeptanz der Rechtsnormen (-0.34) erklärt. Der delinquenzfördernde Effekt der hedonistischen Werteinstellungen in Verbindung mit dem Freizeitstil ist auch in diesem Modell beachtlich.

Der beachtliche *indirekte* kausale Effekt zwischen hedonistischen Werteinstellungen und den Delikten beträgt 0.42 (vgl. Tabelle 7.15). Traditionelle Werteinstellungen in Verbindung mit den Rechtsnormen wirken dagegen delinquenzreduzierend. Je eher traditionelle Werte befürwortet werden, desto stärker werden diese Normen akzeptiert (0.44) und desto weniger Delikte werden begangen (-0.18, alle genannten Werte sind Tabelle 7.15 entnommen). Direkte Beziehungen von den Wertorientierungen auf die Deliktvariable hätten auch hier zu keiner bedeutsamen Modellverbesserung geführt. Wie bei der ML-Lösung in Abschnitt 7.1.7 korrelieren hedonistische und traditionelle Werteinstellungen auch bei der WLS-Lösung nur wenig miteinander (-0.10), beide Dimensionen haben aber unabhängig voneinander nicht unbedeutende Einflüsse auf das Freizeitverhalten, auf die Akzeptanz von Rechtsnormen und nicht zuletzt auf die Delinquenz. Insgesamt betrachtet führt die Verwendung der WLS-Diskrepanzfunktion unter Berücksichtigung des kategorialen Meßniveaus substantiell zu keinen inhaltlich anderen Schlußfolgerungen im Vergleich zum Modell in Abbildung 7.7. Auf Grund der ausreichenden Fallzahl konnte mit dem WLS-Schätzern ein auch dem Skalenniveau angemessenes Ergebnis erzielt werden.

Abbildung 7.9: Standardisierte Lösung des Strukturmodells (WLS-Parameter)

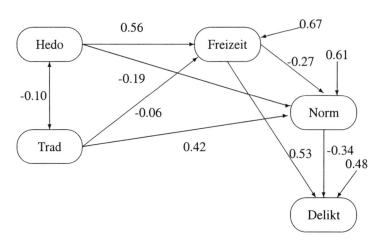

Tabelle 7.15: Standardisierte indirekte und totale Effekte des Strukturmodells (WLS-Parameter)

Indirekte Effekte					
Konstrukt	Hedo	Trad	Freizeit	Norm	Delikt
Freizeit					
Norm	-0.15	0.02			
Delikt	0.42	-0.18	0.09		
Totale Effekte					
Konstrukt	Hedo	Trad	Freizeit	Norm	Delikt
Freizeit	0.56	-0.06			
Norm	-0.34	0.44	-0.27		
Delikt	0.42	-0.18	0.63	-0.34	

Indirekte und die in Abbildung 7.9 eingetragenen direkten Effekte summieren sich zu den jeweiligen totalen Effekten (vgl. zur Technik Abschnitt 7.1.5).

7.3   Strukturgleichungsmodelle im Längsschnitt

Die Anwendung von Strukturgleichungsmodellen zur Analyse von Paneldaten ist eng mit dem Ziel verbunden, Stabilität und Veränderung von theoretischen Konstrukten (latenten Variablen) und ihren Indikatoren (manifeste Variablen) zu untersuchen. Wenn nach *wahrer* Veränderung der Konstrukte bzw. latenten Variablen und nach *unreliablem* (d. h. durch unsystematische Meßfehler variierendem) Antwortverhalten differenziert und damit auch die Möglichkeit in Betracht gezogen werden soll, daß von der Variabilität der Wiederholungsmessungen nicht unbedingt auf die zeitliche Konstanz bzw. Veränderung in der durch die Indikatoren erfaßten latenten Variablen geschlossen werden kann, ist eine simultane Analyse von Meß- und Strukturmodellen, einschließlich geeigneter Parameterrestriktionen, notwendig. Die *wahre* Veränderung (*true change*) bezieht sich hierbei auf den relativen Wechsel der individuellen Position zu anderen Positionen innerhalb der Verteilung. Davon abgegrenzt wird die *konstante* Veränderung (*constant change*), die den Positionswechsel ganzer Gruppen (z. B. Altersgruppen) beinhaltet (vgl. Wheaton et al., 1977, S. 91). Dies beinhaltet auch die Situation, bei der sich für eine Person real nichts verändert hat, obwohl wiederholte Messungen unterschiedlich ausfallen (und umgekehrt).

Die Modellierungsmöglichkeiten mit Paneldaten werden in diesem Abschnitt im Vordergrund stehen, wobei auf den Grundlagen der diskutierten Querschnittsmodelle in Abschnitt 7.1 aufgebaut wird. Zunächst wird in Abschnitt 7.3.1 die Spezifikation von Ein-Indikatorenmodellen hervorgehoben, die insbesondere von Heise (1969) und Wiley und Wiley (1970) im Rahmen des Test-Retest-Designs diskutiert wurden. Die Erweiterung dieser Ansätze zu multiplen Indikatorenmodellen (vgl. Blalock, 1970) und die Formalisierung für den Längsschnitt wird Gegenstand des Abschnitts 7.3.2 sein.

7.3.1 Ein-Indikatorenmodelle

Die Kombination eines Meß- mit einem Strukturmodell wird von Heise (1969), Blalock (1970) und auch Wiley und Wiley (1970) als *Indikatorenmodell* bezeichnet. Werden Indikatorenmodelle für Längsschnittdaten konstruiert, dann können die Stabilitäten zwischen den Variablen über die Meßzeitpunkte unter Berücksichtigung unterschiedlicher Reliabilitäten und Validitäten getestet werden. Formale Unterschiede zwischen einem Indikatorenmodell und einem Strukturgleichungsmodell mit latenten Variablen existieren nicht.

Drei grundlegende Situationen der Modellbildung sind im folgenden zu unterscheiden, die eine Ausgangsbasis für eine angemessene Modellierung von Strukturgleichungsmodellen mit Paneldaten rechtfertigen:[30]

1. **Perfekte Stabilität**: Bei drei Meßzeitpunkten können die jeweiligen Messungen a, b und c in Abbildung 7.10 unterschiedliche Werte aufweisen, obwohl keine Veränderung für die latente Variable X zu verzeichnen ist. Die beiden Strukturkoeffizienten haben in diesem Modell den Wert von 1.0. Unterschiedliche Werte der Ladungskoeffizienten p_{aX}, p_{bX} und p_{cX} sind damit auf unreliables Antwortverhalten zurückzuführen.

---

[30]   Hierbei werden drei Panelwellen angenommen. Die Identifikationsproblematik bleibt dabei zunächst außer Betracht.

Abbildung 7.10: Perfekte Stabilität zwischen den Meßzeitpunkten

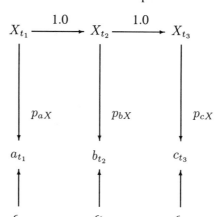

Mit a, b und c werden die wiederholten Messungen (t_1, t_2, t_3) einer latenten Variablen X bezeichnet.

2. **Sokratische Veränderung**: So wie Sokrates die Bürger von Athen ihrer Ansichten bewußt werden ließ, indem er diese Ansichten in Frage stellte, so tragen auch Meß-instrumente dazu bei, den Befragten ihre Meinungen und Werthaltungen ins Bewußtsein zu rücken. Diese über die Zeit zunehmende Bewußtseinsbildung wird darum als *Sokratischer Effekt* bezeichnet, der insbesondere bei Wiederholungsbefragungen mit kurzen Zeitabständen zu beobachten ist (vgl. McGuire, 1960; Hagenaars, 1990, S. 194).[31] Dieser Effekt führt dazu, daß die Korrelationen der Messungen innerhalb der Panelwellen zunehmen und damit die interne Konsistenz steigt. Desweiteren steigen auch die Korrelationen zwischen den Panelwellen, wobei die Variabilität der Messungen in weiteren Panelwellen gleichzeitig abnimmt (vgl. Jagodzinski et al., 1990, S. 461). Unter der Annahme, daß Veränderung weniger dann zu erwarten ist, wenn Meinungen und Attitüden sich bewußt herausgebildet haben, ist eine Veränderung der latenten Variablen X am ehesten zwischen dem ersten und zweiten Meßzeitpunkt und nicht zwischen den späteren Panelwellen zu erwarten. Dies ergibt ein Modell, in dem die gemessenen Variablen a, b und c nicht mehr nur eine, sondern zwei latente Variablen repräsentieren (vgl. Abbildung 7.11).

3. **Markov-Struktur**: Dieser Modellstruktur folgen Prozesse *ohne Gedächtnis*. Es wird damit eine Veränderung der latenten Variablen X zwischen allen Meßzeitpunkten postuliert (β_{t_2,t_1}, β_{t_3,t_2}), wobei die aktuellen Zustandswahrscheinlichkeiten nur von denen zum unmittelbar vorgelagerten Zeitpunkt abhängig sind, nicht aber von dessen vorgelagerten Zeitpunkten. Diese Modellierung wird auch als Markov-Modell erster Ordnung bezeichnet (vgl. Abbildung 7.12). Wird von einem direkten Effekt zwischen

---

[31] Die Modellierung des sokratischen Effektes in einem Strukturgleichungsmodell zeigen Jagodzinski et al. (1987).

Abbildung 7.11: Veränderung zwischen dem ersten und zweiten Meßzeitpunkt (Sokratischer Effekt)

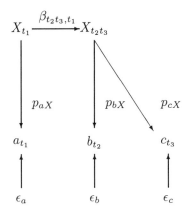

Mit a, b und c werden die wiederholten Messungen (t_1, t_2, t_3) einer latenten Variablen X bezeichnet.

X_{t_1} und X_{t_3} ausgegangen (β_{t_3,t_1}), dann wird dies als Markov-Modell zweiter Ordnung bezeichnet (vgl. Bijleveld et al., 1998, S. 234). Diese Spezifikation wird auch im Rahmen der multiplen Indikatorenmodelle in Abschnitt 7.3.2 im Vordergrund stehen.

Abbildung 7.12: Veränderung zwischen allen Meßzeitpunkten (Markov-Struktur)

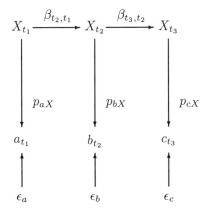

Mit a, b und c werden die wiederholten Messungen (t_1, t_2, t_3) einer latenten Variablen X bezeichnet.

Die angesprochene Differenzierung von Meßfehlern, manifesten und latenten Variablen in Panelmodellen ist eng mit dem Konzept der Reliabilität der klassischen Testtheorie verbunden (vgl. Lord & Novick, 1968). Den Ausgangspunkt bildet die folgende Zerlegung der Messungen in *true-score*-Variablen (*wahre* Werte) und Meßfehlervariablen (vgl. Steyer & Eid, 1993, S. 103):

$$x = X + \epsilon \tag{7.49}$$

Mit x werden die gemessenen Werte, mit X die *true-score*-Variablen und mit ϵ die Meßfehlervariablen bezeichnet.

Unter der Annahme, daß die Erwartungswerte der Meßfehler Null sind und es keinen Zusammenhang zwischen Meßfehler und *true-scores* gibt, ist die Varianz der gemessenen Werte (σ_x^2) gleich der Summe der Varianz der *true-scores* (σ_X^2) und der Varianz der Meßfehler (σ_ϵ^2):

$$\sigma_x^2 = \sigma_X^2 + \sigma_\epsilon^2 \tag{7.50}$$

Aus Gleichung 7.11 läßt sich die Reliabilität der gemessenen Werte (p_{Xx}^2) aus der Varianz der *true-scores* und der Varianz der gemessenen Werte bestimmen (vgl. Wheaton et al. 1977, S. 88; Steyer & Eid, 1993, S. 104):

$$p_{Xx}^2 = \frac{\sigma_X^2}{\sigma_x^2} = \frac{\sigma_X^2}{\sigma_X^2 + \sigma_\epsilon^2} \tag{7.51}$$

Da die Varianz der *true-scores* nicht bekannt ist, kann über Wiederholungsmessungen an der gleichen Stichprobe versucht werden, diese Varianz annähernd zu bestimmen. p_{Xx}^2 wird dann als Test-Retest-Reliabilität bezeichnet (für ein praktisches Beispiel, vgl. Diekmann, 1995, S. 263). Sind die Messungen reliabel, dann gibt die Differenz zwischen den Messungen x_t und x_{t+1} der gleichen Variable die Veränderung der *true-scores* wieder, die dann als *true change* bezeichnet werden kann. Sind die Messungen nicht reliabel, dann besteht der Unterschied zwischen x_t und x_{t+1} jeweils aus der Veränderung der *true-scores* ($X_{t+1} - X_t$) und den Meßfehlern ($\epsilon_{t+1} - \epsilon_t$, vgl. Markus, 1979, S. 55):

$$\begin{aligned} x_{t+1} - x_t &= (X_{t+1} + \epsilon_{t+1}) - (X_t + \epsilon_t) \\ &= (X_{t+1} - X_t) + (\epsilon_{t+1} - \epsilon_t) \end{aligned} \tag{7.52}$$

Hierbei sind drei Ansätze zur Stabilität bzw. Veränderung der *true-scores* zu unterscheiden (vgl. Jagodzinski & Kühnel, 1987, S. 226):

1. $X_{t+1} = X_t$: Alle *true-scores* zum Zeitpunkt t und $t+1$ unterscheiden sich durch die gleiche Konstante. Dies bedeutet, daß der Wert einer Variablen zwischen t und $t+1$ sehr wohl unterschiedlich sein kann, die relative Position der Werte zwischen t und $t+1$ aber konstant bleibt. Praktisch bedeutet dies, daß die Kovarianzstruktur der gemessenen Variablen über die Meßzeitpunkte gleich bleibt, während sich die Mittelwerte durch eine Konstante unterscheiden.

2. $X_{t+1} = X_t + \epsilon_{t+1}$: Die Stabilität der *true-scores* wird durch Meßfehler beeinträchtigt. Solange es sich aber um zufällige Meßfehler handelt, ist weder die Stabilität der *true-scores* noch die der gemessenen Variable betroffen.

3. $X_{t+1} = \beta_{t+1,t}X_t + \epsilon_{t+1}$: Die *true-scores* in $t+1$ werden durch einen Regressions-koeffizienten β_{t+1} prognostiziert. Solange die Verhältnisse zwischen den Differenzen der *true-scores* in t und $t+1$ gleich bleiben, kann von Stabilität ausgegangen werden. Auch hier hat der Meßfehler nur dann einen Einfluß auf die Stabilität, wenn er nicht zufällig ist. $\beta_{t+1,t}$ wird aus der Kovarianz der *true-scores* zwischen beiden Meßzeit-punkten ($\sigma(X_t, X_{t+1})$) und der Varianz der *true-scores* zum ersten Meßzeitpunkt ($\sigma^2_{X_t}$) berechnet.

Das Problem der Berechnung des Stabilitätskoeffizienten einerseits und der Reliabilitäten andererseits haben Heise (1969) und Wiley und Wiley (1970) anhand von Test-Retest-Modellen mit zwei und drei Meßzeitpunkten diskutiert. Soweit nur eine Messung pro Meßzeitpunkt zur Verfügung steht (vgl. die Abbildungen 7.10 bis 7.12), müssen geeignete Restriktionen getroffen werden, um eine Berechnung der Parameter zu ermöglichen.

Wenn perfekte Stabilität zwischen den Messungen vorliegt, dann ist nach der pfadanalytischen Zerlegungsregel (vgl. Opp & Schmidt, 1976, S. 166) die Test-Retest-Korrelation gleich dem Produkt der beiden Reliabilitäten. Wenn das Modell in Abbildung 7.10 zur Verdeutlichung her-angezogen wird, dann ist beispielsweise die Test-Retest-Korrelation $r_{a_{t_1}b_{t_2}}$ gleich dem Produkt der beiden Reliabilitäten p_{aX} und p_{bX}. Wenn perfekte Reliabilität bei beiden Messungen vor-liegt ($p_{aX} = 1.0$ und $p_{bX} = 1.0$), dann sind Test-Retest-Korrelation und Stabilität identisch. Wenn keine perfekte Stabilität zwischen den Messungen vorliegt (vgl. Abbildung 7.12), dann ist die Test-Retest-Korrelation $r_{a_{t_1}b_{t_2}}$ gleich dem Produkt der beiden Reliabilitäten p_{aX} und p_{bX} sowie dem Stabilitätskoeffizienten $\beta_{t_2t_1}$ (vgl. Heise, 1969, S. 123). Diese Zerlegung ist nicht ohne weiteres berechenbar, da drei Unbekannte einer bekannten Größe gegenüberstehen. Erst eine weitere Retest-Messung (X_{t3}) und die Annahme gleicher Reliabilitäten über die Meßzeit-punkte ($p_{aX} = p_{bX} = p_{cX}$) ermöglicht die Berechnung der Stabilitätskoeffizienten $\beta_{t_2t_1}$ und $\beta_{t_3t_2}$ (zum Rechenweg, vgl. Engel & Reinecke, 1994, S. 36f.).[32] Wird die Spezifikation autoko-variierender bzw. autokorrelierender Meßfehler notwendig (vgl. hierzu auch die Ausführungen in Kapitel 6, Abschnitt 6.3.1), dann müssen zusätzliche Parameterrestriktionen eingeführt wer-den, um das Modell zu identifizieren (vgl. hierzu auch Wiley & Wiley, 1974). Diese Möglichkeit wird im Rahmen der Modellspezifikation im folgenden Abschnitt näher ausgeführt.

---

[32] Es ist umstritten, ob Stabilität in Ein-Indikatorenmodellen bzw. Test-Retest-Modellen anhand stan-dardisierter oder unstandardisierter Parameter zu beurteilen ist. Während Jöreskog und Sörbom (1977) und Judd und Milburn (1980) in ihren Beispielen unstandardisierte Koeffizienten bevorzu-gen, werden die Stabilitäten in den Modellen von Heise (1969) und Wiley und Wiley (1970) mit standardisierten Koeffizienten ausgedrückt. Ist eine Variable perfekt stabil ($X_{t+1} = X_t$), dann werden sich standardisierte und unstandardisierte Koeffizienten nicht unterscheiden und den Wert 1.0 aufweisen. Wird die Stabilität ausschließlich durch Meßfehler beeinflußt, werden standardisierte Koeffizienten bevorzugt werden. Bei den im weiteren zu diskutierenden Markov-Modellen besteht kein überzeugendes Argument gegen die Verwendung standardisierter Koeffizienten, zumal das rela-tive Ausmaß der Veränderung auf der latenten Ebene besser abzulesen ist, als mit unstandardisierten Koeffizienten (vgl. auch Jagodzinski & Kühnel, 1987, S. 228).

7.3.2   Multiple Indikatorenmodelle

Die im vohergehenden Abschnitt diskutierten Ein-Indikatorenmodelle haben das Meßfehlerproblem in die Struktur der Panelmodelle eingeführt. Die getrennte Ermittlung von Stabilitäts- und Reliabilitätskoeffizienten ist dabei aber nur sehr eingeschränkt durchführbar, da selbst bei mehr als drei Meßzeitpunkten weniger Gleichungen als unbekannte Koeffizienten zur Verfügung stehen. Werden die in den Abbildungen 7.10, 7.11 und 7.12 gezeigten Modelle durch mehrere manifeste Variablen pro latenter Variable zu multiplen Indikatorenmodellen erweitert, erhöht sich die Anzahl der Gleichungen und damit die Lösbarkeit bzw. Identifizierbarkeit der unbekannten Parameter. Ausgehend von dem Ein-Indikatorenmodell bei Heise (1969) und dem multiplen Indikatorenmodell für Querschnittsdaten bei Costner (1969) versucht Blalock (1970) beide Konzeptionen miteinander zu verbinden. Hierbei kann er aufzeigen, daß schon bei zwei Indikatoren pro Meßzeitpunkt und zwei Panelwellen die zu schätzenden Parameter identifizierbar werden. Wenn zusätzlich angenommen wird, daß die Reliabilitäten über die Zeitpunkte gleich bleiben, dann wird die Modellierung sparsamer und die Aussagekraft des Modells größer (vgl. Blalock, 1970, S. 105; zu den formalen Ausführungen, vgl. auch Engel & Reinecke, 1994, S. 46f.). Die Identifikationsfähigkeit dieser Modelle steigt mit zunehmenden Meßzeitpunkten (Panelwellen).

Innerhalb des Strukturgleichungsansatzes kann das Konzept der multiplen Indikatorenmodelle als Markov-Modell für T Meßzeitpunkte verallgemeinert werden, wobei auf die formalen Grundlagen in Abschnitt 7.1 zurückgegriffen werden kann (vgl. Gleichung 7.1):[33]

$$\eta_t = B\eta_{t-1} + \zeta_t \qquad \text{mit} \qquad t = 1, \dots, T \qquad (7.53)$$

η_t ist der Vektor der latenten, mit der Zeit variierenden Variablen zum Zeitpunkt t mit den entsprechenden Residualgrößen ζ. η_{t-1} ist der entsprechende Vektor der gleichen latenten Variablen zum davor liegenden Zeitpunkt $t - 1$, während Matrix B das Ausmaß der Stabilität und Veränderung zwischen den Meßzeitpunkten in Form der entsprechenden Strukturkoeffizienten (Pfadkoeffizienten) β beinhaltet (vgl. Engel & Reinecke, 1994, S. 49). Entsprechende Restriktionen in der Matrix B führen - wenn man nur die latente Ebene betrachtet - zu den Modellen in den Abbildungen 7.10 bis 7.12. Hierbei wird angenommen, daß die Variation einer Variablen η zum Zeitpunkt t ausschließlich von der zeitlichen Variation der gleichen Variablen oder anderer, zeitlich variierender, Variablen zum Zeitpunkt $t - 1$ abhängt. Sollen zeitinvariante exogene Variablen ξ in die Markov-Struktur aufgenommen werden, dann wird Gleichung 7.53 um einen Term erweitert:

$$\eta_t = B\eta_{t-1} + \Gamma\xi + \zeta_t \qquad \text{mit} \qquad t = 1, \dots, T \qquad (7.54)$$

---

[33]   Im folgenden wird wiederum auf die LISREL-Terminologie zurückgegriffen. Die Strukturgleichung 7.53 beinhaltet eine Reihe von Submodellen, die schon erörtert wurden. Dazu gehört die Längsschnittfaktorenanalyse (vgl. Kapitel 6, Abschnitt 6.3.2), die die Beziehungen zwischen den latenten Variablen korrelativ anstatt kausal spezifiziert und die Faktorenanalyse höherer Ordnung (vgl. Kapitel 6, Abschnitt 6.4.4), die die Korrelationen zwischen den Faktoren erster Ordnung über einen Faktor zweiter Ordnung in Strukturkoeffizienten vom Faktor zweiter Ordnung zu den Faktoren erster Ordnung zerlegt.

Matrix Γ enthält die Strukturkoeffizienten, die den Einfluß der zeitinvarianten, exogenen Variablen ξ auf die zeitvarianten, endogenen Variablen η anzeigen. Für die manifesten Variablen ξ gilt, analog zur Gleichung 7.2, folgendes Meßmodell:

$$x = \Lambda_x \xi + \delta \tag{7.55}$$

Da der Vektor x die zeitinvarianten, manifesten Variablen enthält, entfällt der Suffix t. Für die latenten Variablen η wird, analog zur Gleichung 7.3, folgendes Meßmodell formalisiert:

$$y_t = \Lambda_{y_t} \eta_t + \epsilon_t \tag{7.56}$$

Abbildung 7.13 zeigt ein latentes Markov-Modell zweiter Ordnung für eine zeitvariante, latente Variable η über drei Panelwellen. Die latente Variable wird durch zwei gemessene Variablen (y_{1t}, y_{2t} mit $t = 3$) erfaßt. Die Meßfehler der manifesten Variablen werden im Vektor ϵ, die der latenten Variablen im Vektor ζ spezifiziert. Die Strukturkoeffizienten β zeigen das Ausmaß an Stabilität und Veränderung der latenten Variablen über die drei Meßzeitpunkte an.

Abbildung 7.13: Latentes Markov-Modell zweiter Ordnung

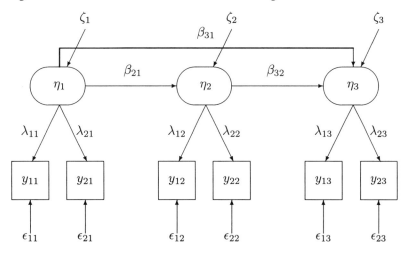

Die formale Spezifikation des Struktur- und Meßmodells erfolgt analog zu den Gleichungen 7.53 und 7.54:

$$\begin{pmatrix} \eta_1 \\ \eta_2 \\ \eta_3 \end{pmatrix} = \begin{pmatrix} 0 & 0 & 0 \\ \beta_{21} & 0 & 0 \\ \beta_{31} & \beta_{32} & 0 \end{pmatrix} * \begin{pmatrix} \eta_1 \\ \eta_2 \\ \eta_3 \end{pmatrix} + \begin{pmatrix} \zeta_1 \\ \zeta_2 \\ \zeta_3 \end{pmatrix} \tag{7.57}$$

$$
\begin{pmatrix} y_{11} \\ y_{21} \\ y_{12} \\ y_{22} \\ y_{13} \\ y_{23} \end{pmatrix} = \begin{pmatrix} \lambda_{y_{11}} & 0 & 0 \\ \lambda_{y_{21}} & 0 & 0 \\ 0 & \lambda_{y_{12}} & 0 \\ 0 & \lambda_{y_{22}} & 0 \\ 0 & 0 & \lambda_{y_{13}} \\ 0 & 0 & \lambda_{y_{23}} \end{pmatrix} * \begin{pmatrix} \eta_1 \\ \eta_2 \\ \eta_3 \end{pmatrix} + \begin{pmatrix} \epsilon_{11} \\ \epsilon_{21} \\ \epsilon_{12} \\ \epsilon_{22} \\ \epsilon_{13} \\ \epsilon_{23} \end{pmatrix} \qquad (7.58)
$$

mit den Annahmen

$$
COV(\eta_t, \epsilon_{jt}) = 0 \quad \text{und} \quad E(\epsilon_j) = 0
$$

für alle manifesten Variablen j in den Zeitpunkten t.

Die Spalten der Matrix Λ_y korrespondieren zu den latenten Variablen η_1 bis η_3. Der Vektor ϵ enthält die Meßfehler für die manifesten Variablen y. Folgende Parametermatrizen sind für das Meßmodell zu spezifizieren:

$$
\Lambda_y = \begin{pmatrix} \lambda_{y_{11}} & 0 & 0 \\ \lambda_{y_{21}} & 0 & 0 \\ 0 & \lambda_{y_{12}} & 0 \\ 0 & \lambda_{y_{22}} & 0 \\ 0 & 0 & \lambda_{y_{13}} \\ 0 & 0 & \lambda_{y_{23}} \end{pmatrix} \qquad (7.59)
$$

$$
\Theta_\epsilon = \begin{pmatrix} \sigma_{\epsilon_{11}} & 0 & 0 & 0 & 0 & 0 \\ 0 & \sigma_{\epsilon_{21}} & 0 & 0 & 0 & 0 \\ 0 & 0 & \sigma_{\epsilon_{12}} & 0 & 0 & 0 \\ 0 & 0 & 0 & \sigma_{\epsilon_{22}} & 0 & 0 \\ 0 & 0 & 0 & 0 & \sigma_{\epsilon_{13}} & 0 \\ 0 & 0 & 0 & 0 & 0 & \sigma_{\epsilon_{23}} \end{pmatrix} \qquad (7.60)
$$

Folgende Parametermatrizen sind für das Strukturmodell zu spezifizieren:

$$
B = \begin{pmatrix} 0 & 0 & 0 \\ \beta_{21} & 0 & 0 \\ \beta_{31} & \beta_{32} & 0 \end{pmatrix} \qquad (7.61)
$$

$$
\Psi = \begin{pmatrix} \psi_{11} & 0 & 0 \\ 0 & \psi_{22} & 0 \\ 0 & 0 & \psi_{33} \end{pmatrix} \qquad (7.62)
$$

Zur Identifikation des Modells muß jede latente Variable (η) eine Skala erhalten, was entweder durch die Fixierung der Varianzen auf eine Konstante ($\psi_{11} = \psi_{22} = \psi_{33} = 1.0$) oder durch die Fixierung jeweils einer Faktorenladung ($\lambda_{y_{11}} = \lambda_{y_{12}} = \lambda_{y_{13}} = 1.0$) erreicht wird. Die Restriktion für die Faktorenladungen bietet sich bei einem Markov-Modell schon deswegen an, da eine Interpretation der Stabilitätskoeffizienten β nur sinnvoll ist, wenn von einer zeitlichen Invarianz des Meßmodells ausgegangen werden kann. Andernfalls würde eine zeitlich variierende Faktorenladungsmatrix äquivalent zur Annahme sein, daß sich die Konstruktvalidität der manifesten Variablen über die Zeit ändert. Die zweite Faktorenladung sollte deswegen mit der Restriktion $\lambda_{y_{21}} = \lambda_{y_{22}} = \lambda_{y_{23}}$ auch über die Zeit gleichgesetzt werden. Wenn auch die Meßfehler ϵ entsprechend den Faktorenladungen über die Zeit gleichgesetzt werden, kann man auch von einem parallelen Meßmodell im Längsschnitt sprechen. Dieses noch restriktivere Meßmodell wird aber nur bei streng gleichen Erhebungsbedingungen und sehr kurzen Zeitabständen sinnvoll sein (vgl. Jagodzinski et al., 1987, S. 273ff. und die Ausführungen im Kapitel 6, Abschnitt 6.1.3).

Beim konfirmatorischen Faktorenmodell im Längsschnitt (vgl. Kapitel 6, Abschnitt 6.3.2) sind im Anwendungsbeispiel *Autokovariationen* der Meßfehler ermittelt worden.[34] Auch bei Markov-Modellen können die über die Zeit ermittelten empirischen Kovariationen inhaltlich gleicher Items unterschätzt werden, so daß erst durch eine zusätzliche Spezifikation über die Autokovariationen der Meßfehler eine adäquate Modellanpassung erreicht wird. Die entsprechenden Nebendiagonalelemente in der Matrix Θ_ϵ parametrisieren die genannten Kovariationen der Meßfehler zwischen den Meßzeitpunkten:

$$
\Theta_\epsilon = \begin{pmatrix}
\sigma_{\epsilon_{11}} & 0 & 0 & 0 & 0 & 0 \\
0 & \sigma_{\epsilon_{21}} & 0 & 0 & 0 & 0 \\
\sigma_{\epsilon_{12,11}} & 0 & \sigma_{\epsilon_{12}} & 0 & 0 & 0 \\
0 & \sigma_{\epsilon_{22,21}} & 0 & \sigma_{\epsilon_{22}} & 0 & 0 \\
\sigma_{\epsilon_{13,11}} & 0 & \sigma_{\epsilon_{13,12}} & 0 & \sigma_{\epsilon_{13}} & 0 \\
0 & \sigma_{\epsilon_{23,21}} & 0 & \sigma_{\epsilon_{23,22}} & 0 & \sigma_{\epsilon_{23}}
\end{pmatrix} \tag{7.63}
$$

Werden die Autokovariationen ausschließlich durch zeitstabile Fehlerkomponenten analog zu einem Varianzkomponentenmodell bestimmt (vgl. Arminger & Müller, 1990, S. 99f.), dann ist es erforderlich, die Restriktionen $\sigma_{\epsilon_{12,11}} = \sigma_{\epsilon_{13,11}} = \sigma_{\epsilon_{13,12}}$ und $\sigma_{\epsilon_{22,21}} = \sigma_{\epsilon_{23,21}} = \sigma_{\epsilon_{23,22}}$ in der Matrix Θ_ϵ zu spezifizieren. Sind die Autokovariationen bedeutsam und signifikant, kann davon ausgegangen werden, daß neben den zeitbezogenen zufälligen Meßfehlern auch zeitstabile Fehlerkomponenten in den manifesten Variablen zu verzeichnen sind. Allerdings können auch nicht im Modell enthaltene Drittvariablen für diese Residualkovariationen verantwortlich sein.[35] Die Schätzung der einzelnen Parameter erfolgt analog zu den Ausführungen in Abschnitt 7.1.2.

Beispiele

---

[34] In der standardisierten Lösung werden diese als *Autokorrelationen* der Meßfehler bezeichnet. Blalock (1970, S. 107) bezeichnet diese Parameter als *spurious covariation*.

[35] Eine Diskussion der einzelnen Fehlerkomponenten geben Saris und Andrews (1991) und Reinecke und Schmidt (1993). Die Zerlegung der Autokovariationen in sogenannte *Methodenfaktoren* diskutieren Jagodzinski et al. (1987) und innerhalb des Multitrait-Multimethod(MTMM)-Designs Andrews (1984) sowie Krebs und Schmidt (1993).

Variablen und Daten für das Markov-Modell mit drei Meßzeitpunkten sind der Ausländer-stichprobe des Sozio-ökonomischen Panels (SOEP) entnommen (vgl. SOEP Group, 2001). Die Daten schließen nur Ausländer ein, die der Gruppe der sogenannten Gastarbeiter zugeordnet werden können.[36] Zwei gemessene Variablen sollen die latente Variable *Identität* über die drei Zeitpunkte messen. Die Variable y_{1t} erfaßt das *Zugehörigkeitsgefühl zu Deutschland* (Varia-blenname im SOEP: bp90a01, cp81a01, dp83a01), die Variable y_{2t} das *Zugehörigkeitsgefühl zur eigenen Nationalität* (Variablenname im SOEP: bp90a02, cp81a02, dp83a02), jeweils ab-gestuft in fünf Kategorien.[37] Der Fragetext für die Variable y_{1t} lautet:

Wenn Menschen längere Zeit in Deutschland leben, können sich die ur-sprünglichen Beziehungen zum Herkunftsland *verändern. Wie ist das bei Ihnen, da Sie hier in Deutschland leben? Wie sehr fühlen Sie sich als Deutscher?*[38]

Folgende Kategorien sind den Befragten vorgegeben worden:

Ich fühle mich ganz als Deutscher
Ich fühle mich mehr als Deutscher
Ich fühle mich in manchen Beziehungen als Deutscher
Ich fühle mich kaum als Deutscher
Ich fühle mich nicht als Deutscher

Der Fragetext für die Variable y_{2t} lautet:

Und wie sehr fühlen Sie sich hier in Deutschland noch als Herkunft*?*[39]

Hier wurden folgende Antwortkategorien vorgegeben:

Ich fühle mich ganz als Herkunft
Ich fühle mich mehr als Herkunft
Ich fühle mich in manchen Beziehungen als Herkunft
Ich fühle mich kaum als Herkunft
Ich fühle mich nicht als Herkunft

---

[36]   Hierzu gehören Türken, Ex-Jugoslawen, Griechen, Italiener und Spanier. Zu den Analysen mit Pfadmodellen, vgl. Kapitel 5, Abschnitt 5.4; zu den konfirmatorischen Faktorenmodellen im Längsschnitt, vgl. Kapitel 6, Abschnitt 6.3.2.
[37]   Die Variablennamen sind die Originalbezeichnungen aus dem Datensatz des SOEP.
[38]   Bei Herkunftsland steht in den Fragebögen die jeweilige Nationalität.
[39]   Bei Herkunft steht in den Fragebögen die jeweilige Nationalität.

Die Erhebung der Variablen erfolgte im Abstand von einem Jahr. Der erste Meßzeitpunkt (t_1) bezieht sich auf das Jahr 1985, der dritte Meßzeitpunkt (t_3) auf das Jahr 1987. Um gleiche Polungsrichtungen zu erhalten, sind die Variablen y_{2t} jeweils umkodiert worden. In Tabelle 7.16 sind die Mittelwerte und Standardabweichungen der beiden Variablen für alle drei Meßzeitpunkte aufgeführt. Über den gemessenen Zeitraum können nur geringfügige Mittelwertsveränderungen bei beiden Variablen festgestellt werden. Die Streuungen variieren ebenfalls nur wenig, nehmen aber von t_1 nach t_3 kontinuierlich ab.

Tabelle 7.16: Mittelwerte und Standardabweichungen der gemessenen Variablen aus dem SO-EP für die Jahre 1985, 1986 und 1987

	$\bar{y}_{it}$	s_{it}
bp90a01	3.963	1.117
(y_{11})		
bp90a02	4.283	1.033
(y_{21})		
cp81a01	3.964	1.098
(y_{12})		
cp81a02	4.232	1.031
(y_{22})		
dp83a01	3.953	1.089
(y_{13})		
dp83a02	4.236	0.993
(y_{23})		

$N = 1844$ (listenweiser Ausschluß fehlender Werte)
$\bar{y}_{it}$ = Mittelwerte
s_{it} = Standardabweichungen

Tabelle 7.17 enthält die Varianzen, Kovarianzen und Korrelationen der gemessenen Variablen für alle drei Meßzeitpunkte. Es sind deutlich höhere Werte für die Kovarianzen bzw. Korrelationen der Items innerhalb der Meßzeitpunkte als zwischen den Meßzeitpunkten zu verzeichnen. Je weiter die Meßzeitpunkte auseinander liegen, desto niedriger werden die jeweiligen Zusammenhangsmaße. Damit dürfte ein konstruktvalides Markov-Modell im Längsschnitt zu erwarten sein (vgl. Abbildung 7.13).

Für die empirische Überprüfung des in Abbildung 7.13 konzipierten Markov-Modells zweiter Ordnung wird ein paralleles Meßmodell als Basismodell getestet. Dieses Modell enthält sowohl Gleichheitsrestriktionen für die Faktorenladungen (λ_y) als auch Gleichheitsrestriktionen für die Meßfehler der gemessenen Variablen (ϵ). Hierbei wird eine moderate Übereinstimmung zwischen Modell und Daten ermittelt ($\chi^2 = 146.25$ mit $df = 12$, RMSEA = 0.081). Die In-

Tabelle 7.17: Varianzen, Kovarianzen und Korrelationen der gemessenen Variablen aus dem SOEP für die Jahre 1985, 1986, 1987

	bp90a01	bp90a02	cp81a01	cp81a02	dp83a01	dp83a02
bp90a01 (y_{11})	1.248	0.702	0.559	0.488	0.517	0.484
bp90a02 (y_{21})	0.881	1.068	0.509	0.544	0.467	0.501
cp81a01 (y_{12})	0.686	0.577	1.205	0.745	0.568	0.532
cp81a02 (y_{22})	0.563	0.580	0.844	1.064	0.514	0.529
dp83a01 (y_{13})	0.629	0.525	0.679	0.578	1.186	0.753
dp83a02 (y_{23})	0.537	0.514	0.580	0.542	0.815	0.986

Die Varianzen stehen in der Diagonalen, die Kovarianzen unterhalb und die Korrelationen oberhalb.

spektion der standardisierten Residuen und der Modifikationsindizes zeigt die für Panelmodelle typische Fehlspezifikation auf Grund der fehlenden Autokovariationen der Meßfehler (vgl. Gleichung 7.63). Von sechs möglichen Autokovariationen erweisen sich vier als bedeutsam und werden in der folgenden Modellvariante (Variante 1) spezifiziert. Diese zusätzlichen Parameter führen zu einer signifikanten Verbesserung der Modellanpassung nach dem χ^2-Differenzentest (vgl. die zweite Zeile in Tabelle 7.18). Wird die Gleichsetzung der Meßfehler aufgehoben (Variante 2), dann führt dies zu einer weiteren signifikanten Verbesserung, während die Gleichsetzung der Faktorenladungen über die Zeit aufrechterhalten werden kann. Die Aufgabe dieser Restriktion (Variante 3) ergibt keine signifikante Modellverbesserung (vgl. die letzte Zeile in Tabelle 7.18). Damit bestätigt sich die Konstruktvalidität der Messungen über die Zeit bzw. die zeitinvariante Gültigkeit der Meßtheorie.

Variante 2 des latenten Markov-Modells kann demnach für eine weitere inhaltliche Diskussion akzeptiert werden.[40] In Abbildung 7.14 wird die standardisierte Lösung der akzeptierten Modellvariante graphisch verdeutlicht.

Die auf der latenten Ebene ermittelten Stabilitätskoeffizienten weisen auf die Stabilität des Längsschnittmodells hin. Für die Interpretation der Stabilität von ID85 auf ID87 ist nicht nur der direkte Effekt (0.34), sondern auch der totale Effekt als Summe der direkten und

---

[40]   Die entsprechenden Spezifikationen für die Programme LISREL und EQS sind im Anhang zu diesem Kapitel zu finden (vgl. Abschnitt 7.6.2).

Tabelle 7.18: Modellvergleiche durch den χ^2-Differenzentest für das Markov-Modell

Modell	χ^2	df	χ^2_{Diff}	df_{Diff}	RMSEA
Basismodell λs fixiert ϵs fixiert	146.25	12	--	--	0.081
Variante 1 λs fixiert ϵs fixiert Autokov.	37.64	8	108.61	4	0.045
Variante 2 λs fixiert Autokov.	2.37	4	35.27	4	0.000
Variante 3 Autokov.	1.92	2	0.45	2	0.000

Abbildung 7.14: Ergebnis des Markov-Modells zweiter Ordnung (Variante 2)

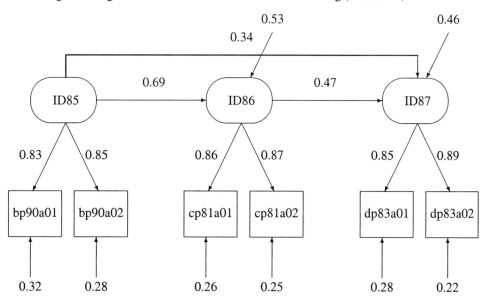

Tabelle 7.19: Autokorrelationen der Meßfehler der gemessenen Variablen (Variante 2)

	bp90a01	bp90a02	cp81a01
cp81a01	0.07		
cp81a02		0.04	
dp83a01	0.06		0.06

indirekten Effekte zu berücksichtigen (vgl. Abschnitt 7.1.5). Dieser beträgt 0.66 und liegt damit ähnlich hoch wie der Wert für die Stabilität zwischen ID85 und ID86 (0.69). Da die Skalierung der latenten Variablen über die Fixierung jeweils einer Faktorenladung erfolgte, kann über die Schätzung der Varianz der latenten Variablen η beurteilt werden, ob die Streuung der untersuchten Variablen Identität sich über die Zeit verändert. Hier zeigt sich aber nur eine geringfügige Variabilität (zwischen 0.86 und 0.89).

Tabelle 7.19 gibt die zusätzlich spezifizierten Meßfehlerkovariationen standardisiert als Autokorrelationen wieder. Die zusätzlich spezifizierten Parameter (Autokorrelationen) in der Matrix Θ_ϵ können die Unterschätzungen einzelner Größen in der geschätzten Varianz-/Kovarianzmatrix Σ beseitigen und die Modellanpassung entscheidend verbessern. Von sechs möglichen Autokorrelationen erweisen sich allerdings nur vier als bedeutsam. Hierbei ist die Frage nach der deutschen Identität (bp90a01, cp81a01, dp83a01) am stärksten betroffen. Nur eine Autokorrelation mußte über einen Zeitraum von drei Jahren spezifiziert werden (zwischen bp90a01 und dp83a01), wobei Meßwiederholungseffekte hierbei keine Rolle spielen dürften (vgl. hierzu Jagodzinski et al., 1987).

Das in Abbildung 7.13 gezeigte Markov-Modell zweiter Ordnung kann um zwei wesentliche Größen erweitert werden. Zum einen um eine zeitinvariante Variable ξ, die jeweils einen Effekt auf die zeitvariante Variable η hat (hier: Identität), und zum anderen um eine weitere zeitvariante Variable (im folgenden als η_{2t} bezeichnet), mit der sowohl Beziehungen in den jeweiligen Querschnitten, als auch zeitverzögert im Längsschnitt als sogenannte *cross-lagged* Effekte möglich sind. Auf die Beziehungen zwischen zwei zeitvarianten latenten Variablen wird im folgenden Beispiel eingegangen.[41]

Die erste latente Variable η_{1t} entspricht inhaltlich dem eben behandelten Beispiel der wahrgenommenen Identität der ausländischen Wohnbevölkerung mit den beiden Messungen y_{1t} (*Zugehörigkeitsgefühl zu Deutschland*) und y_{2t} (*Zugehörigkeitsgefühl zur eigenen Nationalität*). Diese latente Variable erhält, wie in Abbildung 7.13, die Bezeichnungen ID85, ID86 und ID87. Die zweite latente Variable η_{2t} soll die beabsichtigte Aufenthaltsdauer in der Bundesrepublik Deutschland erfassen. Diese latente Variable erhält für die drei Meßzeitpunkte die

---

[41]   Ein Modell mit einer zeitinvarianten Variablen diskutieren beispielsweise Engel und Reinecke (1994, S. 68f.). Die Spezifikation von kreuzverzögerten Effekten ist auch beim 2-Variablen/2-Wellen(2V2W)-Panelmodell im Kapitel 5, Abschnitt 5.4.1 behandelt worden.

Bezeichnungen IS85, IS86 und IS87 (vgl. auch Abbildung 7.15). Eine gemessenen Variable y_{3t} (Variablenname im SOEP: bp96a01/cp87a01/dp87a01) mit drei Kategorien steht hierfür zur Verfügung. Der Fragetext für die Variable y_{3t} lautet:

Wie lange wollen sie in Deutschland bleiben?

Folgende Antwortkategorien wurden vorgegeben:

Ich möchte innerhalb der nächsten 12 Monate zurückgehen
Ich möchte noch einige Jahre in Deutschland bleiben
Ich möchte für immer in Deutschland bleiben

Im Unterschied zu dem besprochenen Markov-Modell mit einer latenten Variablen (vgl. Abbildung 7.14) sind in dem erweiterten Markov-Modell sowohl Beziehungen in den jeweiligen Querschnitten als auch kreuzverzögerte Beziehungen (*cross-lagged effects*) zwischen Identität und Aufenthaltsdauer möglich. Für die Querschnittsbeziehungen wird ein negativer Effekt von der Identität auf die Aufenthaltsdauer postuliert: Je stärker die Identifikation mit dem jeweiligen Heimatland ist, desto geringer ist die Intention, in Deutschland zu bleiben.[42] Bei den kreuzverzögerten Beziehungen wird dann auch eher ein Effekt der Identität auf die beabsichtigte Aufenthaltsdauer zu erwarten sein, als umgekehrt (vgl. auch die Erörterungen in Reinecke et al., 2002).

Für die empirische Überprüfung des Markov-Modells mit zwei zeitvarianten Konstrukten wird auch von einem parallelen Meßmodell als Basismodell ausgegangen. Das Meßmodell der latenten Variablen Identität enthält sowohl Gleichheitsrestriktionen für die Faktorenladungen (λ_y) als auch Gleichheitsrestriktionen für die Meßfehler der gemessenen Variablen (ϵ). Da die Aufenthaltsdauer (IS85, IS86, IS87) nur über eine manifeste Variable gemessen wird, werden die entsprechenden Parameter in der Matrix Λ_y auf den Wert 1.0 und in der Matrix Θ_ϵ auf den Wert 0 sowohl für das Basismodell als auch für alle folgenden Modellvarianten festgesetzt. Damit entfällt eine Prüfung der Meßtheorie für die latente Variable Aufenthaltsdauer.

Mit dem Basismodell kann eine moderate Modellanpassung ermittelt werden (vgl. die erste Zeile in Tabelle 7.20). Variante 1 ergänzt das Basismodell durch die Autokovariationen der Meßfehler. Von sechs möglichen Autokovariationen werden auch hier die vier bedeutsamsten spezifiziert, was erwartungsgemäß zu einer signifikanten Verbesserung der Modellanpassung nach dem χ^2-Differenzentest führt (vgl. die zweite Zeile in Tabelle 7.20). Wird die Gleichsetzung der Meßfehler für die latente Variable Identität aufgehoben (Variante 2), dann wird eine weitere signifikante Verbesserung der Modellanpassung erreicht (vgl. die dritte Zeile in

---

[42] Die in der Sozialpsychologie geführte Diskussion um das Verhältnis von Einstellungen und Verhalten zeigt, daß Einstellungen eine Verhaltensintention eher determinieren als umgekehrt. Allerdings können auch Verhaltensdispositionen langfristig die jeweiligen Einstellungen determinieren (vgl. hierzu Eagly & Chaiken, 1993).

Tabelle 7.20: Modellvergleiche durch den χ^2-Differenzentest für das Markov-Modell mit zwei zeitvarianten Konstrukten

Modell	χ^2	df	χ^2_{Diff}	df_{Diff}	RMSEA
Basismodell λs fixiert ϵs fixiert	163.37	24	$--$	$--$	0.059
Variante 1 λs fixiert ϵs fixiert Autokovarianzen	47.70	20	115.67	4	0.028
Variante 2 λs fixiert Autokovarianzen	10.64	16	37.06	4	0.000
Variante 3 Autokovarianzen	10.13	14	0.51	2	0.000

Tabelle 7.20). Dagegen kann die Gleichsetzung der Faktorenladungen über die Zeit aufrecht-erhalten werden. Variante 3 des Markov-Modells ergibt keine signifikante Modellverbesserung ($\chi^2_{Diff} = 0.51$ mit $df_{Diff} = 2$). Damit bestätigt sich auch hier die zeitinvariante Gültigkeit der Meßtheorie für die latente Variable Identität.

Variante 2 des latenten Markov-Modells mit zwei zeitvarianten Konstrukten kann demnach für eine weitere inhaltliche Diskussion akzeptiert werden.[43] In Abbildung 7.15 wird die standardisierte Lösung der akzeptierten Modellvariante graphisch verdeutlicht. Für die Interpretation des Strukturmodells sind nicht nur die direkten Effekte heranzuziehen, sondern auch die totalen Effekte, die in Tabelle 7.21 zusammengestellt sind. Die Stabilitäten der latenten Variablen Identität sind durchweg höher als die der latenten Variablen Aufenthaltsdauer. Hier muß allerdings berücksichtigt werden, daß bei der Variablen Aufenthaltsdauer kein Meßmodell geprüft werden konnte und damit die Zusammenhänge auf der latenten Ebene unterschätzt werden. Der totale Effekt zwischen ID85 und ID87 beträgt 0.64 und zwischen IS85 und IS87 0.39. Der postulierte negative Effekt zwischen Identität und Aufenthaltsdauer in den jeweiligen Querschnitten konnte bestätigt werden (-0.34 für das Jahr 1986 und -0.36 für das Jahr 1987).

Alternativ kann statt der beiden Strukturkoeffizienten jeweils eine Residualkorrelation zwischen den beiden latenten Variablen in den Querschnitten spezifiziert werden. Dies ist insbesondere dann sinnvoll, wenn inhaltlich die Richtung der kausalen Beziehungen nicht zu rechtfertigen

---

[43]   Die entsprechenden Spezifikationen für die Programme LISREL und EQS sind im Anhang zu diesem Kapitel zu finden (vgl. Abschnitt 7.6.2).

Tabelle 7.21: Standardisierte totale Effekte des Modells in Abbildung 7.15

	ID85	ID86	ID87	IS85	IS86
ID86	0.66			-0.08	
ID87	0.64	0.47		-0.04	
IS85					
IS86	-0.18	-0.34		0.43	
IS87	-0.20	-0.15	-0.36	0.39	0.36

ist und kausale Beziehungen nur über Zeit formuliert werden sollen. Üblicherweise wird für die beiden zeitvarianten unabhängigen Variablen des Markov-Modells (ID85 und IS85) eine Korrelation spezifiziert und geschätzt. Diese beträgt -0.43 (vgl. Abbildung 7.15).

Das Modell enthält desweiteren einen kleinen, aber nicht unbedeutenden kreuzverzögerten Effekt von IS85 auf ID86 (-0.08), welcher an anderer Stelle als Dissonanzreduktion interpretiert wurde (vgl. Reinecke et al., 2002, S. 12). Es zeigt sich aber, daß dieser Effekt für die folgenden Panelwellen immer unbedeutender wird.[44] Auf der anderen Seite ist jeweils ein kreuzverzögerter Effekt von ID85 auf IS86 (0.04) und von ID86 auf IS87 (0.14) ermittelt worden. Im Unterschied zu den Querschnittbeziehungen sind diese positiv. Betrachtet man aber wiederum die jeweiligen totalen Effekte, dann sind diese erwartungsgemäß negativ (-0.18 und -0.15, vgl. Tabelle 7.21).

Wie auch schon im ersten Markov-Modell variiert die Streuung der latenten Variablen Identität über die Zeit nur geringfügig. Dies trifft auch für die Variable Aufenthaltsdauer zu. Hier liegt die Streuung zwischen 0.24 (IS85) und 0.27 (IS87). Die ab der Modellvariante 1 zusätzlich spezifizierten vier Meßfehlerkovariationen (standardisiert als Autokorrelationen) können die Unterschätzungen einzelner Größen in der geschätzten Varianz-/Kovarianzmatrix Σ beseitigen und die Modellanpassung entscheidend verbessern. Die Spezifikationen und die ermittelten Größen unterscheiden sich unwesentlich von denen des Modells in Abbildung 7.14 (vgl. auch Tabelle 7.19).

Abschließend soll das vorgestellte Beispiel in der spezifizierten Modellvariante 2 unter Berücksichtigung des kategorialen Meßniveaus der Variablen erörtert werden. Hierzu wurden die polychorischen Korrelationen für die manifesten Variablen und die dazugehörige asymptotischen Varianz-/Kovarianzmatrix mit dem Programm PRELIS (vgl. Jöreskog & Sörbom, 1993c) berechnet. Die Berechnung des Modells erfolgte mit der WLS-Diskrepanzfunktion (vgl. hierzu die Ausführungen in Kapitel 6, Abschnitt 6.1.4.4). Auch wenn die Modellanpassungswerte sich nur unwesentlich von dem Ergebnis der ML-Schätzung unterscheiden ($\chi^2 = 10.48$ mit $df = 16$, RMSEA $= 0.0$), können bei den Parametergrößen doch einzelne Unterschiede fest-

---

[44] Bezogen auf die Jahre 1989 bis 1995 erwies sich dieser kreuzverzögerte Effekt für ein identisches Panelmodell als unbedeutend, (vgl. Reinecke et al., 2002, S. 15).

Abbildung 7.15: Ergebnis des Markov-Modells mit zwei zeitvarianten Konstrukten (Variante 2)

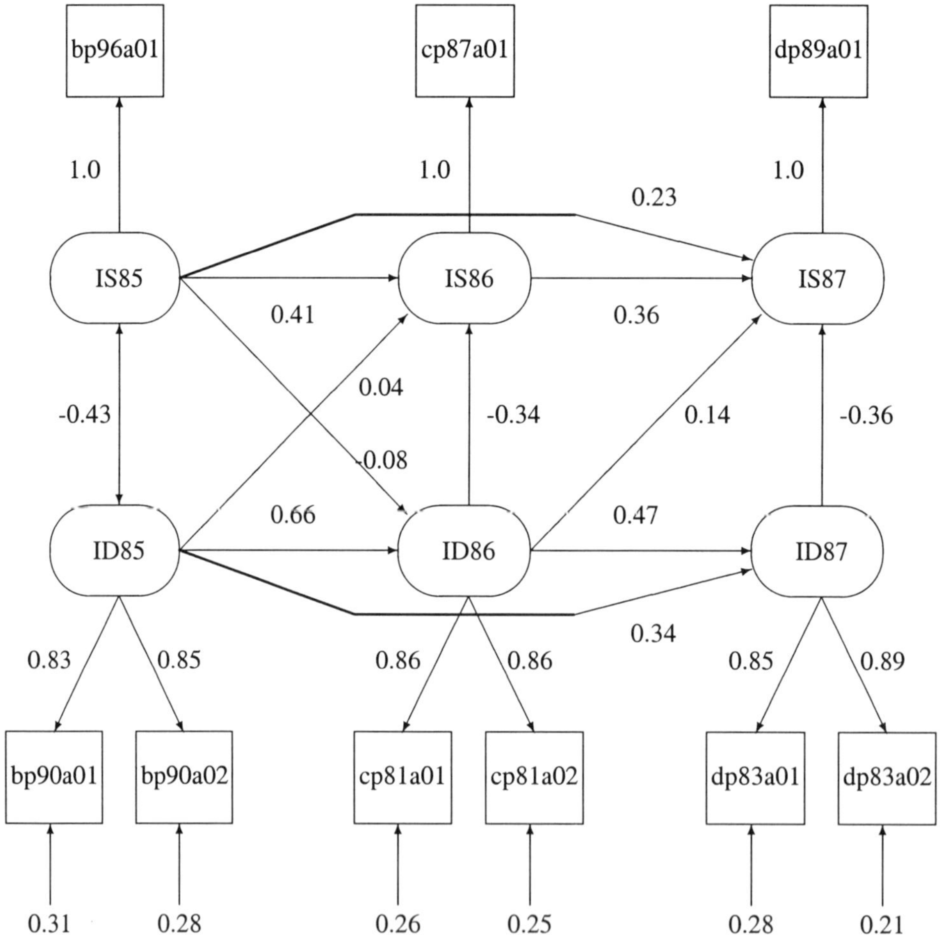

Die auf Null fixierten Meßfehlervarianzen der latenten Variablen Aufenthaltsdauer sind nicht dargestellt. Ebenso fehlen aus Gründen der Übersichtlichkeit die Residualvarianzen der latenten Variablen (ζs).

gestellt werden, die insbesondere auf die Unterschätzung der Zusammenhänge der manifesten Variablen für das Konstrukt Aufenthaltsdauer zurückzuführen sind. In Abbildung 7.16 wird die standardisierte Lösung mit den WLS-Parametern wiedergegeben.[45]

Die geschätzten Stabilitätskoeffizienten für die latente Variable Identität (ID85, ID86, ID87) unterscheiden sich in der WLS-Lösung nur unwesentlich von den ML-Parametern (vgl. Abbildung 7.15). Dagegen sind die entsprechenden Stabilitätskoeffizienten für die latente Variable Aufenthaltsdauer (IS85, IS86, IS87) gegenüber den ML-Parametern deutlich gestiegen. Entsprechend liegen die totalen kausalen Effekte bezogen auf diese Variablen zwischen 0.50 und 0.64 (vgl. das rechte untere Dreieck in Tabelle 7.22) während für die ML-Lösung die Werte zwischen 0.36 und 0.43 liegen (vgl. das rechte untere Dreieck in Tabelle 7.21). Die hohe Differenz zwischen ML- und WLS-Parametern ist auf die Messung der latenten Variablen mit nur einem Indikator pro Meßzeitpunkt zurückzuführen. Da bei Ein-Indikatorenmodellen die Faktorenladungen auf den Wert 1.0 und die entsprechenden Meßfehlervarianzen auf den Wert Null fixiert werden, muß sich die Differenz zwischen Produkt-Moment- und polychorischen Korrelationen auf die entsprechenden Strukturkoeffizienten auswirken (vgl. auch die Argumentation in Graff & Schmidt, 1985).

Tabelle 7.22: Standardisierte totale Effekte des Modells in Abbildung 7.16

	ID85	ID86	ID87	IS85	IS86
ID86	0.67			-0.10	
ID87	0.66	0.50		-0.05	
IS85					
IS86	-0.11	-0.42		0.64	
IS87	-0.18	-0.16	-0.46	0.53	0.50

Liegt dagegen ein multiples Indikatorenmodell vor, wie bei der latenten Variablen Identität, so führen die höheren Korrelationen eher zu besseren Faktorenladungen als zu höheren Strukturkoeffizienten (vgl. auch das Beispiel in Graff & Schmidt, 1985). Dies bestätigt sich auch in unserem Beispiel: Die Faktorenladungen für die latente Variable Identität weisen in der WLS-Lösung Werte über 0.90 auf, während in der ML-Lösung Werte unter 0.90 zu verzeichnen sind. Auch die Querschnittsbeziehungen zwischen den beiden zeitvarianten, latenten Variablen sowie die kreuzverzögerten Beziehungen sind im Durchschnitt um 0.10 höher als in der vergleichbaren ML-Lösung.

Insgesamt betrachtet führt das Ergebnis der mit polychorischen Korrelationen und der asymptotischen Varianz-/Kovarianzmatrix berechneten Modellvariante (WLS-Lösung) nicht zu inhaltlich anderen Schlußfolgerungen. Allerdings wirkt sich die Berücksichtigung des ordinalen Skalenniveaus und die Gewichtung durch die höheren Momente positiv auf die Höhe

---

[45]   Die entsprechenden Spezifikationen für die Programme LISREL und EQS sind im Anhang zu diesem Kapitel zu finden (vgl. Abschnitt 7.6.2).

Abbildung 7.16: Ergebnis des Markov-Modells mit zwei zeitvarianten Konstrukten (Variante 2, WLS-Parameter)

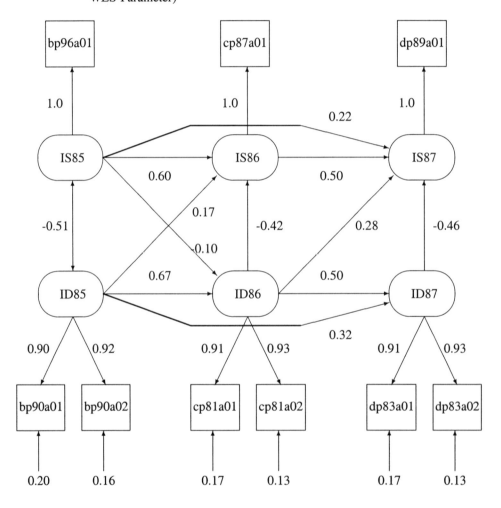

der Faktorenladungen und der Strukturkoeffizienten des Modells aus, insbesondere dann, wenn wegen fehlender Indikatoren kein Meßmodell geprüft werden kann.

7.4 Die Behandlung fehlender Werte in Strukturgleichungsmodellen

Die Schätzung von Strukturgleichungsmodellen basiert auf Daten in Form von Momentenmatrizen, in der Regel Kovarianzmatrizen. Die Berechnung dieser Momentenmatrizen setzt allerdings immer voraus, daß fehlende Werte im Datensatz definiert sind und festgelegt wird, wie mit den fehlenden Werten bei der Berechnung der Kovarianzmatrix umgegangen wird. Für die empirischen Anwendungen bilden die Veröffentlichungen von Little und Rubin (1987, 2002) die statistischen Grundlagen, wobei diese (und auch weitere Entwicklungen) erst durch Softwarelösungen Ende der 1990er Jahre einem größeren sozialwissenschaftlichen Anwenderkreis praktisch zugänglich gemacht wurden (vgl. Schafer, 1997; Horton & Lipsitz, 2001). Die jeweils vorzustellenden Strategien sind in der ein oder anderen Variante mittlerweile in den gängigen Strukturgleichungsprogrammen implementiert worden. Durch fehlende Werte in Paneldaten wird ein zusätzliche und besondere Situation des Ausfallprozesses charakterisiert, die die Schätzung von Strukturgleichungsmodellen für Paneldaten betreffen. Diese Situation ist ausführlich in Engel und Reinecke (1994, S. 253f.) erörtert und mit einem inhaltlichen Beispiel in Reinecke und Schmidt (1996, S. 161f.) verdeutlicht worden.

Der folgende Abschnitt 7.4.1 systematisiert zunächst die unterschiedlichen Ausfallprozesse im empirischen Datenmaterial und erörtert kurz die klassischen Verfahren wie den fallweisen Ausschluß oder den paarweisen Ausschluß fehlender Werte. Hieran schließt sich eine Diskussion der statistischen Verfahren an, die das Vorhandensein fehlender Werte sowohl bei der Erstellung der Kovarianzmatrix berücksichtigen können, als auch als Teil des Modellierungsprozesses selber zu verstehen sind. Hierzu gehören der multiple Gruppenvergleich, wobei die Gruppen über die Muster der fehlenden Daten definiert werden, als auch die Schätzung der Kovarianzstruktur unter Berücksichtung der fehlenden Werte mittels eines *Full-Information-Maximum-Likelihood*-Verfahrens (im folgenden abgekürzt FIML, vgl. Abschnitt 7.4.2). Eine weitere, an Bedeutung zunehmende Gruppe von Techniken der Behandlung fehlender Werte sind eher modellunabhängig und können als datenbasierte Techniken bezeichnet werden. Hierzu zählen das Maximum-Likelihood-Verfahren, basierend auf den *Expectation-Maximization*-Algorithmus (im folgenden abgekürzt EM) und die, insbesondere von Rubin (1987) vorgestellte Technik der mehrfachen Ersetzung fehlender Werte (*multiple imputation*, vgl. Abschnitt 7.4.3).

7.4.1 Ausfallprozesse in empirischen Daten

Die empirische Sozialforschung und die Statistik unterscheiden zwei Arten von Fehlern: Die einen werden durch die Stichprobenziehung verursacht, die anderen durch den Prozeß der Datenerhebung. Stichprobenfehler (sogenannte *sampling errors*) werden hier nicht erörtert, während die Datenerhebungsfehler (sogenannte *nonsampling errors*), die für die in empirischen Datensätzen vorkommenden fehlenden Werte verantwortlich sind, weiter differenziert werden (vgl. Abbildung 7.17). Zunächst lassen sich *nonsampling errors* weiter untergliedern nach *nonobservation errors* und *measurement errors* (vgl. auch Kalton et al., 1989, S. 249). Die *nonobservation errors* treten dann auf, wenn beispielsweise eine Befragung aufgrund der Abwesenheit der zu befragenden Person nicht durchgeführt werden kann (*noncoverage errors*, vgl. Groves, 1989, S. 81f.) oder wenn die Befragung ganz oder teilweise verweigert wird (*nonresponse errors*, vgl. Groves, 1989, S. 133f.). Die *measurement errors* lassen sich weiter unterscheiden nach *response errors*, beispielsweise verursacht durch Interviewerfehler oder sozial erwünschtes Antwortverhalten (vgl. Reinecke, 1991), und nach *processing errors*, die auf Übertragungsfehler bei der Dateneingabe oder Codierungsfehler zurückzuführen sind.

Die *nonresponse errors* führen zu zwei Typen von fehlenden Werten im Datenmaterial: *unit nonresponse* und *item nonresponse* (vgl. Schafer & Graham, 2002, S. 149 f.; Graham et al., 2003, S. 88 f.). Einzelne *response errors* können zusätzlich *item nonresponse* verursachen.

Abbildung 7.17: Differenzierung der *nonsampling errors* (vgl. Engel & Reinecke, 1994, S. 254)

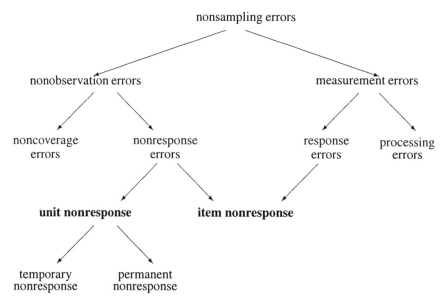

Unter *item nonresponse* werden einzelne Ausfälle in einer Datenmatrix bezeichnet, die durch die fehlende Beantwortung einiger Fragen oder Items während der Befragung entstehen (vgl. Tabelle 7.23). Unter *unit nonresponse* werden komplette Ausfälle in einer Datenmatrix verstanden, die beispielsweise auf eine erfolglose Befragung von ausgewählten Personen zurückzuführen sind. Dieser Fall tritt mit einigen speziellen Varianten bei Paneldaten auf (vgl. Tabelle 7.24). Ist der Ausfall einer Person bei Wiederholungsbefragungen nur zeitweise, dann wird von *temporary nonresponse* gesprochen, andernfalls von *permanent nonresponse* (vgl. Abbildung 7.17).

Tabelle 7.23: Muster fehlender Werte bei *item nonresponse*

Variablen				
y_1	y_2	y_3	y_4	y_5
X	X	X	X	X
X	X			X
X	X	X	X	X
X	X	X		X
X	X	X	X	
X	X	X	X	X
X	X	X		X
X	X		X	X
X		X		X
X	X	X	X	

x = Messwerte

Tabelle 7.24: Monotones Muster fehlender Werte bei *unit nonresponse*

Panel				
t_1	t_2	t_3	t_4	t_5
X	X	X	X	X
X	X	X	X	X
X	X	X	X	X
X	X	X	X	X
X	X	X	X	X
X	X	X	X	X
X	X	X	X	
X	X	X		
X	X			
X				

x = Messwerte, t_1 bis t_5 = Befragungszeitpunkte

Wenn eine statistische Berücksichtigung fehlender Werte bei der Datenanalyse und Modellierung vorgenommen werden soll, sind zunächst verschiedene Prozesse zu betrachten, die zu den fehlenden Werten führen. Für die weitere Erläuterung wird von zwei Variablen x und y ausgegangen, wobei x vollständig gemessen ist und y fehlende Werte aufweist (vgl. Allison, 2002, S. 3f.; Little & Rubin, 2002, S. 12f.). Zur besseren Veranschaulichung kann hier angenommen werden, daß die Variable x das Alter mißt und die Variable y das Einkommen:

1. Hängt die Wahrscheinlichkeit einer Antwort weder von der Variablen x noch von der Variablen y ab, dann sind beobachtete und fehlende Werte zufällig verteilt. In diesem

Fall werden fehlende Werte als *missing completely at random* (im folgenden abgekürzt MCAR) bezeichnet. Jede zufällig gezogene Substichprobe mit vollständigen Daten unterscheidet sich dann nicht von der Gesamtstichprobe mit den fehlenden Werten. Die MCAR-Annahme wäre beispielsweise verletzt, wenn Personen mit fehlenden Einkommensangaben im Durchschnitt älter sind, als Personen mit vollständigen Daten.

2. Hängt die Wahrscheinlichkeit einer Antwort von der Variablen x nicht aber von der Variablen y ab, dann sind die beobachteten Werte nicht zufällig, die fehlenden Werte aber zufällig verteilt. Formal gilt dann folgender Ausdruck:

$$Pr(y \text{ missing}|y, x) = Pr(y \text{ missing}|x) \tag{7.64}$$

Die konditionale Wahrscheinlichkeit (Pr) für fehlende Werte in der Variablen y unter der Bedingung der Variablen x und y ist gleich der konditionalen Wahrscheinlichkeit für fehlende Werte in y unter der Bedingung, wenn nur x gegeben ist. In diesem Fall werden fehlende Werte als *missing at random* (im folgenden abgekürzt MAR) bezeichnet. Die MAR-Annahme ist dann beispielsweise erfüllt, wenn die fehlenden Einkommensangaben vom Alter abhängig sind, aber in jeder Altersgruppe die Wahrscheinlichkeit für die fehlenden Werte beim Einkommen unabhängig von der Verteilung der gültigen Einkommensangaben sind.

3. Hängt die Wahrscheinlichkeit einer Antwort sowohl von der Variablen x als auch von der Variablen y ab, dann sind weder beobachtete noch fehlende Werte zufällig verteilt. Formal gilt dann folgender Ausdruck:

$$Pr(y \text{ missing}|y, x) = Pr(y \text{ missing}|y) \tag{7.65}$$

In diesem Fall werden fehlende Werte als *missing not at random* (im folgenden abgekürzt MNAR) bezeichnet.

Abbildung 7.18: Graphische Veranschaulichung der unterschiedlichen Ausfallprozesse

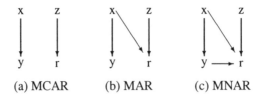

(a) MCAR   (b) MAR   (c) MNAR

Die Variablen werden im Text erläutert.

Die drei geschilderten Ausfallsituationen lassen sich auch graphisch verdeutlichen (vgl. Abbildung 7.18). Neben den erwähnten Variablen x (Variable mit vollständigen Werten) und y (Variable mit fehlenden Werten) steht die Variable z für die Ursache der fehlenden Werte und die Variable r für das Ausfallmuster. Wenn das Ausfallmuster von den Verteilungen der Werte in x und y abhängt, dann gilt für die fehlenden Werte die dritte Ausfallsituation (MNAR) und der Ausfallprozeß kann nicht ignoriert werden. Vielmehr müssen dann statistische Modelle herangezogen werden, die den Mechanismus fehlender Werte explizit berücksichtigen. Hierzu gehören sogenannte *selection models* und *pattern mixture models* (vgl. Schafer & Graham, 2002, S. 171f.), deren praktischer Nutzen für die Schätzung von Strukturgleichungsmodellen aber noch nicht untersucht worden ist. Die im weiteren zu diskutierenden Verfahren legen in der Regel die zweite Ausfallsituation (MAR) zugrunde.

Aus Tabelle 7.25 wird ersichtlich, daß die einfachsten Methoden zur Handhabung fehlender Werte den restriktivsten Ausfallprozeß voraussetzen (MCAR), während elaboriertere Methoden weniger restriktive Anforderungen stellen (MAR). Fallweiser und paarweiser Ausschluß fehlender Werte sind die am häufigsten benutzten Behandlungsmöglichkeiten in der statistischen Datenanalyse, was auch durch die einfache Handhabung in Statistikprogrammpaketen verursacht wird.

Tabelle 7.25: Übersicht über die klassischen Verfahren zur Behandlung fehlender Werte

Klassische Verfahren				
Methode	Vorteile	Nachteile	Ausfall	Programm
Fallweiser Ausschluß fehlender Werte	Erzeugt konsistente Matrizen	Drastische Reduktion der Fallzahl möglich	MCAR	SPSS SAS STATA
Paarweiser Ausschluß fehlender Werte	Benutzt alle verfügbaren Werte	Inkonsistente Varianz-/Kovarianz-matrizen möglich	MCAR	SPSS SAS STATA
Ersetzung durch Mittelwerte	Einfache Handhabung	Varianzreduktion, abnorme Werte möglich	MAR	SPSS SAS STATA
Regressions-basierte einfache Ersetzung	Einfache Handhabung	Verzerrungen der Schätzer, keine Standardfehler ermittelbar	MAR	SPSS SAS STATA

MCAR = Missing completely at random
MAR = Missing at random (zur Erläuterung, siehe den Text)

Beim fallweisen Ausschluß fehlender Werte (*listwise deletion of missing data*) werden alle Fälle, in denen mindestens ein fehlender Wert in den zu untersuchenden Variablen vorliegt, von der weiteren Analyse ausgeschlossen. Weisen einzelne Variablen einen hohen Anteil fehlender Werte auf, wird die Datengrundlage für die Berechnung der Varianz-/Kovarianzmatrix drastisch reduziert. Die Voraussetzungen zur Schätzung von Strukturgleichungsmodellen werden somit stark eingeschränkt. Die andere Möglichkeit besteht in der Berechnung bedingter Mittelwerte und Varianzen bei paarweiser Berechnung der Kovarianzen. Diese Berechnung wird für jedes

Variablenpaar durchgeführt und als paarweiser Ausschluß von fehlenden Werten bezeichnet (*pairwise deletion of missing data*). Es werden nur die Fälle aus der Analyse ausgeschlossen, in denen bei der paarweisen Berechnung keine gültigen Werte in den zu untersuchenden Variablen vorkommen. Gegenüber dem fallweisen Ausschluß fehlender Werte werden die Informationen der Datenbasis besser ausgenutzt und die Untersuchungsgröße weniger stark reduziert. Allerdings können bei einem hohen Anteil fehlender Werte und gleichzeitig niedrigen Fallzahlen die berechneten Kovarianzmatrizen nicht mehr positiv definit und damit nicht mehr invertierbar sein. Außerdem ist bei Strukturgleichungsmodellen nur eine Fallzahl für die Berechnung der Inferenzstatistik (z-Werte) und der χ^2-basierten Fitmaße anzugeben. Da aber beim paarweisen Ausschluß die Informationen in der Kovarianzmatrix auf unterschiedlichen Fallzahlen basieren, muß der Anwender sich für eine Fallzahl entscheiden (z. B. die kleinste Fallzahl oder ein Mittelwert aus allen unterschiedlichen Fallzahlen). Die Verwendung einer Kovarianzmatrix, die auf sehr unterschiedlichen Fallzahlen basiert (und damit auch entsprechenden Datenausfall dokumentiert), ist umstritten (vgl. die Argumentation in Brown, 1994, S. 290f.).

Die Ersetzung der fehlenden Werte durch Mittelwerte ist das einfachste Imputationsverfahren, die zugrundeliegenden Daten zu komplettieren. Es führt aber immer zu einer Varianzreduktion der dementsprechend behandelten Variablen und damit zu Unterschätzungen in den auf den komplettierten Daten basierenden Varianz-/Kovarianzmatrizen (vgl. Little & Rubin, 2002, S. 61). Für das Regressionsverfahren (vgl. *Buck's method* in Little & Rubin, 2002, S. 63) gilt im Prinzip ähnliches. Im einfachsten Fall wird eine Regression zwischen zwei Variablen x und y auf der Basis vollständiger Fälle berechnet. Fehlen Werte in x, werden diese auf die Regressionsgerade mit y als abhängige, vollständig erhobene Variable ersetzt. Fehlen Werte in y, wird die Imputation auf die Regressionsgerade mit x als abhängige, vollständig erhobene Variable vorgenommen. Ähnlich wie bei der Mittelwertersetzung kommt es aber zu einer Varianzreduktion, die auf zwei Ursachen zurückzuführen ist (vgl. Graham et al., 2003, S. 94): Zum einen wird jeder ersetzte Wert auf der Regressionsgeraden liegen und damit keine Fehlervarianz aufweisen, zum anderen ist die ermittelte Regressionsgerade nur eine mögliche Schätzung aus den Daten. Eine Möglichkeit dieses Problem zu umgehen, ist der Einsatz von Bootstrap-Verfahren zur Ziehung von mehreren Zufallsstichproben aus den gleichen Daten (vgl. hierzu die Erläuterungen zur Technik der mehrfachen Ersetzung (*multiple imputation*) in Abschnitt 7.4.3).

Auf Grund der geschilderten Restriktionen und Probleme bei den klassischen Verfahren der Behandlung fehlender Werte und deren Konsequenzen für die Schätzung von Strukturgleichungsmodellen wird auf diese Techniken im weiteren nicht näher eingegangen.[46] In Tabelle 7.26 sind neuere und vielfach angemessenere Techniken zur Behandlung fehlender Werte aufgeführt, die nach modellbasierten und datenbasierten Verfahren differenziert werden können.

Zu den modellbasierten Verfahren zählt der multiple Gruppenvergleich sowie ein direktes ML-Verfahren, daß auch als *Full-Information-Maximum-Likelihood*-Verfahren (im folgenden abgekürzt FIML) bezeichnet wird (vgl. Abschnitt 7.4.2). Die ML-Schätzung über den

---

[46]   An anderer Stelle werden diese Verfahren als *old (unacceptable) procedures for analysis of missing data* bezeichnet, vgl. Graham et al. (2003, S. 89).

Tabelle 7.26: Übersicht über modernere Verfahren zur Behandlung fehlender Werte

Modellbasierte Verfahren				
Methode	Vorteile	Nachteile	Ausfall	Programm
Multipler Gruppen- vergleich in SEM	Effiziente Schätzer, Standardfehler	Für jedes Muster muss eine Gruppe gebildet werden	MAR	EQS LISREL AMOS M*plus*
Full- Information- Maximum- Likelihood	Effiziente Schätzer, Standardfehler, ist in SEM-Programmen implementiert	Schätzer und Standardfehler können bei schiefen Daten verzerrt sein	MAR	EQS LISREL AMOS M*plus*
Datenbasierte Verfahren				
Methode	Vorteile	Nachteile	Ausfall	Programm
EM- Algorithmus	Varianz-/Kovarianz- matrizen sind Maximum-Likelihood- Schätzer	Es stehen keine Standardfehler zur Verfügung	MAR	SPSS SAS NORM EMCOV
Multiple Imputation	Varianz-/Kovarianz- matrizen sind Maximum-Likelihood- Schätzer, Standardfehler	Bei speziellen Erhebungsdesigns stehen nur Spezial- programme zur Verfügung	MAR	NORM LISREL EQS

MCAR = Missing completely at random
MAR = Missing at random (zur Erläuterung, siehe den Text)

Expectation-Maximization-Algorithmus (im folgenden abgekürzt EM) und die multiple Imputation werden zu den datenbasierten Verfahren gerechnet und in Abschnitt 7.4.3 behandelt. Der Einsatz dieser Verfahren sowie die sich daraus ergebenden Konsequenzen für die Modellbildung mit Strukturgleichungen werden jeweils beispielhaft erläutert.

7.4.2 Modellbasierte Verfahren zur Behandlung fehlender Werte

7.4.2.1 Der multiple Gruppenvergleich

Die erste praktische Umsetzung einer ML-Schätzung für fehlende Werte innerhalb des Strukturgleichungsansatzes erfolgte über den multiplen Gruppenvergleich (vgl. Allison, 1987; Muthén et al., 1987; zur Technik, vgl. Abschnitt 7.1.6). Für jedes Muster fehlender Werte wird eine Gruppe definiert, so daß gruppenspezifische Kovarianzmatrizen und Mittelwertsvektoren berechnet werden können. Als Referenzgruppe werden die Personen benutzt, die keine fehlenden Werte in den zu untersuchenden Variablen aufweisen. Sind die Parameter des Strukturgleichungsmodells invariant über die Gruppen, dann haben die Muster der fehlenden Werte keinen Einfluß auf die Modellstruktur und der Ausfallprozeß kann als MCAR angenommen werden. Werden Mittelwerte und Kovarianzen der exogenen Variablen über die Gruppen variiert, dann kann damit die MAR-Annahme überprüft werden. Ist es erforderlich, die Parameter der exogenen Variablen variieren zu lassen, dann ist der Ausfallprozeß nicht ignorierbar. Der klare Vorteil dieser Prozedur besteht darin, daß man direkt das interessierende Modell schätzen kann. Wenn allerdings sehr viele unterschiedliche Ausfallmuster existieren, dann sind entsprechend viele Gruppen zu definieren, deren Größen sich sehr unterscheiden können (vgl. Muthén et al., 1987, S. 459). Kleine Gruppengrößen können dann zu instabilen Parameterschätzungen führen. Auf jeden Fall muß die Anzahl der Fälle innerhalb jeder Gruppe die Anzahl der gemessenen Variablen im Modell überschreiten. Wenn diese Voraussetzung nicht erfüllt wird, müssen die betreffenden Gruppen von der weiteren Analyse ausgeschlossen werden. Je größer die Anzahl der Muster fehlender Werte, desto schwieriger wird die praktische Modellierung und Modellschätzung mit dem multiplen Gruppenvergleich. Ein direktes ML-Schätzverfahren unter Berücksichtigung der verschiedenen Ausfallmuster ist dann zu bevorzugen.

7.4.2.2   Das direkte Maximum-Likelihood(ML)-Verfahren

Das statistische Verfahren, Inferenzen aus einer Likelihood-Funktion zu ziehen, ist im Anwendungsbereich der Strukturgleichungsmodelle sehr verbreitet. Eine direkte ML-Schätzung aus Daten mit fehlenden Werten setzt voraus, daß der Ausfallprozeß ignoriert werden kann und die MAR-Annahme gilt (vgl. Gleichung 7.64). Im folgenden wird das Prinzip der direkten ML-Schätzung beispielhaft erörtert. Ausgangspunkt sind drei Variablen U, V und W mit sieben Datenzeilen bzw. Untersuchungungseinheiten. Die Verteilung der fehlenden Werte zeigt Tabelle 7.27 (vgl. Arbuckle, 1996, S. 247).

Tabelle 7.27: Daten für drei Variablen mit fehlenden Werten

Daten	Variablen		
	U	V	W
1	x	x	x
2	x	x	x
3	x		x
4	x	x	
5	x	x	x
6		x	x
7		x	x

x = Messwerte

Drei der sieben Datenzeilen (Nr. 1, Nr. 2 und Nr. 5) haben vollständige Werte, die übrigen haben jeweils einen fehlenden Wert in einer der drei Variablen. Wenn p_i die Anzahl der gemessenen

Werte für den Fall i ist und x_i der Vektor mit der Länge p_i, der die gemessenen Werte enthält, dann läßt sich für p-Variablen der Mittelwertsvektor μ und die Kovarianzmatrix Σ bilden. Nach dem Beispiel in Tabelle 7.24 sieht μ und Σ folgendermaßen aus:

$$\mu' = (\mu_1 \; \mu_2 \; \mu_3) \tag{7.66}$$

$$\Sigma = \begin{pmatrix} \sigma_{11} & \sigma_{12} & \sigma_{13} \\ \sigma_{21} & \sigma_{22} & \sigma_{23} \\ \sigma_{31} & \sigma_{32} & \sigma_{33} \end{pmatrix} \tag{7.67}$$

Für die Variablen, die im Fall i Meßwerte aufweisen, ist μ_i der entsprechende Mittelwertsvektor und Σ_i die Kovarianzmatrix. Jeder Vektor μ_i kann durch Ausschluß von Elementen des Vektors μ ermittelt werden. Für das Beispiel enthalten μ_1, μ_2 und μ_5 vollständige Werte, dagegen reduzieren sich die anderen Vektoren um die fehlenden Werte:

$$\begin{aligned} \mu'_3 &= (\mu_1\mu_3) \\ \mu'_4 &= (\mu_1\mu_2) \\ \mu'_6 &= (\mu_2\mu_3) \\ \mu'_7 &= (\mu_2\mu_3) \end{aligned} \tag{7.68}$$

Jede Matrix Σ_i kann ebenso duch Ausschluß von Elementen der Matrix Σ bestimmt werden. Die Matrizen Σ_1, Σ_2 und Σ_5 enthalten vollständige Werte, während die übrigen Matrizen wie die Vektoren in Gleichung 7.68 um die fehlenden Werte reduziert sind:

$$\Sigma_3 = \begin{pmatrix} \sigma_{11} & \sigma_{13} \\ \sigma_{31} & \sigma_{33} \end{pmatrix}$$

$$\Sigma_4 = \begin{pmatrix} \sigma_{11} & \sigma_{12} \\ \sigma_{21} & \sigma_{22} \end{pmatrix} \tag{7.69}$$

$$\Sigma_6 = \Sigma_7 = \begin{pmatrix} \sigma_{22} & \sigma_{23} \\ \sigma_{32} & \sigma_{33} \end{pmatrix}$$

Der Logarithmus für die Wahrscheinlichkeit der gemessenen Daten (*observed data likelihood*, vgl. Little & Rubin, 1987, S. 89) kann dann folgendermaßen gebildet werden (vgl. Arbuckle, 1996, S. 248):

$$logL_i = K_i - 1/2log\|\Sigma_i\| - 1/2(x_i - \mu_i)'\Sigma_i^{-1}(x_i - \mu_i) \tag{7.70}$$

wobei K_i eine Konstante ist, die nur von der Anzahl der gemessenen Werte p_i abhängt. Der Subscript i in Gleichung 7.70 variiert nach den Fällen, für die gemessene Daten vorliegen. Die Diskrepanzfunktion kann durch Aufsummierung der fallweisen $logL_i$ bestimmt werden:

$$logL(\mu, \Sigma) = \sum_{i=1}^{N} logL_i \tag{7.71}$$

Für ein Strukturgleichungsmodell mit dem zu schätzenden Parametervektor Θ lautet die zu maximierende Diskrepanzfunktion:

$$logL(\mu(\Theta), \Sigma(\Theta)) = \sum_{i=1}^{N} logL_i \tag{7.72}$$

In den Strukturgleichungsprogrammen wird üblicherweise die äquivalente Funktion

$$-2logL(\mu(\Theta), \Sigma(\Theta)) + 2\sum_{i=1}^{N} K_i = \\ \sum_{i=1}^{N} log\|\Sigma_i\| + \sum_{i=1}^{N} (x_i - \mu_i)'\Sigma_i^{-1}(x_i - \mu_i) \tag{7.73}$$

minimiert. Wie bei vollständigen Daten sind die ML-Schätzer unverzerrt, wenn von einer hinreichend großen Stichprobe und den üblichen Verteilungsvoraussetzungen ausgegangen werden kann (vgl. hierzu Kapitel 6, Abschnitt 6.1.4.1). Die inferenzstatistischen Größen (Standardfehler, z-Werte) werden aus der Inversen der zweiten Ableitung von Gleichung 7.70 gebildet, wobei explizit darauf hingewiesen werden muß, daß die häufig in Programmen verwendete Fisher-Informationsmatrix (*expected information matrix*) zu verzerrten Standardfehlern und z-Werten führen kann (vgl. Schafer & Graham, 2002, S. 162). Wenn den Daten ein monotones Ausfallmuster zugrundeliegt (vgl. Tabelle 7.24), dann kann Gleichung 7.70 ohne Iterationsverfahren direkt berechnet werden.[47] Sind die Ausfälle nicht monoton (wie in Tabelle 7.27), wird Gleichung 7.70 über den EM-Algorithmus minimiert, der einen gewissen Standard bei der Behandlung fehlender Werte einnimmt (vgl. zum Einsatz des Algorithmus Abschnitt 7.4.3). Die meisten Strukturgleichungsprogramme haben inzwischen das direkte ML-Verfahren implementiert, so daß ein Einsatz zur Schätzung der Parameter des Modells mit unvollständigen Daten unproblematisch erscheint.[48] Auch wenn das direkte ML-Verfahren eine effektive und praktische Methode für die Schätzung von Strukturgleichungsmodellen ist, so muß doch einschränkend berücksichtigt werden, daß eine Verteilungsannahme für alle Variablen des Modells getroffen werden muß. Wenn die Verteilungen der Variablen eines Modells sehr unterschiedlich sind, dann kann sich diese Annahme für manche Situationen als wenig vorteilhaft erweisen (vgl. Allison, 2002, S. 26). Simulationsstudien zeigen, daß die Parameterschätzungen auch bei schief verteilten Daten robust sind, die Standardfehler und die z-Werte aber verzerrt sein können (vgl. Enders (2001), der auch entsprechende Korrekturmöglichkeiten diskutiert).[49]

Mit dem folgenden Beispiel wird der Einsatz der direkten ML-Schätzung bei fehlenden Daten, die auf *item nonresponse* (vgl. Tabelle 7.23) zurückzuführen sind, erörtert.

---

[47]   Dieser Fall wird ausführlich mit entsprechenden Paneldaten in Reinecke und Schmidt (1996) diskutiert.

[48]   In LISREL (Version 8.5) wird das direkte ML-Verfahren als *Full Information Maximum Likelihood* bezeichnet (vgl. Du Toit & Du Toit, 2001). Sowohl in EQS als auch in LISREL wird der EM-Algorithmus zur ML-Schätzung verwendet.

[49]   Eine Korrektur der Inferenzstatistik bei ML-Schätzern mit fehlenden Werten bietet auch das Programm EQS. Der Modellfit wird über die *Yuan-Bentler scaled chi-square statistic* bestimmt (vgl. Yuan & Bentler, 2000 und die folgende Anwendung).

Beispiel

Um eine Vergleichbarkeit mit den Ergebnissen des Strukturgleichungsmodells aus Abschnitt 7.1.7 zu gewährleisten, werden die dort verwendeten empirischen Daten und Variablen im folgenden verwendet. Wie weiter oben ausgeführt, setzt das Modell die Werteinstellungen von Jugendlichen, ihr Freizeitverhalten sowie die Akzeptanz von Rechtsnormen zu abweichendem bzw. delinquentem Verhalten in Beziehung. Zur Operationalisierung der latenten Variablen stehen 13 Indikatoren zur Verfügung. Wenn Personen mit fehlenden Werten ausgeschlossen werden, besteht die Datengrundlage aus N = 1555 Personen. Für den listenweisen Ausschluß fehlender Werte sind die Verteilungsmomente in Tabelle 7.3 (Abschnitt 7.1.7) aufgeführt. Bei N = 387 Personen ist mindestens ein fehlender Wert in den manifesten Variablen zu verzeichnen. Die Struktur der gültigen und fehlenden Werte weist genau 68 unterschiedliche Muster auf, wobei die meisten dieser Muster nur ein- oder zweimal auftreten. Die häufigsten Muster mit fehlenden Werten sind Nr. 7 und Nr. 45, welche entweder fehlende Werte in den Messungen der Rechtsnorm (t0722, t0725, t0727) oder zusätzlich in den Messungen der Werteinstellungen (l0053, l0054, l0076, l0061, l0066, l0083) aufweisen (vgl. Tabelle 7.28).[50] Die übrigen in Tabelle 7.28 aufgeführten Muster betreffen einzelne fehlende Werte in den Variablen.

Tabelle 7.28: Muster fehlender Werte mit den größten Häufigkeiten

Item/Index	Muster					
	2	7	8	30	36	45
l0618	x	x	x	x	x	x
l0619	x	x	x	x	x	x
l0053	x	x	x	x		
l0054	x	x	x		x	
l0076	x	x	x	x	x	
l0061	x	x	x	x	x	
l0066	x	x	x	x	x	
l0083	x	x		x	x	
t0722	x		x	x	x	
t0725	x		x	x	x	
t0727			x	x	x	
Prae	x	x	x	x	x	x
Inz	x	x	x	x	x	x
$\sum$	20	45	19	19	21	98

---

[50] Graphische Abbildungen für die unterschiedlichen Muster (*missing data pattern*) werden von LISREL und EQS ausgegeben.

Absolute und relative Häufigkeiten der fehlenden Werte sind in Tabelle 7.28 zusammengestellt. Hiernach sind knapp unter 10% der fehlenden Werte bei den Items der Rechtsnorm zu verzeichnen, bei den Werteinstellungen sind es um die 7% und bei den beiden Freizeititems unter 2%. Bei den Indizes, die die Prävalenz- und Inzidenzraten der befragten Delikte wiedergeben, treten keine fehlenden Werte auf.[51]

Die Spezifikation des Strukturgleichungsmodells entspricht den Gleichungen 7.43, 7.44, 7.45 und 7.46 aus Abschnitt 7.1.7 (vgl. auch Abbildung 7.6). In den beiden Meßmodellen sind 22 Parameter zu schätzen: je 4 Parameter aus den Matrizen Λ_x und Λ_y, 6 Parameter aus der Matrix Θ_δ und 8 Parameter aus der Matrix Θ_ϵ (einschließlich der Meßfehlerkovariation zwischen den Variablen t0725 und t0727 auf Grund der ähnlichen Itemformulierungen). Im Strukturmodell werden je 3 Parameter aus den Matrizen B, Φ und Ψ und 4 Parameter aus der Matrix Γ geschätzt. Die Freiheitsgrade betragen $df = 91 - 35 = 56$.[52]

Der χ^2-Test und der RMSEA zeigen eine gute Modellanpassung für das postulierte Strukturgleichungsmodell (vgl. Tabelle 7.29), die sich von den Werten des in Abschnitt 7.1.7 berechneten Modells nur unwesentlich unterscheiden (vgl. hierzu Tabelle 7.5). Die vom Programm EQS berechnete χ^2-Statistik von Yuan und Bentler (2000) liegt unter dem üblichen χ^2-Wert. Aus dieser eher geringen Differenz läßt sich nicht zweifelsfrei schließen, daß die Verteilungsannahmen für die Daten nur eingeschränkt zutreffen und die inferenzstatistischen Größen möglicherweise verzerrt sind.

Tabelle 7.29: Modellanpassung des Strukturgleichungsmodells (direkte ML-Schätzfunktion)

Modell (ML)	χ^2	df	RMSEA
C1	110.24	56	0.022
YB	98.03	56	0.020

C1: $(N - 1) \cdot F_D$ mit D als ML-Diskrepanzfunktion (vgl. Gleichung 7.73).
YB: *Yuan-Bentler scaled chi-square statistic* (Yuan & Bentler, 2000).

Im oberen Teil der Tabelle 7.30 sind die Ergebnisse des Meßmodells für die latenten unabhängigen Variablen *Hedo* und *Trad* aufgeführt (entspricht Matrix Λ_x in LISREL), im unteren Teil sind die entsprechenden Ergebnisse für die latenten abhängigen Variablen *Freizeit*, *Norm* und *Delikt* zu finden (entspricht Matrix Λ_y in LISREL). Die Faktorenladungen der Meßmodelle weisen zufriedenstellende Werte auf und unterscheiden sich nur geringfügig von den Schätzungen ohne Berücksichtigung der fehlenden Werte (vgl. Tabelle 7.6 in Abschnitt 7.1.7). Auch wesentliche Unterschiede zwischen den auf der Normalverteilungsannahme basierenden

---

[51]   Aus verschiedenen Gründen, die hier nicht weiter erörtert werden sollen, sind fehlende Angaben bei der Indexkonstruktion so behandelt worden, als wenn die betreffenden Taten nicht begangen wurden (vgl. hierzu Pöge, 2002, S. 93).

[52]   Die entsprechenden Spezifikationen für die Programme LISREL und EQS sind im Anhang zu diesem Kapitel zu finden (vgl. Abschnitt 7.6.3).

Tabelle 7.30: Unstandardisierte Faktorenladungen (λ), Meßfehler (δ, ϵ) und die jeweiligen Standardfehler (z-Wert) der Meßmodelle

Meßmodell: Hedo und Trad						
Item	λ	z-Wert	z-Wert(r)	δ	z-Wert	z-Wert(r)
10053	1.00			0.34	12.75	12.76
10054	0.76	17.58	19.48	0.61	23.83	24.98
10076	0.67	17.26	17.54	0.53	24.53	21.34
10061	1.00			0.52	21.91	22.27
10066	1.11	12.13	13.39	0.49	19.52	18.61
10083	1.17	12.12	13.49	0.56	19.86	19.02
Meßmodell: Freizeit, Norm und Delikt						
Item	λ	z-Wert	z-Wert(r)	ϵ	z-Wert	z-Wert(r)
10618	1.00			0.51	17.32	17.83
10619	1.05	16.01	17.38	0.67	19.36	19.02
t0722	1.00			0.37	13.18	13.07
t0725	0.77	16.54	17.42	0.62	22.39	19.35
t0727	0.84	17.33	18.67	0.59	20.87	18.77
Prae	1.00			1.69	11.07	7.44
Inz	0.68	28.13	21.96	0.75	10.68	10.07

Mit z-Wert(r) werden die korrigierten (robusten) z-Werte bezeichnet.

z-Werten und den korrigierten, robusten z-Werten sind nicht zu verzeichnen. Im Durchschnitt sind die die robusten Standardfehler bei den Faktorenladungen (λ) größer als die entsprechenden, unkorrigierten Werte, dagegen bei den Meßfehler (δ, ϵ) kleiner. Die standardisierten Faktorenladungen (hier nicht weiter aufgeführt) zeigen eine zufriedenstellende Konstruktvalidität für alle latenten Variablen.

Tabelle 7.31 zeigt die unstandardisierten Regressionskoeffizienten des Strukturmodells. Leichte Unterschiede zu den in Abschnitt 7.1.7 berechneten Werten des Strukturmodells (vgl. Tabelle 7.7) sind nur bei dem Koeffizienten für die Beziehung zwischen den latenten Variablen *Freizeit* und *Delikt* (1.204 versus 1.555) und bei dem Koeffizienten für die Beziehung zwischen den latenten Variablen *Norm* und *Delikt* zu verzeichnen (1.177 versus 1.044). Wie im Meßmodell sind die Differenzen zwischen der klassischen und der korrigierten Inferenzstatistik (z-Wert(r)) eher marginal.

Inhaltliche Interpretationen der gerichteten Beziehungen zwischen den latenten Variablen und Unterschiede zum Modell ohne die Berücksichtigung fehlender Werte werden im folgenden mit den standardisierten Koeffizienten des Strukturmodells aus Abbildung 7.7 vorgenommen. In Abbildung 7.19 sind die entsprechenden Werte eingetragen. Im Vergleich zu den ermittelten Größen in Abbildung 7.7 (vgl. Abschnitt 7.1.7) zeigen sich - wie bei den unstandardisierten Werten - Unterschiede bei den Beziehungen zwischen den latenten Variablen *Freizeit* und *Delikt*

Tabelle 7.31: Unstandardisierte Regressionskoeffizienten (β, γ) und die jeweiligen Standardfehler (z-Wert) des Strukturmodells

Strukturmodell						
Konstrukt	Koeff.	Hedo	Trad	Freizeit	Norm	Delikt
Freizeit	β,γ	0.509	-0.137			
	z-Wert	13.527	-2.471			
	z-Wert(r)	15.545	-2.662			
Norm	β,γ	-0.240	0.668	-0.231		
	z-Wert	-5.147	9.436	-4.189		
	z-Wert(r)	-4.168	10.478	-4.362		
Delikt	β,γ			1.204	-1.177	
	z-Wert			10.044	-11.301	
	z-Wert(r)			9.216	-10.104	

sowie *Norm* und *Delikt*. Während der erste Effekt in diesem Modell deutlich geringer wird
(von 0.48 auf 0.36), zeigt sich ein leichter Anstieg bei dem zweiten (von -0.36 auf -0.40).
Die erklärte Varianz in der latenten Variablen *Delikt* verringert sich dementsprechend um 10%.
Für die übrigen latenten Variablen des Modells ändern sich die Anteile erklärter Varianz nur
geringfügig. Bezogen auf die in Abschnitt 7.1.7 aufgestellten Hypothesen des Modells und die
dort inhaltlich formulierten Interpretationen sind allerdings keine Änderungen vorzunehmen.
Es ist hier festzuhalten, daß eine Berücksichtigung der fehlenden Werte über das direkte ML-
Schätzverfahren hier im konkreten Anwendungsbeispiel nur zu einer leichten Verbesserung
der Modellanpassung geführt hat. Dazu sind die relativen Anteile der Ausfälle, die durch *item
nonresponse* verursacht wurden, zu gering.

7.4.3   Datenbasierte Verfahren zur Behandlung fehlender Werte

Während die besprochenen modellbasierten Verfahren im Grunde nur einen Berechnungsvorgang benötigen, sind bei den datenbasierten Verfahren mindestens zwei Analyseschritte
notwendig (vgl. Graham et al., 2003, S. 93). Der erste Schritt bezieht sich auf eine angemessene statistische Behandlung fehlender Werte unter der Voraussetzung, daß der Ausfallprozeß
ignoriert werden kann. Der zweite Schritt umfaßt die eigentliche, substantielle Modellprüfung.
Dies beinhaltet den Vorteil, Informationen für die Analyse der fehlenden Werte von Variablen
zu benutzen, die nicht Teil des zu prüfenden Modells sind.[53] In der Konsequenz geht es darum,

---

[53]   Dies bedeutet nicht, daß generell bei den modellbasierten Verfahren keine zusätzlichen Varia-
        blen außerhalb des Modells in Strukturgleichungsprogrammen berücksichtigt werden könnten.
        Graham (2003) zeigt Beispiele, wo diese zusätzlichen Variablen das Modellergebnis bei Para-

Abbildung 7.19: Standardisierte Lösung des Strukturmodells

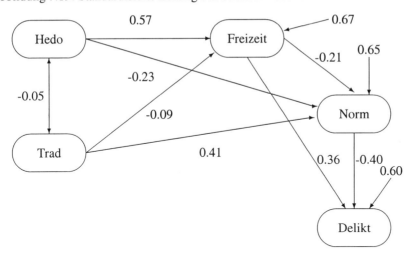

die fehlenden Werte durch substantielle Werte zu ersetzen (imputieren). Seit den grundlegenden Arbeiten von Rubin (1987) hat sich aus der Vielzahl von Ersetzungsverfahren die Technik der „mehrfachen Ersetzung" (*multiple imputation*) durchgesetzt und eine gleichwertige Position zu den modellbasierten Verfahren eingenommen. Dies kommt auch dadurch zum Ausdruck, daß einige Strukturgleichungsprogramme in ihren neuesten Versionen (LISREL ab Version 8.5 und EQS ab Version 6.0) direkte ML-Schätzer und *multiple imputation* wahlweise zur Behandlung fehlender Werte zur Verfügung stellen.

Neben der eher grundlegenden statistischen Arbeit von Rubin (1987) hat sich Schafer (1997) ausführlich mit den praktischen Konsequenzen von Ersetzungverfahren beschäftigt und die Technik der *multiple imputation* in das von ihm entwickelte Programm NORM implementiert.[54] Das implementierte Verfahren besteht aus drei Schritten:

1. **Der EM-Algorithmus**: Es werden Startwerte für die Datenaugmentation (Simulation von ersetzenden Werten) generiert.

2. **Der Markov Chain Monte Carlo (MCMC) Algorithmus**: Die Startwerte des EM-Algorithmus werden für die Simulationsprozedur (auch Datenaugmentation genannt) verwendet und die Parameter zur Imputation ermittelt.

---

meterschätzungen mit FIML nicht beeinflussen, sondern nur die fehlenden Informationen in den Modellvariablen ergänzen.

[54] Das Programm NORM existiert in einer leicht zu verstehenden Windows-Version und ist kostenlos auf der Webpage http://www.stat.psu.edu/~jls erhältlich.

3. **Die multiple Imputation**: Mit den simulierten Parametern wird die Ersetzung vorgenommen.

Zunächst wird im folgenden Abschnitt der EM-Algorithmus erläutert, der in den gängigen Statistikprogrammpaketen bis heute als „fortgeschrittene" Technik zur Behandlung fehlender Werte vorgeschlagen wird.[55]

7.4.3.1   Der EM-Algorithmus

Der EM-Algorithmus ist ein generelles Verfahren, ML-Schätzungen für parametrische Modelle zu finden, wenn die Daten nicht vollständig vorliegen. Das breite Anwendungsspektrum des Algorithmus wurde erstmalig von Dempster et al. (1977) systematisch untersucht. Ausgehend von dem Datenvektor mit kompletten Werten (Y_{obs}), dem Datenvektor mit fehlenden Werten (Y_{mis}) und dem Parametervektor Θ läßt sich das Prinzip des Algorithmus relativ einfach beschreiben (vgl. Schafer, 1997, S. 37): Ersetze die fehlenden Werte in Y_{mis} durch Anfangswerte aus Θ und schätze die Werte in Θ neu auf der Basis der kompletten Werte in Y_{obs} und der ersetzten Werte in Y_{mis}. Mit den neuen geschätzten Werten in Θ wird der Prozeß solange iterativ fortgesetzt, bis die Schätzungen konvergieren.

Diese kurze Illustration zeigt schon, daß der Algorithmus (seiner Namensgebung folgend) aus zwei Schritten besteht, dem E-Schritt (*Expectation*) und dem M-Schritt (*Maximization*). Für die Beschreibung der beiden Schritte wird ein Variablenvektor $x = (x_1, x_2, \ldots, x_p)'$ mit Mittelwertsvektor $\bar{x}$ und Kovarianzmatrix S_x angenommen:

1. **E-Schritt**: Es wird der Mittelwertsvektor $\bar{x}$ und die Kovarianzmatrix S_x für die Submatrix der Daten berechnet, die keine fehlenden Werte aufweisen. Bei der Submatrix mit fehlenden Werten können diese mit Hilfe einer Regression unter Berücksichtigung aller anderen Variablen mit gültigen Werten geschätzt werden. Wenn beispielsweise Variablen x_1 und x_2 gültige Werte aufweisen und bei Variable x_3 der Wert fehlt, dann wird über die Regressionsparameter von x_1 und x_2 auf x_3 der entsprechende Variablenwert eingesetzt. Dieser Vorgang wird über alle Muster fehlender Werte vorgenommen, bis alle fehlenden Werte ersetzt sind.

2. **M-Schritt**: Mit den ersetzten und den gültigen Werten wird ein neuer Mittelwertsvektor $\bar{x}$ und eine neue Kovarianzmatrix S_x berechnet.

Anschließend wird mit dem neuen Mittelwertsvektor und der neuen Kovarianzmatrix ein neuer E-Schritt durchgeführt. In jeder Iteration wird die Kovarianzmatrix zur Ermittlung der Regressionskoeffizienten generiert, die die fehlenden Werte prädizieren. Die Iteration wird beendet, wenn die Differenz zwischen den Kovarianzmatrizen unerheblich klein wird.

---

[55]   Die aktuelle Implementation des EM-Algorithmus in SPSS wird aber als problematisch bezeichnet. Außerdem fehlt die Integration in andere Statistikprozeduren. Die Prozedur PROC MI in SAS ist hier deutlich überlegen (vgl. Graham et al., 2003, S. 94).

Solange es sich um einen ignorierbaren Ausfallmechanismus handelt (MAR oder MCAR, vgl. Abbildung 7.18), werden durch den EM-Algorithmus unverzerrte ML-Schätzer für den Mittelwertsvektor $\bar{x}$ und die Kovarianzmatrix S_x produziert (für weitere technische Details, vgl. Schafer, 1997, S. 38f.; Little & Rubin, 2002, S. 166f.). Die Konvergenz des Algorithmus ist abhängig vom Anteil der fehlenden Werte in den zu untersuchenden Variablen in Relation zu den gültigen Werten. Je größer der Anteil fehlender Informationen ist, desto langsamer ist die Konvergenz (zu den Konvergenzproblemen beim EM-Algorithmus, vgl. Schafer, 1997, S. 55f.).

Standardfehler und Konfidenzintervalle werden mit den ML-Schätzern allerdings nicht berechnet, so daß keine inferenzstatistischen Schlüsse möglich sind. Wenn allerdings nur explorativ gearbeitet wird, dann erweist sich der EM-Algorithmus als sehr brauchbar (vgl. zur Anwendung mit Strukturgleichungsmodellen auch Graham & Hofer, 2000). Im Hinblick auf die Ersetzung fehlender Werte werden im Programm NORM die Schätzer des EM-Algorithmus als Startwerte für die nachfolgend zu beschreibende Simulationstechnik eingesetzt.

7.4.3.2 Der *Markov Chain Monte Carlo*(MCMC)-Algorithmus und die Imputation

Der *Markov Chain Monte Carlo*(MCMC)-Algorithmus ist eine Sammlung von Simulationstechniken, um pseudozufällige Ziehungen aus Zufallsverteilungen vorzunehmen. Eine Sequenz dieser Ziehungen, deren Verteilungen jeweils abhängig sind von den vorhergehenden Ziehungen, wird als Markov-Kette (*Markov chain*) bezeichnet. Mit dem Algorithmus soll schrittweise erreicht werden, daß durch jede Ziehung die gewünschte Zielverteilung ermittelt wird (für eine formale Erörterung der Techniken, vgl. Schafer, 1997, S. 68f.).

Die Datenaugmentation (*data augmentation*) ist eine spezielle Art des MCMC-Algorithmus, die insbesondere für die multiple Imputation genutzt werden kann. Ähnlich zum EM-Algorithmus besteht dieses Verfahren auch aus zwei Schritten, einem I-Schritt (Imputation) und einem P-Schritt (Posterior). Für die Beschreibung der beiden Schritte wird auch hier von einem Variablenvektor $x = (x_1, x_2, \ldots, x_p)'$ mit Mittelwertsvektor $\bar{x}$ und Kovarianzmatrix S_x ausgegangen, wobei die Werte in $\bar{x}$ und S_x Ergebnisse des EM-Algorithmus sind und hier als Startwerte dienen (vgl. Allison, 2002, S. 35; Graham et al., 2003, S. 98):

1. **I-Schritt**: Mit den Werten aus dem Vektor $\bar{x}$ und der Matrix S_x werden Koeffizienten geschätzt, wobei für jedes Muster fehlender Werte eine Regression einer Variablen mit gültigen Werten auf eine Variable mit fehlenden Werten durchgeführt wird. Die Regressionskoeffizienten dienen als Vorhersagewerte für die fehlenden Werte. Durch diese Imputation kann der Vektor $\bar{x}$ und die Matrix S_x neu berechnet werden.

2. **P-Schritt**: Basierend auf den neu berechneten Werten im Vektor $\bar{x}$ und in der Matrix S_x wird eine zufällige Ziehung aus der *Posterior*-Verteilung (zum Begriff siehe weiter unten) der Mittelwerte und Kovarianzen vorgenommen. Mit den so gewonnenen Werten kann wieder ein I-Schritt durchgeführt werden. Der Zyklus wird solange fortgesetzt, bis eine Konvergenz erreicht wird.

Etwas formaler kann die Datenaugmentation nach Schafer (1997, S. 72) auch folgendermaßen charakterisiert werden. Ausgangpunkt ist die *Posterior*-Verteilung der gültigen und fehlenden Daten (x_{obs} und x_{mis}) mit Parametervektor Θ:

$$P(\Theta|x_{obs}, x_{mis}) \tag{7.74}$$

Mit Startwerten in Θ^t kann ein fehlender Wert konditional auf die Verteilung von x_{mis} imputiert werden (I-Schritt):

$$x_{mis}^{t+1} \sim P(x_{mis}|x_{obs}, \Theta^t) \tag{7.75}$$

Dann werden, konditional für x_{mis}^{t+1}, neue Werte für den Parametervektor Θ aus der *Posterior*-Verteilung (Gleichung 7.74) ermittelt (P-Schritt):

$$\Theta^{t+1} \sim P(\Theta|x_{obs}, x_{mis}^{t+1}) \tag{7.76}$$

Gleichungen 7.75 und 7.76 mit Startwerten Θ^0 führen zu einer stochastischen Sequenz $\Theta^t, x_{mis}^t : t = 1, 2, \ldots$ mit den Subsequenzen $x_{mis}^t : t = 1, 2, \ldots$ für den I-Schritt und $\Theta^t : t = 1, 2, \ldots$ für den P-Schritt.

Zusammengefaßt läßt sich sagen, daß im I-Schritt mit der Datenaugmentation eine Simulation der fehlenden Daten auf der Grundlage des Parametervektors Θ gemeint ist, während im P-Schritt die Datenaugmentation eine Simulation der Parameter auf Grundlage der durch die Imputation komplettierten Daten bedeutet (vgl. Graham et al., 2003, S. 94). Eine Konvergenz der Datenaugmentation wird erreicht, wenn die simulierten Größen (Parameter und fehlende Werte) zwischen zwei Zyklen statistisch unabhängig voneinander sind. Das Konvergenzverhalten ist abhängig von der Anzahl der fehlenden Werte: Je größer die Rate der fehlenden Werte, desto mehr Iterationsschritte werden benötigt. Die Anzahl der Iterationsschritte für die Ermittlung der Startwerte durch den EM-Algorithmus kann hier als Richtlinie gelten.[56] Abschließend wird der simulierte Parametervektor zur Ersetzung der fehlenden Werte im Datensatz benutzt. Mit dem so komplettierten Datensatz kann ein Strukturgleichungsmodell getestet werden.

Mit dem folgenden Beispiel wird der Einsatz der multiplen Imputation bei fehlenden Daten erörtert. Ein Vergleich mit den Ergebnissen des modellbasierten Verfahrens der direkten ML-Schätzung schließt sich hieran an.

Beispiel

Aus Vergleichbarkeitsgründen werden die selben Daten wie im Beispiel aus Abschnitt 7.4.2 verwendet. Absolute und relative Häufigkeiten der fehlenden Werte der verwendeten Variablen sind Tabelle 7.28 zu entnehmen. Auch wenn mittlerweile das multiple Imputationsverfahren in PRELIS eingebaut ist, muß aus verschiedenen Gründen empfohlen werden, das Programm

---

[56]   Dieser Hinweis ist dem Hilfe-Menü des Programms NORM zu entnehmen.

NORM zu verwenden, um einen imputierten Datensatz zu erhalten.[57] Dafür werden zunächst die Rohdaten der verwendeten Variablen in das Programm NORM eingelesen. Dabei wird vorausgesetzt, daß alle Variablen einen einheitlichen Code für die fehlenden Werte haben. Im nächsten Schritt werden die ML-Schätzer für die Mittelwerte und die Kovarianzmatrix mit dem EM-Algorithmus berechnet, die als Startwerte für die dann folgende Datenaugmentation dienen. Mit den simulierten Parametern der Datenaugmentation wird dann die multiple Imputation vorgenommen.[58]

Tabelle 7.32 zeigt einen Vergleich der Mittelwerte und Standardabweichungen für die gemessenen Daten mit fehlenden Werten (*pairwise deletion*), die ML-Schätzer des EM-Algorithmus und die simulierten Werte aus dem MCMC-Algorithmus. Hierbei zeigen sich nur geringfügige Unterschiede. Auf eine Gegenüberstellung der entsprechenden Kovarianzmatrizen wird an dieser Stelle verzichtet.

Tabelle 7.32: Mittelwerte und Standardabweichungen der gemessenen Variablen im Vergleich

	Empirische Werte		ML-Schätzer		Simulierte Werte	
	$\bar{x}$	s_x	$\bar{x}$	s_x	$\bar{x}$	s_x
I0618	2.552	0.966	2.552	0.965	2.536	0.981
I0619	2.598	1.065	2.596	1.065	2.553	1.087
I0053	2.780	0.929	2.775	0.928	2.720	0.945
I0054	2.516	0.955	2.516	0.954	2.475	0.951
I0076	2.776	0.874	2.773	0.873	2.718	0.864
I0061	3.018	0.843	3.019	0.842	3.003	0.870
I0066	2.785	0.853	2.785	0.853	2.785	0.868
I0083	2.575	0.911	2.576	0.910	2.559	0.930
t0722	2.858	0.946	2.851	0.945	2.893	1.002
t0725	2.996	0.965	2.989	0.964	3.017	0.999
t0727	3.007	0.980	3.002	0.979	3.004	1.009
Prae	1.383	2.508	1.384	2.508	1.374	2.596
Inz	1.228	1.692	1.229	1.692	1.198	1.736

---

[57] Das Programm PRELIS (vgl. Jöreskog & Sörbom, 1993c) läßt eine Schätzung der Mittelwerte und der Kovarianzmatrix mit dem EM- oder dem MCMC-Algorithmus zu. Allerdings sind die Dokumentationen und die Einstellungsmöglichkeiten im Unterschied zum Programm NORM wesentlich eingeschränkter.

[58] Eine sehr gute Anleitung der einzelnen Schritte des Programms NORM ist in Graham et al (2003, S. 98f.) enthalten. Hier wird auch das diagnostische Verfahren erläutert, womit man das Konvergenzverhalten des MCMC-Algorithmus beurteilen kann.

Tabelle 7.33: Modellanpassung des Strukturgleichungsmodells (Multiple Imputation)

Modell (ML)	χ^2	df	RMSEA
C1	139.99	56	0.028
C3	122.48	56	0.025

C1: $(N - 1) \cdot F_D$ mit D als Diskrepanzfunktion ML.
C3: *Satorra-Bentler scaled chi-square statistic* (Satorra & Bentler, 1988).

Der durch das Programm NORM imputierte Datensatz kann jetzt für die Berechnung des Strukturgleichungsmodells verwendet werden. Die Spezifikation des Modells entspricht auch hier den Gleichungen 7.43, 7.44, 7.45 und 7.46 aus Abschnitt 7.1.7 (vgl. auch Abbildung 7.6). In den beiden Meßmodellen sind 22 Parameter zu schätzen: je 4 Parameter aus den Matrizen Λ_x und Λ_y, 6 Parameter aus der Matrix Θ_δ und 8 Parameter aus der Matrix Θ_ϵ (einschließlich der Meßfehlerkovariation zwischen den Variablen t0725 und t0727 auf Grund der ähnlichen Itemformulierungen). Im Strukturmodell werden je 3 Parameter aus den Matrizen B, Φ und Ψ und 4 Parameter aus der Matrix Γ geschätzt. Die Freiheitsgrade betragen $df = 91 - 35 = 56$.[59] Ein Vergleich mit den vorhergehenden Ergebnissen ist damit gewährleistet.

Der χ^2-Test und der RMSEA zeigen zwar eine gute Modellanpassung für das postulierte Strukturgleichungsmodell (vgl. Tabelle 7.33), die Werte liegen aber über den Ergebnissen des Modells mit der FIML-Schätzfunktion (vgl. Tabelle 7.29). Der die höheren Momente berücksichtigende χ^2-Wert von Satorra und Bentler (C3) liegt erwartungsgemäß etwas unter dem üblichen Likelihood-Ratio-χ^2-Wert, was auf die schon mehrfach festgestellten Verletzungen der Verteilungsannahmen zurückzuführen ist.

Im oberen Teil der Tabelle 7.34 sind die Ergebnisse des Meßmodells für die latenten unabhängigen Variablen *Hedo* und *Trad* aufgeführt (entspricht Matrix Λ_x in LISREL), im unteren Teil sind die entsprechenden Ergebnisse für die latenten abhängigen Variable *Freizeit*, *Norm* und *Delikt* zu finden (entspricht Matrix Λ_y in LISREL). Die Faktorenladungen der Meßmodelle weisen zufriedenstellende Werte auf und unterscheiden sich nur geringfügig von den direkten ML-Parameterschätzungen in Abschnitt 7.4.2.2 (vgl. Tabelle 7.30). Auch wesentliche Unterschiede zwischen den auf der Normalverteilungsannahme basierenden z-Werten und den korrigierten, robusten z-Werten sind nicht zu verzeichnen. Im Durchschnitt weisen die robusten Standardfehler geringere Werte auf. Die standardisierten Faktorenladungen (hier nicht weiter aufgeführt) zeigen eine zufriedenstellende Konstruktvalidität für alle latenten Variablen.

Tabelle 7.35 zeigt die unstandardisierten Regressionskoeffizienten des Strukturmodells. Leichte Unterschiede zu den in Abschnitt 7.4.2.2 berechneten Werten des Strukturmodells (vgl. Tabelle 7.31) sind nur bei den Koeffizienten für die Beziehungen zwischen den latenten Variablen

---

[59]   Die entsprechenden Spezifikationen für die Programme LISREL und EQS sind im Anhang zu diesem Kapitel zu finden (vgl. Abschnitt 7.6.3).

Tabelle 7.34: Unstandardisierte Faktorenladungen (λ), Meßfehler (δ, ϵ) und die jeweiligen Standardfehler (z-Wert) der Meßmodelle

Meßmodell: Hedo und Trad						
Item	λ	z-Wert	z-Wert(r)	δ	z-Wert	z-Wert(r)
l0053	1.00			0.35	13.64	12.54
l0054	0.76	18.04	18.41	0.62	24.91	25.46
l0076	0.69	17.93	17.02	0.53	25.16	21.73
l0061	1.00			0.52	22.85	22.83
l0066	1.11	12.72	12.11	0.49	20.18	18.92
l0083	1.16	12.71	12.07	0.58	21.04	19.88
Meßmodell: Freizeit, Norm und Delikt						
Item	λ	z-Wert	z-Wert(r)	ϵ	z-Wert	z-Wert(r)
l0618	1.00			0.53	18.25	17.63
l0619	1.07	16.77	16.74	0.67	19.40	18.70
t0722	1.00			0.38	13.92	12.43
t0725	0.77	17.46	16.71	0.63	23.61	19.87
t0727	0.83	18.33	17.71	0.59	22.07	19.59
Prae	1.00			1.66	11.00	7.21
Inz	0.67	28.43	21.87	0.76	11.02	11.01

Mit z-Wert(r) werden die korrigierten (robusten) z-Werte bezeichnet.

Freizeit und *Norm* (-0.256 versus -0.231) und *Freizeit* und *Delikt* (1.220 versus 1.204) zu verzeichnen. Wie im Meßmodell gibt es auch hier geringe Differenzen zwischen den klassischen z-Werten und der korrigierten Inferenzstatistik (z-Wert(r)).

In Abbildung 7.20 sind die standardisierten Koeffizienten eingetragen. Im Vergleich zu den ermittelten, direkten ML-Parametern (vgl. Abbildung 7.19) zeigen sich - wie bei den unstandardisierten Werten - nur geringfügige Differenzen. Die erklärte Varianz in der latenten Variablen *Delikt* liegt bei etwa 40%, die entsprechenden Werte für die latenten Variablen *Freizeit* und *Norm* betragen etwa 34%. Bezogen auf die in Abschnitt 7.1.7 aufgestellten Hypothesen des Modells und die dort inhaltlich formulierten Interpretationen sind keine Änderungen vorzunehmen. Die Ersetzung der fehlenden Werte über das im Programm NORM implementierte Simulationsverfahren hat hier im konkreten Anwendungsbeispiel zu keiner Verbesserung der Modellanpassung geführt. Die Fitmaße fallen im Vergleich zum direkten ML-Schätzverfahren und auch zum Resultat mit der konventionell berechneten Kovarianzmatrix auf der Basis des fallweisen Ausschlusses fehlender Werte (vgl. Tabelle 7.5 in Abschnitt 7.1.7) eher schlechter aus. Hierbei muss aber berücksichtigt werden, daß durch die mehrfache Ersetzung bei der Modellschätzung eine höhere Fallzahl berücksichtigt wird, die zu einem höheren χ^2-Wert führt,

Tabelle 7.35: Unstandardisierte Regressionskoeffizienten (β, γ) und die jeweiligen Standardfehler (z-Wert) des Strukturmodells

Strukturmodell						
Konstrukt	Koeff.	Hedo	Trad	Freizeit	Norm	Delikt
Freizeit	β,γ	0.508	-0.161			
	z-Wert	13.728	-3.030			
	z-Wert(r)	14.060	-2.867			
Norm	β,γ	-0.241	0.667	-0.256		
	z-Wert	-5.147	9.915	-4.726		
	z-Wert(r)	-4.656	9.461	-4.212		
Delikt	β,γ			1.220	-1.131	
	z-Wert			10.094	-11.318	
	z-Wert(r)			8.909	-9.042	

Mit z-Wert(r) werden die korrigierten (robusten) z-Werte bezeichnet.

obwohl die Differenz zwischen empirischer und modellimplizierter Kovarianzmatrix ($S - \Sigma$) identisch ist.

7.5   Wachstumsmodelle

7.5.1   Ausgangspunkt

In Abschnitt 7.3 ist deutlich geworden, wie Längsschnittinformationen in Strukturgleichungsmodellen verarbeitet werden können und welche Vorteile sich gegenüber den traditionellen Querschnittsmodellierungen ergeben. Der wichtigste Vorteil bei Modellen, die auf Paneldaten basieren, ist die Korrespondenz zwischen dem angenommenen kausalen Effekt zwischen zwei Variablen und dem statistischen Effekt als Resultat des jeweiligen Panelmodells. Zeitverzögerte und autoregressive Effekte müssen in den Panelmodellen berücksichtigt werden, damit kausale Effekte anderer exogener Variablen interpretiert werden können. Auch wenn die Interpretation autoregressiver Parameter als kausale Effekte oft angezweifelt wird (z. B. Rogosa et al., 1982), sind noch andere Einschränkungen für autoregressive Panelmodelle zu verzeichnen, von denen hier zwei exemplarisch aufgeführt werden (vgl. die ausführlichen Hinweise in Rogosa & Willet, 1985):

1. In einem autoregressiven Panelmodell (formuliert als Kovarianzstrukturgleichungsmodell) werden die Mittelwerte in der Regel auf Null fixiert und nicht weiter berücksichtigt.

Abbildung 7.20: Standardisierte Lösung des Strukturmodells

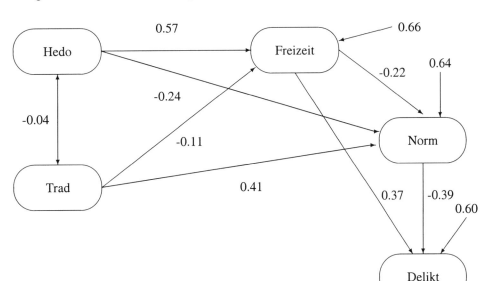

Eine Ausnahme ist der multiple Gruppenvergleich, der einen Test auf Mittelwertsdifferenzen zwischen den spezifizierten Gruppen ermöglicht (vgl. Abschnitt 7.1.6). Diese Mittelwertsvergleiche beziehen sich in der Regel nicht auf zeitliche Entwicklungen.[60] Ohne die Berücksichtigung der Mittelwertsinformationen über die Zeit ist eine Differenzierung nach individuellen und zeitbezogenen Entwicklungstendenzen in Panelmodellen nicht möglich.

2. Bei einem autoregressiven Panelmodell mit mehr als zwei Meßzeitpunkten ist es oft nicht klar, welcher autoregressive Effekt kontrolliert werden muß, um die Bedeutsamkeit anderer Prädiktoren zu evaluieren. Bei einem Panelmodell mit mehr als zwei Wellen besteht eigentlich nur die Möglichkeit, es in die jeweiligen Zwei-Wellen-Panelmodelle zu zerlegen, um gesicherte Aussagen über den kausalen Einfluß zeitvarianter oder zeitinvarianter exogener Variablen machen zu können.

Für die Analyse von Entwicklungsprozessen über die Zeit sind Modellierungen notwendig, die nicht nur individuelle Entwicklungsparameter berücksichtigen, sondern auch die Variation dieser Entwicklungen in der Untersuchungspopulation. Die statistische Modellierung von

---

[60] Eine Ausnahme betrifft die Gruppenbildung nach Erhebungszeitpunkten bei Trenddaten, wobei die Kovarianzmatrizen und Mittelwertsvektoren für jeden Zeitpunkt berechnet und dann über die Gruppen verglichen werden.

Entwicklungsprozessen hat mit den sogenannten Wachstumsmodellen (*growth curve models*) in verschiedenen Forschungsbereichen wie Biometrie (z. B. Rao, 1958; Liang & Zeger, 1986), Bildungsstatistik (z. B. Goldstein, 1987; Bryk & Raudenbush, 1992) und Psychometrie (z. B. Tucker, 1958; McArdle & Epstein, 1987) eine starke Verbreitung gefunden.[61] Hinzu kommen die Möglichkeiten, Prädiktoren für die Variation von Entwicklungsprozessen in den Wachstumsmodellen zu berücksichtigen und Kriteriumsvariablen zu spezifizieren, deren Varianzen durch den Entwicklungsprozeß erklärt werden. Die Verbindung zwischen zwei Traditionen der Modellbildung im Längsschnitt, autoregressive Panelmodelle auf der einen und Wachstumsmodelle auf der anderen Seite, eröffnen auch ganz neue Möglichkeiten der Prüfung inhaltlicher Fragestellungen (vgl. die *autoregressive latent trajectory models* in Bollen & Curran, 2004).

Im folgenden werden Wachstumsmodelle, formuliert als Strukturgleichsmodelle, näher erörtert. Hierbei geht es zunächst um das zweifaktorielle Wachstumsmodell in seiner einfachsten Modellierung (vgl. Abschnitt 7.5.2). In Abschnitt 7.5.3 wird dieses Wachstumsmodell um Prädiktor- und Kriteriumsvariablen erweitert. Generalisierte Wachstumsmodelle höherer Ordnung werden dann abschließend in Abschnitt 7.5.4 angesprochen.

7.5.2   Das zweifaktorielle Wachstumsmodell

Die statistische Formalisierung von Wachstumsmodellen als eine Variante des Kovarianzstrukturgleichungsmodells ist, basierend auf den grundlegenden Arbeiten von Rao (1958) und Tucker (1958), von Meredith und Tisak (1990) vorgenommen worden. Folgende allgemeine Meßgleichung wird für das zweifaktorielle Wachstumsmodell formuliert (vgl. Meridith & Tisak, 1990, S. 108; Willet & Sayer, 1994, S. 369):

$$y_t = \lambda_{t1}\eta_1 + \lambda_{t2}\eta_2 + \epsilon_t \tag{7.77}$$

y_t sind die gemessenen Variablen zum Zeitpunkt t, die durch zwei latente Variablen (η_1 und η_2) im Meßmodell erklärt werden. η_1 modelliert den Anfangsstatus des Entwicklungs- bzw. Wachstumsprozesses (*initial level factor* bzw. *level factor*), während sich η_2 auf die lineare Wachstumsrate (*linear growth factor* bzw. *slope factor*) bezieht.

Die Ladungen für η_1 ($\lambda_{11} \ldots \lambda_{t1}$, vgl. Abbbildung 7.21) werden auf den Wert 1.0 fixiert, so daß der Anfangsstatus für jedes Individuum über die Zeit eine Konstante ist. Die Ladungen für η_2 können entsprechend eines linearen Wachstums restringiert werden ($\lambda_{12} = 1$, $\lambda_{22} = 2 \ldots \lambda_{t2} = t$).[62]

---

[61]   In der Biometrie sind die Bezeichnungen *random-effects analysis of variance* und *random coefficient modeling* verbreitet, in der Bildungsstatistik die Begriffe *hierarchical linear modeling* und *multilevel modeling*. Beide Modelltraditionen sind nahe verwandt und beziehen sich auf Analysen mit *random coefficients*. Die Einführung latenter Variablen und die Verbindung zu Strukturgleichungsmodellen erfolgte in der Psychometrie unter der Bezeichnung *latent curve analysis*. Gemeinsamkeiten zwischen diesen Traditionen werden beispielsweise von Browne und du Toit (1991) und Willet und Sayer (1994) diskutiert.

[62]   Eine Restriktion für jede latente Variable ist, wie bei den weiter vorne besprochenen Strukturgleichungsmodellen, auch hier notwendig, um das Modell zu identifizieren, vgl. hierzu Abschnitt 7.1.3.

Abbildung 7.21: Zweifaktorielles Wachstumsmodell für t-Meßzeitpunkte

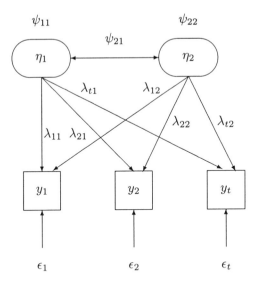

Einerseits richten sich die Restriktionen nach den Hypothesen über den Entwicklungsverlauf und andererseits nach der Anzahl der Meßzeitpunkte bzw. der Informationen, die zur Schätzung des Modells zur Verfügung stehen. Restriktionen bezogen auf die Meßfehler ϵ_t können in der Matrix Θ_ϵ vorgenommen werden.

Werden zunächst keine Prädiktoren für die Variation des Entwicklungsprozesses angenommen, sind für das zweifaktorielle Wachstumsmodell zwei Strukturgleichungen aufzustellen:

$$\begin{aligned} \eta_1 &= \alpha_1 + \zeta_1 \\ \eta_2 &= \alpha_2 + \zeta_2 \end{aligned} \tag{7.78}$$

Die beiden latenten Variablen werden in den Strukturgleichungen durch ihre Mittelwerte (α_1 und α_2) sowie durch die Residualgrößen (ζ_1 und ζ_2) beschrieben. Da keine exogenen Variablen auf die latenten Variablen η_1 und η_2 spezifiziert sind, können ζ_1 und ζ_2 als Abweichungen der latenten Variablen von ihren jeweiligen Populationsmittelwerten interpretiert werden (vgl. Willet & Sayer, 1994, S. 370). Spezielles Interesse gilt daher der Matrix Ψ, da diese die Streuungen von η_1 und η_2 sowie deren Zusammenhang anzeigt:

$$\Psi = \begin{pmatrix} \psi_1 & \\ \psi_{21} & \psi_2 \end{pmatrix} \tag{7.79}$$

Die Gleichungen 7.77 und 7.78 übersetzen ein *random coefficient model* in ein Strukturgleichungsmodell, wobei gezeigt werden kann, daß dieses Modell vollständig äquivalent zu einem Mehrebenenregressionsmodell für Längsschnittdaten ist (vgl. Hox, 2002, S. 264). Die latenten Variablen repräsentieren nicht - wie sonst üblich - theoretische Konstrukte mit entsprechenden Indikatoren, sondern *random coefficients*.[63] Das Meßmodell (Gleichung 7.77) gibt die interindividuellen Entwicklungstendenzen auf der ersten Ebene wieder, während sich das Strukturmodell (Gleichung 7.78) auf die intraindividuellen Entwicklungstendenzen der zweiten Ebene bezieht.[64] Folgende Annahmen liegen dem Wachstumsmodell zugrunde (vgl. Duncan et al. 1999, S. 17):

1. Die Varianz der Mittelwerte der latenten Variablen sind Null:
   $$Var(\alpha_1) = Var(\alpha_2) = 0$$

2. Die Erwartungswerte der Residualvariablen und der Meßfehler sind Null:
   $$E(\zeta_1) = E(\zeta_2) = E(\epsilon_t) = 0$$

3. Mittelwerte und Kovarianzen der latenten Variablen, der Residualvariablen und der Meßfehler kovariieren nicht miteinander:
   $$cov(\alpha_1, \alpha_2) = cov(\alpha_1, \zeta_1) = cov(\alpha_1, \zeta_2) = cov(\alpha_2, \zeta_1) = cov(\alpha_2, \zeta_2) =$$
   $$cov(\alpha_1, \epsilon_t) = cov(\alpha_2, \epsilon_t) = cov(\zeta_1, \epsilon_t) = cov(\zeta_2, \epsilon_t) = 0$$

Die Formulierung eines Wachstumsmodells ist nur dann sinnvoll, wenn eine Mittelwertsveränderung in der Untersuchungsvariablen y über t Meßzeitpunkte zu erwarten ist. Vorausgesetzt wird, daß

1. die manifesten Variablen mindestens auf dem Intervallskalenniveau gemessen werden,

2. die Kategorien der Variablen und deren Bedeutung sich in den einzelnen Panelwellen nicht ändern, und

3. die Variablen über die einzelnen Panelwellen konstruktvalide bleiben.

Wenn die manifesten Variablen über die Zeit sich nicht auf den gleichen Sachverhalt beziehen, kann keine sinnvolle Modellierung der Veränderungsprozesse erfolgen (vgl. hierzu auch die Argumentation in Willet & Sayer, 1994, S. 367). Im Unterschied zu den klassischen Strukturgleichungsmodellen, deren latente Variablen einen Erwartungswert von Null haben (vgl. Abschnitt 7.1), sind bei den Wachstumsmodellen die Mittelwerte der latenten Variablen zu schätzen.

---

[63] Die damit verbundene Generalisierung von Längsschnittmodellen diskutieren Muthén und Curran (1997).

[64] Hier wird die unmittelbare Verbindung zu den *random coefficient models* deutlich, die Willet und Sayer (1994, S. 370) besonders hervorheben: "To summarize, ..., the individual growth modeling framework provides baseline Level 1 (within-person) and Level 2 (between-person) models that represent our initial hypotheses about the growth structure ..."

Abbildung 7.22: Zweifaktorielles Wachstumsmodell für zwei Meßzeitpunkte

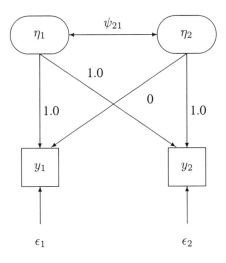

Im einfachsten Fall können zwei Meßzeitpunkte (y_1, y_2) für ein Wachstumsmodell angenommen werden. Zwei Meßgleichungen sind zu formulieren (vgl. auch Abbildung 7.22):

$$
\begin{aligned}
y_1 &= \lambda_{11}\eta_1 + \lambda_{12}\eta_2 + \epsilon_{y_1}\\
y_2 &= \lambda_{21}\eta_1 + \lambda_{22}\eta_2 + \epsilon_{y_2}
\end{aligned}
\tag{7.80}
$$

Die Ladungen für den Anfangsstatus (η_1) werden entsprechend den weiter oben gemachten Ausführungen fixiert ($\lambda_{11} = \lambda_{21} = 1.0$). Die linearen Restriktionen für den Wachstumsfaktor (η_2) führen zu folgenden Restriktionen: $\lambda_{12} = 0$ und $\lambda_{22} = 1.0$. Die Meßfehlervarianzen der gemessenen Variablen sind entsprechend auf Null gesetzt ($\epsilon_{y_1} = \epsilon_{y_2} = 0$). Die Strukturgleichungen können der allgemeinen Gleichung 7.78 entsprechend konkretisiert werden:

$$
\begin{aligned}
\eta_1 &= \alpha_1 + \zeta_1\\
\eta_2 &= \alpha_2 + \zeta_2
\end{aligned}
\tag{7.81}
$$

Drei Parameter der Matrix Ψ sind zu schätzen: die Varianzen von ζ_1 und ζ_2 sowie deren Kovarianz (vgl. Gleichung 7.79). Dazu kommen die zwei Parameter des Mittelwertsvektors α. Da nur insgesamt fünf bekannte Größen aus der empirischen Kovarianzmatrix und dem Mittelwertsvektor für die Schätzung zur Verfügung stehen ($\sigma_{y_1}, \sigma_{y_2}, \sigma_{y_2 y_1}, \bar{y}_1, \bar{y}_2$), hat das Modell keine Freiheitsgrade und ist saturiert ($df = 0$). Daher stehen bei nur zwei Meßzeitpunkten keine frei zu schätzenden Faktorenladungen für den Wachstumsfaktor η_2 zur Verfügung. Der Mittelwert von η_1 gibt den Mittelwert der gemessenen Variablen zum ersten Meßzeitpunkt (y_1) wieder, der Mittelwert von η_2 reflektiert die Differenz zwischen dem Mittelwert der gemessenen Variablen

Abbildung 7.23: Zweifaktorielles Wachstumsmodell für drei Meßzeitpunkte

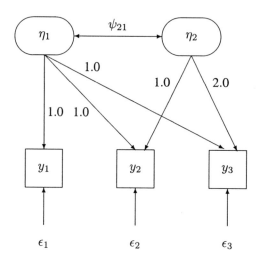

zum ersten und zweiten Meßzeitpunkt ($y_2 - y_1$). η_1 wird in Wachstumsmodellen in der Regel als *intercept* und η_2 als *slope* bezeichnet (vgl. Duncan et al. 1999, S. 15).[65]

Drei Meßzeitpunkte sind notwendig, um ein überidentifiziertes Wachstumsmodell zu spezifizieren. Hierzu wird das Gleichungssystem 7.80 erweitert (vgl. auch Abbildung 7.23):

$$
\begin{aligned}
y_1 &= \lambda_{11}\eta_1 + \lambda_{12}\eta_2 + \epsilon_{y_1} \\
y_2 &= \lambda_{21}\eta_1 + \lambda_{22}\eta_2 + \epsilon_{y_2} \\
y_3 &= \lambda_{31}\eta_1 + \lambda_{32}\eta_2 + \epsilon_{y_3}
\end{aligned}
\tag{7.82}
$$

Die Ladungen für den Anfangsstatus (η_1) werden auch hier wieder entsprechend fixiert ($\lambda_{11} = \lambda_{21} = \lambda_{31} = 1.0$). Die Restriktionen für den Wachstumsfaktor (η_2) entsprechen dem Modell in Abbildung 7.23, die Ladung für die dritte Variable wird zum Test auf lineares Wachstum entsprechend restringiert ($\lambda_{32} = 2.0$). Zum Vergleich kann der Parameter aber auch frei geschätzt werden. Die Meßfehlervarianzen der gemessenen Variablen können ebenfalls frei geschätzt werden. Da die Erweiterung sich nur auf das Meßmodell bezieht, ändert sich für die Strukturgleichungen nichts (vgl. Gleichung 7.81). Demnach sind die Varianzen und Mittelwerte von η_1 und η_2 zu ermitteln, die Kovarianz zwischen η_1 und η_2 sowie die drei Meßfehler ϵ_{y_1}, ϵ_{y_2} und ϵ_{y_3}. Dies sind insgesamt acht Parameter. Die empirische Kovarianzmatrix beinhaltet sechs und der Mittelwertsvektor drei Elemente ($\sigma_{y_1}, \sigma_{y_2}, \sigma_{y_3}, \sigma_{y_2 y_1}, \sigma_{y_3 y_1}, \sigma_{y_3 y_2}, \bar{y}_1, \bar{y}_2, \bar{y}_3$), so daß das Modell knapp überidentifiziert ist ($df = 1$). Durch Gleichsetzung der drei Meßfehler

---

[65]   Die Bezeichnung *shape* ist für η_2 auch üblich, vgl. Raykov & Marcoulides (2000, S. 165f.).

$(\epsilon_{y_1} = \epsilon_{y_2} = \epsilon_{y_3})$ erhält die Modellspezifikation zwei weitere Freiheitsgrade. Mit dieser Restriktion wird die Konstanz der Meßfehler über die Meßzeitpunkte geprüft.

Werden weitere Meßzeitpunkte hinzugenommen, dann verbessern sich die Testmöglichkeiten durch die zusätzlichen Freiheitsgrade weiter. Außerdem ist durch Hinzunahme einer weiteren latenten Variable eine Prüfung auf quadratisches Wachstum möglich. In diesem Fall ist η_1 der Anfangsstatus, η_2 die latente Variable für lineares Wachstum und η_3 die latente Variable für quadratisches Wachstum. Die Faktorenladungen von η_3 entsprechen den quadrierten Werten der Faktorenladungen von η_2. Die Gleichungen 7.77 und 7.78 lassen sich hierfür relativ einfach erweitern:[66]

$$y_t = \lambda_{t1}\eta_1 + \lambda_{t2}\eta_2 + \lambda_{t3}\eta_3 + \epsilon_t \tag{7.83}$$

$$\begin{aligned} \eta_1 &= \alpha_1 + \zeta_1 \\ \eta_2 &= \alpha_2 + \zeta_2 \\ \eta_3 &= \alpha_3 + \zeta_3 \end{aligned} \tag{7.84}$$

Der Anwender sollte sich aber genau überlegen, welche Entwicklungsform den Daten zugrundeliegen könnte und eine möglichst sparsame Modellierung vornehmen.

Abbildung 7.24 zeigt vier verschiedene Stabilitätsformen, die sich innerhalb des allgemeinen zweifaktoriellen Wachstumsmodells (vgl. die Gleichungen 7.77 und 7.78) modellieren lassen und seine Angemessenheit darlegen (vgl. Duncan et al., 1999, S. 28). Ist eine individuelle Entwicklung in den Daten feststellbar, ohne daß die individuellen Differenzen über die Zeit variieren, dann liegt *parallele Stabilität* vor. Variieren dagegen die individuellen Differenzen über die Zeit, dann liegt *lineare Stabilität* vor. In beiden Fällen wird eine zweifaktorielle Spezifikation des Wachstumsmodells mit *intercept* und *slope* zu den Daten passen. Ist aber von individuellen Differenzen im Anfangsstatus auszugehen, ohne daß über die Zeit eine Entwicklung stattfindet, dann liegt perfekte bzw. *strikte Stabilität* vor. In diesem Fall werden Mittelwert und Varianz des Wachstumsfaktors η_2 nicht von Null verschieden sein. Wird umgekehrt von individuellen Differenzen im Wachstum ausgegangen, ohne daß der Anfangsstatus variiert, dann liegt *monotone Stabilität* vor. In diesem Fall werden Mittelwert und Varianz des Anfangsstatus η_1 nicht von Null verschieden sein. Daher wird bei strikter und monotoner Stabilität eine einfaktorielle Spezifikation des Wachstumsmodells zu den Daten passen (für ein empirisches Beispiel, vgl. Stoolmiller, 1994).

Beispiel

Variablen und Daten für ein zweifaktorielles Wachstumsmodell sind der Ausländerstichprobe des SOEP entnommen (vgl. SOEP Group, 2001). Die Daten schließen nur Ausländer ein, die der Gruppe der sogenannten Gastarbeiter zugeordnet werden können.[67] Die gemessene Variable y erfaßt das *Zugehörigkeitsgefühl zu Deutschland* (Variablennamen:

---

[66] Vgl. zur Spezifikation dieses dreifaktoriellen Modells Duncan et al. (1999, S. 20f.).

[67] Hierzu gehören Türken, Ex-Jugoslawen, Griechen, Italiener und Spanier. Zu den Analysen mit Pfadmodellen, vgl. Kapitel 5, Abschnitt 5.4; zu den konfirmatorischen Faktorenmodellen

Abbildung 7.24: Unterschiedliche Stabilitätsformen in Wachstumsmodellen (vgl. Stoolmiller, 1994, S. 274; Duncan et al., 1999, S. 28)

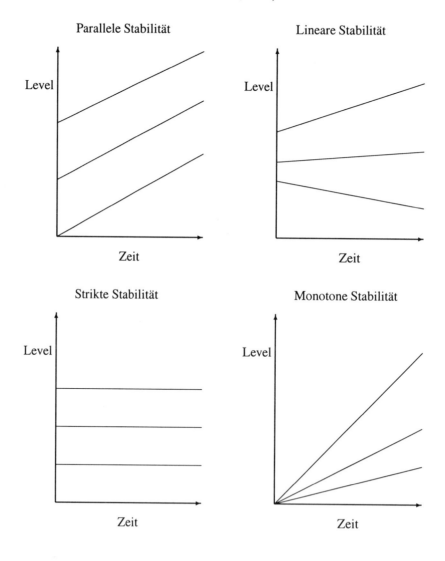

Tabelle 7.36: Mittelwerte, Varianzen und Kovarianzen der gemessenen Variablen

	$\bar{y}$	bp90a01	cp81a01	dp83a01
bp90a01 (y_1)	3.963	1.248		
cp81a01 (y_2)	3.964	0.686	1.205	
dp83a01 (y_3)	3.953	0.629	0.679	1.168

bp90a01/cp81a01/dp83a01), jeweils abgestuft in fünf Kategorien.[68] Die Erhebung der Variablen erfolgte im Abstand von einem Jahr. Der erste Meßzeitpunkt (t_1) bezieht sich auf das Jahr 1985 (y_1), der zweite (t_2) auf das Jahr 1986 (y_2) und der dritte (t_3) auf das Jahr 1987 (y_3). Die Faktorenladungen sind vollständig restringiert und geben lineares Wachstum wieder:

$$\begin{aligned} y_1 &= 1.0\eta_1 + 0.0\eta_2 + \epsilon_1 \\ y_2 &= 1.0\eta_1 + 1.0\eta_2 + \epsilon_2 \\ y_3 &= 1.0\eta_1 + 2.0\eta_2 + \epsilon_3 \end{aligned} \qquad (7.85)$$

Die Meßfehler sind jeweils über die Zeit gleichgesetzt ($\epsilon_1 = \epsilon_2 = \epsilon_3$).[69] Tabelle 7.36 zeigt die Kovarianzmatrix und den Mittelwertsvektor für die gemessene Variable y über die drei genannten Meßzeitpunkte.

Zunächst wird im Basismodell das restriktive Meßmodell gemäß Gleichung 7.85 angenommen, das auf Grund der *Goodness-of-fit*-Statistik mit den Daten übereinstimmt (vgl. Tabelle 7.37). Werden ungleiche Meßfehler über die Zeit spezifiziert (Variante 1), dann ist die erreichte Modellverbesserung nicht signifikant. Ebenso führt die Freisetzung der Faktorenladung für den dritten Meßzeitpunkt (λ_{32}) zu keiner weiteren Modellverbesserung (Variante 2). Damit kann das Basismodell zur Modellinterpretation akzeptiert werden.

Die folgenden beiden Strukturgleichungen zeigen, daß der Mittelwert des Anfangsstatus (η_1) von Null verschieden ist ($z = 157.78$), das Zugehörigkeitsgefühl zu Deutschland (η_2) sich aber nicht signifikant über die drei Meßzeitpunkte ändert ($z = -0.40$):

$$\begin{aligned} \eta_1 &= 3.965 + \zeta_1 \\ \eta_2 &= -.005 + \zeta_2 \end{aligned} \qquad (7.86)$$

im Längsschnitt, vgl. Kapitel 6, Abschnitt 6.3.2 und zu den Strukturgleichungsmodellen im Längsschnitt Abschnitt 7.3.2.

[68] Die Variablenbezeichnungen sind aus dem SOEP übernommen. Zum Wortlaut, vgl. die Ausführungen im Abschnitt 7.3.2.

[69] Die entsprechenden Eingabespezifikationen für die Programme LISREL und EQS sind im Anhang zu diesem Kapitel zu finden (vgl. Abschnitt 7.6.4).

Tabelle 7.37: Modellvergleiche durch den χ^2-Differenzentest für das zweifaktorielle Wachstumsmodell

Modell	χ^2	df	χ^2_{Diff}	df_{Diff}	RMSEA
Basismodell $\epsilon_1 = \epsilon_2 = \epsilon_3$	3.27	3	$--$	$--$	0.001
Variante 1 $\epsilon_1 \neq \epsilon_2 \neq \epsilon_3$	0.09	1	3.2	2	0.000
Variante 2 λ_{32} frei	1.56	2	1.7	1	0.000

Die Varianzen und die Kovarianz der beiden latenten Variablen werden in der Matrix Ψ angegeben:

$$\Psi = \begin{pmatrix} 0.743 & \\ -0.051 & 0.037 \end{pmatrix} \tag{7.87}$$

Die Varianzen von η_1 ($z = 18.21$) und η_2 ($z = 2.90$) sind von Null verschieden, so daß strikte und monotone Stabilität ausgeschlossen werden kann (vgl. Abbildung 7.24). Beide Werte zeigen an, daß sowohl der anfängliche Erwartungswert für das Zugehörigkeitsgefühl zu Deutschland als auch die Veränderungen über die Zeit zwischen den Personen in der Stichprobe differieren. Die Kovariation zwischen η_1 und η_2 ist ebenfalls signifikant ($z = 2.94$), wenn auch nicht besonders stark ausgeprägt. Der Zusammenhang drückt zumindest tendenziell aus, daß über die Zeit die Veränderungsrate größer wird (vgl. auch Abbildung 7.25).

Würden die ermittelten Varianzen der latenten Variablen η_1 und η_2 nicht von Null verschieden sein, dann wäre auch die Spezifikation eines einfaktoriellen Wachstumsmodells sinnvoll, das auch als *curve model* (vgl. McArdle & Epstein, 1987; McArdle, 1988) bzw. als *one-factor latent change analysis model* (vgl. Raykov & Marcoulides, 2000, S. 148) bezeichnet wird. Bei diesem einfaktoriellen Modell wird unterstellt, daß strikte oder monotone Stabilität bei den untersuchten Variablen vorliegt. Eine bessere Modellanpassung als die diskutierte Modellvariante ist aber nicht zu erwarten.

Wenn der Wachstumsparameter in Gleichung 7.86 auch keine Veränderung über die Zeit anzeigt, so kann durch die Heterogenität der Stichprobe diese Veränderung nur verdeckt sein. Durch Einführung unabhängiger Variablen kann beobachtete Heterogenität in Wachstumsmodellen aufgedeckt werden. Ebenso können die Wachstumsparameter Wirkungen auf weitere Variablen haben, die nicht Teil des Wachstumsmodell sind. Diese Erweiterungen werden im folgenden Abschnitt besprochen. Zur Modellierung von unbeobachteter Heterogenität wird vorgeschlagen, das Wachstumsmodell mit einem kategorialen latenten Klassenmodell zu einem

Abbildung 7.25: Zweifaktorielles Wachstumsmodell für die Entwicklung des *Zu-*
gehörigkeitsgefühls zu Deutschland

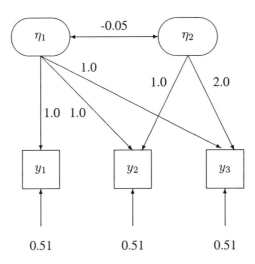

Mischverteilungsmodell (*growth mixture model*) zu verbinden. Entsprechende, auch formal komplexe, Modellvorschläge werden im Programm M*plus* (vgl. Muthén & Muthén, 2001) angeboten. Simulationsstudien, die Verteilungsannahmen für Mischverteilungsmodelle diskutieren, prüfen und mit Ein-Klassenmodellen vergleichen, kennzeichnen die aktuelle Diskussion (vgl. Bauer & Curran, 2003; Cudeck & Henly, 2003; Muthén, 2003; Rindskopf, 2003).

7.5.3 Unabhängige und abhängige Variablen in Wachstumsmodellen

Die bisher erörterten Wachstumsmodelle zeigen die Möglichkeiten auf, mit wiederholten Messungen die Entwicklungsprozesse als Regressionskurven zu modellieren. Wird von linearen Entwicklungen ausgegangen, die denselben individuellen Anfangsstatus haben, dann wird mit einem einfaktoriellen Wachstumsmodell der Prozeß angemessen modelliert werden können. Bei unterschiedlichen Ausgangssituationen und unterschiedlichen Entwicklungsverläufen muß von einem zweifaktoriellen Modell (*intercept* und *slope factor*) ausgegangen werden. Liegt den Daten ein nicht-linearer, quadratischer Prozeß zugrunde, dann wird ein dreifaktorielles Modell (mit zusätzlichem *quadratic factor*) benötigt.

Generell liegen die intraindividuellen Entwicklungstendenzen, d. h. die Mittelwerte, Varianzen und Kovarianzen der Faktoren, bei Wachstumsmodellen im Mittelpunkt des Interesses. Für ein zweifaktorielles Wachstumsmodell enthält Gleichung 7.81 diese Informationen, wobei der

Mittelwertsvektor α dem Regressionsgewicht entspricht, wenn keine Prädiktorvariablen (bzw. nur Konstanten) spezifiziert sind. Der Vektor der Residualvarianzen ζ gibt in diesem Fall die Streuungen der latenten Variablen η_1 und η_2 um ihre jeweiligen Mittelwerte an. Wird dagegen eine Prädiktorvariable ξ_1 in die Gleichung 7.81 eingeführt, dann ändert sich die Interpretation von α und ζ grundlegend:

$$
\begin{aligned}
\eta_1 &= \alpha_1 + \gamma_{11}\xi_1 + \zeta_1 \\
\eta_2 &= \alpha_2 + \gamma_{21}\xi_1 + \zeta_2
\end{aligned}
\tag{7.88}
$$

α_1 und α_2 geben nun die Mittelwertsanteile der abhängigen Variablen an, die nicht durch die Prädiktorvariable ξ_1 erklärt werden. ζ_1 und ζ_2 beziehen sich jetzt auf die nicht erklärten Varianzanteile in den abhängigen Variablen η_1 und η_2 (vgl. Duncan et al., 1999, S. 39). Zur Prädiktorvariable ξ_1 kann ein Meßmodell mit mehreren Indikatoren gehören (vgl. das Modell in Raykov & Marcoulides, 2000, S. 178). Der Einfachheit halber wird im folgenden ein Ein-Indikatorenmodell (x_1) für die Prädiktorvariable spezifiziert (vgl. Abbildung 7.26). In vielen Beispielen sind die Prädiktorvariablen zeitunabhängig. Werden zeitabhängige Variablen berücksichtigt, dann sollten diese in Form von autoregressiven Markov-Modellen (vgl. Abschnitt 7.3) hinzugefügt werden.

Neben der Erweiterung durch eine oder mehrere Prädiktorvariablen kann auch die Wirkung der Wachstumsparameter auf eine abhängige Kriteriumsvariable modelliert werden. Hierzu wird das Strukturmodell aus Gleichung 7.88 um eine Zeile erweitert:

$$
\begin{aligned}
\eta_1 &= \alpha_1 + \gamma_{11}\xi_1 && + \zeta_1 \\
\eta_2 &= \alpha_2 + \gamma_{21}\xi_1 && + \zeta_2 \\
\eta_3 &= \alpha_3 + \beta_{31}\eta_1 + \beta_{32}\eta_2 + \zeta_3
\end{aligned}
\tag{7.89}
$$

Die letzte Zeile spezifiziert den Effekt von η_1 und η_2 auf die Kriteriumsvariable η_3. Hiermit wird geprüft, inwieweit die Variablen des Wachstumsmodells Effekte auf andere inhaltliche Variablen haben. Die latente Variable η_3 wird auch hier über ein Ein-Indikatorenmodell (y_4) spezifiziert (vgl. Abbildung 7.26).

Beispiel

Variablen und Daten für das zweifaktorielle Wachstumsmodell mit einer zeitunabhängigen Prädiktorvariablen sind wiederum der Ausländerstichprobe des SOEP entnommen (vgl. SOEP Group, 2001). Die gemessenen Variablen y_1 bis y_3 erfassen das schon in Abschnitt 7.5.2 untersuchte *Zugehörigkeitsgefühl zu Deutschland* (Variablennamen: bp90a01/cp81a01/dp83a01) für drei Meßzeitpunkte, jeweils abgestuft in fünf Kategorien.[70] Die Prädiktorvariable x mißt das Alter der befragten Personen. Die abhängige Kriteriumsvariable y_4 bezieht sich auf die *Dauer des geplanten Aufenthaltes in Deutschland* zum dritten Meßzeitpunkt (Variablenname:

---

[70]   Die Variablenbezeichnungen sind aus dem SOEP übernommen. Zum Wortlaut, vgl. die Ausführungen im Abschnitt 7.3.2.

Abbildung 7.26: Zweifaktorielles Wachstumsmodell für drei Meßzeitpunkte mit einer Prädiktorvariablen ξ_1 und einer Kriteriumsvariablen η_3

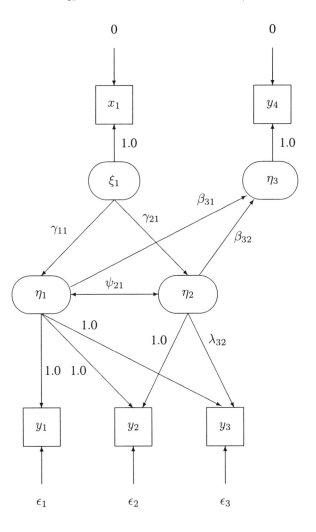

Tabelle 7.38: Mittelwerte, Varianzen und Kovarianzen der gemessenen Variablen

	$\bar{y}\ \bar{x}$	bp90a01	cp81a01	dp83a01	dp89a01	Alter
bp90a01 (y_1)	3.963	1.248				
cp81a01 (y_2)	3.964	0.686	1.205			
dp83a01 (y_3)	3.953	0.629	0.679	1.168		
dp89a01 (y_4)	2.239	-0.169	-0.171	-0.216	0.268	
Alter (x_1)	47.104	1.323	1.639	2.053	-0.724	148.769

dp89a01), jeweils abgestuft in drei Kategorien.[71] Entsprechend der Abbildung 7.26 werden das Alter und die geplante Aufenthaltsdauer der Befragten zum dritten Meßzeitpunkt jeweils über ein Ein-Indikatorenmodell definiert. Auf der latenten Ebene wird die Prädiktorvariable Alter mit ξ_1 und die Kriteriumsvariable Aufenthaltsdauer mit η_3 bezeichnet. Die Faktorenladungen für ξ und η_3 werden auf den Wert 1.0, die entsprechenden Meßfehler auf den Wert Null festgelegt.

Mit dem erweiterten Wachstumsmodell kann nun untersucht werden, ob der Anfangsstatus (η_1) und die Entwicklung einer Identifizierung mit Deutschland (η_2) altersabhängig ist und welchen Effekt sie auf die geplante Aufenthaltsdauer in Deutschland haben. Tabelle 7.38 zeigt die Kovarianzmatrix und den Mittelwertsvektor für die gemessenen Variablen x und y.

Zunächst wird die Prädiktorvariable ξ_1 im Basismodell spezifiziert. Hierbei wird untersucht, ob der Anfangsstatus (η_1) und die zeitliche Entwicklung (η_2) der Identifizierung mit Deutschland vom Alter der befragten Personen abhängen. Im zweiten Schritt wird die Kriteriumsvariable η_3 in das Modell aufgenommen, um zu prüfen, ob Anfangsstatus (η_1) und die zeitliche Entwicklung (η_2) einen Einfluß auf die geplante Aufenthaltsdauer in Deutschland haben.

In beiden Modellvarianten sind die Meßfehler der zeitbezogenen Variablen (y_1, y_2 und y_3) über die Zeit gleichgesetzt ($\epsilon_1 = \epsilon_2 = \epsilon_3$). Die Faktorenladungen der Variablen y_1 bis y_3 sind gemäß Gleichung 7.85 vollständig auf lineares Wachstum restringiert.[72]

---

[71]   Kategorie 1: Ich möchte innerhalb der nächsten 12 Monate zurückgehen;
      Kategorie 2: Ich möchte noch einige Jahre in Deutschland bleiben;
      Kategorie 3: Ich möchte für immer in Deutschland bleiben.

[72]   Die entsprechenden Eingabespezifikationen für die Programme LISREL und EQS sind im Anhang zu diesem Kapitel zu finden (vgl. Abschnitt 7.6.4).

Tabelle 7.39: Modellvergleich durch den χ^2-Differenzentest für das zweifaktorielle Wachstumsmodell mit der Prädiktorvariablen Alter

Modell	χ^2	df	χ^2_{Diff}	df_{Diff}	RMSEA
Basismodell $+ \xi$ (Alter) $\epsilon_1 = \epsilon_2 = \epsilon_3$	3.46	4	$--$	$--$	0.000
Variante 1 $+ \xi$ (Alter) $\epsilon_1 \neq \epsilon_2 \neq \epsilon_3$	0.13	2	3.33	2	0.000

Tabelle 7.39 zeigt den Modellfit des ersten Basismodells und den der Variante 1, die die Gleichsetzung der Meßfehler aufhebt. Die dadurch erreichte Modellverbesserung ist allerdings nach dem χ^2-Differenzentest nicht signifikant. Das Basismodell kann somit für die weitere Interpretation akzeptiert werden.

Die Ergebnisse zeigen, daß sich an der Signifikanz des Mittelwertsparameters des Anfangsstatus (η_1) nichts ändert ($z = 35.60$), während der Mittelwertsparameter der Wachstumsvariablen (η_2) durch die Berücksichtigung des Alters signifikant wird ($z = -2.42$):

$$\begin{aligned} \eta_1 &= 3.551 + 0.009\ \xi + \zeta_1 \\ \eta_2 &= -0.121 + 0.002\ \xi + \zeta_2 \end{aligned} \tag{7.90}$$

Der Einfluß des Alters (ξ_1) auf die jetzt abhängigen latenten Variablen η_1 und η_2 ist positiv und in beiden Fällen signifikant ($z = 4.28$ und $z = 2.39$, vgl. Abbildung 7.27). Inhaltlich zeigt sich damit, daß je älter die Personen sind, umso höher ist deren anfänglicher Level in der abhängigen Variablen, d. h. umso schwächer ist ihr anfängliches *Zugehörigkeitsgefühl zu Deutschland*. Mit zunehmendem Alter verstärkt sich auch die Entwicklung einer deutschen Identifikation. Die standardisierten Regressionskoeffizienten zeigen aber, daß die Effekte nicht sehr stark ausgeprägt sind (0.12 für den Effekt von ξ_1 auf η_1 und 0.16 für den Effekt von ξ_1 auf η_2). Die Streuungen und Kovariationen der Wachstumsparameter sind ähnlich zu den Werten in Gleichung 7.87.

Tabelle 7.40 zeigt den Modellfit des zweiten Basismodells und den der entsprechenden Variante 1. Auch hier ist die Modellverbesserung durch die ungleichen Meßfehlervarianzen nicht signifikant. Das zweite Basismodell kann somit auch hier für die weitere Interpretation akzeptiert werden.

Hier zeigt sich die gleiche Tendenz wie im ersten Modell. Beide Mittelwertsparameter von η_1 und η_2 sind wiederum signifikant ($z = 36.07$ und $z = -2.61$), ebenso die Strukturkoeffizienten der exogenen Variablen ξ auf die endogenen Variablen η_1 und η_2 ($z = 4.38$ und $z = 2.60$).

Abbildung 7.27: Zweifaktorielles Wachstumsmodell für die Entwicklung des *Zugehörigkeitsgefühls zu Deutschland* mit Prädiktorvariable *Alter* (ξ_1)

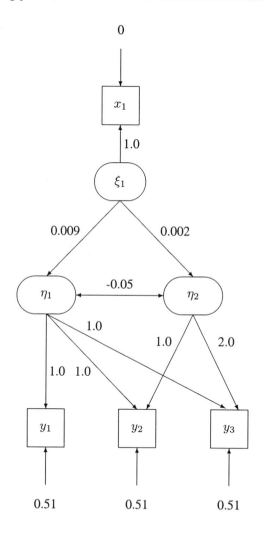

Tabelle 7.40: Modellvergleich durch den χ^2-Differenzentest für das zweifaktorielle Wachstumsmodell mit der Prädiktorvariablen Alter und der Kriteriumsvariablen Aufenthalt

Modell	χ^2	df	χ^2_{Diff}	df_{Diff}	RMSEA
Basismodell	11.14	6	--	--	0.022
+ ξ (Alter)					
+ η_3 (Aufenthalt)					
$\epsilon_1 = \epsilon_2 = \epsilon_3$					
Variante 1	5.11	4	6.03	2	0.012
+ ξ (Alter)					
+ η_3 (Aufenthalt)					
$\epsilon_1 \neq \epsilon_2 \neq \epsilon_3$					

Die letzte Zeile in der Gleichung 7.91 gibt die Stärke der jeweiligen Effekte von η_1 bzw. η_2 auf die Kriteriumsvariable η_3 wieder, die beide signifikant sind ($z = -14.65$ und $z = -4.17$, vgl. Abbildung 7.28):

$$
\begin{aligned}
\eta_1 &= 3.548 + 0.009\ \xi && + \zeta_1 \\
\eta_2 &= -0.116 + 0.002\ \xi && + \zeta_2 \\
\eta_3 &= 3.380 - 0.289\ \eta_1 - 1.016\ \eta_2 + \zeta_2
\end{aligned}
\tag{7.91}
$$

Es wird deutlich, daß sowohl der Anfangsstatus als auch die zeitliche Entwicklung bezüglich des Zugehörigkeitsgefühls zu Deutschland einen Einfluß auf die geplante Aufenthaltsdauer in Deutschland haben: Je niedriger das anfängliche Zugehörigkeitsgefühl mit der deutschen Nation und je langsamer die Veränderung in Richtung eines stärkeren Zugehörigkeitsgefühls, desto eher wird die Bereitschaft gezeigt, den Aufenthalt in Deutschland zeitlich zu begrenzen. Die standardisierten Regressionskoeffizienten verdeutlichen, daß die Effekte im Unterschied zur Prädiktorvariablen deutlich ausgeprägt sind (-0.48 für den Effekt von η_1 auf η_3 und -0.38 für den Effekt von η_2 auf η_3) und zu einer erklärten Varianz von 26% in der Kriteriumsvariablen führen. Die Streuungen und Kovariationen der Wachstumsparameter sind auch hier ähnlich zu den Werten in Gleichung 7.87.

7.5.4   Generalisierte Wachstumsmodelle höherer Ordnung

Die bisher diskutierten Modelle bezogen sich auf jeweils ein Merkmal, dessen Stabilität und Entwicklung über die Zeit betrachtet wurde. Werden dagegen mehrere Sachverhalte im Längsschnitt untersucht, deren Entwicklungen miteinander zusammenhängen, sind hierzu multivariate Verallgemeinerungen des klassischen Wachstumsmodells geeignet. Aufbauend auf der Arbeit von Tucker (1966) haben Meredith und Tisak (1990) verschiedene generelle

Abbildung 7.28: Zweifaktorielles Wachstumsmodell für die Entwicklung des *Zugehörigkeitsgefühls zu Deutschland* mit Prädiktorvariable *Alter* (ξ_1) und Kriteriumsvariable *Aufenthaltsdauer* (η_3)

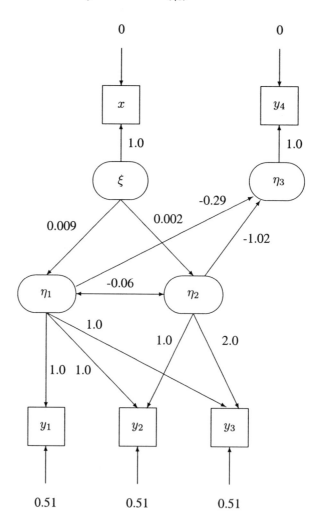

Modelltypen diskutiert, die sich im Rahmen des Strukturgleichungsansatzes testen lassen. Hierzu gehören multivariate Wachstumsmodelle erster Ordnung (*associative latent growth curve models*), bei denen die latenten Variablen bezogen auf die unterschiedlichen Inhalte frei miteinander kovariieren bzw. korrelieren können. Sie erlauben die paarweise Betrachtung von Entwicklungstendenzen. Duncan et al. (1999, S. 65f.) diskutieren ein entsprechendes Modell bezogen auf die zeitliche Entwicklung des Alkohol-, Tabak- und Marihuanakonsums und können damit zeigen, wie stark die jeweiligen Wachstumsparameter (d. h. die jeweiligen *intercepts* und *slopes*) der einzelnen Konsumorientierungen miteinander zusammenhängen.

Werden latente Variablen zweiter Ordnung in die Wachstumsmodelle eingebaut, so lassen sich zwei generelle Varianten unterscheiden (vgl. McArdle, 1988):[73]

1. Die erste Variante sieht auf der ersten Ebene mehrere Wachstumsmodelle, jeweils auf unterschiedliche Inhalte bezogen, vor und auf der zweiten Ebene zwei (oder mehrere) über die Inhalte hinausgehende gemeinsame Faktoren für den Anfangsstatus und für das Wachstum. Dieses Modell wird als *factor-of-curves model* bezeichnet. In diesem Modell wird geprüft, ob sich die Zusammenhänge zwischen unterschiedlichen Entwicklungstendenzen auf einen generellen Entwicklungsfaktor zurückführen lassen. Von besonderem Interesse ist hier die Generalisierung einzelner *intercepts* und *slopes* zu jeweils einem gemeinsamen *intercept* und *slope*. Duncan et al. (1999, S. 68f.) zeigen mit ihrem Beispiel, daß die Entwicklungszusammenhänge zwischen Alkohol-, Tabak- und Marihuanakonsum Gemeinsamkeiten aufweisen, die sich durch ein Wachstumsmodell zweiter Ordnung (mit gemeinsamen Wachstumsfaktoren) modellieren lassen.

2. Die zweite Variante postuliert auf der ersten Ebene ein Meßmodell für die zu untersuchenden Sachverhalte und auf der zweiten Ebene die eigentlichen Faktoren für den Anfangsstatus und für das Wachstum der inhaltlichen latenten Variablen. Dieses Modell wird als *curves-of-factor model* bezeichnet. In diesem Modell wird geprüft, ob sich ein Wachstumsmodell für latente Variablen aufstellen läßt, denen ein multiples Indikatorenmodell als Meßmodell zugrundeliegt (vgl. Duncan et al., 1999, S. 70f.). Im Unterschied zu den in Abschnitt 7.5.2 und 7.5.3 diskutierten Modellen wird nicht die Veränderung in den gemessenen Variablen überprüft, sondern die Veränderung in den auf die jeweiligen Meßzeitpunkte konstruierten latenten Variablen. Für diese latenten Variablen erster Ordnung wird ein Meßmodell mit multiplen Indikatoren postuliert, das über die Zeit konstruktvalide sein muß. Dies wird üblicherweise durch die Gleichsetzung der Faktorenladungen über die Meßzeitpunkte gewährleistet (vgl. hierzu Abschnitt 7.3.2). Die Variablen des Wachstumsmodells (*intercept* und *slope*) werden dann zu latenten Variablen zweiter Ordnung (vgl. auch Sayer & Cumsille, 2001)

Da die Berücksichtigung von Meßgleichungen im Wachstumsmodell und die Verbindung zu den Markov-Modellen hier im Vordergrund stehen sollen, wird hier im wesentlichen auf den zweiten Modelltyp (*curves-of-factor model*) näher eingegangen. Werden, wie in Abschnitt

---

[73] Modellvergleiche zwischen beiden Modelltypen werden von Duncan et al. (1999, S. 72) diskutiert.

7.5.2, drei Meßzeitpunkte und zwei gemessene Variablen pro Zeitpunkt angenommen (y_{1t}, y_{2t} mit $t = 1, 2, 3$), dann resultieren daraus folgende Meßgleichungen (vgl. auch Abbildung 7.29):

$$
\begin{aligned}
y_{11} &= \lambda_{11}\eta_1 + \epsilon_{y_{11}} \\
y_{21} &= \lambda_{21}\eta_1 + \epsilon_{y_{21}} \\
y_{12} &= \lambda_{32}\eta_2 + \epsilon_{y_{12}} \\
y_{22} &= \lambda_{42}\eta_2 + \epsilon_{y_{22}} \\
y_{13} &= \lambda_{53}\eta_3 + \epsilon_{y_{13}} \\
y_{23} &= \lambda_{63}\eta_3 + \epsilon_{y_{23}}
\end{aligned}
\tag{7.92}
$$

η_1, η_2 und η_3 repräsentieren eine inhaltliche, zeitvariante latente Variable erster Ordnung. Zur Identifikation des Meßmodells wird jeweils eine Ladung auf den Wert 1.0 fixiert ($\lambda_{11} = \lambda_{32} = \lambda_{53} = 1.0$). Die übrigen Ladungen werden, über die Zeit auf einen zu schätzenden Parameter gleichgesetzt ($\lambda_{21} = \lambda_{42} = \lambda_{63}$). Die Meßfehlervarianzen können, wie im zweifaktoriellen Wachstumsmodell (vgl. Abschnitt 7.5.2), ebenfalls über die Meßzeitpunkte gleichgesetzt werden ($\epsilon_{y_{11}} = \epsilon_{y_{12}} = \epsilon_{y_{13}}$ und $\epsilon_{y_{21}} = \epsilon_{y_{22}} = \epsilon_{y_{23}}$). Diese Restriktionen überprüfen, wie in den Markov-Modellen, die zeitstabile Konstruktvalidität der gemessenen Variablen. Durch die mit der Einführung des Meßmodells gewonnene höhere Anzahl freier Parameter ist auch die Spezifikation von Autokovariationen zwischen den Meßfehlern möglich (vgl. Gleichung 7.63 in Abschnitt 7.3.2).

Im Strukturgleichungsmodell werden die latenten Variablen zweiter Ordnung des Wachstumsmodells (η_4 als *intercept* und η_5 als *slope*) mit den drei latenten Variablen erster Ordnung (η_1, η_2 und η_3) durch die entsprechenden Strukturkoeffizienten (β) miteinander verbunden:

$$
\begin{aligned}
\eta_1 &= \beta_{41}\eta_4 + \beta_{51}\eta_5 + \zeta_1 \\
\eta_2 &= \beta_{42}\eta_4 + \beta_{52}\eta_5 + \zeta_2 \\
\eta_3 &= \beta_{43}\eta_4 + \beta_{53}\eta_5 + \zeta_2
\end{aligned}
\tag{7.93}
$$

Diese Parameter werden auf die üblichen Werte eines linearen Wachstumsmodells restringiert. Dem zur Folge sind die Strukturkoeffizienten β_{41}, β_{42} und β_{43} auf den Wert 1.0 fixiert. Die Festlegung der übrigen Strukturkoeffizienten postuliert lineares Wachstum über die Meßzeitpunkte ($\beta_{51} = 0$, $\beta_{52} = 1$ und $\beta_{53} = 2$, vgl. auch Abbildung 7.29). Da keine weiteren exogenen Variablen im Modell berücksichtigt werden, enthält Gleichung 7.94 nur die entsprechenden Mittelwertsparameter (α_4 und α_5) und die Residualgrößen (ζ_4 und ζ_5):

$$
\begin{aligned}
\eta_4 &= \alpha_4 + \zeta_4 \\
\eta_5 &= \alpha_5 + \zeta_5
\end{aligned}
\tag{7.94}
$$

Werden Meßfehler (ϵ) und Ladungen (λ) in Gleichung 7.92 über die Zeit gleichgesetzt, dann sind mit den angegebenen Restriktionen insgesamt 14 Parameter zu schätzen.

Beispiele

Variablen und Daten für das in Abbildung 7.29 spezifizierte Modell schließen sich an das Beispiel aus Abschnitt 7.5.3 an. Für das über drei Zeitpunkte konstruierte Meßmodell werden zwei Variablen verwendet: Das *Zugehörigkeitsgefühl zu Deutschland* (Variablennamen:

Abbildung 7.29: Latentes Wachstumsmodell für drei Meßzeitpunkte

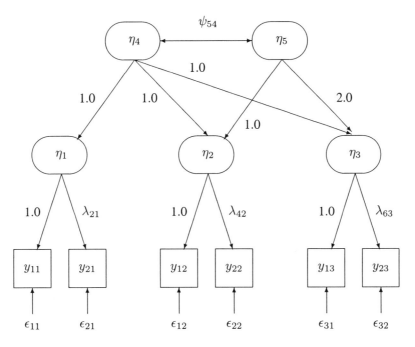

η_1 bis η_3 = Inhaltliche latente Variablen
η_4 = *Intercept*; η_5 = *Slope*

bp90a01/cp81a01/dp83a01) und das *Zugehörigkeitsgefühl zur eigenen Nation* (Variablen-namen: bp90a02/cp81a02/dp83a02), jeweils abgestuft in fünf Kategorien.[74] Die latenten Variablen erster Ordnung (η_1 bis η_3) können mit dem Label *Identität* (ID) versehen werden. Das Meßmodell entspricht im wesentlichen der Modellkonzeption in Abbildung 7.14. Mit den latenten Variablen zweiter Ordnung (η_4 und η_5) werden der Anfangsstatus und die Entwicklung bezüglich der Identität der befragten Ausländer in Deutschland geprüft. Tabelle 7.41 zeigt die dem Modell zugrundeliegende Kovarianzmatrix und den Mittelwertsvektor für die beiden gemessenen Variablen über die drei Meßzeitpunkte.

Tabelle 7.41: Mittelwerte, Varianzen und Kovarianzen der gemessenen Variablen

	$\bar{y}$	bp90a01	bp90a02	cp81a01	cp81a02	dp83a01	dp83a02
bp90a01 (y_{11})	3.963	1.248					
bp90a02 (y_{21})	4.283	0.811	1.068				
cp81a01 (y_{12})	3.964	0.686	0.577	1.205			
cp81a02 (y_{22})	4.232	0.563	0.580	0.844	1.064		
dp83a01 (y_{13})	3.953	0.629	0.525	0.679	0.578	1.186	
dp83a02 (y_{23})	4.236	0.537	0.514	0.580	0.542	0.815	0.986

Ein Basismodell und drei Modellvarianten des *curves-of-factor model* sind im folgenden getestet worden (vgl. Tabelle 7.42). Das Basismodell enthält gleiche Faktorenladungen als auch gleiche Meßfehler über die Erhebungszeitpunkte. Dieses Modell wird erwartungsgemäß durch die fehlenden Autokovarianzen der Meßfehler von den Daten widerlegt. In der ersten Variante werden diese Autokovariationen für die beiden gemessenen Variablen zusätzlich spezifiziert. Dies führt zu einer deutlichen Verbesserung der Modellanpassung. Der χ^2-Wert reduziert sich etwa um 36 Punkte für jeden Freiheitsgrad (214.55 : 6 = 35.76). Mit der zweiten und dritten Modellvariante werden die panelspezifischen Restriktionen schrittweise aufgegeben: Zunächst die Gleichsetzung der jeweiligen Meßfehler (ϵ) über die drei Meßzeitpunkte und abschließend die Gleichsetzung der jeweiligen Faktorenladungen (λ). Durch Variante 2 ergibt sich nach dem χ^2-Differenzentest wiederum eine signifikante Modellverbesserung (34.77 : 4 = 8.69). Die jeweiligen Meßfehler der manifesten Variablen weisen damit eine unterschiedliche Streuung in den Meßzeitpunkten auf. Dagegen wird durch Variante 3 keine signifikante Modellverbesserung mit der Aufgabe der über die Zeit spezifizierten gleichen Faktorenladungen erreicht (5.12 : 2 = 2.56). Damit ist gewährleistet, daß die Faktoren erster

---

[74] Die Variablenbezeichnungen sind aus dem SOEP übernommen. Zum Wortlaut, vgl. die Ausführungen im Abschnitt 7.3.2.

Ordnung (η_1 bis η_3) die gleiche Konstruktvalidität über die Zeit haben und eine sinnvolle Interpretation der Wachstumsparameter erfolgen kann. Variante 2 wird daher im weiteren für eine detaillierte Interpretation herangezogen.[75]

Tabelle 7.42: Modellvergleiche durch den χ^2-Differenzentest für das *curves-of-factor model* (Identität)

Modell	χ^2	df	χ^2_{Diff}	df_{Diff}	RMSEA
Basismodell $\lambda_{21} = \lambda_{42} = \lambda_{63}$ $\epsilon_{11} = \epsilon_{33} = \epsilon_{55}$ $\epsilon_{22} = \epsilon_{44} = \epsilon_{66}$	255.65	16	$--$	$--$	0.096
Variante 1 + Autokovarianzen	41.10	10	214.55	6	0.042
Variante 2 + Autokovarianzen $\epsilon_{11} \neq \epsilon_{33} \neq \epsilon_{55}$ $\epsilon_{22} \neq \epsilon_{44} \neq \epsilon_{66}$	6.33	6	34.77	4	0.001
Variante 3 + Autokovarianzen $\lambda_{21} \neq \lambda_{42} \neq \lambda_{63}$ $\epsilon_{11} \neq \epsilon_{33} \neq \epsilon_{55}$ $\epsilon_{22} \neq \epsilon_{44} \neq \epsilon_{66}$	1.21	4	5.12	2	0.000

Die folgenden beiden Strukturgleichungen zeigen, daß der Mittelwert des Anfangsstatus (η_4) von Null verschieden ist ($z = 167.20$). Dagegen ist eine signifikante Veränderung der *Identität* zu Deutschland (η_5) über die drei Meßzeitpunkte nicht zu verzeichnen ($z = -1.57$):

$$\begin{aligned} \eta_4 &= 3.978 + \zeta_4 \\ \eta_5 &= -0.016 + \zeta_5 \end{aligned} \tag{7.95}$$

Die geschätzten Parameter unterscheiden sich nur unwesentlich vom zweifaktoriellen Wachstumsmodell ohne Meßmodell (vgl. Gleichung 7.86). Da durch das latente Wachstumsmodell alle Beziehungen der latenten Variablen untereinander fixiert sind, beschränken sich die weite-

---

[75] Die entsprechenden Eingabespezifikationen für die Programme LISREL und EQS sind im Anhang zu diesem Kapitel zu finden (vgl. Abschnitt 7.6.4). Hierbei ist zu beachten, daß in LISREL ohne weitere exogene Variablen *intercept* und *slope* als ξ-Variablen behandelt werden, während in der hier gewählten Darstellung alle latenten Variablen mit η und alle manifesten Variablen mit y bezeichnet werden.

Abbildung 7.30: Latentes Wachstumsmodell für den Entwicklungsverlauf der latenten Variablen *Identität*

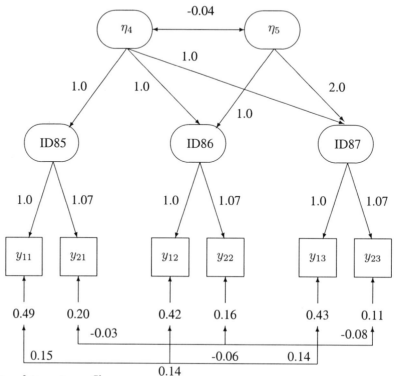

ID = Identität; η_4 = *Intercept*; η_5 = *Slope*

ren Parameter des Strukturmodells auf die geschätzten Varianzen der latenten Variablen η_1 bis η_5 und die Kovariation zwischen η_4 und η_5:

$$\Psi = \begin{pmatrix} 0.187 & & & & \\ 0 & 0.251 & & & \\ 0 & 0 & 0.175 & & \\ 0 & 0 & 0 & 0.569 & \\ 0 & 0 & 0 & -0.037 & 0.041 \end{pmatrix} \tag{7.96}$$

Die Ergebnisse des Meßmodells einschließlich der spezifizierten Autokovarianzen sind in Abbildung 7.30 aufgeführt. Die latente Variable *Identität* (η_1 bis η_3) weist zum zweiten Meßzeitpunkt eine größere Streuung auf als zum ersten und dritten Meßzeitpunkt. Die Varianzen der latenten Variablen η_4 und η_5 sind von Null verschieden ($z = 15.08$ und $z = 2.52$), so daß zwei latente Variablen zweiter Ordnung den Wachstumsverlauf angemessen wiedergeben können. Die Kovariation zwischen beiden Faktoren ist im Unterschied zum Wachstumsmodell ohne Meßmodell geringer und nicht mehr signifikant ($z = 1.93$). Allerdings sind die Differenzen zum Wert in Gleichung 7.88 sehr gering und möglicherweise durch die Variation der Meßfehlervarianzen über die Zeit verursacht worden. Desweiteren existieren keine Hinweise, daß die getroffenen Restriktionen bezogen auf den linearen Verlauf des Wachstums ($\beta_{15} = 0$, $\beta_{25} = 1$ und $\beta_{35} = 2$) nicht mit den Daten vereinbar sind.

Im weiteren wird das *curves-of-factor model* für den Entwicklungsverlauf der Variablen *Identität* um ein weiteres *curves-of-factor model* erweitert, um einerseits ein Beispiel für ein paralleles Prozeßmodell zu verdeutlichen und andererseits auch Verbindungsmöglichkeiten zu den diskutierten Markov-Modellen (vgl. Abschnitt 7.3.2) aufzeigen zu können. Kombinationen zwischen Markov- und parallelen Wachstumsmodellen werden als *bivariate autoregressive latent trajectory models* bezeichnet (vgl. hierzu grundlegend Bollen & Curran, 2004).

Zunächst wird das zweite Wachstumsmodell über ein drei Zeitpunkte umfassendes Meßmodell mit zwei Variablen aus dem SOEP spezifiziert. Die erste Variable y_{3t} ($t = 1, \ldots, 3$) erfaßt die *deutschen Sprachkenntnisse* (Variablenname: bp90a01/cp82a01/dp84a01), die Variable y_{4t} ($t = 1, \ldots, 3$) die *deutschen Schreibkenntnisse* (Variablenname: bp91a02/cp82a02/dp84a02), jeweils abgestuft in 5 Kategorien.[76] Der Fragetext für die Variable y_{3t} lautet:

> *Wenn man als Ausländer nach Deutschland kommt, hat man es nicht leicht, die deutsche Sprache zu lernen. Wer als Ausländer hier geboren ist oder lange hier lebt, kann vielleicht nicht mehr so gut die Sprache seines Heimatlandes. Wie ist das bei Ihnen? Wie gut können Sie nach Ihrer Einschätzung deutsch sprechen?*

Für die Variable y_{4t} wird anschließend gefragt:

> *Wie gut können Sie nach Ihrer Einschätzung deutsch schreiben?*

Zu beiden Variablen existieren folgende Antwortkategorien:

> *Sehr gut*
> *Gut*
> *Es geht*
> *Eher schlecht*
> *Gar nicht*

Die latenten Variablen erster Ordnung (η_1 bis η_3) können mit dem Label *Sprachkenntnisse* (SP) versehen werden.[77] Mit den latenten Variablen zweiter Ordnung (η_4 und η_5) werden der

---

[76] Die Variablennamen sind die Originalbezeichnungen aus dem Datensatz des SOEP. Die Numerierung im Suffix von y (3 bzw. 4) ist fortlaufend, da im parallelen Prozeßmodell Identitäts- und Sprachvariablen gemeinsam analysiert werden.

[77] Auch hier orientiert sich die fortlaufende Numerierung im Suffix von η an das zu testende parallele Prozeßmodell.

Tabelle 7.43: Mittelwerte, Varianzen und Kovarianzen der gemessenen Variablen

	$\bar{y}$	bp91a01	bp91a02	cp82a01	cp82a02	dp84a01	dp84a02
bp91a01 (y_{31})	2.657	1.102					
bp91a02 (y_{41})	3.465	1.024	1.702				
cp82a01 (y_{32})	2.667	0.793	0.889	1.033			
cp82a02 (y_{42})	3.489	0.899	1.335	1.015	1.678		
dp84a01 (y_{33})	2.658	0.734	0.830	0.759	0.859	0.984	
dp84a02 (y_{43})	3.515	0.881	1.293	0.886	1.311	0.970	1.651

Anfangsstatus und die Entwicklungsprozesse bezüglich bezüglich der Sprachkenntnisse der befragten Ausländer in Deutschland modelliert. Tabelle 7.43 zeigt die dem Modell zugrundeliegende Kovarianzmatrix und den Mittelwertsvektor für die beiden gemessenen Variablen über die drei Meßzeitpunkte.

Ein Basismodell und drei Modellvarianten des *curves-of-factor model* sind im folgenden getestet worden (vgl. Tabelle 7.44). Das Basismodell enthält gleiche Faktorenladungen und gleiche Meßfehler der jeweiligen Variablen über die Zeit. Dieses Modell wird erwartungsgemäß durch die fehlenden Autokovarianzen der Meßfehler von den Daten widerlegt. Daher werden in der ersten Variante die Autokovariationen der Meßfehler für die beiden gemessenen Variablen zusätzlich spezifiziert, was zu einer sehr deutlichen Verbesserung der Modellanpassung führt. Der χ^2-Wert reduziert sich etwa um 146 Punkte für jeden Freiheitsgrad ($877.79 : 6 = 146.30$).

Mit der zweiten und dritten Modellvariante werden auch hier die panelspezifischen Restriktionen schrittweise aufgegeben: Zunächst die Gleichsetzung der jeweiligen Meßfehler (ϵ) über die drei Meßzeitpunkte und abschließend die Gleichsetzung der jeweiligen Faktorenladungen (λ). Durch Variante 2 ergibt sich nach dem χ^2-Differenzentest wiederum eine signifikante Modellverbesserung ($30.44 : 4 = 7.61$). Die jeweiligen Meßfehler der manifesten Variablen weisen damit unterschiedliche Streuungen in den Meßzeitpunkten auf. Dagegen wird durch die dritte Variante keine signifikante Modellverbesserung mit Aufgabe der über die Zeit spezifizierten gleichen Faktorenladungen erreicht ($6.93 : 2 = 3.47$). Damit ist gewährleistet, daß die Faktoren erster Ordnung (η_1 bis η_3) die gleiche Konstruktvalidität über die Zeit haben und eine sinnvolle Interpretation der Wachstumsparameter erfolgen kann. Wie im ersten Beispiel (vgl.

Tabelle 7.44: Modellvergleiche durch den χ^2-Differenzentest für das *curves-of-factor model* (Sprache)

Modell	χ^2	df	χ^2_{Diff}	df_{Diff}	RMSEA
Basismodell $\lambda_{21} = \lambda_{42} = \lambda_{63}$ $\epsilon_{11} = \epsilon_{33} = \epsilon_{55}$ $\epsilon_{22} = \epsilon_{44} = \epsilon_{66}$	918.89	16	$--$	$--$	0.173
Variante 1 + Autokovarianzen	41.10	10	877.79	6	0.041
Variante 2 + Autokovarianzen $\epsilon_{11} \neq \epsilon_{33} \neq \epsilon_{55}$ $\epsilon_{22} \neq \epsilon_{44} \neq \epsilon_{66}$	10.66	6	30.44	4	0.019
Variante 3 + Autokovarianzen $\lambda_{21} \neq \lambda_{42} \neq \lambda_{63}$ $\epsilon_{11} \neq \epsilon_{33} \neq \epsilon_{55}$ $\epsilon_{22} \neq \epsilon_{44} \neq \epsilon_{66}$	3.73	4	6.93	2	0.000

Abbildung 7.30) kann auch hier die zweite Variante für eine detaillierte Interpretation herangezogen werden.[78]

Die folgenden beiden Strukturgleichungen zeigen, daß der Mittelwert des Anfangsstatus (η_4) von Null verschieden ist ($z = 121.94$). Wie bei der latenten Variablen *Identität* läßt sich eine signifikante Veränderung der *Sprachkenntnisse* (η_5) über die drei Meßzeitpunkte nicht feststellen ($z = 1.82$):

$$\eta_4 = 2.647 + \zeta_4$$
$$\eta_5 = 0.012 + \zeta_5$$

$$(7.97)$$

---

[78] Die entsprechenden Eingabespezifikationen für die Programme LISREL und EQS sind im Anhang zu diesem Kapitel zu finden (vgl. Abschnitt 7.6.4). Im übrigen gelten auch hier die Hinweise der letzten Fußnote.

Abbildung 7.31: Latentes Wachstumsmodell für den Entwicklungsverlauf der latenten Variablen *Sprachkenntnisse*

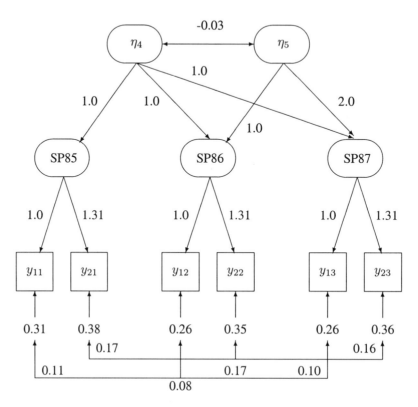

SP = Sprachkenntnisse; η_4 = *Intercept*; η_5 = *Slope*

In der Matrix Ψ sind die Varianzen der latenten Variablen des Strukturmodells einschließlich der Kovariation zwischen η_4 (*intercept*) und η_5 (*slope*) aufgeführt:

$$\Psi = \begin{pmatrix} 0.069 & & & & \\ 0 & 0.100 & & & \\ 0 & 0 & 0.061 & & \\ 0 & 0 & 0 & 0.707 & \\ 0 & 0 & 0 & -0.028 & 0.021 \end{pmatrix} \tag{7.98}$$

Die Ergebnisse des Meßmodells einschließlich der spezifizierten Autokovarianzen sind in Abbildung 7.31 aufgeführt. Die latente Variable *Sprachkenntnisse* (η_1 bis η_3) weist im Unterschied zur latenten Variablen *Identität* eine geringere Streuung auf. Zwischen den Meßzeitpunkten unterscheiden sich die Streuungen allerdings kaum. Die Varianzen der latenten Variablen η_4 und η_5 sind von Null verschieden ($z = 22.27$ und $z = 2.09$), so daß zwei latente Variablen zweiter

Ordnung den Wachstumsverlauf angemessen wiedergeben können. Die Kovariation zwischen beiden Faktoren ist gering aber knapp signifikant ($z = 2.28$). Hinweise, daß die getroffenen Restriktionen bezogen auf den linearen Verlauf des Wachstums ($\beta_{15} = 0$, $\beta_{25} = 1$ und $\beta_{35} = 2$) von den Daten widerlegt werden, sind nicht zu finden.

Abschließend werden beide Wachstumsmodelle (vgl. Abbildungen 7.30 und 7.31) im Sinne eines parallelen Prozeßmodells miteinander verbunden, so daß eine simultane Prüfung von parallelen Entwicklungen (hier: *Identität* und *Sprache*) möglich ist. Auch wenn bei beiden Wachstumsmodellen nur geringe, nicht signifikante, Veränderungen über den gewählten Zeitraum zu verzeichnen sind, wird aus didaktischen Gründen an diesem Beispiel festgehalten.

Die Spezifikationen der Einzelmodelle orientieren sich an den jeweiligen Modellvarianten 2 mit der bekannten Restriktion, daß für inhaltlich gleiche Variablen über die Meßzeitpunkte invariante Faktorenladungen angenommen werden. Die Meßfehler für die einzelnen Variablen sind nicht restringiert. Hierbei konnte zunächst festgestellt werden, daß die Autokovarianzen für die zweite manifeste Variable der latenten Variablen *Identität* (y_{21}, y_{22}, y_{23}) nicht mehr signifikant waren und in den folgenden Analysen nicht mehr spezifiziert werden mußten. Dies betrifft drei Parameter in der Matrix Θ_ϵ. Desweiteren zeigte sich, daß der Anfangsstatus der latenten Variablen *Identität* (ξ_1) nur gering mit dem Wachstumsparameter der latenten Variablen *Sprachkenntnisse* (ξ_4) zusammenhängt. Ebenso unbedeutend ist der Zusammenhang zwischen dem Anfangsstatus der latenten Variablen *Sprachkenntnisse* (ξ_3) und dem Wachstumsparameter der latenten Variablen *Identität* (ξ_2).[79] Auf beide Größen konnte im Basismodell verzichtet werden (vgl. Abbildung 7.32).

Mit dem Basismodell sind insgesamt drei Varianten des parallelen Prozeßmodells überprüft worden (vgl. Tabelle 7.45 zur Übersicht der Ergebnisse). Das Basismodell enthält die eben erläuterten Spezifikationen und weist auf Grund der durchgeführten Modellanpassungen in den getrennten Analysen (vgl. die Tabellen 7.42 und 7.44) eine recht gute Modellanpassung auf. Hinweise auf Modellverbesserungsmöglichkeiten geben die Langrange Multiplier(LM)-Tests[80] in der Matrix Ψ (Varianzen und Kovarianzen der latenten Variablen η). Die erste Modellvariante spezifiziert daher zusätzlich die drei Kovarianzen zwischen den Faktoren *Identität* und *Sprachkenntnisse* innerhalb der Meßzeitpunkte. Die erreichte Modellverbesserung ist signifikant ($23.44 : 3 = 7.81$). Die zweite Modellvariante prüft, inwieweit auch entsprechende Kovariationen zwischen den Meßzeitpunkten bestehen. Weitere vier Parameter sind dafür zu spezifizieren. Auf die nicht mehr signifikante Kovarianz zwischen den beiden Wachstumsvariablen ξ_2 und ξ_4 konnte hierbei verzichtet werden, so daß nun mehr drei zusätzliche Parameter in dieser Modellvariante verbleiben. Allerdings erweisen sich diese kreuzverzögerten Autokova-

---

[79] Im parallelen Prozeßmodell werden die latenten Variablen zweiter Ordnung als ξ-Variablen bezeichnet. Die inhaltlichen, latenten Variablen erster Ordnung sind weiterhin η-Variablen: η_1 bis η_3 für die latente Variable *Identität* und η_4 bis η_6 für die latente Variable *Sprachkenntnisse* (vgl. Abbildung 7.32).

[80] Zum Test vgl. die Ausführungen in Kapitel 6, Abschnitt 6.1.5.2.

Tabelle 7.45: Modellvergleiche durch den χ^2-Differenzentest für das parallele Prozeßmodell (Identität und Sprache)

Modell	χ^2	df	χ^2_{Diff}	df_{Diff}	RMSEA
Basismodell $\lambda_{21} = \lambda_{42} = \lambda_{63}$ $\lambda_{84} = \lambda_{105} = \lambda_{126}$	191.37	49	--	--	0.039
Variante 1 + $\psi_{41}, \psi_{52}, \psi_{63}$	167.93	46	23.44	3	0.037
Variante 2 + $\psi_{41}, \psi_{52}, \psi_{63}$ + $\psi_{42}, \psi_{51}, \psi_{53}, \psi_{62}$	163.03	43	4.91	3	0.038

riationen als nicht signifikant $(4.91 : 3 = 1.64)$. Die erste Modellvariante kann daher für eine detaillierte Interpretation herangezogen werden.[81]

Da das parallele Prozeßmodell vier latente Variablen zweiter Ordnung hat, enthält der Mittelwertsvektor κ der unabhhängigen latenten Variablen ξ die entsprechenden Mittelwertsinformationen des Wachstumsmodells:

$$\kappa = \begin{pmatrix} \xi_1 = & 4.005 \\ \xi_2 = & -0.021 \\ \xi_3 = & 2.650 \\ \xi_4 = & 0.014 \end{pmatrix} \tag{7.99}$$

Im Vergleich zu den Gleichungen 7.95 und 7.97 sind wenig Differenzen zu den hier geschätzten Größen festzustellen. Der Anfangsstatus der latenten Variablen *Identität* (ξ_1) und der latenten Variablen *Sprachkenntnisse* (ξ_3) weisen hoch signifikante Werte auf ($z_{\kappa_1} = 176.98$ und $z_{\alpha_3} = 119.25$). Allerdings liegen nun beide Wachstumsparameter (2. und 4. Zeile in Gleichung 7.99) knapp über der Signifikanzgrenze ($z_{\kappa_2} = -2.07$ und $z_{\kappa_4} = 1.98$), was aber inhaltlich nicht zu anderen Schlußfolgerungen führt.

Die Varianzen und Kovarianzen der latenten Variablen zweiter Ordnung (ξ_1 bis ξ_4) sind in der folgenden Matrix Φ aufgeführt:

$$\Phi = \begin{pmatrix} 0.559 & & & \\ -0.047 & 0.039 & & \\ 0.331 & 0 & 0.713 & \\ 0 & 0 & -0.029 & 0.023 \end{pmatrix} \tag{7.100}$$

---

[81]   Die entsprechenden Eingabespezifikationen für die Programme LISREL und EQS sind im Anhang zu diesem Kapitel zu finden (vgl. Abschnitt 7.6.4).

Die Varianzen der Wachstumsgrößen sind erwartungsgemäß alle von Null verschieden. Die jeweiligen Kovarianzen zwischen den Anfangsstati und den Wachstumsvariablen sind zwar schwach, aber signifikant ($z = -2.84$) und $z = -2.50$). Allerdings kovariieren die beiden Anfangsstatus relativ hoch miteinander ($z = 18.40$), was darauf hinweist, daß ein hoher bzw. niedriger Anfangslevel der *Identität* tendenziell mit einem hohen bzw. niedrigen Level der *Sprachkenntnisse* zusammenhängt. Da sich andere mögliche Kovariationen als unbedeutend erwiesen, verläuft die Entwicklung der beiden inhaltlichen Variablen im untersuchten Zeitraum eher unterschiedlich.

Die Varianzen und Kovarianzen der latenten Variablen erster Ordnung (η_1 bis η_6) sind in der folgenden Matrix Ψ aufgeführt:

$$\Psi = \begin{pmatrix} 0.179 & & & & & \\ 0 & 0.251 & & & & \\ 0 & 0 & 0.200 & & & \\ 0.028 & 0 & 0 & 0.069 & & \\ 0 & 0.020 & 0 & 0 & 0.104 & \\ 0 & 0 & 0.024 & 0 & 0 & 0.060 \end{pmatrix} \tag{7.101}$$

Die ersten drei Spalten beziehen sich auf die Variable *Identität*, die letzten drei auf die Variable *Sprachkenntnisse*. Zu allen drei Zeitpunkten ist die Variation der *Identität* größer als die der *Sprachkenntnisse*. Die Werte unterhalb der Diagonalen zeigen die jeweiligen Kovariationen der Variablen innerhalb der Zeitpunkte, die sich nur wenig unterscheiden.

Einzelne Ergebnisse des Strukturmodells sind in Abbildung 7.32 aufgeführt. Es wird deutlich, daß zwei univariate Wachstumsmodelle simultan überprüft werden können, um Informationen über den Zusammenhang der Wachstumsparameter zu erhalten. Desweiteren läßt sich mit diesem Modell die Kovarianzstruktur der latenten Variablen erster Ordnung (ηs), insbesondere der zeitvariante Zusammenhang zwischen den beiden untersuchten latenten Variablen (*Identität* und *Sprachkenntnisse*), näher untersuchen. Innerhalb der Zeitpunkte sind Kovarianzen zwischen den latenten Variable erster Ordnung spezifiziert worden, die sich als bedeutsam erwiesen. Zwischen den Zeitpunkten konnten diese aber vernachlässigt werden (vgl. die berechnete zweite Modellvariante in Tabelle 7.45).

Das Modell kann in einem weiteren Schritt dahingehend erweitert werden, daß Prädiktoren (z. B. Alter, Geschlecht) eingeführt werden, die auf die latenten Variablen zweiter Ordnung wirken können. Dies entspricht im wesentlichen der Modellkonzeption in Abbildung 7.42. Insgesamt verdeutlichen die generalisierten Wachstumsmodelle höherer Ordnung, daß die simultane Prüfung eines Meß- und Strukturmodells auch bei Untersuchung interindividueller und intraindividueller Entwicklungstendenzen inhaltlicher Sachverhalte sinnvoll und praktikabel ist. Noch komplexere Modellanordnungen, wie die hier nicht weiter untersuchten autoregressiven Wachstumsmodelle, erfordern mehr als drei Meßzeitpunkte (vgl. Bollen & Curran, 2004).

Abbildung 7.32: Paralleles Prozeßmodell für den Entwicklungsverlauf der latenten Variablen *Identität* und *Sprachkenntnisse* (Strukturmodell)

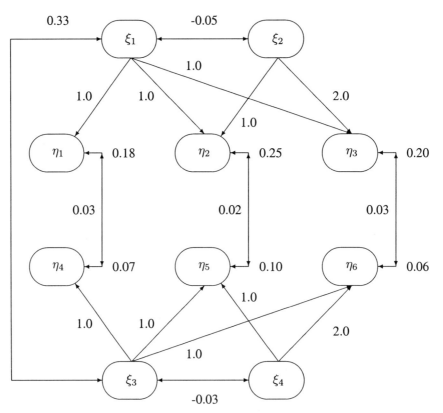

η_1 - η_3 = Identität (t_1 - t_3); η_4 - η_6 = Sprachkenntnisse (t_1 - t_3)
ξ_1, ξ_2 = Intercept und Slope Identität; ξ_3, ξ_4 = Intercept und Slope Sprachkenntnisse
Auf die Darstellung des Meßmodells ist aus Komplexitätsgründen verzichtet worden.

7.6 Anhang: Programmspezifikationen zu den Strukturgleichungsmodellen

7.6.1 Modelle im Querschnitt

In den folgenden Tabellen 7.46 und 7.47 sind die Spezifikationen des Strukturgleichungsmodells aus Abschnitt 7.1.7 aufgeführt (vgl. Tabelle 7.5)[82].

Tabelle 7.46: Spezifikation des Strukturgleichungsmodells zum Zusammenhang von Wertorientierungen, Freizeit, Rechtsnormen und Delinquenz (LISREL)

```
Strukturgleichungsmodell mit fuenf latenten Variablen
Observed Variables
10618 10619 10620
10053 10054 10076 10061 10066 10083
t0722 t0725 t0727 Prae Inz
Sample Size = 1549
Covariance Matrix
 0.858
 0.438  1.082
-0.190 -0.242  0.883
-0.137 -0.143  0.421  0.928
-0.166 -0.146  0.422  0.509  0.948
 0.834  0.833 -0.822 -0.672 -0.774  6.100
 0.573  0.622 -0.559 -0.426 -0.502  3.011  2.801
 0.255  0.264 -0.162 -0.177 -0.147  0.580  0.443  0.872
 0.194  0.218 -0.197 -0.190 -0.154  0.597  0.393  0.410  0.904
 0.170  0.188 -0.151 -0.107 -0.104  0.486  0.333  0.376  0.259  0.763
 0.005 -0.039  0.166  0.101  0.135 -0.194 -0.077  0.014 -0.038  0.000 0.706
-0.053 -0.066  0.149  0.086  0.151 -0.306 -0.186 -0.011 -0.032 -0.040 0.208
-0.014 -0.079  0.189  0.107  0.133 -0.329 -0.185 -0.031 -0.065 -0.050 0.226
 0.705
 0.257  0.816
Latent Variables
Hedo Trad
Freizeit Norm Delikt
Relationships
10618=1*Freizeit
10619=Freizeit
10053=1*Hedo
10054=Hedo
10076=Hedo
10061=1*Trad
10066=Trad
10083=Trad
```

---

[82] Die hier dokumentierten Programmspezifikationen können unter http://www.oldenbourg.de/verlag unter dem Link „Downloads" abgerufen werden

```
t0722=1*Norm
t0725=Norm
t0727=Norm
Prae = 1*Delikt
Inz = Delikt
Norm = Hedo Trad
Norm = Outakt
Delikt = Norm Outakt
Outakt = Hedo Trad
Set the error covariance between t0727 and t0725 free
LISREL Output: SC RS MR ND=3 PT MI EF
End of Problem
```

Tabelle 7.47: Spezifikation des Strukturgleichungsmodells zum Zusammenhang von Wertori- entierungen, Freizeit, Rechtsnormen und Delinquenz (EQS)

```
/TITLE
Strukturgleichungsmodell mit fuenf latenten Variablen
/SPECIFICATIONS
CASES=1549; VAR=13; ME=ML; MA=COV; ANALYSIS=COV;
/LABELS
V1=10618; V2=10619; V3=t0722;
V4=t0725; V5=t0727; V6=Prae;
V7=Inz; V8=10053; V9=10054;
V10=10076; V11=10061; V12=10066;
V13=10083; F1=Hedo; F2=Trad;
F3=Freizeit; F4=Norm; F5=Delikt;
/EQUATIONS
V1 = 1.0F3 + E1;
V2 = .5*F3 + E2;
V3 = 1.0F4 + E3;
V4 = .5*F4 + E4;
V5 = .5*F4 + E5;
V6 = 1.0F5 + E6;
V7 = .5*F5 + E7;
V8 = 1.0F1 + E8;
V9 = .5*F1 + E9;
V10 = .5*F1 + E10;
V11 = 1.0F2 + E11;
V12 = .5*F2 + E12;
V13 = .5*F2 + E13;
F4 = .5*F1 + .5*F2 + .5*F3 + D4;
F5 = .5*F4 + .5*F3 + D5;
F3 = .5*F1 + .5*F2 + D3;
/VARIANCES
F1 to F2 = *;
```

```
E1 to E13 = .2*;
/COVARIANCES
F1, F2 = *;
E4, E5 = *;
/MATRIX
 0.858
 0.438  1.082
-0.190 -0.242  0.883
-0.137 -0.143  0.421  0.928
-0.166 -0.146  0.422  0.509  0.948
 0.834  0.833 -0.822 -0.672 -0.774  6.100
 0.573  0.622 -0.559 -0.426 -0.502  3.011  2.801
 0.255  0.264 -0.162 -0.177 -0.147  0.580  0.443  0.872
 0.194  0.218 -0.197 -0.190 -0.154  0.597  0.393  0.410  0.904
 0.170  0.188 -0.151 -0.107 -0.104  0.486  0.333  0.376  0.259  0.763
 0.005 -0.039  0.166  0.101  0.135 -0.194 -0.077  0.014 -0.038  0.000 0.706
-0.053 -0.066  0.149  0.086  0.151 -0.306 -0.186 -0.011 -0.032 -0.040 0.208
-0.014 -0.079  0.189  0.107  0.133 -0.329 -0.185 -0.031 -0.065 -0.050 0.226
 0.705
 0.257 0.816
/LMTEST
/WTEST
/PRINT
FIT = ALL; PARAMETER = YES;
COVARIANCES = YES; CORRELATIONS = YES;
/END
```

In den folgenden Tabellen 7.48 und 7.49 sind die Spezifikationen des multiplen Gruppenvergleichs aus Abschnitt 7.1.7 aufgeführt (vgl. Modellvariante 3 in Tabelle 7.9).

Tabelle 7.48: Spezifikation des multiplen Gruppenvergleich zum Zusammenhang von Wertorientierungen, Freizeit, Rechtsnormen und Delinquenz (LISREL)

```
Group1: Strukturgleichungsmodell (Gruppe: Maenner)
Observed Variables
10618 10619 10620
10053 10054 10076 10061 10066 10083
t0722 t0725 t0727 Prae Inz
Sample Size = 748
Covariance Matrix
 0.869
 0.447  1.093
-0.248 -0.283  0.978
-0.207 -0.155  0.501  1.032
-0.243 -0.192  0.453  0.555  1.059
 1.162  1.255 -1.084 -0.866 -0.969  8.256
```

```
 0.714   0.882  -0.617  -0.462  -0.527   3.689   3.195
 0.285   0.291  -0.201  -0.193  -0.192   0.695   0.521   0.874
 0.208   0.237  -0.228  -0.224  -0.194   0.775   0.447   0.455   0.968
 0.168   0.211  -0.170  -0.145  -0.143   0.563   0.369   0.388   0.311   0.799
-0.040  -0.081   0.182   0.164   0.185  -0.463  -0.167  -0.048  -0.096  -0.045 0.738
-0.062  -0.116   0.117   0.094   0.168  -0.517  -0.247  -0.034  -0.038  -0.103 0.227
-0.100  -0.161   0.197   0.138   0.150  -0.618  -0.344  -0.086  -0.108  -0.119 0.249
 0.788
 0.272 0.835
Latent Variables
Hedo Trad
Freizeit Norm Delikt
Relationships
10618=1*Freizeit
10619=Freizeit
10053=1*Hedo
10054=Hedo
10076=Hedo
10061=1*Trad
10066=Trad
10083=Trad
t0722=1*Norm
t0725=Norm
t0727=Norm
Prae = 1*Delikt
Inz = Delikt
Norm = Hedo Trad
Norm = Freizeit
Delikt = Norm Freizeit
Freizeit = Hedo Trad
Set the error covariance between t0727 and t0725 free
LISREL Output: SC RS MR ND=3 PT MI EF
Group2: Strukturgleichungsmodell (Gruppe: Frauen)
Observed Variables
10618 10619 10620
10053 10054 10076 10061 10066 10083
t0722 t0725 t0727 Prae Inz
Sample Size = 788
Covariance Matrix
 0.839
 0.412   1.035
-0.140  -0.221   0.771
-0.087  -0.169   0.312   0.779
-0.116  -0.143   0.368   0.418   0.792
 0.550   0.515  -0.536  -0.375  -0.483   3.376
 0.463   0.428  -0.462  -0.304  -0.397   2.057   2.246
 0.236   0.252  -0.120  -0.147  -0.090   0.413   0.332 0.865
 0.180   0.199  -0.159  -0.146  -0.117   0.375   0.316 0.368   0.842
 0.174   0.182  -0.118  -0.046  -0.033   0.302   0.233 0.360   0.207 0.706
 0.055   0.024   0.164   0.070   0.112  -0.046  -0.049 0.060   0.006 0.027 0.657
-0.049  -0.020   0.183   0.083   0.139  -0.155  -0.148 0.007  -0.030 0.012 0.184
```

```
 0.059 -0.015  0.178  0.065   0.109 -0.073 -0.033 0.027  -0.029 0.013 0.204
 0.627
 0.241 0.789
Latent Variables
Hedo Trad
Freizeit Norm Delikt
Relationships
Delikt = Freizeit
Freizeit = Trad
Set the error covariance between t0727 and t0725 free
Set the error variance of 10618 - 10619 free
Set the error variance of 10053 - Inz free
Set the covariance between Hedo and Trad free
Set the error variance of Delikt free
LISREL Output: SC RS MR ND=3 PT MI EF
End of Problem
```

Tabelle 7.49: Spezifikation des multiplen Gruppenvergleich zum Zusammenhang von Wertorientierungen, Freizeit, Rechtsnormen und Delinquenz (EQS)

```
/TITLE
Group1: Strukturgleichungsmodell (Gruppe: Maenner)
/SPECIFICATIONS
CASES=748; VAR=13; GROUPS=2; ME=ML; MA=COV; ANA=COV;
/LABELS
V1=10618; V2=10619; V3=t0722;
V4=t0725; V5=t0727; V6=Prae;
V7=Inz; V8=10053; V9=10054;
V10=10076; V11=10061; V12=10066;
V13=10083; F1=Hedo; F2=Trad;
F3=Freizeit; F4=Norm; F5=Delikt;
/EQUATIONS
V1  = 1.0F3 + E1;
V2  = *F3 + E2;
V3  = 1.0F4 + E3;
V4  = *F4 + E4;
V5  = *F4 + E5;
V6  = 1.0F5 + E6;
V7  = *F5 + E13;
V8  = 1.0F1 + E8;
V9  = *F1 + E9;
V10 = *F1 + E10;
V11 = 1.0F2 + E11;
V12 = *F2 + E12;
V13 = *F2 + E13;
F4  = *F1 + *F2 + *F3 + D4;
```

```
F5 = *F4 + *F3 + D5;
F3 = *F1 + *F2 + D3;
/VARIANCES
F1 to F2 = *;
E1 to E13 = *;
/COVARIANCES
F1, F2 = *;
/MATRIX
 0.869
 0.447  1.093
-0.248 -0.283  0.978
-0.207 -0.155  0.501  1.032
-0.243 -0.192  0.453  0.555  1.059
 1.162  1.255 -1.084 -0.866 -0.969  8.256
 0.714  0.882 -0.617 -0.462 -0.527  3.689  3.195
 0.285  0.291 -0.201 -0.193 -0.192  0.695  0.521  0.874
 0.208  0.237 -0.228 -0.224 -0.194  0.775  0.447  0.455  0.968
 0.168  0.211 -0.170 -0.145 -0.143  0.563  0.369  0.388  0.311  0.799
-0.040 -0.081  0.182  0.164  0.185 -0.463 -0.167 -0.048 -0.096 -0.045 0.738
-0.062 -0.116  0.117  0.094  0.168 -0.517 -0.247 -0.034 -0.038 -0.103 0.227
-0.100 -0.161  0.197  0.138  0.150 -0.618 -0.344 -0.086 -0.108 -0.119 0.249
 0.788
 0.272 0.835
/END
/TITLE
Group2: Strukturgleichungsmodell (Gruppe: Frauen)
/SPECIFICATIONS
CASES=788; VAR=13; ME=ML; MA=COV; ANA=COV;
/LABELS
V1=10618; V2=10619; V3=t0722;
V4=t0725; V5=t0727; V6=Prae;
V7=Inz; V8=10053; V9=10054;
V10=10076; V11=10061; V12=10066;
V13=10083; F1=Hedo; F2=Trad;
F3=Freizeit; F4=Norm; F5=Delikt;
/EQUATIONS
V1 = 1.0F3 + E1;
V2 = *F3 + E2;
V3 = 1.0F4 + E3;
V4 = *F4 + E4;
V5 = *F4 + E5;
V6 = 1.0F5 + E6;
V7 = *F5 + E13;
V8 = 1.0F1 + E8;
V9 = *F1 + E9;
V10 = *F1 + E10;
V11 = 1.0F2 + E11;
V12 = *F2 + E12;
V13 = *F2 + E13;
F4 = *F1 + *F2 + *F3 + D4;
F5 = *F4 + *F3 + D5;
```

```
F3 = *F1 + *F2 + D3;
/VARIANCES
F1 to F2 = *;
E1 to E13 = *;
/COVARIANCES
F1, F2 = *;
/MATRIX
 0.839
 0.412  1.035
-0.140 -0.221   0.771
-0.087 -0.169   0.312   0.779
-0.116 -0.143   0.368   0.418   0.792
 0.550  0.515  -0.536  -0.375  -0.483   3.376
 0.463  0.428  -0.462  -0.304  -0.397   2.057   2.246
 0.236  0.252  -0.120  -0.147  -0.090   0.413   0.332 0.865
 0.180  0.199  -0.159  -0.146  -0.117   0.375   0.316 0.368   0.842
 0.174  0.182  -0.118  -0.046  -0.033   0.302   0.233 0.360   0.207 0.706
 0.055  0.024   0.164   0.070   0.112  -0.046  -0.049 0.060   0.006 0.027 0.657
-0.049 -0.020   0.183   0.083   0.139  -0.155  -0.148 0.007  -0.030 0.012 0.184
 0.059 -0.015   0.178   0.065   0.109  -0.073  -0.033 0.027  -0.029 0.013 0.204
 0.627
 0.241 0.789
/CONSTRAINTS
(1,F3,F1) = (2,F3,F1);
(1,F4,F1) = (2,F4,F1);
(1,F4,F2) = (2,F4,F2);
(1,F4,F3) = (2,F4,F3);
(1,F5,F4) = (2,F5,F4);
(1,D3,D3) = (2,D3,D3);
(1,D4,D4) = (2,D4,D4);
(1,V2,F3) = (2,V2,F3);
(1,V9,F1) = (2,V9,F1);
(1,V10,F1) = (2,V10,F1);
(1,V12,F2) = (2,V12,F2);
(1,V13,F2) = (2,V13,F2);
(1,V4,F4) = (2,V4,F4);
(1,V5,F4) = (2,V5,F4);
(1,V7,F5) = (2,V7,F5);
/WTEST
/LMTEST
/PRINT
PARAMETER=YES; FIT=ALL;
CORRELATIONS=YES; COVARIANCES=YES;
/END
```

In den folgenden Tabellen 7.50 und 7.51 sind die Spezifikationen des Strukturgleichungsmodells mit polychorischen und polyseriellen Korrelationen aus Abschnitt 7.2 aufgeführt (vgl. die Tabellen 7.13 und 7.14).

Tabelle 7.50: Spezifikation des Strukturgleichungsmodells zum Zusammenhang von Wertorientierungen, Freizeit, Rechtsnormen und Delinquenz mit polychorischen und polyseriellen Korrelationen (LISREL)

```
Strukturgleichungsmodell (polychorische/polyserielle Korrelationen)
Observed Variables
10618 10619 10620
10053 10054 10076 10061 10066 10083
t0722 t0725 t0727 krimlej krimhal2
Sample Size = 1549
Correlation Matrix from File NK.pm
Asymptotic Covariance from File NKPM.AC
Latent Variables
Hedo Trad
Freizeit Norm Delikt
Relationships
10618=1*Freizeit
10619=Freizeit
10053=1*Hedo
10054=Hedo
10076=Hedo
10061=1*Trad
10066=Trad
10083=Trad
t0722=1*Norm
t0725=Norm
t0727=Norm
krimlej = 1*Delikt
krimhal2 = Delikt
Norm = Hedo Trad
Norm = Freizeit
Delikt = Norm Freizeit
Freizeit = Hedo Trad
Set the error covariance between t0727 and t0725 free
LISREL Output: SC RS MR ND=3 PT MI EF ME=WLS
End of Problem
```

Tabelle 7.51: Spezifikation des Strukturgleichungsmodells zum Zusammenhang von Wertorientierungen, Freizeit, Rechtsnormen und Delinquenz mit polychorischen und
polyseriellen Korrelationen (EQS)

```
/TITLE
Strukturgleichungsmodell Delinquenz (polychorische/polyserielle Korrelationen)
/SPECIFICATIONS
CASES=1942; VAR=13; ME=AGLS; MA=RAW;
DATA='NK.ESS';
MI=COMPLETE;
/LABELS
V1=10618; V2=10619; V3=10053;
V4=10054; V5=10076; V6=10061;
V7=10066; V8=10083; V9=t0722;
V10=t0725; V11=t0727; V12=Prae;
V13=Inz; F1=Hedo; F2=Trad;
F3=Freizeit; F4=Norm; F5=Delikt;
/EQUATIONS
V1 = 1.0F3 + E1;
V2 = .5*F3 + E2;
V3 = 1.0F1 + E3;
V4 = .5*F1 + E4;
V5 = .5*F1 + E5;
V6 = 1.0F2 + E6;
V7 = .5*F2 + E7;
V8 = .5*F2 + E8;
V9 = 1.0F4 + E9;
V10 = .5*F4 + E10;
V11 = .5*F4 + E11;
V12 = 1.0F5 + E12;
V13 = .5*F5 + E13;
F4 = .5*F1 + .5*F2 + .5*F3 + D4;
F5 = .5*F4 + .5*F3 + D5;
F3 = .5*F1 + .5*F2 + D3;
/VARIANCES
F1 to F2 = *;
E1 to E13 = .2*;
/COVARIANCES
F1, F2 = *;
E10, E11 = *;
/LMTEST
/WTEST
/PRINT
FIT = ALL; PARAMETER = YES;
COVARIANCES = YES; CORRELATIONS = YES;
/END
```

7.6.2   Modelle im Längsschnitt

In den folgenden Tabellen 7.52 und 7.53 sind die Spezifikationen des Panelmodells zur Identitätsentwicklung aus Abschnitt 7.3.2 aufgeführt (vgl. Tabelle 7.18).

Tabelle 7.52: Spezifikation des 3-Wellen-Modells zur Identitätsentwicklung (LISREL)

```
3-Wellen-Modell
Labels
BP90A01 BP90A02 BP96A01
CP81A01 CP81A02 CP87A01
DP83A01 DP83A02 DP89A01
Covariance Matrix
1.248
0.811  1.068
0.686  0.577  1.205
0.563  0.580  0.844  1.064
0.629  0.525  0.679  0.578  1.186
0.537  0.514  0.580  0.542  0.815  0.986
Sample Size: 1844
Latent Variables
ID85 ID86 ID87
Relationships
BP90A01 = 1*ID85
BP90A02 = ID85
CP81A01 = 1*ID86
CP81A02 = ID86
DP83A01 = 1*ID87
DP83A02 = ID87
ID86 = ID85
ID87 = ID86 + ID85
Set the error covariance between BP90A01 and CP81A01
Set the error covariance between BP90A01 and DP83A01
Set the error covariance between BP90A02 and CP81A02
Set the error covariance between CP81A01 and DP83A01
Set path from ID85 to BP90A02 equal to path from ID86 to CP81A02
Set path from ID86 to CP81A02 equal to path from ID87 to DP83A02
LISREL OUTPUT: SC RS MR ND=3 MI EF
End of Problem
```

Tabelle 7.53: Spezifikation des 3-Wellen-Modells zur Identitätsentwicklung (EQS)

```
/TITLE
3-Wellen-Modell
/SPECIFICATIONS
VARIABLES= 6; CASES=1844; MATRIX=COV; ME=ML; ANALYSIS=COV;
/LABELS
V1=BP90A01; V2=BP90A02;
V3=CP81A01; V4=CP81A02;
V5=DP83A01; V6=DP83A02;
F1=ID85; F2=ID86; F3=ID87;
/MATRIX
1.248
0.811  1.068
0.686  0.577  1.205
0.563  0.580  0.844  1.064
0.629  0.525  0.679  0.578  1.186
0.537  0.514  0.580  0.542  0.815 0.986
/EQUATIONS
V1 = 1.0F1 + E1;
V2 = *F1 + E2;
V3 = 1.0F2 + E3;
V4 = *F2 + E4;
V5 = 1.0F3 + E5;
V6 = *F3 + E6;
F2 = *F1 + D2;
F3 = *F1 + *F2 + D3;
/VARIANCES
E1 to E6 = *;
D2 to D3 = *;
/COVARIANCES
E1, E3 = *;
E1, E5 = *;
E2, E4 = *;
E3, E5 = *;
/CONSTRAINTS
(V2,F1) = (V4,F2);
(V4,F2) = (V6,F3);
/LMTEST
/PRINT
FIT=ALL; PARAMETER=YES;
CORRELATION=YES; COVARIANCE=YES;
/END
```

In den folgenden Tabellen 7.54 und 7.55 sind die Spezifikationen des Panelmodells zur Identitätsentwicklung und Aufenthaltsdauer aus Abschnitt 7.3.2 aufgeführt (vgl. Tabelle 7.20).

Tabelle 7.54: Spezifikation des 3-Wellen-Modells zur Identitätsentwicklung und Aufenthalts-
          dauer (LISREL)

```
3-Wellen-Modell mit zwei latenten Variablen
Labels
BP90A01 BP90A02 BP96A01
CP81A01 CP81A02 CP87A01
DP83A01 DP83A02 DP89A01
Covariance Matrix
 1.248
 0.811  1.068
-0.198 -0.179  0.243
 0.696  0.577 -0.169  1.205
 0.563  0.580 -0.154  0.844  1.064
-0.161 -0.162  0.124 -0.213 -0.201  0.242
 0.629  0.525 -0.145  0.679  0.578 -0.156  1.186
 0.537  0.514 -0.146  0.580  0.542 -0.157  0.815  0.986
-0.169 -0.167  0.121 -0.171 -0.164  0.137 -0.216 -0.212  0.268
Sample Size: 1844
Latent Variables
ID85 ID86 ID87 IS85 IS86 IS87
Relationships
BP90A01 = 1*ID85
BP90A02 = ID85
BP96A01 = 1*IS85
CP81A01 = 1*ID86
CP81A02 = ID86
CP87A01 = 1*IS86
DP83A01 = 1*ID87
DP83A02 = ID87
DP89A01 = 1*IS87
ID86 = ID85 + IS85
ID87 = ID86 + ID85
IS86 = IS85 + ID85 + ID86
IS87 = IS86 + IS85 + ID86 + ID87
Set the error variance of BP96A01 to 0
Set the error variance of CP87A01 to 0
Set the error variance of DP89A01 to 0
Set the error covariance between BP90A01 and CP81A01
Set the error covariance between BP90A01 and DP83A01
Set the error covariance between BP90A02 and CP81A02
Set the error covariance between CP81A01 and DP83A01
Set path from ID85 to BP90A02 equal to path from ID86 to CP81A02
Set path from ID86 to CP81A02 equal to path from ID87 to DP83A02
LISREL OUTPUT: SC RS MR ND=3 MI EF ME=ML
End of Problem
```

Tabelle 7.55: Spezifikation des 3-Wellen-Modells zur Identitätsentwicklung und Aufenthalts-
          dauer (EQS)

```
/TITLE
3-Wellen-Modell mit zwei latenten Variablen
/SPECIFICATIONS
VARIABLES=9; CASES=1844; MATRIX=COR; ANALYSIS=COR; METHOD=ML;
/LABELS
V1=BP90A01; V2=BP90A02; V3=BP96A01;
V4=CP81A01; V5=CP81A02; V6=CP87A01;
V7=DP83A01; V8=DP83A02; V9=DP89A01;
F1=ID85; F2=ID86; F3=ID87;
F4=IS85; F5=IS86; F6=IS87;
/MATRIX
 1.248
 0.811  1.068
-0.198 -0.179  0.243
 0.696  0.577 -0.169  1.205
 0.563  0.580 -0.154  0.844  1.064
-0.161 -0.162  0.124 -0.213 -0.201  0.242
 0.629  0.525 -0.145  0.679  0.578 -0.156  1.186
 0.537  0.514 -0.146  0.580  0.542 -0.157  0.815  0.986
-0.169 -0.167  0.121 -0.171 -0.164  0.137 -0.216 -0.212  0.268
/EQUATIONS
V1 = 1.0F1 + E1;
V2 = *F1 + E2;
V3 = 1.0F4 + E3;
V4 = 1.0F2 + E4;
V5 = *F2 + E5;
V6 = 1.0F5 + E6;
V7 = 1.0F3 + E7;
V8 = *F3 + E8;
V9 = 1.0F6 + E9;
F2 = *F1 + *F4 + D2;
F3 = *F1 + *F2 + D3;
F5 = *F1 + *F2 + *F4 + D5;
F6 = *F2 + *F3 + *F4 + *F5 + D6;
/VARIANCES
E3 = 0;
E6 = 0;
E9 = 0;
E1 to E2 = *;
E4 to E5 = *;
E7 to E8 = *;
D2 to D3 = *;
D5 to D6 = *;
/COVARIANCES
E1,E4 = *;
E1,E7 = *;
E2,E5 = *;
```

```
E4,E7 = *;
F1,F4 = *;
/CONSTRAINTS
(V2,F1) = (V5,F2);
(V5,F2) = (V8,F3);
/PRINT
FIT=ALL; PARAMETER=YES;
CORRELATION=YES; COVARIANCE=YES;
/LMTEST
/END
```

7.6.3   Modelle mit fehlenden Werten

In den folgenden Tabellen 7.56 und 7.57 sind die Spezifikationen des Strukturgleichungsmodells mit fehlenden Werten aus Abschnitt 7.4.2.2 aufgeführt (vgl. Tabelle 7.29).

Tabelle 7.56: Spezifikation des Strukturgleichungsmodells zum Zusammenhang von Wertorientierungen, Freizeit, Rechtsnormen und Delinquenz mit fehlenden Werten (LISREL)

```
Strukturgleichungsmodell (FIML)
Observed Variables
10618 10619 10053 10054 10076 10061 10066 10083
t0722 t0725 t0727 krimlej krimhal2
Sample Size = 1942
Missing Value Code -999999
Raw Data from file NKPAIR.dat
Latent Variables
Hedo Trad
Freizeit Norm Delikt
Relationships
10618=1*Freizeit
10619=Freizeit
10053=1*Hedo
10054=Hedo
10076=Hedo
10061=1*Trad
10066=Trad
10083=Trad
t0722=1*Norm
t0725=Norm
t0727=Norm
krimlej = 1*Delikt
krimhal2 = Delikt
Norm = Hedo Trad
```

```
Norm = Freizeit
Delikt = Norm Freizeit
Freizeit = Hedo Trad
Set the error covariance between t0727 and t0725 free
LISREL Output: SC RS MR ND=3 PT MI EF ME=ML PT
End of Problem
```

Tabelle 7.57: Spezifikation des Strukturgleichungsmodells zum Zusammenhang von Wertorientierungen, Freizeit, Rechtsnormen und Delinquenz mit fehlenden Werten (EQS)

```
/TITLE
Strukturgleichungsmodell (FIML)
/SPECIFICATIONS
CASES=1942; VAR=13; ME=ML, Robust;
MC=-999999;
MI=ML;
MA=RAW;
DATA='NKPAIR.DAT';
/LABELS ;
V1=10618; V2=10619; V3=10053;
V4=10054; V5=10076; V6=10061;
V7=10066; V8=10083; V9=t0722;
V10=t0725; V11=t0727; V12=krimlej;
V13=krimhal2; F1=Hedo; F2=Trad;
F3=Freizeit; F4=Norm; F5=Delikt;
/EQUATIONS
V1 = 1.0F3    + E1;
V2 =  .5*F3   + E2;
V3 = 1.0F1    + E3;
V4 =  .5*F1   + E4;
V5 =  .5*F1   + E5;
V6 = 1.0F2    + E6;
V7 =  .5*F2   + E7;
V8 =  .5*F2   + E8;
V9 = 1.0F4    + E9;
V10 =  .5*F4 + E10;
V11 =  .5*F4 + E11;
V12 = 1.0F5  + E12;
V13 =  .5*F5 + E13;
F4 = .5*F1 + .5*F2 + .5*F3 + D4;
F5 = .5*F4 + .5*F3 + D5;
F3 = .5*F1 + .5*F2 + D3;
/VARIANCES
F1, F2 = *;
E1 TO E13=.2*;
/COVARIANCES
F1, F2 = *;
E10, E11 = *;
```

```
/WTEST
/LMTEST
/PRINT
COVARIANCE=YES; CORRELATION=YES;
PARAMETER=YES; FIT=ALL;
/END
```

In den folgenden Tabellen 7.58 und 7.59 sind die Spezifikationen des Strukturgleichungsmodells mit fehlenden Werten aus Abschnitt 7.4.3.2 aufgeführt (vgl. Tabelle 7.33).

Tabelle 7.58: Spezifikation des Strukturgleichungsmodells zum Zusammenhang von Wertorientierungen, Freizeit, Rechtsnormen und Delinquenz mit fehlenden Werten (LISREL)

```
Strukturgleichungsmodell (Multiple Imputation)
Observed Variables
10618 10619 10053 10054 10076 10061 10066 10083
t0722 t0725 t0727 krimlej krimhal2
Sample Size = 1942
Missing Value Code -999999
Raw Data from file NKIMPNORM.dat
Latent Variables
Hedo Trad
Freizeit Norm Delikt
Relationships
10618=1*Freizeit
10619=Freizeit
10053=1*Hedo
10054=Hedo
10076=Hedo
10061=1*Trad
10066=Trad
10083=Trad
t0722=1*Norm
t0725=Norm
t0727=Norm
krimlej = 1*Delikt
krimhal2 = Delikt
Norm = Hedo Trad
Norm = Freizeit
Delikt = Norm Freizeit
Freizeit = Hedo Trad
Set the error covariance between t0727 and t0725 free
LISREL Output: SC RS MR ND=3 PT MI EF ME=ML PT
End of Problem
```

Tabelle 7.59: Spezifikation des Strukturgleichungsmodells zum Zusammenhang von Wertorientierungen, Freizeit, Rechtsnormen und Delinquenz mit fehlenden Werten (EQS)

```
/TITLE
Strukturgleichungsmodell (Multiple Imputation)
/SPECIFICATIONS
CASES=1942; VAR=13; ME=ML, Robust;
MC=-999999;
MA=RAW;
DATA='NKIMPNORM.DAT';
/LABELS ;
V1=10618; V2=10619; V3=10053;
V4=10054; V5=10076; V6=10061;
V7=10066; V8=10083; V9=t0722;
V10=t0725; V11=t0727; V12=krimlej;
V13=krimhal2; F1=Hedo; F2=Trad;
F3=Outakt; F4=Norm; F5=Delikt;
/EQUATIONS
V1  = 1.0F3   + E1;
V2  =  .5*F3  + E2;
V3  = 1.0F1   + E3;
V4  =  .5*F1  + E4;
V5  =  .5*F1  + E5;
V6  = 1.0F2   + E6;
V7  =  .5*F2  + E7;
V8  =  .5*F2  + E8;
V9  = 1.0F4   + E9;
V10 =  .5*F4  + E10;
V11 =  .5*F4  + E11;
V12 = 1.0F5   + E12;
V13 =  .5*F5  + E13;
F4 = .5*F1 +  .5*F2 +  .5*F3 + D4;
F5 = .5*F4 +  .5*F3 + D5;
F3 = .5*F1 +  .5*F2 + D3;
/VARIANCES
F1, F2 = *;
E1 TO E13=.2*;
/COVARIANCES
F1, F2 = *;
E10, E11 = *;
/WTEST
/LMTEST
/PRINT
COVARIANCE=YES; CORRELATION=YES;
PARAMETER=YES; FIT=ALL;
/END
```

7.6.4   Wachstumsmodelle

In den folgenden Tabellen 7.60 und 7.61 sind die Spezifikationen des zweifaktoriellen Wachstumsmodells aus Abschnitt 7.5.2 aufgeführt (vgl. Tabelle 7.37).

Tabelle 7.60: Spezifikation des zweifaktoriellen Wachstumsmodells (LISREL)

```
Zweifaktorielles Wachstumsmodell (drei Messzeitpunkte, gleiche Messfehler)
Observed Variables
BP90A01 CP81A01 DP83A01
Covariance Matrix
1.248
0.686   1.205
0.629   0.679   1.168
Means
3.963   3.964   3.953
Sample Size: 1844
Latent Variables
LEVEL SLOPE
Relationships
BP90A01 = 1*LEVEL + 0*SLOPE
CP81A01 = 1*LEVEL + 1*SLOPE
DP83A01 = 1*LEVEL + 2*SLOPE
LEVEL = CONST
SLOPE = CONST
Set the error variances of BP90A01 equal to the error variances of CP81A01
Set the error variances of CP81A01 equal to the error variances of DP83A01
LISREL Output: PT TV MI RS SC AD=OFF ND=3
End of Problem
```

Tabelle 7.61: Spezifikation des zweifaktoriellen Wachstumsmodells (EQS)

```
/TITLE
Zweifaktorielles Wachstumsmodell (drei Messzeitpunkte, gleiche Messfehler)
/SPECIFICATIONS
CASES=1844; VAR=3; ME=ML; MA=COV; ANALYSIS=MOMENT;
/LABELS
V1=BP90A01; V2=CP81A01; V3=DP83A01;
F1=LEVEL; F2=SLOPE;
/EQUATIONS
V1 = 1F1 + 0F2 + E1;
V2 = 1F1 + 1F2 + E2;
V3 = 1F1 + *F2 + E3;
F1 = *V999 + D1;
```

```
F2 = *V999 + D2;
/COVARIANCES
D1,D2 = *;
/CONSTRAINTS
(E1,E1) = (E2,E2) = (E3,E3);
/MEANS
3.963 3.964 3.953
/MATRIX
1.248
0.686  1.205
0.629  0.679  1.168
/WTEST
/LMTEST
/PRINT
COVARIANCES=YES; CORRELATIONS=YES;
PARAMETER=YES; FIT=ALL;
/END
```

In den folgenden Tabellen 7.62 und 7.63 sind die Spezifikationen des zweifaktoriellen Wachstumsmodells aus Abschnitt 7.5.3 aufgeführt (vgl. Tabelle 7.39).

Tabelle 7.62: Spezifikation des Wachstumsmodells mit Prädiktorvariablen (LISREL)

```
Zweifaktorielles Wachstumsmodell mit Praediktorvariable Alter
Observed Variables
BP90A01 CP81A01 DP83A01 ALTER DP89A01
Covariance Matrix
 1.248
 0.686   1.205
 0.629   0.679   1.168
 1.323   1.639   2.053  148.769
-0.169  -0.171  -0.216   -0.724  0.268
Means
 3.963   3.964   3.953   47.104  2.239
Sample Size: 1844
Latent Variables
LEVEL SLOPE AGE
Relationships
BP90A01 = 1*LEVEL + 0*SLOPE
CP81A01 = 1*LEVEL + 1*SLOPE
DP83A01 = 1*LEVEL + 2*SLOPE
ALTER = 1*AGE
LEVEL = CONST + AGE
SLOPE = CONST + AGE
AGE = CONST
Set the error variance of ALTER to 0
```

```
Set the error covariance between LEVEL and SLOPE free
Set the error variances of BP90A01 equal to the error variances of CP81A01
Set the error variances of CP81A01 equal to the error variances of DP83A01
LISREL Output: PT TV MI RS SC AD=OFF ND=3
End of Problem
```

Tabelle 7.63: Spezifikation des Wachstumsmodells mit Prädiktorvariable (EQS)

```
/TITLE
Zweifaktorielles Wachstumsmodell mit Praediktorvariable Alter
/SPECIFICATIONS
CASES=1844; VAR=5; ME=ML; MA=COV; ANALYSIS=MOMENT;
/LABELS
V1=BP90A01; V2=CP81A01; V3=DP83A01; V4=ALTER; V5=DP89A01;
F1=INTERCEPT; F2=SLOPE;
/EQUATIONS
V1 = 1F1 + 0F2 + E1;
V2 = 1F1 + 1F2 + E2;
V3 = 1F1 + 2F2 + E3;
V4 = *V999 + E4;
F1 = *V999 + *V4 + D1;
F2 = *V999 + *V4 + D2;
/VARIANCES
E1 to E4 = *;
D1 to D2 = *;
/COVARIANCES
D1,D2 = *;
/CONSTRAINTS
(E1,E1) = (E2,E2) = (E3,E3);
/MEANS
3.963   3.964   3.953   47.104   2.239
/MATRIX
 1.248
 0.686    1.205
 0.629    0.679    1.168
 1.323    1.639    2.053   148.769
-0.169   -0.171   -0.216   -0.724    0.268
/WTEST
/LMTEST
/PRINT
COVARIANCE=YES; CORRELATION=YES;
PARAMETER=YES; FIT=ALL;
/END
```

In den folgenden Tabellen 7.64 und 7.65 sind die Spezifikationen des zweifaktoriellen Wachstumsmodells aus Abschnitt 7.5.3 aufgeführt (vgl. Tabelle 7.40).

Tabelle 7.64: Spezifikation des Wachstumsmodells mit Prädiktor- und Kriteriumsvariable (LIS-REL)

```
Zweifaktorielles Wachstumsmodell mit Praediktorvariable Alter
und Kriteriumsvariable Aufenthaltsdauer
Observed Variables
BP90A01 CP81A01 DP83A01 ALTER DP89A01
Covariance Matrix
 1.248
 0.686    1.205
 0.629    0.679    1.168
 1.323    1.639    2.053   148.769
-0.169   -0.171   -0.216    -0.724   0.268
Means
 3.963    3.964    3.953    47.104   2.239
Sample Size: 1844
Latent Variables
LEVEL SLOPE AGE AUFENT
Relationships
BP90A01 = 1*LEVEL + 0*SLOPE
CP81A01 = 1*LEVEL + 1*SLOPE
DP83A01 = 1*LEVEL + 2*SLOPE
ALTER = 1*AGE
DP89A01 = 1*AUFENT
LEVEL = CONST + AGE
SLOPE = CONST + AGE
AGE = CONST
AUFENT = CONST + LEVEL + SLOPE
Set the error variance of ALTER to 0
Set the error variance of DP89A01 to 0
Set the error covariance between LEVEL and SLOPE free
Set the error variances of BP90A01 equal to the error variances of CP81A01
Set the error variances of CP81A01 equal to the error variances of DP83A01
LISREL Output: PT TV MI RS SC AD=OFF ND=3
!Path Diagram
End of Problem
```

Tabelle 7.65: Spezifikation des Wachstumsmodells mit Prädiktor- und Kriteriumsvariable (EQS)

```
/TITLE
Zweifaktorielles Wachstumsmodell mit Praediktorvariable Alter
und Kriteriumsvariable Aufenthaltsdauer
/SPECIFICATIONS
CASES=1844; VAR=5; ME=ML; MA=COV; ANALYSIS=MOMENT;
/LABELS
```

```
V1=BP90A01; V2=CP81A01; V3=DP83A01; V4=ALTER; V5=DP89A01;
F1=INTERCEPT; F2=SLOPE;
/EQUATIONS
V1 = 1F1 + 0F2 + E1;
V2 = 1F1 + 1F2 + E2;
V3 = 1F1 + 2F2 + E3;
V4 = *V999 + E4;
V5 = *V999 + *F1 + *F2 + E5;
F1 = *V999 + *V4 + D1;
F2 = *V999 + *V4 + D2;
/VARIANCES
E1 to E5 = *;
D1 to D2 = *;
/COVARIANCES
D1,D2 = *;
/CONSTRAINTS
(E1,E1) = (E2,E2) = (E3,E3);
/MEANS
3.963 3.946 3.953 47.104 2.239
/MATRIX
 1.248
 0.686    1.205
 0.629    0.679    1.168
 1.323    1.639    2.053    148.769
-0.169   -0.171   -0.216    -0.724    0.268
/WTEST
/LMTEST
/PRINT
COVARIANCES=YES; CORRELATION=YES;
PARAMETER=YES; FIT=ALL;
/END
```

In den folgenden Tabellen 7.66 und 7.67 sind die Spezifikationen des generalisierten Wachstumsmodells aus Abschnitt 7.5.4 aufgeführt (vgl. Tabelle 7.42).

Tabelle 7.66: Spezifikation des *curves-of-factor model* für *Identität* (LISREL)

```
Zweifaktorielles Curves-Of-Factor model (Variante 2)
Observed Variables
BP90A01 BP90A02 CP81A01 CP81A02 DP83A01 DP83A02
Covariance Matrix
1.248
0.811  1.068
0.686  0.577  1.205
0.563  0.580  0.844  1.064
0.629  0.525  0.679  0.578  1.186
```

```
0.537  0.514  0.580  0.542  0.815  0.986
Means
3.963 4.283 3.964 4.232 3.953 4.236
Sample Size: 1844
Latent Variables
ID85 ID86 ID87 LEVEL SLOPE
Relationships
BP90A01 = 1*ID85
BP90A02 = ID85
CP81A01 = 1*ID86
CP81A02 = ID86
DP83A01 = 1*ID87
DP83A02 = ID87
ID85 = 1*LEVEL
ID86 = 1*LEVEL
ID87 = 1*LEVEL
ID86 = 1*SLOPE
ID87 = 2*SLOPE
LEVEL = CONST
SLOPE = CONST
Set path from ID85 to BP90A02 equal to path from ID86 to CP81A02
Set path from ID86 to CP81A02 equal to path from ID87 to DP83A02
Set the error covariance between BP90A01 and CP81A01 free
Set the error covariance between BP90A01 and DP83A01 free
Set the error covariance between CP81A01 and DP83A01 free
Set the error covariance between BP90A02 and CP81A02 free
Set the error covariance between BP90A02 and DP83A02 free
Set the error covariance between CP81A02 and DP83A02 free
LISREL Output: PT TV MI RS SC AD=OFF ND=3
End of Problem
```

Tabelle 7.67: Spezifikation des *curves-of-factor model* für *Identität* (EQS)

```
/TITLE
Zweifaktorielles Curves-Of-Factor model (Variante 2)
/SPECIFICATIONS
CASES=1844; VAR=6; ME=ML; MA=COV; ANALYSIS=MOMENT;
/LABELS
V1=BP90A01; V2=BP90A02; V3=CP81A01;
V4=CP81A02; V5=DP83A01; V6=DP83A02;
F1=ID85; F2=ID86; F3=ID87;
F4=INTERCEPT; F5=SLOPE;
/EQUATIONS
V1 = 0V999 +  F1 + E1;
V2 = *V999 + *F1 + E2;
V3 = 0V999 +  F2 + E3;
V4 = *V999 + *F2 + E4;
V5 = 0V999 +  F3 + E5;
```

```
V6 = *V999 + *F3 + E6;
F1 = 1F4    + 0F5 + D1;
F2 = 1F4    + 1F5 + D2;
F3 = 1F4    + 2F5 + D3;
F4 = *V999        + D4;
F5 = *V999        + D5;
/VARIANCES
E1 to E6 = *;
D1 to D4 = *;
/COVARIANCES
E1 to E6 = 0;
E2,E4 = *; E2,E6 = *; E4,E6 = *;
D4,D5 = *;
/CONSTRAINTS
(V2,F1) = (V4,F2) = (V6,F3);
(E1,E1) = (E3,E3) = (E5,E5);
(E2,E2) = (E4,E4) = (E6,E6);
/MEANS
3.963 4.283 3.946 4.232 3.953 4.236
/MATRIX
1.248
0.811  1.068
0.686  0.577  1.205
0.563  0.580  0.844  1.064
0.629  0.525  0.679  0.578  1.186
0.537  0.514  0.580  0.542  0.815  0.986
/WTEST
/LMTEST
/PRINT
COVARIANCE=YES; CORRELATION=YES;
PARAMETER=YES; FIT=ALL;
/END
```

In den folgenden Tabellen 7.68 und 7.69 sind die Spezifikationen des generalisierten Wachstumsmodells aus Abschnitt 7.5.4 aufgeführt (vgl. Tabelle 7.44).

Tabelle 7.68: Spezifikation des *curves-of-factor model* für *Sprachkenntnisse* (LISREL)

```
Zweifaktorielles Curves-Of-Factor model (Variante 2)
Observed Variables
BP91A01 BP91A02 CP82A01 CP82A02 DP84A01 DP84A02
Covariance Matrix
1.102
1.024  1.702
0.793  0.889  1.033
0.899  1.335  1.015  1.678
```

```
0.734   0.830   0.759   0.859   0.984
0.881   1.293   0.886   1.311   0.970   1.651
Means
2.657   3.465   2.667   3.489   2.658   3.515
Sample Size: 2048
Latent Variables
SP85 SP86 SP87 LEVEL SLOPE
Relationships
BP91A01 = 1*SP85
BP91A02 = SP85
CP82A01 = 1*SP86
CP82A02 = SP86
DP84A01 = 1*SP87
DP84A02 = SP87
SP85 = 1*LEVEL
SP86 = 1*LEVEL
SP87 = 1*LEVEL
SP86 = 1*SLOPE
SP87 = 2*SLOPE
LEVEL = CONST
SLOPE = CONST
Set path from SP85 to BP91A02 equal to path from SP86 to CP82A02
Set path from SP86 to CP82A02 equal to path from SP87 to DP84A02
Set the error covariance between BP91A01 and CP82A01 free
Set the error covariance between BP91A01 and DP84A01 free
Set the error covariance between CP82A01 and DP84A01 free
Set the error covariance between BP91A02 and CP82A02 free
Set the error covariance between BP91A02 and DP84A02 free
Set the error covariance between CP82A02 and DP84A02 free
LISREL Output: PT TV MI RS SC AD=OFF ND=3
End of Problem
```

Tabelle 7.69: Spezifikation des *curves-of-factor model* für *Sprachkenntnisse* (EQS)

```
/TITLE
Zweifaktorielles Curves-Of-Factor model (Variante 2)
/SPECIFICATIONS
CASES=2048; VAR=6; ME=ML; MA=COV; ANALYSIS=MOMENT;
/LABELS
V1=BP90A01; V2=BP90A02; V3=CP81A01;
V4=CP81A02; V5=DP84A01; V6=DP84A02;
F1=ID85; F2=ID86; F3=ID87;
F4=INTERCEPT; F5=SLOPE;
/EQUATIONS
V1 = 0V999 +  F1 + E1;
V2 = *V999 + *F1 + E2;
V3 = 0V999 +  F2 + E3;
V4 = *V999 + *F2 + E4;
```

```
V5 = 0V999 +   F3 + E5;
V6 = *V999 + *F3 + E6;
F1 = 1F4    + 0F5 + D1;
F2 = 1F4    + 1F5 + D2;
F3 = 1F4    + 2F5 + D3;
F4 = *V999        + D4;
F5 = *V999        + D5;
/VARIANCES
E1 to E6 = *;
D1 to D4 = *;
/COVARIANCES
E1 to E6 = 0;
E2,E4 = *; E2,E6 = *; E4,E6 = *;
D4,D5 = *;
/CONSTRAINTS
(V2,F1) = (V4,F2) = (V6,F3);
(E1,E1) = (E3,E3) = (E5,E5);
(E2,E2) = (E4,E4) = (E6,E6);
/MEANS
2.657  3.465  2.667  3.489  2.658  3.515
/MATRIX
1.102
1.024  1.702
0.793  0.889  1.033
0.899  1.335  1.015  1.678
0.734  0.830  0.759  0.859  0.984
0.881  1.293  0.886  1.311  0.970  1.651
/WTEST
/LMTEST
/PRINT
COVARIANCE=YES; CORRELATION=YES;
PARAMETER=YES; FIT=ALL;
/END
```

In den folgenden Tabellen 7.70 und 7.71 sind die Spezifikationen des parallelen Prozeßmodells aus Abschnitt 7.5.4 aufgeführt (vgl. Tabelle 7.45).

Tabelle 7.70: Spezifikation des parallelen Prozeßmodells (LISREL)

```
Paralleles Prozessmodell (Variante 1)
Observed Variables
BP90A01    BP90A02    CP81A01    CP81A02    DP83A01    DP83A02
BP91A01    BP91A02    CP82A01    CP82A02    DP84A01    DP84A02
Covariance Matrix
1.238
0.794  1.051
```

```
0.668   0.568   1.201
0.550   0.568   0.836   1.057
0.620   0.522   0.670   0.573   1.192
0.517   0.504   0.566   0.533   0.814   0.998
0.452   0.369   0.443   0.353   0.436   0.377   1.111
0.521   0.431   0.497   0.411   0.501   0.443   1.036   1.712
0.384   0.325   0.461   0.352   0.421   0.357   0.797   0.891   1.034
0.464   0.410   0.530   0.432   0.461   0.412   0.904   1.340   1.017   1.676
0.361   0.321   0.424   0.341   0.437   0.378   0.731   0.830   0.756   0.856   0.978
0.467   0.404   0.500   0.437   0.528   0.461   0.890   1.306   0.890   1.317   0.973   1.665
 Means
3.981       4.296       3.976       4.234       3.961       4.238
2.659       3.456       2.671       3.494       2.660       3.512
Sample Size: 1922
Latent Variables
ID85 ID86 ID87
SP85 SP86 SP87
ID_LEVEL ID_SLOPE
SP_LEVEL SP_SLOPE
Relationships
BP90A01 = 1*ID85
BP90A02 = ID85
CP81A01 = 1*ID86
CP81A02 = ID86
DP83A01 = 1*ID87
DP83A02 = ID87
ID85 = 1*ID_LEVEL
ID86 = 1*ID_LEVEL
ID87 = 1*ID_LEVEL
ID86 = 1*ID_SLOPE
ID87 = 2*ID_SLOPE
ID_LEVEL = CONST
ID_SLOPE = CONST
BP91A01 = 1*SP85
BP91A02 = SP85
CP82A01 = 1*SP86
CP82A02 = SP86
DP84A01 = 1*SP87
DP84A02 = SP87
SP85 = 1*SP_LEVEL
SP86 = 1*SP_LEVEL
SP87 = 1*SP_LEVEL
SP86 = 1*SP_SLOPE
SP87 = 2*SP_SLOPE
SP_LEVEL = CONST
SP_SLOPE = CONST
Set path from ID85 to BP90A02 equal to path from ID86 to CP81A02
Set path from ID86 to CP81A02 equal to path from ID87 to DP83A02
Set the error covariance between BP90A01 and CP81A01 free
Set the error covariance between BP90A01 and DP83A01 free
Set the error covariance between CP81A01 and DP83A01 free
```

```
Set path from SP85 to BP91A02 equal to path from SP86 to CP82A02
Set path from SP86 to CP82A02 equal to path from SP87 to DP84A02
Set the error covariance between BP91A01 and CP82A01 free
Set the error covariance between BP91A01 and DP84A01 free
Set the error covariance between CP82A01 and DP84A01 free
Set the error covariance between BP91A02 and CP82A02 free
Set the error covariance between BP91A02 and DP84A02 free
Set the error covariance between CP82A02 and DP84A02 free
Set the error covariance between ID_LEVEL and SP_SLOPE to 0
Set the error covariance between SP_LEVEL and ID_SLOPE to 0
Set the covariance between ID85 and SP85 free
Set the covariance between ID86 and SP86 free
Set the covariance between ID87 and SP87 free
Set the error covariance between SP_SLOPE and ID_SLOPE to 0
LISREL Output: PT TV MI RS SC AD=OFF ND=3
End of Problem
```

Tabelle 7.71: Spezifikation des parallelen Prozeßmodells (EQS)

```
/TITLE
Paralleles Prozessmodell (Variante 1)
/SPECIFICATIONS
CASES=1922 ; VAR=12; ME=ML; MA=COV; ANALYSIS=MOMENT;
/LABELS
V1=BP90A01; V2=BP90A02; V3=CP81A01; V4=CP81A02;
V5=DP83A01; V6=DP83A02; V7=BP91A01; V8=BP91A02;
V9=CP82A01; V10=CP82A02; V11=DP84A01; V12=DP84A02;
F1=ID85; F2=ID86; F3=ID87;
F4=ID_INTER; F5=ID_SLOPE;
F6=SP85; F7=SP86; F8=SP87;
F9=SP_INTER; F10=SP_SLOPE;
/EQUATIONS
V1  = 0V999 +   F1 + E1;
V2  = *V999 +  *F1 + E2;
V3  = 0V999 +   F2 + E3;
V4  = *V999 +  *F2 + E4;
V5  = 0V999 +   F3 + E5;
V6  = *V999 +  *F3 + E6;
V7  = 0V999 +   F6 + E7;
V8  = *V999 +  *F6 + E8;
V9  = 0V999 +   F7 + E9;
V10 = *V999 +  *F7 + E10;
V11 = 0V999 +   F8 + E11;
V12 = *V999 +  *F8 + E12;
F1  = 1F4 + 0F5 + D1;
F2  = 1F4 + 1F5 + D2;
F3  = 1F4 + 2F5 + D3;
F4  = *V999     + D4;
```

```
F5  = *V999      + D5;
F6  = 1F9 + 0F10 + D6;
F7  = 1F9 + 1F10 + D7;
F8  = 1F9 + 2F10 + D8;
F9  = *V999      + D9;
F10 = *V999      + D10;
/VARIANCES
E1 to E12 = *;
D1 to D10 = *;
/COVARIANCES
E1,E12 = 0;
E2,E4 = *;  E2,E6 = *;  E4,E6 = *;
E7,E9 = *;  E7,E11= *;  E9,E11 = *;
D4,D5 = *;  D9,D10 = *;  D4,D9 = *;
D4,D10 = *;  D5,D9 = *;  D5,D10 = *;
D1,D6 = *;  D2,D7 = *;  D3,D8 = *;
/MEANS
3.981   4.296   3.976   4.234   3.961   4.238
2.659   3.456   2.671   3.494   2.660   3.512
/MATRIX
1.238
0.794   1.051
0.668   0.568   1.201
0.550   0.568   0.836   1.057
0.620   0.522   0.670   0.573   1.192
0.517   0.504   0.566   0.533   0.814   0.998
0.452   0.369   0.443   0.353   0.436   0.377   1.111
0.521   0.431   0.497   0.411   0.501   0.443   1.036   1.712
0.384   0.325   0.461   0.352   0.421   0.357   0.797   0.891   1.034
0.464   0.410   0.530   0.432   0.461   0.412   0.904   1.340   1.017   1.676
0.361   0.321   0.424   0.341   0.437   0.378   0.731   0.830   0.756   0.856   0.978
0.467   0.404   0.500   0.437   0.528   0.461   0.890   1.306   0.890   1.317   0.973   1.665
/WTEST
/LMTEST
/PRINT
COVARIANCE=YES; CORRELATION=YES;
PARAMETER=YES; FIT=ALL; EFFECTS=YES;
/END
```

8   EDV-Programme

Programme zur Berechnung von Strukturgleichungsmodellen gehören nach wie vor nicht zur Standardausstattung von Statistikprogrammpaketen.[1] Seit den 1970er und bis Anfang der 1990er Jahre werden Veröffentlichungen zu Strukturgleichungsmodellen von zwei Einzelprogrammen bestimmt: Zum einen durch LISREL, entwickelt von Karl Jöreskog und Dag Sörbom (Universität Uppsala, Schweden) und zum anderen durch EQS, entwickelt von Peter Bentler (*University of California, Los Angeles*).[2]

Den heutigen Betriebssystemen entsprechend müssen Programme für Strukturgleichungsmodelle zwei wesentliche Entwicklungen beachten: Zum einen das mit der gestiegenen Leistungsfähigkeit von Computern einhergehende Bedürfnis nach graphischer Unterstützung von komplexen Gleichungssystemen, und zum anderen eine stärkere Berücksichtigung statistischer Prozeduren für nicht normalverteilte Daten, die den sozialwissenschaftlichen Forschungsbedürfnissen stärker entgegenkommt. Auf beide Entwicklungen haben sowohl LISREL als auch EQS reagiert und entsprechende Innovationen vorgenommen. Auch wenn mittlerweile eine ganze Reihe neuer Programme auf den Markt gekommen sind, die insbesondere bei den graphischen Möglichkeiten deutliche Verbesserungen zeigen, wird der wesentliche Anteil von Veröffentlichungen einschließlich einschlägiger englischsprachiger Lehrbücher durch die Programme LISREL und EQS bestimmt. Dem Leser dieses Buches wird dadurch der Gebrauch ergänzender Literatur erleichtert.

Im folgenden Abschnitt 8.1 wird zunächst auf die Entwicklung des Programms LISREL eingegangen und die Notation der Variablen, Vektoren und Matrizen erläutert. Daran schließen sich die entsprechenden Ausführungen zum Programm EQS an (Abschnitt 8.2). In Abschnitt 8.3 wird ein Überblick über weitere Programme zur Berechnung von Strukturgleichungsmodellen gegeben.

Im abschließenden Abschnitt 8.4 wird kurz auf das von Schafer (1997) entwickelte Programm NORM eingegangen, das im Kapitel 7, Abschnitt 7.4.3 für die mehrfache Ersetzung von fehlenden Werten (*multiple imputation*) eingesetzt wurde.

---

[1]   Einzige Ausnahme ist *Proc Calis* als integrierte Prozedur des Statistikprogrammpaketes SAS (vgl. das Manual von Hatcher, 1998). Beispiele zur konfirmatorischen Faktorenanalyse und Strukturgleichungsmodellen werden mit *Proc Calis* in Marcoulides und Hershberger (1997) durchgeführt.

[2]   LISREL ist die Abkürzung für *LInear Structural RELationship*, EQS steht für *EQation System*.

8.1   LISREL

8.1.1   Entwicklung des Programms

Die erste Version des Programms LISREL aus dem Jahre 1974, die der Öffentlichkeit mit einem Manual zur Verfügung stand, war LISREL III. Der Nutzer mußte mit einem festen Eingabeformat arbeiten und für alle zu schätzenden Parameter Startwerte vorgeben. Die Programmversion war beschränkt auf das ML-Schätzverfahren (vgl. hierzu Kapitel 6, Abschnitt 6.1.4.1). 1978 konnte mit der Version IV ein freies Eingabeformat verwendet werden. Außerdem arbeitete diese Version mit bestimmten Schlüsselwörtern, die in der Programmsyntax zu berücksichtigen waren. Mit der Version V (1981) brauchten keine Startwerte mehr angegeben zu werden und zwei weitere Schätzverfahren (ULS und GLS, vgl. hierzu Kapitel 6, Abschnitte 6.1.4.2 und 6.1.4.3) standen zur Verfügung. Der Einbau des LM-Tests (vgl. Kapitel 6, Abschnitt 6.1.5.2) war die wesentliche Innovation der Version VI aus dem Jahre 1984. Die Version VII aus dem Jahre 1988 enthielt erstmals das Zusatzprogramm PRELIS[3], das aus den Rohdaten verschiedene Eingabematrizen berechnet, die in LISREL eingelesen werden können. Inbesondere zur Schätzung der asympotischen Varianz-/Kovarianzmatrix, die als Gewichtungsmatrix in dem von Browne (1982, 1984) entwickelten WLS-Schätzer (vgl. hierzu Kapitel 6, Abschnitt 6.1.4.4) verwendet wird, ist PRELIS zwingend notwendig.

Die erste Fassung der bis heute aktuellen und jährlich verbesserten Version LISREL VIII aus dem Jahre 1994 enthält die Syntaxsprache SIMPLIS (*SIMple LISrel*), die eine wesentliche Vereinfachung der matrizenorientierten Eingaben mit Schlüsselwörtern bedeutet. SIMPLIS arbeitet nach Gleichungen und ist der Eingabesyntax des Programms EQS (vgl. Tabelle 8.8) sehr ähnlich. Aus didaktischen Gründen sind alle Beispiele in diesem Lehrbuch in der SIMPLIS-Syntax formuliert (vgl. zu einem ähnlichen Aufbau das Lehrbuch von Schumacker & Lomax, 1996). Kennzeichnend für die neueste Programmversion (Version 8.7) sind menügesteuerte Befehlsoptionen und Möglichkeiten, den Modellaufbau alternativ zur Syntax in graphischer Weise vorzunehmen. Die graphisch-orientierten Befehlsmöglichkeiten sind allerdings nur zu empfehlen, wenn es um den Test kleinerer Modelle geht.

8.1.2   Die LISREL-Notation

Da die Erörterung der einzelnen Modelle in den Kapiteln 5, 6 und 7 mittels der LISREL-Notation erfolgt ist und die meisten englischsprachigen Lehrbücher zu Strukturgleichungsmodellen auf die LISREL-Notation zurückgreifen, wird diese hier im folgenden tabellarisch erläutert. Tabelle 8.1 zeigt die in LISREL verwendeten Variablenbezeichnungen.

Latente und manifeste Variablen werden als Vektoren spezifiziert. Die folgende Konvention wird getroffen, um die spezifische Anzahl der Variablen für den jeweiligen Vektor zu definieren:

– n ist die Anzahl der latenten Variablen ξ.

---

[3]   PRELIS ist die Abkürzung für *PReprocessor of LISrel*.

- m ist die Anzahl der latenten Variablen η.
- p ist die Anzahl der manifesten Variablen x.
- q ist die Anzahl der manifesten Variablen y.

Den Modellaufbau mit allen sieben Variablen zeigt Abbildung 8.1. Graphisch werden latente Variablen in der Regel als Ovale oder Kreise gezeichnet, die manifesten Variablen als Quadrate oder Rechtecke.

Abbildung 8.1: Der Modellaufbau in LISREL

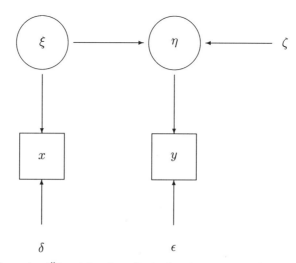

Tabellen 8.2 und 8.3 geben eine Übersicht über die in den Strukturgleichungen verwendeten Bezeichnungen der Matrizen, Tabellen 8.4 und 8.5 stellt die Parameterbezeichnungen zusammen.

Tabelle 8.1: Die Variablenbezeichnungen in LISREL

Zeichen	Aussprache	Bedeutung
ξ	Ksi	exogene latente Variable
η	Eta	endogene latente Variable
x		manifeste Variable der latenten Variablen ξ
y		manifeste Variable der latenten Variablen η
ζ	Zeta	Residuen der latenten Variablen η
δ	Delta	Meßfehler der manifesten Variablen x
ϵ	Epsilon	Meßfehler der manifesten Variablen y

Tabelle 8.2: Die Matrizen in LISREL: Meßmodell

Zeichen	Aussprache	Bedeutung
Λ_x	Lambda$_x$	$(p \times m)$ Faktorenladungen der x-Variablen
Λ_y	Lambda$_y$	$(q \times n)$ Faktorenladungen der y-Variablen
Θ_δ	Theta-delta	$(p \times p)$ Meßfehlervarianzen und -kovarianzen der x-Variablen
Θ_ϵ	Theta-epsilon	$(q \times q)$ Meßfehlervarianzen und -kovarianzen der y-Variablen
$\Theta_{\delta\epsilon}$	Theta-delta-epsilon	$(q \times p)$ Meßfehlerkovarianzen der x- und y-Variablen

Tabelle 8.3: Die Matrizen in LISREL: Strukturmodell

Zeichen	Aussprache	Bedeutung
Γ	Gamma	$(m \times n)$ Strukturkoeffizienten zwischen ξ- und η-Variablen
B	Beta	$(m \times m)$ Strukturkoeffizienten zwischen den η-Variablen
Φ	Phi	$(n \times n)$ Varianzen und Kovarianzen zwischen den ξ-Variablen
Ψ	Psi	$(m \times 1)$ Residualvarianzen und -kovarianzen zwischen η-Variablen

Alle fixierten, alle durch Gleichsetzungen restringierten und alle frei zu schätzenden Parameter werden in der LISREL-Notation in Form der genannten Matrizen spezifiziert. Zu beachten ist, daß einzelne Teile des LISREL-Outputs nicht der SIMPLIS-Notation folgen, sondern die entsprechenden Informationen ausschließlich in Matrizenform ausgegeben werden. Dies betrifft beispielsweise die vollständig standardisierte Lösung, die in LISREL als *completely standardized solution* bezeichnet wird, und die Effektzerlegung (*Total and Indirect Effects*). Auch wenn die SIMPLIS-Notation verwendet wird, besteht die Wahl zwischen dem SIMPLIS- oder dem LISREL-Output, der alles in Matrizen und Vektoren darstellt (vgl. die Syntax in Tabelle 8.6).

8.1.3   Die LISREL- und SIMPLIS-Syntax

Im Programm LISREL wird über das Zusatzprogramm PRELIS die Möglichkeit geboten, Daten aus unterschiedlichen Formaten (z. B. SPSS-Systemfiles) einzulesen, zu bearbeiten und Kova-

Tabelle 8.4: Die Parameter in LISREL: Meßmodell

Zeichen	Aussprache	Bedeutung
λ_x	lambda$_x$	Element der Matrix Λ_x (Faktorenladung)
λ_y	lambda$_y$	Element der Matrix Λ_y (Faktorenladung)
θ_δ	theta-delta	Element der Matrix Θ_δ (Meßfehler)
θ_ϵ	theta-epsilon	Element der Matrix Θ_ϵ (Meßfehler)
$\theta_{\delta\epsilon}$	theta-delta-epsilon	Element der Matrix $\Theta_{\delta\epsilon}$ (Meßfehler)
τ_x	tau$_x$	Mittelwerte der manifesten Variablen x
τ_y	tau$_y$	Mittelwerte der manifesten Variablen y

Tabelle 8.5: Die Parameter in LISREL: Strukturmodell

Zeichen	Aussprache	Bedeutung
γ	gamma	Element der Matrix Γ (Strukturkoeffizient)
β	beta	Element der Matrix B (Strukturkoeffizient)
ϕ	phi	Element der Matrix Φ (Varianz/Kovarianz)
ψ	psi	Element der Matrix Ψ (Varianz/Kovarianz)
κ	kappa	Mittelwerte der latenten Variablen ξ
α	alpha	Mittelwerte der latenten Variablen η

rianzmatrizen sowie Mittelwertsvektoren für die zu berechnenden Strukturgleichungsmodelle bereitzustellen. In der Programmversion 8.5 besteht die Möglichkeit, das entsprechende Modell graphisch darzustellen, um daraus den Programmcode bzw. die Syntax generieren zu lassen. Für komplexere Modelle ist eine manuelle Erstellung des Programmcodes mit der Syntax zu empfehlen. Zwei Möglichkeiten stehen hier zur Verfügung:

1. Mit der sogennanten LISREL-Notation werden die einzelnen Parameter in den Matrizen (vgl. die Tabellen 8.2 bis 8.5) mit festgelegten Schlüsselwörtern spezifiziert. Bis zur Version VIII von LISREL war dies die einzige Möglichkeit, Modelle zu spezifizieren. Beim Nutzer wird vorausgesetzt, daß er mit dem Umgang mit Matrizen vertraut ist und sich die Kenntnisse über die Schlüsselwörter durch das Manual oder die Hilfemenüs aneignet.

2. Mit der sogenannten SIMPLIS-Notation werden die einzelnen Parameter in Form von Gleichungen spezifiziert. Für jede abhängige Variable im Meß- und Strukturmodell muß eine Syntaxzeile formuliert werden. Restriktionen werden in Satzform (vgl. den Set-Befehl in Tabelle 8.6) in die Syntax eingebaut. Beim Nutzer wird vorausgesetzt, daß

er ein Strukturgleichungsmodell in ein Gleichungssytem umformulieren kann. Es sind einige Schlüsselwörter notwendig, um die Syntax zu strukturieren und den gewünschten Output zu steuern.

Hierbei muß beachtet werden, daß spezielle Modellspezifikationen, wie beispielsweise nicht-lineare Parameterrestriktionen, nur in der LISREL-Notation möglich sind (vgl. Yang Jonsson, 1998; Reinecke, 2001 sowie die jeweils aufgeführten Syntax-Files in der LISREL-Notation). Keines der in diesem Lehrbuch besprochenen Beispiele ist davon betroffen.

Tabelle 8.6: Die SIMPLIS-Syntax

Title
...
Observed Variables
...
Sample Size: ...
Covariance Matrix from file ...
Means from file ...
Asymptotic Covariance Matrix from file ...
...
Latent Variables
...
Relationships
...
Set ... equal to ...
...
LISREL Output: ... Schlüsselwörter
Options: ... Schlüsselwörter
Path Diagram
End of Problem

Tabelle 8.6 zeigt ein typisches Syntaxfile in der SIMPLIS-Notation, der mit den einzelnen Beispielen in den Anhängen der Kapitel 5, 6 und 7 verglichen werden kann. Die Wahl der Eingabematrizen und -vektoren ist davon abhängig, welcher Modelltyp mit welchem Schätzverfahren berechnet werden soll. Bei kleinen Modellen kann es vorteilhaft sein, die Kovarianzmatrix direkt in die Syntax aufzunehmen (vgl. die Beispiele im Anhang von Kapitel 5). Bei bestimmten Techniken der Behandlung fehlender Werte müssen die Rohdaten direkt in der SIMPLIS-Syntax über den Befehl *Raw data from file ...* aufgerufen werden (vgl. Du Toit & Du Toit, 2001, S. 234f.). Unter *Observed Variables* sind die Labels der manifesten Variablen anzugeben, unter *Latent Variables* die Labels der latenten Variablen, wenn das Modell dies vorsieht. Die Labels sind deswegen zwingend notwendig, weil die Spezifikation der einzelnen Meß- und Strukturgleichungen unter *Relationships* auf diese Labels zurückgreift. Die griechischen Variablenbezeichnungen werden in der SIMPLIS-Notation nicht verwendet. Mit *LISREL Output* wird der matrizenorientierte Output (einschließlich der griechischen Variablen- und Matrizenbezeichnungen) angefordert. Alternativ kann der Befehl *Options* benutzt werden, um den gleichungsorientierten SIMPLIS-Output zu erhalten, der, wie schon erwähnt, auch bestimmte Informationen ausschließlich in Matrizenform darstellt. Bei der Angabe von *Path Diagram* wird das Strukturgleichungsmodell gezeichnet. Das Schlüsselwort *Group* muß in jeder Titelzeile am Anfang stehen, wenn ein multipler Gruppenvergleich gerechnet werden soll.

Dem Nutzer des Programms LISREL stehen unterschiedliche Manuale zur Verfügung. Am wichtigsten ist Jöreskog und Sörbom (1993a), das die SIMPLIS-Notation beispielhaft erläutert und die einzelnen Syntax-Befehle in einem Kapitel zum Nachschlagen zusammenfaßt. Nutzer der LISREL-Notation erhalten die wesentlichen Informationen aus dem LISREL-Manual (Jöreskog & Sörbom, 1993b, 2004). Die Möglichkeiten des Zusatzprogramms PRELIS sind in einem gesonderten Manual zusammengestellt (Jöreskog & Sörbom, 1993c). Wer sich näher mit den graphischen und interaktiven Möglichkeiten des Programms auseinandersetzen will, kann auf den *Interactive User's Guide* von LISREL zurückgreifen (Du Toit & Du Toit, 2001). Neuere statistische Verfahren, die sowohl in PRELIS als auch in LISREL in den letzten Jahren implementiert wurden, werden in Jöreskog et al. (2000) mit Beispielen diskutiert. Weitere Informationen sind auf der Webseite von SSI (*Scientific Software International*) erhältlich (http://www.ssicentral.com).

8.1.4   Weiterführende Literatur

Neben den Manualen stehen auch statistische und anwendungsorientierte Lehrbücher zur Verfügung, die sich mit den Möglichkeiten des Programms LISREL auseinandersetzen. Zu den anspruchsvolleren zählt Bollen (1989), das ausführlich die einzelnen Modellmöglichkeiten sowohl formal-statistisch, als auch anhand von Beispielen diskutiert. Dem Autor stand LISREL VI zur Verfügung, so daß die Beispiele in der LISREL-Notation besprochen werden. Ausschließlich mit der LISREL-Notation wird auch in den Büchern von Mueller (1996), Kelloway (1998), Maruyama (1998) und Loehlin (2004) gearbeitet. Die SIMPLIS-Notation wird in Schumacker und Lomax (1996, 2004) verwendet, während Byrne (1998) und Diamantopoulos und Siguaw (2000) Beispiele für beide Notationen vorstellen. Kline (1998, S. 314f.) verweist in seinem Softwareüberblick auf die SIMPLIS-Notation und auch in dem Lehrbuch zur multivariaten Statistik von Stevens (2002) werden konfirmatorische Faktorenmodelle in der gleichen Notation vorgestellt. Für einen kritischen Überblick über die Beziehung zwischen Softwareentwicklung und Lehrbüchern kann hier abschließend auf die Arbeit von Steiger (2001) verwiesen werden. Reader und Bücher, die speziellere Anwendungen thematisieren (z. B. Längsschnitt- und Mehrebenenmodelle), werden in Glaser (2002) besprochen (vgl. auch die Bibliographie von Wolfle, 2003).

8.2   EQS

8.2.1   Entwicklung des Programms

Das von Peter Bentler entwickelte Programm EQS ist seit Anfang der 1980er-Jahre auf dem Markt und hat seine wesentliche formale Grundlage im verallgemeinerten Strukturgleichungs-modell nach Bentler und Weeks (1980), das unabhängig davon auch Graff und Schmidt (1982) für das LISREL-Modell entwickelt haben. Nach dem verallgemeinerten Modell wird nur nach latenten und manifesten Variablen sowie nach Meßfehlern differenziert. Eine unterschiedliche Bezeichnung von unabhängigen und abhängigen Variablen entfällt. Diesen Status erhalten die Variablen erst bei der konkreten Modellspezifikation.

Ein wesentlicher Unterschied zum Program LISREL bestand bis zur Entwicklung der SIMPLIS-Notation in der gleichungsorientierten Modellspezifikation. Hiermit wurde die pra-xisorientierte Anwenderfreundlichkeit des Programms von Anfang an unterstrichen. Mit der fünften Version des Programms wurde eine Anpassung an die aktuellen Betriebssysteme vorgenommen, wozu auch die Entwicklung graphischer Modellspezikationen gehörte. Die sechste Version beinhaltet neben der Verbesserung der interaktiven und graphischen Benut-zungsmöglichkeiten, Techniken der Modellbildung mit unterschiedlichen Ebenen (*multilvel analysis*) sowie eine Reihe robuster χ^2-Statistiken, die teilweise vom Programmautor mitent-wickelt wurden (vgl. auch Abschnitt 6.1.5.1 in Kapitel 6). Eine Übersicht über die aktuellen Neuheiten gibt Bentler (2001).

Tabelle 8.7: Diskrepanzfunktionen im Program EQS

Verteilungsvoraussetzungen			
normal	elliptisch	heterogene Kurtosis	keine
LS, GLS	ELS, EGLS	HKGLS	AGLS=WLS
RLS=ML	ERLS	HKRLS	ARLS

Zu den Abkürzungen, siehe den Text.

EQS hat zudem ein Vielfalt von Diskrepanzfunktionen (Schätzverfahren) zu bieten, die auch eine Reihe von Neuentwicklungen berücksichtigt (vgl. die Übersicht in Tabelle 8.7). Zu den Diskrepanzfunktionen, die die Normalverteilung voraussetzen, gehört *Least-Squares* (LS), *Generalized Least Squares* (GLS) und *Reweighted Least Squares* (RLS), das der *Maximum-Likelihood*-Funktion (ML) entspricht (vgl. Abschnitt 6.1.4.1 in Kapitel 6). LS ist relativ ähnlich zu der in LISREL verwendeten ULS-Funktion. Die weiteren Diskrepanzfunktionen berücksichtigen die höheren Momente in der asymptotischen Varianz-/Kovarianzmatrix, wobei sich der allgemeinste Fall in den *asymptotic generalized least squares* (AGLS) und den *asym-ptotic reweighted least squares* (ARLS) wiederfindet. AGLS entspricht der WLS-Funktion in LISREL. Die Bezeichnung *reweighted* bedeutet eine automatische Optimierung der Gewichtungsmatrix in jedem Iterationsschritt der Diskrepanzfunktion. Spezialfälle der AGLS- bzw. WLS-Funktion sind einerseits *elliptical least squares* (ELS), *elliptical generalized least squares* (EGLS) und *elliptical reweighted least squares* (ERLS) sowie andererseits *heterogeneous kurtosis generalized least squares* (HKGLS) und *heterogeneous kurtosis reweighted generalized least squares* (HKRLS). Elliptische Verteilungen setzen voraus, daß keine Schiefe existiert, aber eine Kurtosis, die von der Multinormalverteilung der Daten abweicht. Bei heterogener Kurtosis wird angenommen, daß variablenspezifische Kurtosisparameter in der Diskrepanzfunktion berücksichtigt werden müssen (vgl. die Erläuterungen am Ende des Abschnitts 6.1.4.4 in Kapitel 6 und die dort angegebene Literatur).

8.2.2   Die EQS-Notation und die Syntax

Das Programm EQS kann zur Berabeitung von Daten unterschiedliche Formate (z. B. SPSS-Systemfiles) einlesen, bearbeiten und Kovarianzmatrizen sowie Mittelwertsvektoren für die zu berechnenden Strukturgleichungsmodelle bereitstellen. Ab der Programmversion 5.7 besteht die Möglichkeit, das entsprechende Modell graphisch aufzubauen (*Diagrammer*), um damit die Syntax zur Berechnung generieren zu lassen. Wie beim Programm LISREL ist für komplexere Modelle eine manuelle Erstellung des Syntaxcodes einfacher und schneller als über den *Diagrammer*.

Tabelle 8.8 zeigt einen typischen EQS-Input, der mit den einzelnen Beispielen in den Anhängen der Kapitel 5, 6 und 7 verglichen werden kann. Neben dem vom Nutzer anzugebenden Titel (/TITLE) wird unter /SPECIFICATIONS das Datenfile, die Anzahl der Variablen und Fälle sowie eine der in Tabelle 8.7 aufgeführten Diskrepanzfunktionen angegeben. Für die robuste Schätzstatistik (vgl. hierzu Kapitel 6, Abschnitt 6.1.5.1) müssen immer die Rohdaten zur Verfügung gestellt werden. Bei einem Gruppenvergleich wird hier die Anzahl der Gruppen spezifiziert. Unter /LABELS werden die spezifischen Variablenbezeichungen eingegeben und den Variablentypen von EQS zugeordnet. Vier Variablentypen werden unterschieden:

1. V1, V2 … manifeste Variablen

2. F1, F2 … latente Variablen

3. E1, E2 … Meßfehler der manifesten Variablen

4. D1, D2 … Residuen der latenten Variablen

Unter /EQUATIONS werden dann die Meß- und Strukturgleichungen mit den Variablentypen spezifiziert. Es können hierfür nicht, wie bei SIMPLIS, die spezifischen Variablenbezeichnungen (*labels*) verwendet werden. Mit /VARIANCES und /COVARIANCES werden die zu schätzenden Varianzen und Kovarianzen des Modells spezifiziert. Unter /CONSTRAINTS sind einfache Restriktionen (z. B. Gleichsetzung von Parametern) möglich, die beim multiplen Gruppenvergleich auch über die spezifischen Gruppen gesetzt werden können. Die Syntaxzeilen /MATRIX, /STANDARD DEVIATIONS und /MEANS sind nur notwendig, wenn statt

Tabelle 8.8: Die EQS-Syntax

/TTTLE

...

/SPECIFICATIONS

...

/LABELS

...

/EQUATIONS

...

/VARIANCES

...

/COVARIANCES

...

/CONSTRAINTS

...

/MATRIX
/STANDARD DEVIATIONS
/MEANS

...

/LMTEST
/WTEST
/PRINT

...

/END

---

des Datenfiles unter /SPECIFICATIONS fertige Matrizen und Vektoren zur Verfügung stehen (vgl. hier die Beispiele im Anhang des Kapitels 5). Mit /LMTESTS werden univariate und multivariate Langrange Multiplier-Tests berechnet, mit /WTEST univariate und multivariate Wald-Tests (vgl. auch Kapitel 6, Abschnitt 6.1.5.2). Mit dem Befehl /PRINT hat der Nutzer einen gewissen Einfluß auf den Inhalt des Augabefiles. Hier kann auch angeben werden, ob die Modellgleichungen in Matrizen ausgegeben werden sollen.

Dem Nutzer des Programms EQS stehen zwei unterschiedliche Manuale zur Verfügung: Das *EQS Structural Equations Program Manual* (Bentler, 1995, 2001) und der *EQS for Windows User's Guide* (Bentler & Wu, 1995, 2002). Im ersten Manual sind ausführlich die Syntaxbefehle mit ihren Schlüsselwörtern erläutert. Hier finden sich im Detail weitere Spezifikationen der EQS-Syntax. Spezielle statistische Techniken werden mit ausführlichen Literaturangaben dargelegt. Für viele einfache und komplexe Modellarten (z. B. Regressions- und Wachstumsmodelle) werden Beispiele diskutiert. Das zweite Manual dient zur Erläuterung der graphischen und menügesteuerten Optionen, insbesondere zur graphischen Konstruktion eines Strukturglei-chungsmodells mit sich anschließender Generierung der Syntax. Weitere Informationen sind auf der Webseite von *Multivariate Software* erhältlich (http://www.mvsoft.com).

8.2.3 Weiterführende Literatur

Neben den Manualen stehen auch statistische und anwendungsorientierte Lehrbücher zur Verfügung, die sich mit den Möglichkeiten des Programms EQS auseinandersetzen. Einige wenige beziehen sich speziell nur auf EQS, wie zum Beispiel Dunn et al. (1993) und Byrne (1994), die meisten erörtern die Modellierung mit Strukturgleichungen parallel mit der LISREL- bzw. SIMPLIS-Notation (Schumacker & Lomax, 1996; Mueller, 1996; Kline, 1998; Maruyama, 1998; Raykov & Marcoulides, 2000; Loehlin, 2004). Auch im Lehrbuch zur multivariaten Statistik von Stevens (2002) werden konfirmatorische Faktorenmodelle mit der EQS-Syntax vorgestellt.

8.3 Weitere Programme für Strukturgleichungsmodelle

Die folgende Darstellung beinhaltet ausschließlich Programme, die für Windows- und Linux-Betriebssysteme entwickelt oder weiterentwickelt wurden. Auf ältere Strukturgleichungspro-gramme, die nur unter dem DOS-Betriebssystem funktionieren oder nicht mehr offiziell vertrieben werden, wird hier nicht weiter eingegangen, vgl. die Übersicht auf der Webseite von Joel West unter: http://www.gsm.uci.edu/~joelwest/SEM/Software.html

8.3.1 AMOS

Seit Mitte der 1990er Jahre steht das Programm AMOS (*Analysis of Moment Structures*) zur Berechnung von Strukturgleichungsmodellen zur Verfügung, das im wesentlichen von James Arbuckle und Werner Wothke entwickelt wurde. AMOS ist sowohl als Einzelprogramm als auch als Zusatzprogramm zum Statistikprogrammpaket SPSS erhältlich.

Ein wesentlicher Unterschied zu den Programmen LISREL und EQS besteht darin, daß AMOS ausschließlich für Windows-Betriebssysteme entwickelt wurde und keine Betriebssystemver-gangenheit hat, die ausschließlich Programmbearbeitung im Batch- oder Syntaxmodus zuläßt. Im wesentlichen werden bei AMOS menügesteuerte Oberflächen eingesetzt. Zwei unterschied-liche Modi der Programmbearbeitung sind möglich:

1. Der Einsatz von *AMOS Graphics* mit einem graphischen Interface ermöglicht den graphischen Modellaufbau und führt anschließend die Modellberechnung durch. Auf eine Programmsyntax kann gänzlich verzichtet werden. Der Modellaufbau kann als Datei abgespeichert werden (∗.amw) und steht damit jederzeit für weitere Analysen zur

Verfügung.[4] Eine Reihe von graphischen *built-in macros* stehen zur Verfügung, die den Aufbau der Modelle im Programmer erleichtern.

2. *AMOS Text* hieß die Syntaxversion des Programms bis zur Version 3.6. Die Kommandos begannen jeweils mit einem Dollarzeichen (für ein Beispiel vgl. Kline, 1998, S. 318f.). Seit der Version 4.0 steht der wesentlich flexiblere *AMOS Basic Interpreter* zur Verfügung, der ebenfalls einen Programmaufbau in Syntaxform erlaubt, aber auch Ergänzungen durch andere objektorientierte Programmiersprachen wie *Visual Basic* oder C^{++} erlaubt. In der Version 5.0 ist der Editor für *AMOS Basic* wesentlich verbessert worden.

Die zunehmende Popularität des Programms ist neben den genannten benutzerfreundlichen graphischen Optionen erklärbar durch die Bindung an das Statistikprogrammpaket SPSS. Daher wird in AMOS auf Datenbearbeitungs- und Datenmanagementoptionen weitgehend verzichtet, die in SPSS leicht durchführbar sind.

Dem Nutzer des Programms AMOS stehen zwei unterschiedliche Manuale zur Verfügung: Der *AMOS 4.0 User's Guide* (Arbuckle & Wothke, 1999) und der *AMOS 4.0 Programming Reference Guide* (Arbuckle, 1999). Das erste Manual bietet ein komplettes Tutorium zur Handhabung von *AMOS Graphics* und eine ausführliche Beschreibung verschiedener Beispiele von Strukturgleichungsmodellen. Jedes Beispiel ist parallel auch in der Syntax von *AMOS Basic* aufgeführt. Das zweite Manual erläutert jeden Syntaxbefehl von *AMOS Basic* und ist in erster Linie als Nachschlagewerk zu gebrauchen. Weitere Informationen sind auf der Webseite von *SmallWaters* erhältlich (http://www.smallwaters.com).

Neben den Manualen stehen einige wenige Quellen zur Verfügung, die sich mit den Möglichkeiten des Programms AMOS auseinandersetzen. In erster Linie ist hier das Buch von Byrne (2001) zu nennen, die auch *AMOS Basic* in ihren Ausführungen berücksichtigt. Kline (1998) und auch Lohlin (2004) verweisen auf AMOS, ohne aber Beispiele zu dokumentieren. In der 10. Auflage des Lehrbuchs zur multivariaten Statistik von Backhaus et al. (2003) wird ein Strukturgleichungsmodell, gerechnet mit AMOS, erörtert. Eine ähnliche Verbreitung in der Lehrbuchliteratur wie bei EQS und LISREL wird auch bei AMOS in naher Zukunft zu erwarten sein (vgl. auch die Besprechung von AMOS durch Miles (2000)).

8.3.2 M*plus*

Das Programm M*plus* wird seit 1998 vertrieben und ist von Linda und Bengt Muthén entwickelt worden. Im Unterschied zu AMOS benutzt das Programm keine menügesteuerten Oberflächen und besitzt auch keine graphischen Optionen. Die Syntaxsprache besteht aus neun Kommandos (z. B. TITLE, DATA, ANALYSIS, MODEL, OUTPUT), zu denen jeweils weitere Schlüsselwörter gehören. Kommandos und Schlüsselwörter ähneln dem Aufbau der Syntax in EQS. Einzelne Beschränkungen (z. B. können ausschließlich Rohdaten verarbeitet

---

[4]   * steht hier als Platzhalter für einen vom Nutzer zu bestimmenden Dateinamen.

werden) erinnern an die frühen Versionen von EQS und LISREL. Es ist aber zu erwarten, daß in zukünftigen Versionen angemessene und zu den anderen Programmen vergleichbare Standards erreicht werden. Die Attraktivität des Programms liegt in den vielfältigen neueren und teilweise auch formal anspruchsvollen Modellierungsmöglichkeiten, die in anderen Programmen nicht angewendet werden können. Als einziges der existierenden Strukturgleichungsprogramme verarbeitet M*plus* Mischverteilungsmodelle, die metrische und kategoriale Modellierungsansätze miteinander verbinden. Hierzu gehört insbesondere die Kombination der Analyse latenter Klassen mit Strukturgleichungsmodellen (für eine Übersicht vgl. Muthén, 2002, 2004).

Dem Nutzer des Programms M*plus* steht ein ausführliches und gut beschriebenes Manual (*Mplus user's guide* (Muthén & Muthén, 2001, 2004) zur Verfügung, das auch unbedingt nötig ist, da das Programm erst in der Version 3 über ein Hilfemenü verfügt. Mit dem Programm STREAMS (Gustafson & Stahl, 2000) kann relativ einfach ein Programminput für M*plus* erstellt werden.[5] Weitere Informationen zu M*plus* sind auf der Webseite von *Statmodel* erhältlich (http://www.statmodel.com).

Neben den Manualen werden Simulationsstudien und empirische Anwendungen mit M*plus* in verschiedenen methodologischen Zeitschriften diskutiert. Kaplan (2000, S. 156) gibt in seinem Lehrbuch an, daß seine Wachstumsmodelle mit M*plus* gerechnet wurden. Programminputs werden hierzu aber nicht veröffentlicht.

8.3.3   Mx

Das Programm *Mx* ist im wesentlichen von Michael Neale entwickelt worden und beinhaltet die Matrizenspezifikationen des Programms RAM (McArdle & Boker, 1990). Drei Matrizen werden unterschieden:

1. Matrix **S** (*symmetric paths*), die korrelative Beziehungen zwischen den Variablen spezifiziert,

2. Matrix **A** (*asymmetric paths*), die kausale Beziehungen zwischen den Variablen spezifiziert, und

3. Matrix **F** (*filtering the observed variables*), die eine Unterscheidung zwischen manifesten und latenten Variablen gewährleistet.

Auch wenn mittlerweile ein *Mx graphical interface* existiert und die graphischen Benutzungsmöglichkeiten wesentlich erweitert wurden, ist die Syntax matrizenorientiert und insbesondere für diejenigen Nutzer geeignet, die Erfahrungen mit der Matrizenrechnung haben bzw. mit der in Abschnitt 8.1.2 vorgestellten LISREL-Notation vertraut sind. Die Konstruktion eines

---

[5]   STREAMS ist kein Strukturgleichungsprogramm im eigentlichen Sinne, sondern ein *interface*, das das Arbeiten mit verschiedenen Strukturgleichungsprogrammen erleichtern soll. Die hier einzeln besprochenen Programme (außer SEPATH) können in STREAMS eingebunden werden. Informationen über STREAMS sind über *Multivariate Ware HB* (http://www.mwstreams.com/) erhältlich.

Modells mit der graphischen Benutzeroberfläche erzeugt, ähnlich den Programmen LISREL und EQS, ein Syntaxfile, das weiter bearbeitet werden kann. Aufwendigere Modelle mit nicht-linearen Restriktionen sind mit angemessenem Aufwand zu realisieren.

Dem Nutzer des Programms *Mx* steht ein gut beschriebenes Manual (Neale et al., 1999) zur Verfügung, das neben den Hilfemenüs eingesetzt werden kann. Im Anhang werden auch Installationshinweise für unterschiedliche Betriebssysteme gegeben. Hinweise zum *download* des Programms und des Manuals findet man auf der Webseite von *Mx* (http://www.vcu.edu/mx/). Das Programm ist kostenlos erhältlich. Mit dem Programm STREAMS kann auch ein Programminput für *Mx* erstellt und bearbeitet werden.

Auf Grund der wissenschaftlichen Herkunft des Programmautors sind Anwendungen und Veröffentlichungen im Bereich der psychiatrischen und genetischen Forschung verbreitet. Dies läßt sich auch an den Beispielen des Manuals erkennen. Von den angeführten Lehrbüchern stellt nur Loehlin (2004, S. 49f.) Beispiele in der *Mx*-Notation dar.

8.3.4   SEPATH

Das Programm SEPATH wurde von James Steiger geschrieben und ist eine Weiterentwicklung des älteren Programms EzPATH (vgl. Steiger, 1989). EzPATH war ein Zusatzmodul zum Statistikprogrammpaketes SYSTAT.[6] SEPATH ist heute ein Zusatzmodul zum Statistikprogramm-paket STATISTICA und enthält neben moderner Benutzeroberfläche die Möglichkeit, Modelle graphisch zu erstellen und direkt berechnen zu lassen. Insofern ist eine starke Ähnlichkeit zum Programm AMOS gegeben. Dem Nutzer von SEPATH steht ein gut beschriebenes Manual (Steiger, 1995) zur Verfügung. Ein Schwerpunkt des Programms sind Simulationstechniken, die auch im Manual ausführlich beschrieben werden. In den Lehrbüchern wird SEPATH bestenfalls zusätzlich erwähnt. Ausführliche Besprechungen mit Programmbeispielen außerhalb des Manuals sind selten zu finden. Weitere Informationen zu STATISTICA und SEPATH sind über *StatSoft Inc.* erhältlich (http://www.statsoftinc.com).

8.4   NORM

In Kapitel 7, Abschnitt 7.4.3 sind datenbasierte Verfahren zur Behandlung fehlender Werte und deren Konsequenzen für Strukturgleichungsmodelle besprochen worden. Hierzu gehören insbesondere Verfahren der mehrfachen Ersetzung fehlender Werte, die unter dem Begriff *multiple imputation* bekannt geworden sind. Schafer (1997) hat durch eigene Programmentwicklungen erste Grundlagen für eine Etablierung dieser Techniken bei anwendungsorientierten Sozialforschern gelegt. Hier ist vor allem das Programm NORM zu nennen, das für die Beispiele in dem genannten Buchkapitel herangezogen wurde. In der leicht zu verstehenden Windows-Version

---

[6]   Das Programm SYSTAT ist von SPSS aufgekauft worden. Module für Strukturgleichungsmodelle sind nicht mehr enthalten.

von NORM sind mehrere Schritte zur Ersetzung fehlender Werte durchzuführen (vgl. auch die Beschreibung in Graham et al., 2003):[7]

1. **Vorbereitung des Datensatzes**: Vor dem Einlesen des Datensatzes (ausschließlich in ASCII (∗.dat) oder als unformatierte Textdatei (∗.txt)) sind alle fehlenen Werte auf einen einheitlichen Code (z. B. -9) zu setzen. Die Daten sind durch Leerzeichen voneinander zu trennen. Die Labels der Variablen können auch in einer separaten Textdatei (∗.nam) abgespeichert werden.

2. **Einlesen des Datensatzes und Ermittlung der Muster fehlender Werte**: Mit dem ersten Fenster (*Data*) können drei weiter darunter liegende Fenster aufgerufen werden: Mit *Data file* werden die eingelesen Datenspalten angezeigt, mit *Variables* die Variablenliste und die Möglichkeiten zur Datentransformation. Das Fenster *Summarize* erzeugt ein File, das die Anteile der fehlenden Werte pro Variable tabelliert sowie die Art und die Häufigkeiten der Muster zusammenstellt (∗summary.out).

3. **Schätzung der Parameter mit dem Expectation-Maximization(EM)-Algorithmus**: Mit dem zweiten Fenster (*EM Algorithm*) werden die Startwerte (Mittelwerte, Varianzen und Kovarianzen) zur Datenaugmention erzeugt und in einem File abgespeichert (∗.prm). Alle Informationen sind in einem Output-File zusammengestellt (∗em.out). Konvergenzkriterien und Anzahl der Iterationen können selbst bestimmt werden.

4. **Datenaugmentation (Simulation) mit dem Markov Chain Monte Carlo (MCMC) Algorithmus**: Im dritten Fenster (*Data Augmentation*) werden die erzeugten Startparameter aus dem File ∗em.prm zur Simulation eingelesen. Die Anzahl der Simulationen kann vorgegeben werden. Im File ∗da.prm werden die simulierten Parameter gespeichert. Zur Diagnose kann für jeden Simulationsschritt der Funktionswert abgespeichert werden (∗da.prs), der eigenständig analysiert werden kann (siehe den folgenden Schritt). Alle Informationen werden wiederum in einem Output-File zusammengestellt (∗da.out).

5. **Imputation der fehlenden Werte**: Im vierten Fenster (*Impute from parameters*) wird mit den simulierten Parametern aus File ∗da.prm die Ersetzung der fehlenden Werte in den Daten vorgenommen und ein neues Datenfile (∗imp.dat) erzeugt. Die aus dem neuen Datenfile berechnete Varianz-/Kovarianzmatrix und der Mittelwertsvektor werden neben anderen Programminformationen im File (∗imp.out) ausgegeben.

6. **Diagnose der Imputation**: Die Simulationszyklen des MCMC-Algorithmus können mit Hilfe zweier Graphiken analysiert werden. Hierzu wird auf das im dritten Fenster erzeugte File ∗da.prs zurückgegriffen. Insbesondere kann damit bestimmt werden, wieviele Iterationszyklen notwendig sind, damit die Parameter unabhängig von ihren Startwerten werden. Beispiele für gute und schlechte Simulationsergebnisse sind in den Hilfemenüs beschrieben (vgl. auch die Erläuterungen in Graham et al., 2003, S. 102f.).

---

[7] Im folgenden werden auch die Dateien, die das Programm NORM erzeugt, erläutert. Hierbei bedeutet ∗ ein Platzhalter für einen vom Nutzer zu bestimmenden Dateinamen.

Es muß darauf hingewiesen werden, daß NORM ein statistisches Modell mit multivariater Nor-malverteilung und kontinuierlichem Meßniveau der Variablen voraussetzt. Andere von Schafer entwickelte Programme gehen entweder von kategorialen Modellen (CAT), einer Verbindung von kategorialen und regressionsanalytischen Ansätzen (MIX) oder von Mehrebenenmodellen (PAN) aus (vgl. Schafer, 2001).[8]

Ein eigenständiges Manual für das Programm NORM existiert nicht. Die Programmhilfe ist aber durchaus verständlich und ausreichend. In dem vielseitigen Buch von Schafer (1997) werden insbesondere die implementierten Simulationsalgorithmen von NORM erläutert. Eine sehr verständliche Erläuterung der einzelnen Programmoptionen geben auch Graham et al. (2003). Einen Vergleich mit anderen Programmen nehmen Horton und Lipsitz (2001) vor. Das Programm NORM ist kostenlos auf der Webseite http://www.stat.psu.edu/~jls/misoftwa.html erhältlich. Weitere Informationen gibt es im Internet unter http://www.multiple-imputation.com, einer Webseite zu Techniken der mehrfachen Ersetzung fehlender Werte.

---

[8]   Die genannten Programme CAT, MIX und PAN benötigen die Statistikprogrammiersprache $S - Plus$ (vgl. http://www.insightful.com) und sind über http://www.stat.psu.edu/~jls/misoftwa.html erhältlich.

9   Literaturverzeichnis

Aish, A. M., & Jöreskog, K. G. (1990). A panel model for political efficacy and responsive-
ness: An application of LISREL7 with weighted least squares. *Quality & Quantity, 24*,
405-426.

Ajzen, I. (1988). *Attitudes, personality and behavior*. Homewood: Dorsey Press.

Ajzen, I. (1991). The theory of planned behavior. *Organisational Behavior and Human
Decision Processes, 50(2)*, 179-211.

Akaike, H. (1987). Factor analysis and the AIC. *Psychometrika, 52*, 317-332.

Allison, P. D. (1987). Estimation of linear models with incomplete data. *Sociological Methodology, 17*, 71-103.

Allison, P. D. (1990). Change scores as dependent variables in regression analysis. *Sociological Methodology, 20*, 93-114.

Allison, P. D. (2002). *Missing data*. Thousand Oaks: Sage.

Alwin, D., & Jackson, D. J. (1980). Measurement models for response errors in surveys. Issues
and applications. *Sociological Methodology, 11*, 68-119.

Ammerman, C., Gluchowski, P., & Schmidt, P. (1975). Rekursive oder nicht-rekursive Modelle. Zum Problem der Testbarkeit von Feedback-Prozessen. *Zeitschrift für Soziologie,
4*, 203-220.

Anderson, J. C., & Gerbing, D. W. (1984). The effect of sampling error on convergence,
improper solutions, and goodness-of-fit indices for maximum likelihood confirmatory
factor analysis. *Psychometrika, 49*, 155-173.

Andres, J. (1996). Multivariate Verfahren. In E. Erdfelder, R. Mausfeld, T. Meiser, & G.
Rudinger (Hrsg.). *Handbuch Quantitative Methoden* (pp. 201-214). Weinheim: Beltz
PVU.

Andrews, F. M. (1984). Construct validity and error components of survey measures: A
structural modeling approach. *Public Opinion Quarterly, 48*, 409-444.

Arbuckle, J. (1996). *AMOS 3.6: Analysis of moment structures*. Chicago: Smallwaters Corporation.

Arbuckle, J. (1999). *AMOS 4.0 programming reference guide*. Chicago: Smallwaters Corporation.

Arbuckle, J. L., & Wothke, W. (1999). *Amos 4.0 user's guide*. Chicago: SPSS Inc.

Arminger, G. (1976). Anlage und Auswertung von Paneluntersuchungen. In K. Holm (Hrsg.), *Die Befragung* (4. Aufl.) (S. 134-235). München: UTB.

Arminger, G., & Müller, F. (1990). *Lineare Modelle zur Analyse von Paneldaten*. Opladen: Westdeutscher.

Backhaus, K., Erichson, B., Plinke, W., & Weiber, R. (1993). *Multivariate Analysemethoden - Eine anwendungsorientierte Einführung* (7. Aufl.). Berlin: Springer.

Backhaus, K., Erichson, B., Plinke, W., & Weiber, R. (2003). *Multivariate Analysemethoden - Eine anwendungsorientierte Einführung* (10. Aufl.). Berlin: Springer.

Bauer, D. J., & Curran, P. J. (2003). Overextraction of latent trajectory classes: Much ado about nothing? Reply to Rindskopf (2003), Muthén (2003), and Cudeck and Henly (2003). *Psychological Methods, 8(3)*, 384-393.

Becker, U., & Nowak, H. (1982). Lebensweltanalyse als neue Perspektive der Markt- und Meinungsforschung. In *European Society for Opinion and Marketing Research, Kongreß, Band 2*, 247-267.

Bentler, P. M. (1985). *Theory and implementation of EQS: A structural equations program. Manual for program version 2.0*. Los Angeles: BMDP Statistical Software, Inc.

Bentler, P. M. (1990). Comparative fit indices in structural models. *Psychological Bulletin, 107*, 238-246.

Bentler, P. M. (1995). *EQS 5.0. Structural equations program manual*. Encino: Multivariate Software.

Bentler, P. M. (2001). *EQS 6: Structural equations program manual*. Encino: Multivariate Software.

Bentler, P. M., & Bonett, D. G. (1980). Significance tests and goodness of fit in the analysis of covariance structures. *Psychological Bulletin, 88*, 588-606.

Bentler, P. M., & Chou, C. (1987). Practical issues in structural modeling. *Sociological Methods and Research, 16*, 78-117.

Bentler, P. M., & Dijkstra, T. (1985). Efficient estimation via linearization in structural models. In P. R. Krishniaih (Ed.), *Multivariate Analysis, Vol. VI* (pp. 9-42). Amsterdam: North-Holland.

Bentler, P. M., & Dudgeon, P. (1996). Covariance structure analysis: Statistical practice, theory, and directions. *Annual Review of Psychology, 47*, 563-592.

Bentler, P. M., & Freeman, E. H. (1983). Tests for stability in linear structural systems. *Psychometrika, 48*, 143-146.

Bentler, P. M., & Weeks, D. G. (1980). Linear structural equations with latent variables. *Psychometrika, 45*, 289-307.

Bentler, P. M., & Wu, E. J. C. (1995). *EQS 5 for Windows user's guide*. Encino: Multivariate Software.

Bentler, P. M., & Wu, E. J. C. (2002). *EQS 6 for Windows user's guide*. Encino: Multivariate Software.

Bijleveld, C. C. J. H., van der Kamp, L., Mooijaart, A., van der Kloot, W. A., van der Leeden, R., & van der Burg, E. (1998). *Longitudinal data analysis - designs, models and methods*. Thousand Oaks: Sage.

Blalock, H. M. (1964). *Causal inferences in nonexperimental research*. Chapel Hill: University of North Carolina Press.

Blalock, H. M. (1968). Multiple indicators and the causal approach to measurement error. *American Journal of Sociology, 75*, 264-272.

Blalock, H. M. (1970). Estimating measurement error using multiple indicators and several points in time. *American Sociological Review, 35*, 101-111.

Blau, P. M., & Duncan, O. D. (1967). *The American occupational structure*. New York: Wiley.

Boers, K., & Kurz, P. (2000). *Lebensstile, Schule, Familie, delinquentes und abweichendes Verhalten. Erste Ergebnisse der Münsteraner Schulbefragung 2000*. Münster: Institut für Kriminalwissenschaften.

Boers, K., Reinecke, J., Motzke, K., & Wittenberg, J. (2002). Wertorientierungen, Freizeitstile und Jugenddelinquenz. *Neue Kriminalpolitik, 4*, 141-146.

Bollen, K. A. (1987). Total, direct, and indirect effects in structural equation models. *Sociological Methodology, 17*, 37-69.

Bollen, K. A. (1989). *Structural equations with latent variables.*. New York: Wiley.

Bollen, K. A., & Curran, P. J. (2004). Autoregressive latent trajectory (ALT) models: A synthesis of two traditions. *Sociological Methods and Research, 32*, 336-383.

Bollen, K. A., & Long, J. S. (Eds.). (1993). *Testing structural equation models*. Newbury Park: Sage.

Bollen, K. A., & Stine, R. A. (1992). Bootstrapping goodness-of-fit measures in structural equation models. *Sociological Methods and Research, 21*, 205-229.

Boomsma, A. (1983). *On the robustness of LISREL (maximum likelihood estimation) against small sample size and non-normality.* Dissertation. Groningen: Universität Groningen.

Boomsma, A. (1988). The robustness of maximum likelihood estimations in structural equation models. In P. Cuttance & R. Ecob (Eds.), *Structural modeling by example: Applications in educational, sociological, and behavioral research* (pp. 160-188). Cambridge: Press Syndicate of the University of Cambridge.

Bortz, J. (1993). *Statistik für Sozialwissenschaftler* (4. Aufl.). Berlin: Springer.

Bortz, J. (1999). *Statistik für Sozialwissenschaftler.* (5. Aufl.). Berlin: Springer.

Boyd, L. H., & Iverson, G. (1979). *Contextual analysis: Concepts and statistical techniques.* Belmont: Wadsworth.

Bozdogan, H. (1987). Model selection and Akaike's information criteria (AIC): The general theory and its analytical extensions. *Psychometrika, 52*, 345-370.

Brown, R. L. (1994). Efficacy of the indirect approach for estimating structural equation model with missing data: A comparison of five methods. *Structural Equation Modeling: A Multidisciplinary Journal, 1*, 287-316.

Browne, M. W. (1982). Covariance structures. In D. M. Hawkins (Ed.), *Topics in applied multivariate analysis* (pp. 72-141). Cambridge: Cambridge University Press.

Browne, M. W. (1984). Asymptotically distribution-free methods for the analysis of covariance structures. *British Journal of Mathematical and Statistical Psychology, 37*, 62-83.

Browne, M. W., & Cudeck, R. (1989). Single sample cross-validation indices for covariance structures. *Multivariate Behavioral Research, 24*, 445-455.

Browne, M. W., & Cudeck, R. (1993). Alternative ways of assessing model fit. In K. A. Bollen & J. S. Long (Eds.), *Testing structural equation models* (pp. 136-162). Newbury Park: Sage.

Browne, M. W., & du Toit, S. H. C. (1991). Models for learning data. In L. M. Collins & J. L. Horn (Eds.), *Best methods for the analysis of change* (pp. 47-68). Washington, DC: American Psychological Association Press.

Bryk, A. S., & Raudenbush, S. W. (1987). Application of hierarchical linear models to assessing change. *Psychological Bulletin, 101(1)*, 147-158.

Bryk, A. S., & Raudenbush, S. W. (1992). *Hierarchical linear models for social and behavioral research: Applications and data analysis methods.* Newbury Park: Sage.

Burr, J. A., & Nesselroade, J. R. (1990). Change measurement. In A. v. Eye (Ed.), *Statistical methods in longitudinal research, Vol. I.* (pp. 3-34). Boston: Academic Press.

Byrne, B. M. (1994). *Structural equation modeling with EQS and EQS/Windows: Basic concepts, applications, and programming.* Thousand Oaks: Sage.

Byrne, B. M. (1998). *Structural equation modeling with LISREL, PRELIS, and SIMPLIS: Basic concepts, applications, and programming.* Mahwah: Lawrence Erlbaum.

Byrne, B. M. (2001). *Structural equation modeling with Amos: Basic concepts, applications, and programming.* Mahwah: Lawrence Erlbaum.

Campbell, B. A., & Fiske, D. (1959). Convergent and discriminant validation by the multi-trait-multi-method matrix. *Psychological Bulletin, 56,* 81-105.

Campbell, D. T. (1963). From description to experimentation: Interpreting trends from quasi-experiments. In C. W. Harris (Ed.), *Problems in measuring change* (pp. 212-242). Madison: University of Wisconsin Press.

Caplovitz, D. (1983). *The stages of social research.* New York: Wiley.

Carmines, E., & Zeller, R. A. (1979). *Reliability and validity assessment.* Newbury Park: Sage.

Chou, C. P., Bentler, P. M., & Satorra, A. (1991). Scaled test statistics and robust standard errors for non-normal data in covariance structure analysis: A Monte Carlo study. *British Journal of Mathematical and Statistical Psychology, 44,* 347-357.

Costner, H. L. (1969). Theory, deduction and rules of correspondence. *American Journal of Sociology, 75,* 245-263.

Cudeck, R., & Henly, S. J. (2003). A realistic perspective on pattern representation in growth data: Comment on Bauer and Curran (2003). *Psychological Methods, 8,* 378-383.

Curran, P. J., Stice, E., & Chassin, L. (1997). The relation between adolescent and peer alcohol use: A longitudinal random coefficients model. *Journal of Consulting and Clinical Psychology, 65,* 130-140.

Dempster, A. P., Laird, N. M., & Rubin, D. B. (1977). Maximum likelihood from incomplete data via the EM algorithm. *Journal of the Royal Statistical Society, Series B, 39,* 1-38.

Diamantopoulos, A., & Siguaw, J. A. (2000). *Introducing LISREL, SIMPLIS und LISREL.* Thousand Oaks: Sage.

Diekmann, A. (1995). *Empirische Sozialforschung - Grundlagen, Methoden, Anwendungen.* Reinbek: Rowohlt.

Duncan, O. D. (1966). Path analysis: Sociological examples. *American Journal of Sociology, 72(1),* 1-16.

Duncan, O. D. (1975). Some linear models for two wave, two-variable panel analysis, with one-way causation and measurement error. In H. M. Blalock (Ed.), *Quantitative Sociology* (pp. 285-306). New York: Academic Press.

Duncan, T. E., Duncan, S. C., Strycker, L. A., Li, F., & Alpert, A. (1999). *An introduction to latent variable growth curve modeling: Concepts, issues, and applications*. Mahwah: Lawrence Erlbaum.

Duncan, O. D., & Hodge, R. W. (1963). Education and occupational mobility: A regression analysis. *American Journal of Sociology, 68,* 629-644.

Dunn, G., Everitt, B., & Pickles, A. (1993). *Modelling covariances and latent variables using EQS*. London: Chapman & Hall.

Du Toit, M., & Du Toit, S. H. C. (2001). *Interactive LISREL User's Guide*. Chicago: Scientific Software International, Inc.

Eagly, A. H., & Chaiken, S. (1993). *The psychology of attitudes*. Fort Worth: Harcourt Brace Jovanovich.

Efron, B., & Tibshirani, R. (1993). *An introduction to the bootstrap*. New York: Chapman & Hall.

Eid, M. (2000). A multitrait-multimethod model with minimal assumptions. *Psychometrika, 65,* 241-261.

Eid, M., Lischetzke, T., Nussbeck, F. W., & Trierweiler, L. L. (2003). Separating trait effects from trait-specific method effects in multitrait-multimethod models: A multiple indicator CTC(M-1) model. *Psychological Methods, 8,* 38-60.

Enders, C. K. (2001). The impact of nonnormality on full information maximum-likelihood estimation for structural equation models with missing data. *Psychological Methods, 6,* 352-370.

Engel, U. (1998). *Einführung in die Mehrebenenanalyse*. Wiesbaden: Westdeutscher Verlag.

Engel, U., & Hurrelmann, K. (1994). *Was Jugendliche wagen. Eine Längsschnittstudie über Drogenkonsum, Stressreaktionen und Deliquenz im Jugendalter*. Weinheim: Juventa.

Engel, U., & Reinecke, J. (1994). *Panelanalyse: Grundlagen - Techniken - Beispiele*. Berlin: DeGruyter.

Fisher, F. M. (1969). Causation and specification in economic theory and econometrics. *Synthese, 20,* 489-500.

Fisher, F. M. (1970). A correspondence principle for simultaneous equation models. *Econometrics, 38,* 73-92.

Flaig, B. B., Meyer, T., & Ueltzhöffer, J. (1993). *Alltagsästhetik und politische Kultur. Zur ästhetischen Dimension politischer Bildung und politischer Kommunikation.* Bonn: Dietz.

Gerbing, D. W., & Anderson, J. C. (1993). Monte Carlo evaluations of goodness-of-fit indices for structural equation models. In K. A. Bollen & J. S. Long (Eds.), *Testing structural equation models* (pp.40-65). Newbury Park: Sage.

Gehring, U., & Weins, C. (2004). *Grundkurs Statistik für Politologen* (4. Aufl.). Wiesbaden: VS Verlag.

Glaser, D. (2002). Structural equation modeling texts: A primer for the beginner. *Journal of Clinical Child Psychology, 31(4)*, 573-578.

Goldberger, A. S. (1964). *Econometric theory.* New York: Wiley.

Goldberger, A. S. (1972). Structural equation models in the social sciences. *Econometrica, 40*, 979-1001.

Goldberger, A., & Duncan, O. (Eds.). (1973). *Structural equation models in the social sciences.* New York: Seminar Press.

Goldstein, H. (1987). *Multilevel models in educational and social research.* London: Griffin.

Goldstein, H., Rabash, J., Plewis, I., Draper, D., Browne, W., Yang, M. et al. (1998). *A user's guide to MLwiN. Version 1.0 multilevel models project.* London: Institute of Education, University of London.

Graff, J., & Schmidt, P. (1982). A general model for decomposition of effects. In K. G. Jöreskog & H. Wold (Eds.), *Systems under indirect observation: Causality, structure and prediction* (pp. 131-148). Amsterdam: North Holland.

Graham, J. W. (2003). Adding missing-data-relevant variables to FIML-based structural equation models. *Structural Equation Modeling: A Multidisciplinary Journal, 10.* 80-100.

Graham, J. W., Cumsille, P. E., & Elek-Fisk, E. (2003). Methods for handling missing data. In J. A. Schinka & W. F. Velicer (Eds.), *Comprehensive handbook of psychology. Volume 2: Research Methods in Psychology* (pp. 87-114). New York: Wiley.

Graham, J. W., & Hofer, S. M. (2000). Multiple imputation in multivariate research. In T. D. Little, K. U. Schnabel, & J. Baumert (Eds.), *Modeling longitudinal and multiple-group data: Practical issues, applied approaches, and specific examples* (pp. 201-218). Hillsdale: Lawrence Erlbaum.

Groves, R. M. (1989). *Survey errors and survey costs.* New York: Wiley.

Gustafson, J. E., & Stahl, P. A. (2000). *STREAMS user's guide. Version 2.5 for Windows.* Mölndal: Multivariate Ware.

Hagenaars, J. A. (1990). *Categorical longitudinal data.* Newbury Park: Sage.

Hatcher, L. (1998). *A step-by-step approach to using the SAS-system for factor analysis and structural equation modeling.* Cary: SAS-Institute.

Haughton, D., Oud, J., & Jansen, R. (1997). Information and other criteria in structural equation model selection. *Communicational Statistics and Simulation, 26,* 1477-1516.

Hayduk, L. A. (1987). *Structural equation modeling with LISREL: Essentials and advances.* Baltimore: Johns Hopkins.

Heise, D. R. (1969). Separating reliability and stability in test-retest correlation. *American Sociological Review, 34,* 93-101.

Hempel, C. G. (1974). *Grundzüge der Begriffsbildung in der empirischen Wissenschaft.* Düsseldorf: Bertelsmann.

Hermann, D. (2002). *Werte und Kriminalität. Konzeption einer allgemeinen Kriminalitätstheorie.* Opladen: Westdeutscher Verlag.

Hershberger, S. L. (2003). The growth of structural equation modeling from 1994 to 2001. *Structural Equation Modeling: A Multidisciplinary Journal, 10,* 35-47.

Hildebrandt, L., Rudinger, G., & Schmidt, P. (1992). *Kausalanalysen in der Umweltforschung.* Stuttgart: Gustav Fischer Verlag.

Hoogland, J. J (1999). *The robustness of estimation methods for covariance structure analysis.* Groningen: Thela.

Hoogland, J. J., & Boomsma, A. (1998). Robustness studies in covariance structure modeling. *Sociological Methods and Research, 26,* 329-367.

Horton, N. J., & Lipsitz, S. R. (2001). Multiple imputation in practice: Comparison of software packages for regression models with missing variables. *The American Statistician, 55(3),* 244-254.

Hox, J. J. (2002). *Multilevel analysis. Techniques and applications.* Mahwah: Lawrence Erlbaum.

Hu, L., Bentler, P. M., & Kano, Y. (1992). Can test statistics in covariance structure analysis be trusted? *Psychological Bulletin, 112,* 351-362.

Hummell, H. J. (1986). Grundzüge der Regressions- und Korrelationsanalyse. In J. van Koolwijk & M. Wieken-Mayser (Hrsg.). *Techniken der empirischen Sozialforschung: Band 8. Kausalanalyse* (S. 9-76). München: Oldenbourg.

Jagodzinski, W. (1986). Pfadmodelle mit latenten Variablen: Eine Einführung in das allgemeine lineare Modell LISREL. In J. van Koolwijk & M. Wieken-Mayser (Hrsg.), *Techniken der empirischen Sozialforschung: Band 8. Kausalanalyse* (S. 77-121). München: Oldenbourg.

Jagodzinski, W., & Kühnel, S. M. (1987). The estimation of reliability and stability in metric single indicator multiple waves models. *Sociological Methods and Research, 15*, 219-258.

Jagodzinski, W., Kühnel, S. M., & Schmidt, P. (1987). Is there a „Socratic Effect" in nonexperimental panel studies? Consistency of an attitude towards guestworkers. *Sociological Methods and Research, 15*, 259-302.

Jagodzinski, W., Kühnel, S. M., & Schmidt, P. (1990). Searching for parsimony: Are truescore models or factor models more appropriate? *Quality & Quantity, 24*, 447-470.

Jakoby, N., & Jacob, R. (1999). Messung von internen und externen Kontrollüberzeugungen in allgemeinen Bevölkerungsumfragen. *ZUMA-Nachrichten, 45*, 61-72.

Jankowitsch, B., Klein, T., & Weick, S. (2000). Die Rückkehr ausländischer Arbeitsmigranten seit Mitte der achtziger Jahre. In R. Alba, P. Schmidt, & M. Wasmer (Hrsg.), *Deutsche und Ausländer: Freunde, Fremde oder Feinde? Empirische Befunde und theoretische Erklärungen, Blickpunkt Gesellschaft 5* (S. 93-110). Wiesbaden: Westdeutscher Verlag.

Jöreskog, K. G. (1969). A general approach to confirmatory maximum likelihood factor analysis. *Psychometrika, 34*, 183-202.

Jöreskog, K. G. (1973). A general method for estimating a linear structural equation system. In A. S. Goldberger & O. D. Duncan (Eds.), *Structural equation models in the social sciences* (pp. 83-112). New York: Seminar Press.

Jöreskog, K. G. (1979). Statistical estimation of structural models in longitudinal-developmental investigations. In J. R. Nesselroade & P. B. Baltes (Eds.). *Longitudinal research in the study of behavior and development* (pp. 303-351). New York: Academic Press.

Jöreskog, K. G. (1981). Statistical models for longitudinal studies. In F. Schulsinger, S. A. Mednick, & J. Knop (Eds.), *Longitudinal research: methods and uses in behavioral sciences* (pp. 118-124). Boston: Martinus Nijhoff Publishing.

Jöreskog, K. G., & Goldberger, A. S. (1975). Estimation of a model with multiple indicators and multiple causes of a single latent variable. *Journal of the American Statistical Association, 70*, 631-639.

Jöreskog, K. G., Gruvaeus, G. T., & van Thillo, M. (1970). *ACOVS: A general computer program for analysis of covariance structures*. Princeton: Educational Testing Services.

Jöreskog, K. G., & Sörbom, D. (1977). Statistical models and methods for analysis of longitudinal data. In D. J. Aigner & A. S. Goldberger (Eds.), *Latent variables in socioeconomic models* (pp. 285-325). Amsterdam: North-Holland.

Jöreskog, K. G., & Sörbom, D. (1978). *LISREL IV: Analysis of linear structural relationships by the method of maximum likelihood.* Chicago: National Educational Resources.

Jöreskog, K. G., & Sörbom, D. (1981). *LISREL V: Analysis of linear structural relationships by maximum likelihood and least square methods.* Chicago: International Educational Services.

Jöreskog, K. G., & Sörbom, D. (1984). *LISREL VI: Analysis of linear structural relationships by maximum likelihood, instrumental variables, and least square methods* (3rd ed.). Mooresville: Scientific Software.

Jöreskog, K. G., & Sörbom, D. (1986). *LISREL VI: Analysis of linear structural relationships by maximum likelihood and least square methods.* Chicago: International Educational Services.

Jöreskog, K. G., & Sörbom, D. (1988). *LISREL7: A guide to the program and applications.* Chicago: SPSS Inc.

Jöreskog, K. G., & Sörbom, D. (1989). *LISREL7: A guide to the program and applications* (2nd ed.). Chicago: SPSS Inc.

Jöreskog, K. G., & Sörbom, D. (1993a). *LISREL8: Structural equation modeling with the SIMPLIS command language.* Chicago: Scientific Software.

Jöreskog, K. G., & Sörbom, D. (1993b). *LISREL8 - User's reference guide.* Chicago: Scientific Software.

Jöreskog, K. G., & Sörbom, D. (1993c). *PRELIS2 - User's reference guide.* Chicago: Scientific Software.

Jöreskog, K. G., & Sörbom, D. (2004). LISREL 8.7 for Windows [Computer software]. Lincolnwood: Scientific Software International, Inc.

Jöereskog, K. G., Sörbom, D., du Toit, S., & du Toit, M. (2000). *LISREL 8: User's reference guide.* Chicago: Scientific Software.

Judd, C. M., & Milburn, M. M. (1980). The structure of attitude systems in the general public: Comparisons of a structural equation model. *American Sociological Review, 45*, 627-643.

Kalton, G., Kasprzyk, D. & McMillen, D. B. (1989). Nonsampling errors in panel surveys. In D. Kasprzyk, G. Duncan, G. Kalton, & M. P. Singh (Eds.), *Panel Surveys* (pp. 249-270). New York: Wiley.

Kano, Y., Berkame, M., & Bentler, P. M. (1990). Covariance structure analysis with heterogeneous kurtosis parameters. *Biometrika, 77*, 575-585.

Kaplan, D. (2000). *Structural equation modeling: foundations and extensions.* Thousand Oaks: Sage.

Kelloway, E. K.(1998). *Using LISREL for structural equation modeling: a researcher's guide.* Thousand Oaks: Sage.

Kenny, D. A. (1979). *Correlation and causality.* New York: Wiley.

Kenny, D. A., & Judd, C. M. (1984). Estimating the nonlinear and interactive effects of latent variables. *Psychological Bulletin, 96*, 201-210.

Kessler, R. C., & Greenberg, D. F. (1981). *Linear panel analysis. Models of quantitative change.* New York: Academic Press.

Kim, J.-O., & Mueller, C. W. (1978). *Factor analysis: Statistical methods and practical issues.* Newbury Park: Sage.

Kline, R. B. (1998). *Principles and practice of structural equation modeling.* New York: Guilford Press.

Kluegel, J. R., Singleton, R., & Starnes, C. E. (1977). Subjective class identification: A multiple indicator approach. *American Sociological Review, 42*, 599-611.

Krebs, D., & Schmidt, P. (1993). Effects of response categories on the reliability and validity of life satisfaction measurement. In J. Reinecke & G. Krekeler (Eds.), *Methodische Grundlagen und Anwendungen von Strukturgleichungsmodellen, Band 1* (S. 71-91). Mannheim: FRG.

Kromrey, H. (2000). *Empirische Sozialforschung. Modelle und Methoden der standardisierten Datenerhebung und Datenauswertung* (9., korrigierte Aufl.). Opladen: Leske & Budrich.

Kumar, A., & Dillon, W. R. (1992). An integrative look at the use of additive and multiplicative covariance structure models in the analysis of MTMM data. *Journal of Marketing Research, 29*, 51-64.

Liang, K.-Y., & Zeger, S. L. (1986). Longitudinal data analysis using generalized linear models. *Biometrika 73*, 13-22.

Little, R. J., & Rubin, D. B. (1987). *Statistical analysis with missing data.* New York: Wiley.

Little, R. J., & Rubin, D. B. (2002). *Statistical analysis with missing data* (2nd ed.). New York: Wiley.

Loehlin, J. C. (2004). *Latent variable models. An introduction to factor, path, and structural equation analysis.* Mahwah: Lawrence Erlbaum.

Lord, F. M., & Novick, M. R. (1968). *Statistical theory of mental test scores*. Reading: Addison-Wesley.

Marcoulides, G. A., & Hershberger, S. L. (1997). *Multivariate statistical methods. A first course*. Mahwah: Lawrence Erlbaum.

Mardia, K. V. (1985). Mardia's test of multinormality. In S. Kotz & N. L. Johnson (Eds.), *Encyclopedia of Statistical Sciences, Volume 5* (pp. 217-221). New York: Wiley.

Markus, G. B. (1979). *Analyzing panel data*. Newbury Park: Sage.

Marsh, H. W. (1989). Confirmatory factor analysis of multitrait-multimethod data: Many problems and a few solutions. *Applied Psychological Measurement, 13*, 335-361.

Marsh, H. W., & Bailey, M. (1991). Confirmatory factor analysis of multitrait-multimethod data: A comparison of alternative models. *Applied Psychological Measurement, 15*, 47-70.

Marsh, H. W., & Grayson, D. (1995). Latent-variable models of multitrait-multimethod data. In R. H. Hoyle (Ed.), *Structural equation modeling: Issues and applications* (pp. 177-198). Newbury Park: Sage.

Maruyama, G. M. (1998). *Basics of structural equation modelling*. Thousand Oaks: Sage.

McArdle, J. J. (1988). Dynamic but structural equation modeling of repeated measures data. In J. R. Nesselroade & R. B. Cattell (Eds.), *Handbook of multivariate experimental psychology* (2nd ed., pp. 561-614). New York: Plenum.

McArdle, J. J., & Boker, S. M. (1990). *RAMpath: A computer program for automatic path diagrams*. Hillsdale: Lawrence Erlbaum.

McArdle, J. J., & Epstein, D. (1987). Latent growth curves within developmental structural equation models. *Child Development, 58*, 110-133.

McArdle, J. J., & Woodcock, J. R. (1997). Expanding test-retest designs to include developmental time-lag components. *Psychological Methods, 2*, 403-435.

McDonald, R. P., & Marsh, H. W. (1990). Choosing a multivariate model: Noncentrality and goodness of fit. *Psychological Bulletin, 107*, 247-255.

McGuire, W. J. (1960). Cognitive consistency and attitude change. *Journal of Abnormal and Social Psychology, 60*, 345-353.

Menard, S. (1991). *Longitudinal Research*. Newbury Park: Sage.

Meredith, M., & Tisak, J. (1990). Latent curve analysis. *Psychometrika, 55*, 107-122.

Miles, J. (2000). Statistical software for microcomputers: AMOS 4.0. *British Journal of Mathematical and Statistical Psychology, 53*, 145-153.

Mueller, R. O. (1996). *Basic principles of structural equation modeling: An introduction to LISREL and EQS*. New York: Springer.

Muthén, B. O. (1984). A general structural equation model with dichotomous, ordered categorical, and continuous latent variable indicators. *Psychometrika, 49*, 115-132.

Muthén, B. O. (1987). *LISCOMP: Analysis of linear structural equations with a comprehensive measurement model*. Mooresville: Scientific Software, Inc.

Muthén, B. O. (1997). Latent variable modeling with longitudinal and multilevel data. *Sociological Methodology, 27*, 453-480.

Muthén, B. O. (2002). Beyond SEM: General latent variable modeling. *Behaviormetrika, 29*, 81-117.

Muthén, B. O. (2003). Statistical and substantive checking in growth mixture modeling: Comment on Bauer and Curran (2003). *Psychological Methods, 8*, 369-377.

Muthén, B. O. (2004). Latent variable analysis: Growth mixture modeling and related techniques for longitudinal data. In D. Kaplan (Ed.), *The Sage Handbook of Quantitative Methodology for the Social Sciences* (pp. 345-368). Thousand Oaks: Sage.

Muthén, B. O, & Curran, P. J. (1997). General longitudinal modeling of individual differences in experimental designs: A latent variable framework for analysis and power estimation. *Psychological Methods, 2*, 371-402.

Muthén, B. O., Kaplan, D., & Hollis, M. (1987). On structural equation modeling with data that are not missing completely at random. *Psychometrika, 42*, 431-462.

Muthén, L., & Muthén, B. O. (1999). *Mplus user's guide (version 2.0)*. Los Angeles: Muthén & Muthén.

Muthén, L., & Muthén, B. O. (2001). *Mplus: The comprehensive modeling program for applied researchers: User's guide* (2nd ed.). Los Angeles: Muthén & Muthén.

Muthén, L., & Muthén, B. O. (2004). *Mplus user's guide* (3rd ed.). Los Angeles: Muthén & Muthén.

Neale, M. C., Boker, S. M., Xie, G., & Maes, H. H. (1999). *Mx: statistical modeling* (5th ed.). Richmond: Medical College of Virginia, Department of Psychiatry.

Olsson, U. (1979). Maximum likelihood estimation of the polychoric correlation coefficient. *Psychometrika, 44*, 443-460.

Olsson, U., Dragsow, F., & Dorans, N. J. (1982). The polyserial correlation coefficient. *Psychometrika, 47*, 337-347.

Opp, K. D., & Schmidt, P. (1976). *Einführung in die Mehrvariablenanalyse*. Reinbek: Rowohlt.

Papa, F. J., Harasym, P. H., & Schumacker, R. E. (1997). Evidence of a second-order factor structure in a diagnostic problem space: Implications for medical education. *Structural Equation Modeling: A Multidisciplinary Journal, 4*, 25-36.

Pearl, J. (2000). *Causality*. New York: Cambridge University Press.

Plewis, I. (1985). *Analysing change: Measurement and explanation using longitudinal data*. Chichester: Wiley.

Plies, K., Nickel, B., & Schmidt, P. (1999). *Zwischen Lust und Frust. Jugendsexualität in den neunziger Jahren*. Opladen: Leske & Budrich.

Pöge, A. (2002). *Der Zusammenhang von Lebensmilieu, Einstellungen und deviantem Verhalten bei Jugendlichen*. Unveröffentlichte Magisterarbeit, Institut für Kriminalwissenschaften, Universität Münster.

Raftery, A. E. (2001). Statistics in sociology, 1950-2000: A selective review. *Sociological Methodology, 31*, 1-45.

Rao, C. R. (1958). Some statistical methods for comparison of growth curves. *Biometrics, 14*, 1-17.

Raykov, T., & Marcoulides, G. A. (2000). *A first course in structural equation modeling*. Mahwah: Lawrence Erlbaum.

Reinecke, J. (1985). Kausalanalytischer Erklärungsversuch von Verzerrungen durch soziale Erwünschtheit. *Zeitschrift für Soziologie, 14*, 386-399.

Reinecke, J. (1991). *Interviewer- und Befragtenverhalten – Theoretische Ansätze und methodische Konzepte*. Opladen: Westdeutscher Verlag.

Reinecke, J. (1997). *AIDS-Prävention und Sexualverhalten: Die Theorie des geplanten Verhaltens im empirischen Test*. Opladen: Westdeutscher Verlag.

Reinecke, J. (1999). Regelmäßigkeiten des Interviewerverhaltens. *Spektrum Bundesstatistik, Band 11* (S. 115-137). Wiesbaden: Statistisches Bundesamt.

Reinecke, J. (2001). Nonlinear structural equation modeling with the theory of planned behavior: Applications with multiple group and latent product term models. *Sozialwissenschatliche Forschungsdokumentationen, 14*. Münster: Institut für sozialwissenschaftliche Forschung e.V.

Reinecke, J. (2002). Nonlinear structural equation models with the theory of planned behavior: Comparison of multiple group and latent product term analyses. *Quality & Quantity, 36*, 93-112.

Reinecke, J., & Schmidt, P. (1993). Explaining interviewer effects and respondent behavior. *Quality & Quantity, 27*, 219-247.

Reinecke, J., & Schmidt, P. (1996). Model specification and missing value treatment in panel data: Testing the theory of planned behaviour in a three-wave panel study. In U. Engel & J. Reinecke (Eds.), *Analysis of change. Advanced techniques in panel data analysis* (pp. 161-189). Berlin: de Gruyter.

Reinecke, J., Schmidt, P., & Ajzen, I. (1997). Birth control versus AIDS prevention: A hierarchical model of condom use among young people *Journal of Applied Social Psychology, 27* (9), 743-759.

Reinecke, J., Schmidt, P., & Weick, S. (2002). Dynamic models via structural equations and stochastic differential equations: The process of identification of foreigners with Germany. In J. Blasius, J. Hox, E. de Leeuw, & P. Schmidt (Eds.), *Social Science Methodology in the New Millennium. Proceedings of the Fifth International Conference on Logic and Methodology* [CD-ROM]. Opladen: Leske & Budrich.

Reinecke, J., & Schneider, H. (1999). Konstruktvalidität politischer Wirksamkeit. In H. Schweigel (Hrsg.), *Grenzenlose Gesellschaft?* (S. 262-264). Pfaffenweiler: Centaurus.

Rindskopf, D. (1984). Using phantom and imaginary latent variables to parameterize constraints on unique variances in linear structural models. *Psychometrika, 49*, 37-47.

Rindskopf, D. (2003). Mixture or homogeneous? Comment on Bauer and Curran (2003). *Psychological Methods, 8*, 364-368.

Rogosa, D. (1979). Causal models in longitudinal research: Rationale, formulation and interpretation. In J. R. Nesselroade & P. B. Baltes (Eds.), *Longitudinal research in the study of behavior and development* (pp. 263-302). New York: Academic Press.

Rogosa, D. (1980). Time and time again: Some analysis problems in longitudinal research. In C. E. Bidwell & D. M. Windham (Eds.), *The analysis of educational productivity, Volume II* (pp. 153-201). Cambridge: Harvard University Press.

Rogosa, D., Brandt, D., & Zimowski, M. (1982). A growth curve approach to the measurement of change. *Psychological Bulletin, 92*, 726-748.

Rogosa, D. R., & Willet, J. B. (1985). Understanding correlates of change by modeling individual differences in growth. *Psychometrika, 50*, 203-228.

Rosenberg, M. J., & Hovland, C. J. (1960). Cognitive, affective, and behavioral components of attitudes. In C. J. Hovland & M. J. Rosenberg (Eds.), *Attitude organization and change: An analysis of consistency among attitude components* (pp. 1-14). New Haven: Yale University Press.

Rotter, J. B. (1966). Generalized expectancies for internal versus external control of reinforcement. *Psychological Monographs, 80*, 1-28.

Rubin, D. B. (1987). *Multiple imputation for nonresponse in surveys.* New York: Wiley.

Saris, W., & Andrews, F. M. (1991). Evaluation of measurement instruments using the MTMM approach. In P. Biemer, R. M. Groves, L. E. Lyberg, N. A. Mathiowetz, & S. Sudman (Eds.), *Measurement errors in surveys* (pp. 575-597). Chichester: Wiley.

Saris, W. E., & Münnich, A. (1995). *The multitrait-multimethod approach to evaluate measurement instruments.* Budapest: Eötvös University Press.

Saris, W. E., Satorra, A., & Sörbom, D. (1987). The detection and correction of specification errors in structural equation models. *Sociological Methodology, 17*, 105-129.

Satorra, A. (1989). Alternative test criteria in covariance structure analysis: A unified approach. *Psychometrika, 54*, 131-151.

Satorra, A. (1993). Multi-sample analysis of moment structures: Asymptotic validity of inferences based on second-order moments. In K. Haagen, D. J. Bartholomew, & M. Deistler (Eds.), *Statistical modeling and latent variables* (pp. 283-298). Amsterdam: Elsevier.

Satorra, A. (2000). Scaled and adjusted restricted tests in multi-sample analysis on moment structures. In D. D. H. Heijmans, D. S. G. Pollock, & A. Satorra (Eds.), *Innovations in Multivariate Statistical Analysis: A Festschrift for Heinz Neudecker* (pp. 233-247). Dordrecht: Kluwer Academic Publishers.

Satorra, A., & Bentler, P. M. (1988). Scaling corrections for chi-squarestatistics in covariance structure analysis. *Proceedings of the Business and Economic Statistics Section of the American Statistical Association*, 308-313.

Satorra, A., & Bentler, P. M. (1990). Model conditions for asymptotic robustness in the analysis of linear relations. *Computational Statistical Data Analysis, 10*, 235-249.

Satorra, A., & Bentler, P. M. (1991). Goodness-of-fit test under IV estimation: Asymptotic robustness of a NT test statistic. In R. Gutierrez & M. J. Valderrama (Eds.), *Applied stochastic models and data analysis.* London: World Scientific.

Satorra, A., & Bentler, P. M. (2001). A scaled difference chi-square test statistic for moment structure analysis. *Psychometrika, 66*, 507-514.

Sayer, A. G., & Cumsille, P. E. (2001). Second-order latent growth models. In L. M. Collins & A. G. Sayer (Eds.), *New methods for the analysis of change* (pp. 177-200). Washington, D.C: American Psychological Association Press.

Schafer, J. L. (1997). *Analysis of incomplete multivariate data.* London: Chapman & Hall.

Schafer, J. L. (2001). Multiple imputation with PAN. In L. M. Collins & A. G. Sayer (Eds.), *New methods for the analysis of change.* Washington, DC: American Psychological Association Press.

Schafer, J. L., & Graham, J. W. (2002). Missing data: Our view of the state of art. *Psychological Methods, 7(2),* 147-177.

Schmidt, P. (1977). *Zur praktischen Anwendung von Theorien: Grundlagenprobleme und Anwendung auf die Hochschuldidaktik.* Mannheim: Universität Mannheim.

Schmidt, P., & Graff, J. (1975). Kausalmodelle mit theoretischen Konstrukten und nicht-rekursiven Beziehungen. In R. Ziegler (Hrsg.), *Die Anwendung simultaner Gleichungssysteme auf den Statuszuweisungsprozeß.* Kiel: Institut für Soziologie, Christian-Albrechts-Universität.

Schmidt, U. (2002). *Deutsche Familiensoziologie.* Wiesbaden: Westdeutscher Verlag.

Schnell, R., Hill, P. B., & Esser, E. (1999). *Methoden der empirischen Sozialforschung* (6. Aufl.), München: Oldenbourg.

Schumacker, R. E., & Lomax, R. G. (1996). *A beginner's guide to structural equation modeling.* Mahwah: Lawrence Erlbaum.

Schumacker, R. E., & Lomax, R. G. (2004). *A beginner's guide to structural equation modeling* (2nd ed.). Mahwah: Lawrence Erlbaum.

Schumacker, R. E., & Marcoulides, G. A. (Eds.)(1998). *Interaction and nonlinear effects in structural equation modeling* (pp. 239-250). Mahwah: Lawrence Erlbaum.

SOEP Group (2001), The german socio-economic panel (GSOEP) after more than 15 years - Overview, *Vierteljahreshefte zur Wirtschaftsforschung, 70 (1),* 7-14.

Sörbom, D. (1979). Detection of correlated errors in longitudinal data. In K. G. Jöreskog & D. Sörbom (Eds.), *Advances in factor analysis and structural equation models* (pp. 171-184). Cambridge: Abt Books.

Sörbom, D. (1982). Structural equation models with structured means. In K. G. Jöreskog & H. Wold (Eds.), *Systems under indirect observation* (pp. 183-195). Amsterdam: North Holland.

Sörbom, D. (1989). Model modification. *Psychometrika, 54,* 371-384.

Stapleton, D. C. (1978). Analyzing political participation data with a MIMIC model. *Sociological Methodology, 9*, 52-74.

Stelzl, I. (1986). Changing a causal hypothesis without changing the fit: Some rules for generating equivalent path models. *Multivariate Behavioral Research, 21*, 309-331.

Steiger, J. H. (1989). *EzPATH: A supplementary module for SYSTAT and SYGRAPH*. Evanston: SYSTAT.

Steiger, J. H. (1990). Structural model evaluation and modification: An interval estimation approach. *Multivariate Behavioral Research, 25*, 173-180.

Steiger, J. H. (1995). Structural equation modeling with SEPATH. *STATISTICA-Manual, Chap. 11*. Tulsa: StatSoft.

Steiger, J. H. (2001). Driving fast in reverse: The relationship between software development, theory, and education in structural equation modeling. *Journal of the American Statistical Association, 96*, 331-338.

Stevens, J. (2002). *Applied multivariate statistics for the social sciences*. Mahwah: Lawrence Erlbaum.

Steyer, R. (1992). *Theorie kausaler Regressionsmodelle*. Stuttgart: Gustav Fischer Verlag.

Steyer, R. (2003). *Wahrscheinlichkeit und Regression*. Berlin: Springer.

Steyer, R., & Eid, M. (1993). *Messen und Testen*. Berlin: Springer.

Stoolmiller, M. (1994). Antisocial behavior, delinquent peer association, and unsupervised wandering for boys: Growth and change from childhood to early adolescents. *Multivariate Behavioral Research 29(3)*, 263-288.

Strotz, R. H., & Wold, H. (1971). Recursive versus nonrecursive systems. An attempt at synthesis. In H. M. Blalock (Ed.), *Causal Models in the Social Sciences* (pp. 179-189). New York: Acadamic Press.

Tanaka, J. S., & Huba, G. J. (1985). A fit index for covariance structure models under arbitrary GLS estimation. *British Journal of Mathematical and Statistical Psychology, 38*, 197-201.

Tisak, J., & Tisak, M. S. (1996). Longitudinal models of reliablity and validity: A latent curve approach. *Applied Psychological Measurement, 20*, 275-288.

Treiman, D. J. (1977). *Occupational prestige in comparative perspective*. New York: Academic Press.

Tucker, L. R. (1958). Determination of parameters of a functional relation by factor analysis. *Psychometrika, 23*, 19-23.

Tucker, L. R. (1966). Learning theory and multivariate experiment: Illustration of generalized learning curves. In R. B. Cattell (Ed.), *Handbook of multivariate experimental psychology* (pp. 476-501). Chicago: Rand McNally.

Vester, M., von Oertzen, P., Geiling, H., Herman, T., & Müller, D. (1993). *Soziale Milieus im gesellschaftlichen Strukturwandel. Zwischen Integration und Ausgrenzung.* Köln: Bund-Verlag.

Weede, E., & Jagodzinski, W. (1977). Einführung in die konfirmatorische Faktorenanalyse. *Zeitschrift für Soziologie, 6,* 315-333.

Wheaton, B., Muthén, B. O., Alwin, D. F., & Summers, G. F. (1977). Assessing reliability and stability in panel models. *Sociological Methodology, 8,* 84-136.

Wiley, D. E., & Wiley, J. A. (1970). The estimation of measurement error in panel data. *American Sociological Review, 35,* 112-117.

Wiley, D. E., & Wiley, J. A. (1974). A note on correlated measurement error in repeated measurements. *Sociological Methods and Research, 3,* 172-187.

Willet, J. B., & Sayer, A. G. (1994). Using covariance structure analysis to detect correlates and predictors of individual change over time. *Psychological Bulletin, 116,* 363-381.

Wolfle, L. M. (2003). The introduction of path analysis to the social sciences, and some emergent themes: An annotated bibliography. *Structural Equation Modeling: A Multidisciplinary Journal, 10,* 1-34.

Wright, S. (1921). Correlation and causation. *Journal of Agricultural Research, 20,* 557-585.

Wright, S. (1934). The method of path coefficients. *Annals of Mathematical Statistics, 5,* 161-215.

Yang Jonsson, F. (1997). Non-linear structural equation models: simulation studies of the Kenny-Judd model. *Acta Universitatis Upsalensis. Studia Statistica Upsaliensia 4.* Stockholm: University of Upsala.

Yang Jonsson, F. (1998). Modeling interaction and nonlinear effects: A step-by-step LISREL example. In R. E. Schumacker & G. A. Marcoulides (Eds.), *Interaction and nonlinear effects in structural equation modeling* (pp. 17-42). Mahwah: Lawrence Erlbaum.

Yuan, K.-H., & Bentler, P. M. (2000). Robust mean and covariance structure analysis through iteratively reweighted least squares. *Psychometrika, 65* (1), 43-58.

Zentralarchiv für Empirische Sozialforschung (1998). *Allgemeine Bevölkerungsumfrage der Sozialwissenschaften 1998* (ZA-Nr. 3000). Köln: Universität zu Köln.

Zimmermann, E. (1972). *Das Experiment in den Sozialwissenschaften.* Stuttgart: Peschel.

Index